Nomenclature des préjudices environnementaux

Sous la direction de

Laurent NEYRET Gilles J. MARTIN

Nomenclature des préjudices environnementaux

L.G.D.J
lextenso éditions

COLLECTION DROIT DES AFFAIRES

Créée par le Professeur Jacques GHESTIN et le Bâtonnier Georges FLÉCHEUX, la Collection *Droit des affaires* a permis la publication de nombreux ouvrages dédiés à cette matière, dans un souci constant d'accompagner le développement d'un droit des affaires sans cesse plus diversifié et internationalisé.
Elle est aujourd'hui dirigée par Christophe JAMIN, Directeur de l'École de Droit de Sciences Po, et Jean-Michel DARROIS, Avocat au Barreau de Paris. Elle a vocation à accueillir des publications consacrées à une branche nouvelle ou en plein renouvellement du droit des affaires, que celle-ci relève du droit public ou du droit privé, mais aussi des essais sur des thèmes plus prospectifs que sa pratique fait apparaître.

Dans la même collection

M. AUDIT (dir.), *Insolvabilité des États et dettes souveraines*, 2011.

C. COLLARD et C. ROQUILLY, *La performance juridique : pour une vision moderne du droit dans l'entreprise*, 2010.

G. CUNIBERTI, C. NORMAND, F. CORNETTE, *Droit international de l'exécution – Recouvrement des créances civiles et commerciales*, 2011.

H. GAUDEMET-TALLON, *Compétence et exécution des jugements en Europe*, 4e éd., 2010.

V. MAGNIER (dir.), *La gouvernance des sociétés cotées face à la crise – Pour une meilleure protection de l'intérêt social*, 2010.

P. MOUSSERON, *Les conventions sociétaires*, 2010.

L. NEYRET et G. J. MARTIN (dir.), *Nomenclature des préjudices environnementaux*, 2012.

L. NURIT-PONTIER et S. ROUSSEAU (dir.), *Risques d'entreprise : quelle stratégie juridique ?*, 2012.

L. RICHER, *L'Europe des marchés publics*, 2009.

33, rue du Mail, 75081 Paris Cedex 02
ISBN : 978-2-275-03842-1
ISSN : 1150-3009

Sommaire

Préfaces

Franck TERRIER

Président de la troisième chambre civile de la Cour de cassation

Par un arrêt du 16 novembre 1982, devenu célèbre, la Cour de cassation reconnaissait qu'une association communale de chasse pouvait être tenue de réparer le préjudice moral subi par une association ornithologique en raison de la mort d'un balbuzard-pêcheur, rapace protégé, tiré par des chasseurs non identifiés. C'était un faible écho de la déclaration de Stockholm de 1972, mais une claire anticipation des évolutions du droit à venir. Depuis, différentes décisions judiciaires ont révélé l'émergence d'un contentieux nouveau par l'importance de l'enjeu et les principes à l'œuvre, qui a été identifié comme tel et dont le contrôle a été confié en 2006 à la troisième chambre civile de la Cour de cassation.

La prise de conscience, favorisée par les travaux conduits dans le cadre des Nations Unies, que l'air, les eaux, les sols, les sites naturels, les espèces animales et végétales, leur habitat sont des biens communs, quel que soit leur statut juridique, qu'ils soient objet de propriété, inappropriés ou inappropriables, que les moyens d'endommager la planète sont maintenant illimités, que l'impact spectaculaire des catastrophes ne peut masquer les atteintes diffuses que portent à l'environnement, parfois sans limite dans l'espace et le temps, certaines activités et comportements humains, devait finir par rencontrer le principe fondamental, familier des juges, de la réparation intégrale, qui, à la fois, pose une mesure et une limite et exclut toute indemnisation évaluée forfaitairement.

La directive européenne du 21 avril 2004 sur la responsabilité environnementale, issue d'une longue réflexion entamée avec le Livre vert de 1993 sur la réparation des dommages causés à l'environnement, la loi de transposition du 1er août 2008 relative à la responsabilité environnementale et le décret du 23 avril 2009, ont institué l'obligation de prévenir et réparer les dommages graves causés à l'environnement par une activité économique et posé le principe de la réparation du dommage écologique, indépendant de toute atteinte à des biens ou des personnes. La Charte de l'environnement de 2005 a consacré dans l'ordre constitutionnel le principe de réparation des dommages causés à l'environnement. Telle qu'interprétée par la décision du Conseil constitutionnel du 8 avril 2011, la Charte assigne non seulement aux pouvoirs publics et aux autorités administratives mais encore à toute personne une obligation de vigilance, chacun étant tenu de répondre des atteintes à l'environnement qui pourraient résulter de son activité et le droit d'agir en responsabilité ne pouvant être restreint dans des conditions qui en dénaturent la portée. Ces principes posés, il revient aux juges de leur donner vie.

Les catégories classiques de la réparation ne peuvent rendre compte des préjudices environnementaux, par nature individuels et collectifs, subjectifs et objectifs, actuels ou futurs, temporaires ou durables, certains encore juridiquement innommés ou difficilement mesurables. Que vaut la mise en danger ou l'extermination des membres de telle espèce de goéland et qui peut être admis à s'en plaindre à la barre d'un tribunal ? Comment recenser et prendre en compte toutes les conséquences d'une pollution par hydrocarbures ? Si l'impact sur les activités humaines, le coût des chantiers de nettoiement, les troubles de jouissance peuvent être évalués par les outils classiques à la disposition des juges, il n'en va pas de même des effets directs et indirects sur les écosystèmes, la faune, la flore, les sols, toutes richesses non exploitées, le cas échéant sur la santé publique. L'euro symbolique parfois alloué en réparation de certains chefs de préjudice environnemental par des juges de bonne volonté traduit la difficulté d'appliquer en matière d'atteintes à l'environnement le principe de la réparation intégrale. Et c'est une faille d'importance dans le dispositif.

Les décisions judiciaires rendues dans l'affaire de l'Erika ont expressément consacré l'existence d'un préjudice résultant d'une atteinte à l'environnement, retenu comme objectif, autonome et indépendant des catégories classiques de préjudices matériels, économiques et moraux. Elles ont défini certains critères d'évaluation de ce préjudice. L'action en réparation des collectivités territoriales et des associations environnementales a été accueillie compréhensivement sur le fondement des articles L. 142-2 et L. 142-4 du Code de l'environnement, ce dernier texte étant issu de la loi du 1er août 2008. On a suffisamment souligné les apports conceptuels de ces décisions à la doctrine de la réparation. Ils sont bien réels quoique la cour d'appel ne soit peut-être pas allée au bout de sa logique. En réalité, et parce qu'elles s'inscrivaient nécessairement dans le droit commun de la responsabilité civile, ces décisions posaient pour ce qui est de la responsabilité environnementale autant de questions qu'elles en résolvaient. À tout le moins, il manquait encore aux juges un outil.

Cet outil, le voilà. La Nomenclature réalisée à l'initiative des Professeurs Laurent Neyret et Gilles J. Martin, qui distingue, définit précisément et délimite méthodiquement les différentes catégories de préjudices environnementaux, en prenant en compte leur diversité, leur complexité et leur durabilité, a défriché un territoire juridique encore mal connu. Restituant l'autonomie et la singularité de ces préjudices et offrant à tous les intervenants, magistrats, avocats, experts, assureurs, pouvoirs publics et associations, les éléments d'un référentiel commun, la Nomenclature doit être tout à la fois un levier pour la promotion du droit de l'environnement et de la réparation, un dispositif d'aide à la décision, un outil de normalisation, de clarification et de sécurité juridique, par là un moyen plus crédible et effectif de défense des intérêts environnementaux et de réparation.

Un tel travail est ouvert aux évolutions normatives. La loi du 1er août 2008, en promouvant les mesures de réparation immédiate des dommages affectant l'environnement et en confiant à l'administration d'importants pouvoirs de police spéciale, est certainement une étape importante. D'autres évolutions interviendront sans doute qui intéresseront l'action civile, ses titulaires, les conditions de son exercice, les différents moyens de la réparation, et généraliseront le principe d'une responsabilité sans faute. Sans attendre, la présente Nomenclature pourrait être utilement consacrée par voie réglementaire.

Yann AGUILA

Avocat au Barreau de Paris
Président de la Commission Environnement du Club des juristes

En posant le principe dit « polleur-payeur », la loi du 2 février 1995 a donné une nouvelle impulsion à la responsabilité environnementale. Certes, il trouvait déjà une traduction concrète dans un domaine particulier du droit administratif de l'environnement, à travers l'obligation de remise en état qui incombe à l'industriel lors de la cessation d'une activité. Toutefois, ce dispositif spécial était cantonné au droit des installations classées. Ce principe fécond s'est traduit au niveau constitutionnel par le devoir de réparation des dommages causés à l'environnement, consacré par la Charte de l'environnement de 2004. Il s'est développé, sous l'influence du droit de l'Union européenne, pour donner lieu aujourd'hui à deux formes majeures de mise en œuvre : d'une part, le régime de police administrative issu de la loi du 1er août 2008 sur la responsabilité environnementale ; d'autre part, le droit commun de la responsabilité civile qui, malgré l'intervention de la loi de 2008, et comme en témoigne l'affaire de l'Erika, conserve encore une place importante.

Ainsi, s'agissant de ses fondements, la responsabilité environnementale dispose d'une assise juridique solide. Toutefois, son application se heurte à une difficulté pratique : comment évaluer le préjudice causé à l'environnement ? La diversité des solutions retenues par les juridictions révèle l'importance des obstacles à surmonter. Comment éviter la confusion avec le préjudice moral, que celui-ci soit subi par une association ou par une collectivité territoriale ? Comment donner toute sa portée au principe de réparation intégrale du préjudice, tout en évitant les cumuls d'indemnisation pour un même dommage ? Comment trouver une méthode d'évaluation qui, tout en étant d'un emploi simple, ne soit pas trop artificielle, ni *« étrangement déconnecté de toute considération écologique »* [1] ?

1. A. VAN LANG, « Affaire de l'Erika : la considération du préjudice écologique par le juge judiciaire », *AJDA* 2008, p. 934.

À ces questions, le rapport du groupe de travail dirigé par Laurent Neyret et Gilles J. Martin propose une réponse : une nomenclature des préjudices. Fruit d'une recherche pluridisciplinaire, il jette un pont entre droit, économie et écologie. Il repose sur une méthode : le choix du pragmatisme. Choisissant de se tenir à l'écart des controverses purement théoriques, il se concentre sur un objectif pratique : offrir aux praticiens un outil d'aide à la décision pour l'évaluation des préjudices liés au dommage environnemental.

L'utilité d'une nomenclature avait déjà été illustrée par le rapport Dintilhac sur les préjudices liés au dommage corporel. Certes, celle-ci est dépourvue de valeur juridique. Pour autant, sa « force normative » n'est pas nulle [2]. De fait, la présente nomenclature pourra être reprise par tous ceux qui, sur le terrain, sont confrontés à la nécessité d'évaluer ce type de préjudice : *in fine*, le juge, civil ou administratif ; mais aussi, en amont, les administrations, associations, entreprises, et autres bureaux d'études qui, en diverses occasions, peuvent être amenés à prendre la mesure d'un dommage environnemental. On pense notamment aux services de l'État, dans la mise en œuvre de la loi sur la responsabilité environnementale ; ou, plus en amont, lors de la réalisation des études d'impact qui doivent obligatoirement accompagner tout projet susceptible d'avoir – et c'est précisément le cœur du sujet – des « incidences notables sur l'environnement » (article L. 122-1 du Code de l'environnement).

Cela dit, ce double effort, de clarification et de classification, ne se réduit pas à un simple exercice pratique. Il touche au cœur du travail des juristes : poser des distinctions, définir des catégories, forger des notions. Il puise à la plus ancienne des traditions, celle qui avait conduit nos prédécesseurs romains à dégager cette belle notion, si éclairante aujourd'hui encore pour nos débats, de *« res communis »,* ces biens communs insusceptibles d'appropriation que Domat, au XVIIIe siècle, évoquait en ces termes : « *les cieux, les astres, la lumière, l'air et la mer, sont des biens tellement communs à toute la société des hommes, qu'aucun ne peut s'en rendre le maître, ni en priver les autres* ».

La présente nomenclature plonge ainsi sa plume à l'encre des anciens, tout en s'efforçant de faire œuvre d'anticipation. Car il ne faut pas cacher les risques de l'exercice : autant, s'agissant du préjudice corporel, le rapport Dintilhac pouvait se fonder sur l'analyse de centaines de décisions judiciaires intervenues depuis des décennies ; autant, pour le dommage environnemental, la réflexion du groupe de travail est surtout tendue vers l'avenir. Il faut saluer le caractère précurseur de ces travaux. Comme tel, cet instrument pourra bien sûr être précisé et complété avec le temps. La clé de voûte de l'édifice réside précisément dans son rejet d'une logique figée : le recensement des préjudices ne se veut volontairement pas exhaustif et laisse le champ libre à de nouvelles avancées.

---

2. C. THIBIERGE, *La force normative. Naissance d'un concept*, LGDJ, 2009.

Avec cette nomenclature, le groupe de travail dirigé par Laurent Neyret et Gilles J. Martin apporte une contribution majeure au droit de la responsabilité environnementale.

Exposé des motifs

Laurent NEYRET
Professeur à l'Université d'Artois

Gilles J. MARTIN
Professeur émérite à l'Université de Nice Sophia-Antipolis
Professeur associé à Sciences Po Paris
Avocat au Barreau de Nice

RAISONS D'ÊTRE DE LA NOMENCLATURE

Il est acquis aujourd'hui que le droit français comme les droits étrangers et le droit international permettent une prise en compte élargie des conséquences préjudiciables du dommage environnemental. Que l'on songe ici à la loi du 1er août 2008 relative à la responsabilité environnementale transposant la directive 2004/35 du 21 avril 2004 ou à l'arrêt de la cour d'appel de Paris du 30 mars 2010 rendu dans l'affaire Erika qui poursuit un mouvement jurisprudentiel plus général, favorable à l'extension du domaine des préjudices réparables pour atteinte à l'environnement. Désormais, comme l'expriment de manière explicite les juges parisiens, sont pris en compte non seulement les préjudices subjectifs traditionnels qui touchent les intérêts patrimoniaux et extrapatrimoniaux des sujets de droit, mais encore le préjudice objectif, autonome, entendu comme « *toute atteinte non négligeable à l'environnement naturel* ». Cette distinction peut être elle-même regardée comme constituant un appel vibrant à une classification des préjudices pour dommage environnemental. Que l'on songe encore au projet de directives du Programme des Nations Unies pour l'Environnement de novembre 2009, relatif à l'élaboration d'une législation nationale sur la responsabilité, l'intervention et l'indemnisation en cas de dommages causés à l'environnement par des activités dangereuses (cf. la contribution de Jean-Christophe Martin).

Pourtant, une telle évolution du droit ne s'est pas accompagnée de l'établissement d'une délimitation des contours des préjudices à prendre en compte, au point d'aboutir à un traitement à géométrie variable des conséquences du dommage environnemental suivant les juridictions ou les institutions concernées. Plus précisément, de telles approximations juridiques créent d'une part, des zones de contact entre plusieurs postes de préjudices et donc le risque d'une double indemnisation pour un même dommage, et d'autre part, des zones d'ombre, cause de vides indemnitaires malgré l'existence d'une réalité dommageable. L'imprécision des contours des préjudices consécutifs au dommage environnemental est donc à l'origine de deux risques opposés : la redondance et le vide indemnitaire. Nul doute que le principe d'égalité et le principe de réparation intégrale s'en trouvent affectés.

OBJECTIFS DE LA NOMENCLATURE

C'est pour dépasser le désordre relatif à l'identification et à la délimitation des préjudices liés au dommage environnemental que le groupe de travail s'est constitué en vue de proposer une Nomenclature des préjudices environnementaux.

Pourquoi avoir choisi de désigner l'outil présenté ici par le terme de « Nomenclature » ? Pour qui travaille en droit de l'environnement, le terme renvoie évidemment *a priori* à la Nomenclature des installations classées pour la protection de l'environnement (ICPE), la plus connue, ou aux nomenclatures comparables existant en matière d'eau ou de déchets. Il importe dès lors de dissiper sans tarder le malentendu qui pourrait naître. La Nomenclature ICPE, comme les Nomenclatures « eaux » ou « déchets », constituent l'élément central d'un dispositif réglementaire et, si elles classent des produits ou des activités, c'est dans le seul but de pouvoir leur appliquer des régimes juridiques différents. En d'autres termes, la Nomenclature ICPE, comme les Nomenclatures « eaux » ou « déchets », sont davantage déterminées par l'objectif réglementaire qu'elles poursuivent que par la volonté d'ordonner les activités et produits qu'elles classent.

Il en va bien différemment de la présente Nomenclature qui se rattache plutôt au sens habituel qui est donné à ce terme : « ensemble de termes utilisés dans une discipline scientifique ou technique » ou « instance de classification (code, tableau, liste, règles d'attribution d'identité...) faisant autorité et servant de référence à une discipline donnée ».

Écrire cela, ce n'est pas affirmer pour autant que la Nomenclature des préjudices liés au dommage environnemental s'apparente à la taxinomie et à la systématique des sciences du vivant. Si elle partage le même objectif (faire autorité et servir de référence à une discipline donnée), elle s'en distingue néanmoins en ce qu'elle tente d'articuler le système juridique et d'autres systèmes tels que le système scientifique et le système économique. En une formule, il pourrait être écrit que la Nomenclature des préjudices environnementaux nomme autant qu'elle norme (cf. la contribution de Catherine Thibierge) ! Elle pourrait même être présentée comme l'archétype du dialogue entre les systèmes qu'évoque Teubner dans ses travaux [1] : elle traduit, en effet, « l'ouverture cognitive » du système juridique, qui écoute ce que les systèmes économiques et scientifiques ont à dire sur le dommage environnemental, et sa « fermeture normative », en ce que le système juridique traite les informations reçues à travers ses propres catégories et concepts.

Au-delà de la classification qu'elle propose, la Nomenclature des préjudices liée au dommage environnemental a donc pour objectif essentiel de forger un étalon, un vocabulaire commun reposant sur des définitions partagées et éventuellement négociées, permettant à l'ensemble des intervenants (administration, particuliers, avocats, assureurs, magistrats, experts...), de dialoguer, y compris dans un cadre contentieux. Le caractère commun de ce langage, et de ce cadre de référence doit faciliter et accélérer les échanges.

Le groupe de travail s'est appliqué à bâtir une « classification méthodique » (V. *Nomenclature*, Vocabulaire juridique Cornu) des différents postes de préjudices en cas de dommage environnemental selon un ordonnancement rationnel tenant compte de leur nature propre, en opérant par voie d'identification, de définition et de classification en catégories et sous-catégories juridiques. Ce faisant, elle s'inscrit dans le prolongement de la « Nomenclature des préjudices liés au dommage corporel » proposée en 2005 par un groupe de travail présidé par M. Dintilhac et qui fait aujourd'hui l'objet d'un large consensus de la part des parties concernées par la réparation du dommage corporel. Comme sa prestigieuse devancière, elle est destinée à renforcer les principes d'égalité juridique et de réparation intégrale. Comme la Nomenclature Dintilhac l'a fait pour les préjudices corporels, l'ambition de la Nomenclature des préjudices environnementaux est de contribuer à poser les jalons d'un droit du dommage environnemental porteur de cohérence, de transparence et de sécurité juridique.

Ces objectifs mêmes commandaient que la proposition de Nomenclature qui recense les différents postes de préjudices pour dommage environnemental soit conçue comme un instrument juridique ouvert et évolutif. Les parties intéressées à la prise en compte de ce type de dommage et qui sont destinataires de la Nomenclature, ne doivent pas y voir un « *carcan rigide et intangible* » [2], mais plutôt un guide indicatif. En conséquence, tous les postes de préjudice n'ont

---

1. G. Teubner, *Autopietic Law: a new Approach to Law and Society,* Berlin/New-York, Walter de Gruyter, 1988 ; *Droit et réflexivité : l'auto-référence en droit et dans l'organisation*, Paris, LGDJ, 1994 ; cf. également les travaux de Niklas Luhmann et notamment *The Autopoiesis of Social System,* Florence, EUI (Doc.IUE 328/85 – Col. 81).

2. Introduction, rapport Dintilhac, p. 4.

pas nécessairement vocation à être retenus pour chaque situation dommageable, de même que des circonstances particulières pourront justifier l'aménagement d'un chef de préjudice ou la création d'un nouveau poste de préjudice. La Nomenclature a donc vocation à être affinée au vu de l'évolution des réalités dommageables et du ressenti social en matière environnementale. Pour ce faire, il est proposé qu'un observatoire de la Nomenclature soit créé avec pour mission d'en suivre l'application et d'en proposer d'éventuels ajustements aux fins d'en favoriser le caractère opérationnel. Avec le temps, la force normative de la Nomenclature pourrait évoluer et trouver une assise réglementaire.

La grille de lecture commune des conséquences du dommage environnemental que fournit la Nomenclature devrait permettre de faire le lien entre une catégorie de préjudice et un mode approprié de réparation ou plus largement d'intervention, de même qu'elle donne prise à des études statistiques et à l'établissement de tableaux de référence aptes à affiner le coût des atteintes à l'environnement. Un rapprochement avec les travaux entrepris dans le cadre du « Millennium Ecosystem Assessment » (MEA 2005), du « The Economics of Ecosystems and Biodiversity » (TEEB 2010) au plan international, ou encore du Centre d'Analyse Stratégique (CAS 2009) en France, sera sans doute utile. En revanche, tout comme ces travaux, la Nomenclature ne saurait en aucune façon être confondue avec un barème d'indemnisation. Dès lors, le choix des modes de réparation et l'évaluation de l'étendue du dommage doivent être faits librement, eu égard aux circonstances spécifiques de chaque espèce et aux principes et règles juridiques applicables.

Enfin, la Nomenclature relève du fond du droit du dommage environnemental et non pas de la recevabilité des actions environnementales, marquant une volonté du groupe de bien distinguer l'approche fondamentale de l'approche procédurale, trop souvent confondues en ce domaine. En conséquence, la question du droit d'agir en cas de dommage environnemental se situe en dehors des travaux du groupe.

Domaine de la Nomenclature

Ratione materiae, la Nomenclature a vocation à servir de pilier au droit du dommage environnemental, dans la mesure où elle propose un langage commun applicable en amont et en aval de la réalisation d'un tel dommage, facilitant d'autant l'interopérabilité des différents intervenants en matière de risque environnemental. La Nomenclature s'inscrit alors dans une triple perspective de prévention, de réparation et de sanction.

Plus particulièrement, en ce qui concerne l'application *ex ante* de la Nomenclature, celle-ci peut être utilisée dans le cadre d'évaluations environnementales diverses (études d'impact, ICPE), de garanties assurantielles (cf. la contribution d'Anne Pélissier) ou bancaires du risque environnemental, d'avis de l'Autorité environnementale, ou de prescriptions des autorités administratives. S'agissant de l'application *ex post* de la Nomenclature, celle-ci peut servir de base aux missions d'expertise ordonnées par le juge, de même qu'à la structuration des demandes précontentieuses ou contentieuses, de transaction ou d'arbitrages, ainsi qu'à la détermination des mesures d'indemnisation ou de compensation relatives aux conséquences d'un dommage environnemental.

Par ailleurs, à l'image de la Nomenclature Dintilhac, la proposition de Nomenclature des préjudices liés au dommage environnemental est l'occasion de clarifier les règles du recours subrogatoire des tiers payeurs (personnes publiques ou privées) ayant engagé des sommes en lien avec un dommage environnemental en lieu et place du responsable.

Ratione personae, la Nomenclature est destinée aux protagonistes de l'action environnementale, qu'il s'agisse entre autres des autorités administratives, des avocats, des magistrats, des exploitants d'activités polluantes, des défenseurs de l'environnement, des assureurs, des experts, des banquiers, ou des bureaux d'études. Le spectre des personnes concernées par la Nomenclature est d'autant plus étendu que le Conseil constitutionnel a affirmé dans une décision du 8 avril 2011 que chacun était « *tenu à une obligation de vigilance à l'égard des atteintes à l'environnement qui pourraient résulter de son activité* ». Où l'on voit que la découverte par le juge d'une obligation de vigilance environnementale à valeur constitutionnelle contribue à hisser le dommage environnemental au plus haut de la hiérarchie des dommages à réparer.

MÉTHODOLOGIE D'ÉLABORATION DE LA NOMENCLATURE

Le groupe de travail a été créé spontanément à l'initiative de deux universitaires (L. Neyret et G. J. Martin) ; il a été constitué de juristes, universitaires et magistrats spécialistes de responsabilité environnementale, et de non juristes, économistes et biologistes reconnus dans leurs disciplines respectives pour leur compétence en matière de typologie des dommages environnementaux.

Par souci d'impartialité, aucune partie prenante n'a siégé dans le groupe de travail. Tous ceux qui suivent les travaux relatifs au droit de la régulation y seront sensibles : le groupe de travail a tenu à se prémunir contre le risque de

« captation » par un ou des opérateurs soucieux de limiter ou d'étendre abusivement la portée de l'outil en préparation. Pour autant, afin de construire un outil de référence profitable au plus grand nombre, les utilisateurs potentiels de la Nomenclature ont été consultés par voie de questionnaire et, pour certains d'entre eux, par voie d'audition. La procédure de consultation s'est révélée être un grand succès, eu égard au nombre élevé de réponses recueillies et à l'accord unanime pour l'adoption d'une nomenclature unique des préjudices en matière environnementale [3]. L'objectif de l'ouverture aux points de vue des parties prenantes était d'identifier leurs positions, de les discuter, afin de décider de leur intégration ou non dans l'outil final (cf. contribution d'Aude-Solveig Epstein, pour une présentation des réponses au questionnaire). Il s'est agi clairement ici de respecter le principe de participation du public au processus décisionnel issu de la Convention d'Aarhus du 25 juin 1998 et inscrit à l'article 7 de la Charte constitutionnelle de l'environnement. En définitive, avocats, assureurs, exploitants, ONG, représentants des personnes publiques concernées par l'environnement, ont été source d'inspiration de la Nomenclature adoptée. Par ailleurs, les travaux de la Nomenclature ont été suivis avec un intérêt soutenu par la Cour de cassation, le Conseil d'État, et l'École nationale de la magistrature, confirmant ainsi l'utilité d'un tel instrument pour les juges. Un rapport récent rédigé par la Commission environnement du Club des juristes pour « Mieux réparer le dommage environnemental » (Y. Aguila, dir., nov. 2011) a d'ailleurs évoqué l'utilité d'une Nomenclature des préjudices environnementaux.

Les difficultés afférentes à l'élaboration d'une Nomenclature des préjudices liés au dommage environnemental, comparé en particulier à la Nomenclature Dintilhac qui concerne les préjudices causés à la vie humaine, tiennent à la complexité et à la temporalité spécifiques à la donnée environnementale. Complexité d'une part, en ce que l'environnement est constitué d'éléments naturels qui interviennent dans des processus biologiques et biophysiques, lesquels sont utiles au maintien et à la qualité de la vie humaine à de nombreux niveaux. Or, ce sont là des données scientifiques dont l'appréhension juridique n'est pas toujours aisée, d'autant plus que les connaissances en la matière sont en pleine évolution et pas toujours objet de consensus. Temporalité d'autre part, dans la mesure où contrairement au dommage corporel borné par la vie d'une personne physique, le dommage environnemental peut avoir une portée qui dépasse une génération humaine pour toucher les générations futures. Dans le cadre de la Nomenclature, il a fallu prendre en compte les temps potentiellement longs du

---

3. Pour une proposition antérieure : L. NEYRET, « Proposition de nomenclature des préjudices réparables en cas d'atteintes à l'environnement » in « Responsabilité environnementale des entreprises », R. FAMILY et A.-S. BARTHEZ (dir.), *Environnement* juin 2009, p. 26.

dommage environnemental, quand les temps du droit sont habituellement plus courts (cf. la contribution de Philippe Brun). Une autre difficulté du travail de rédaction d'une Nomenclature des préjudices environnementaux tient à la relative nouveauté du traitement juridique du dommage environnemental. Par exemple, contrairement à ce qui concerne le dommage corporel, le groupe de travail n'a pas disposé de la même masse de décisions de jurisprudence. Malgré tout, près de 200 décisions, pour la plupart inédites et récentes, ont pu être collectées, démontrant la réalité d'un contentieux en pleine expansion (cf. Recueil des décisions). La Nomenclature présente par conséquent un caractère prospectif élevé, car elle ne pouvait se limiter à prendre acte d'une jurisprudence centenaire.

Pour dépasser ces difficultés, le groupe a souhaité retenir une nomenclature simple, claire et compréhensible par le plus grand nombre. Par ailleurs, la Nomenclature étant un outil juridique, le groupe a veillé à ne pas être un simple bureau d'enregistrement des données issues des écologues et des économistes, mais a eu comme préoccupation de faire entrer ces données dans des catégories juridiques. On perçoit ici un écho du « dialogue entre les systèmes » évoqué plus haut.

Au sein même du groupe, les discussions ont été longues, importantes et parfois vives ! Schématiquement se sont confrontées deux visions dont le résultat final veut être la synthèse : pour les uns, la Nomenclature des préjudices liés au dommage environnemental devait traduire avant tout la prise en compte des innovations résultant notamment de l'adoption de la directive 2004/35/CE relative à la responsabilité environnementale, des textes de transposition et des travaux du MEA, du TEEB et du CAS ; pour les autres, l'effort d'innovation devait impérativement s'articuler avec les données acquises du système juridique et du droit de la réparation des dommages, afin de « parler » aux parties prenantes et de garantir la meilleure réception possible de l'outil proposé.

Présentation de la proposition de Nomenclature

Avant tout, le groupe a repris la distinction faite par les auteurs de la Nomenclature Dintilhac entre le « dommage » qui relève de l'élément factuel et le « préjudice » qui relève du droit. Autrement dit, le dommage environnemental, de l'ordre du fait, défini comme toute atteinte à l'environnement naturel, fait l'objet d'un traitement dans la Nomenclature, de l'ordre du droit, à condition d'entrer dans l'une des deux catégories de préjudices mises au jour (cf. les contributions de Mathilde Boutonnet).

Classiquement, le préjudice est défini comme la lésion d'un intérêt protégé par le droit. Dans le domaine qui nous occupe, cet intérêt peut être proprement environnemental, ou bien humain. La définition classique du préjudice, en ce qu'elle fait une place centrale à la notion d'intérêt, permet ainsi de dépasser la distinction des personnes et des biens, insuffisante à appréhender l'ensemble des conséquences du dommage environnemental [4] et ce, sans remettre en question l'exigence d'une personne comme déclencheur de l'action en justice.

La classification bipartite des conséquences préjudiciables du dommage environnemental distingue d'une part, les préjudices causés à l'environnement, et d'autre part, les préjudices causés à l'homme.

S'agissant de la catégorie des préjudices causés à l'environnement, elle trouve une assise juridique dans le principe pollueur payeur dont on trouve l'expression implicite à l'article 4 de la Charte constitutionnelle de l'environnement aux termes duquel « *toute personne doit contribuer à la réparation des dommages qu'elle cause à l'environnement* ». L'environnement considéré ici est un objet de devoirs à l'égard des hommes qui en sont les débiteurs. De plus, cette catégorie prend acte de la loi du 1er août 2008 qui permet la prise en compte du dommage environnemental, en dehors des préjudices traditionnels causés aux intérêts patrimoniaux et extrapatrimoniaux des personnes, ainsi que des décisions de jurisprudence croissantes qui reconnaissent l'autonomie du préjudice porté à l'environnement *per se*. Que l'on cite ici l'arrêt du 30 mars 2010 dans l'affaire Erika qui évoque « *toute atteinte non négligeable à l'environnement naturel à savoir notamment, l'air, l'atmosphère, l'eau, les sols, les terres, les paysages, les sites naturels, la biodiversité et l'interaction entre ces éléments, qui est sans répercussions sur un intérêt humain particulier mais affecte un intérêt collectif légitime* ». À l'intérieur des préjudices causés à l'environnement, la Nomenclature distingue les atteintes relatives aux différents éléments de l'environnement (les sols, l'air, les eaux et milieux aquatiques, les espèces) et à leurs fonctions, c'est-à-dire à leur utilité pour le fonctionnement des processus biologiques et biophysiques. Faire une place aux fonctions écologiques revient à prendre en compte la complexité des relations entre les éléments constitutifs de l'environnement et à faire entrer cette complexité dans le droit du dommage environnemental (cf. la contribution d'Isabelle Doussan). Par ailleurs, la Nomenclature prend en compte les atteintes à la nature, qu'elle soit extraordinaire ou ordinaire et que ces atteintes soient ou non spécialement visées par un texte.

En définitive, avec la catégorie des atteintes aux intérêts environnementaux, la Nomenclature consacre la valeur intrinsèque de l'environnement.

---

4. Dans le prolongement de G. FARJAT, « Entre les personnes et les choses, les centres d'intérêts », *RTD civ.* 2002, p. 221 et de R. DEMOGUE, « La notion de sujet de droit – Caractères et conséquences », *RTD civ.* 1909, p. 611, spéc. p. 638.

S'agissant de la catégorie des préjudices causés à l'homme, le groupe de travail a décidé de retenir une distinction classique des préjudices, tout en la revisitant. La distinction des préjudices collectifs et des préjudices individuels s'est notamment imposée au regard de l'objet de la Nomenclature : l'environnement (cf. la contribution de Laurent Neyret). Il convenait, d'abord, de tirer les conséquences juridiques des travaux des écologues et des économistes (cf. la contribution de Julien Hay et *alii*), qui distinguent l'atteinte aux écosystèmes et à leurs fonctions et l'atteinte aux services que ces écosystèmes fournissent aux hommes, en consacrant l'existence, dans la catégorie des préjudices collectifs et au côté des atteintes à la mission de protection de l'environnement, des préjudices résultant de la « *diminution des bienfaits ou des bénéfices que les êtres humains retirent des éléments de l'environnement ou de leurs fonctions écologiques* ». En d'autres termes, on trouvera dans cette catégorie des préjudices collectifs, outre les atteintes à la mission de protection de l'environnement, les atteintes aux services écologiques qui, dans la cascade établie par le TEEB (cf. la contribution de James Aronson), constituent le point de jonction entre l'environnement et l'humain ou, pour être encore plus exact, le « point de bascule » de l'environnement à l'humain (cf. la contribution de Régis Lafargue). Ces préjudices, pour être collectifs, n'en sont pas moins spécialisés, en quoi ils se distinguent de l'atteinte à l'intérêt général. Il s'agissait, ensuite – d'un point de vue proprement juridique – de rationaliser et de conforter cette catégorie en la distinguant aussi clairement que possible des préjudices moral et individuel, avec lesquels trop souvent ils se confondent dans la jurisprudence.

Au titre des préjudices individuels nés du dommage environnemental, la Nomenclature a repris le triptyque classique des préjudices économiques, moraux et corporels, en affinant ces postes au vu de la problématique spécifique du dommage environnemental. Ce travail de définition et de délimitation a été l'occasion de rationaliser la notion de préjudice moral qui constitue bien souvent une catégorie fourre-tout en la matière.

La distinction opérée entre les préjudices causés à l'environnement et les préjudices causés à l'homme a un objectif pédagogique d'identification et de clarification des conséquences préjudiciables du dommage environnemental. Pour autant, des zones de contact entre certains postes de préjudices existent et ne peuvent être évitées, tant il est vrai, par exemple, que les préjudices à l'environnement peuvent avoir indirectement ou à terme des conséquences sur les intérêts humains. Ces zones de contact sont la conséquence du caractère complexe de la donnée environnementale, que le droit ne peut ignorer. Il reste que le groupe de travail a été constamment guidé par le souci d'identifier de manière suffisamment précise les postes de préjudices pour éviter les oublis, comme les redondances. Les utilisateurs de la Nomenclature pourront donc avoir à procéder, au cas par cas, à une articulation des différents préjudices en répartissant les conséquences dommageables d'une atteinte sur des postes de préjudices en contact, afin de se conformer au principe d'équité et de réparation intégrale.

MODE D'EMPLOI DE LA NOMENCLATURE

Comme il a été dit plus haut, la Nomenclature des préjudices liés au dommage environnemental est destinée tout à la fois à être un instrument de dialogue entre les différents intervenants et à renforcer les principes d'égalité juridique et de réparation intégrale. Dès lors, il est possible d'anticiper plusieurs hypothèses et plusieurs modes de mise en œuvre de ladite Nomenclature.

Ex ante, la Nomenclature des préjudices environnementaux devrait faciliter – en identifiant et en nommant les divers préjudices – le dialogue avec les pétitionnaires (aménageurs, promoteurs) et éclairer les décideurs qui doivent vérifier que les initiateurs du projet ont fait tout ce qui était possible pour éviter les impacts environnementaux de leur opération, pour réduire ceux qu'ils ne pouvaient éviter et pour compenser, quand c'est possible, les impacts résiduels. Elle pourrait donner à l'Autorité environnementale, chaque fois que son intervention est requise, une grille de lecture et d'examen des projets qui lui sont soumis. En identifiant et en nommant les préjudices redoutés, elle devrait servir, enfin, à déterminer les mesures de prévention en cas de menace imminente d'un dommage non encore réalisé.

Ex ante comme *ex post*, en proposant un langage et une référence commune, la Nomenclature des préjudices environnementaux est susceptible d'aider les auteurs de dommages programmés ou accidentels à l'environnement, comme les autorités publiques et les opérateurs financiers ou de terrain qui interviendront, à identifier précisément les dommages, à en évaluer l'importance et, surtout, à définir les mesures de compensation les plus adéquates.

Ex post, enfin, son usage pourra varier selon que les dispositions réparatrices de la loi sur la responsabilité environnementale du 1er août 2008 seront ou non applicables. Lorsqu'elles ne le seront pas, par exemple parce que le dommage n'est pas suffisamment grave ou qu'il n'affecte pas des intérêts protégés par ce texte, la Nomenclature des préjudices liés au dommage environnemental pourra être utilisée par le juge, éventuellement saisi, pour déterminer la mission de l'expert et faire la liste des dommages qui devront être considérés comme des préjudices réparables. À ce stade, une précision s'impose : le groupe de travail n'a pas entendu prendre parti sur la question de savoir si, en dehors des cas où la loi du 1er août 2008 est applicable, une réparation « de droit commun » doit intervenir. La solution paraît difficilement discutable, mais c'est la jurisprudence qui le décidera lorsque la question lui sera clairement posée [5]. Si tel était le cas, la Nomenclature aidera alors le juge à identifier les chefs de préjudices qu'il entend réparer. Elle permettra aussi de dresser la liste de ceux qui ne le seront pas. Lorsque les dispositions réparatrices de la loi du 1er août 2008 seront applicables, au contraire, la mise en œuvre de la Nomenclature se fera alors, dans le cadre de ces dispositions, pour identifier les divers postes de préjudices appelant une réparation primaire, complémentaire ou compensatoire et, à l'issue des négociations conduites entre l'exploitant responsable et l'autorité compétente, à dresser la liste des dommages qui n'auront pas été pris en compte dans cette négociation. Si la jurisprudence en décide ainsi, cela pourra ouvrir la voie aux acteurs qui demanderont au juge du droit commun la réparation de ces préjudices résiduels. Ici encore, le groupe de travail n'a pas entendu prendre parti sur le point de savoir si ces demandes seront ou non recevables ; il a seulement voulu qu'une telle évolution, si elle se produisait, ne se heurte pas à un vide indemnitaire.

Enfin, il n'est pas interdit de penser – et pour certains d'espérer ! – que la législation évoluera et que le dogme de l'exclusion de toute réparation par équivalent monétaire sera un jour abandonné, pour ne demeurer qu'une option prioritaire. Si les réparations primaires, complémentaires et compensatoires – toujours préférables (cf. la contribution de Béatrice Parance) – sont impossibles ou non satisfaisantes, ne conviendrait-il pas de permettre au juge de retenir, à titre infiniment subsidiaire, la possibilité d'ordonner une réparation par équivalent monétaire, comme c'est par exemple le cas dans le projet de Code monégasque de l'environnement ? Si une telle évolution législative venait un jour à se produire, la Nomenclature des préjudices liés au dommage environnemental répondrait encore au besoin d'identification et éventuellement de sélection des préjudices réparables.

5. À moins que le législateur tranche la question, comme le suggère la proposition de la Commission présidée par le professeur Terré (F. TERRÉ (dir.), *Pour une réforme du droit de la responsabilité civile*, Dalloz, coll. « Thèmes et commentaires », 2011, spécialement proposition d'article 8 al. 2).

Proposition de Nomenclature des préjudices liés au dommage environnemental

DIRECTION SCIENTIFIQUE : **Laurent NEYRET, Gilles J. MARTIN**

PROPOSITION RÉDIGÉE PAR :

Frédérique AGOSTINI, juriste, *Première vice-présidente adjointe au tribunal de grande instance de Nanterre, ancien conseiller référendaire à la Cour de cassation*

James ARONSON, écologue, *Chercheur au Centre d'Écologie Fonctionnelle et Évolutive (CEFE/CNRS – UMR 5175), Montpellier et au Missouri Botanical Garden, USA*

Mathilde BOUTONNET, juriste, *Maître de conférences, Chaire environnement de l'Université d'Aix-Marseille III*

Philippe BRUN, juriste, *Professeur à l'Université de Savoie*

Isabelle DOUSSAN, juriste, *Directeur de recherche à l'INRA*

Aude-Solveig EPSTEIN, juriste, *Doctorante en droit de l'environnement*

Gaylord GAILLARD, juriste, *Docteur en droit, Avocat au barreau de Paris*

Julien HAY, économiste, *Maître de conférences à l'Université de Brest, membre du Centre de droit et d'économie de la mer*

Régis LAFARGUE, juriste, *Conseiller à la Cour d'appel de Nouméa, ancien professeur associé à l'Université de Paris Ouest Nanterre la Défense et ancien conseiller référendaire à la Cour de cassation*

Harold LEVREL, économiste, *Chercheur à l'Ifremer, membre du Centre de droit et d'économie de la mer*

Gilles J. MARTIN, juriste, *Professeur émérite à l'Université de Nice Sophia-Antipolis, Professeur associé à Sciences po Paris, avocat au Barreau de Nice*

Françoise NÉSI, juriste, *Première vice-présidente adjointe au Tribunal de grande instance de Versailles, Secrétaire Générale du Forum des Juges de l'Union Européenne pour l'Environnement (EUFJE), ancien conseiller référendaire à la Cour de cassation*

Laurent NEYRET, juriste, *Professeur à l'Université d'Artois*

Béatrice PARANCE, juriste, *Professeur à l'Université de Paris 8 Vincennes-Saint-Denis*

Anne PÉLISSIER, juriste, *Professeur à l'Université de Montpellier I*

La présente Nomenclature constitue une grille de lecture ouverte et évolutive pour les parties prenantes concernées par la prévention et la réparation des conséquences du dommage environnemental ainsi que par la sanction des comportements présentant un risque pour l'environnement.

Le dommage environnemental peut être défini comme l'atteinte portée à l'intégrité et/ou à la qualité de l'environnement naturel. Ce dommage ne donne pas systématiquement naissance à un préjudice pris en compte par le droit. Lorsque c'est le cas, les préjudices retenus peuvent être répartis en deux catégories : les préjudices causés à l'environnement et les préjudices causés à l'homme.

Les premiers rendent compte des détériorations de l'environnement au-delà et indépendamment des répercussions connues sur les intérêts humains.

Les seconds envisagent les conséquences négatives du dommage environnemental pour l'homme.

SECTION 1
LES PRÉJUDICES CAUSÉS À L'ENVIRONNEMENT

Par préjudices causés à l'environnement, on entend l'ensemble des atteintes causées aux écosystèmes dans leur composition, leurs structures et/ou leur fonctionnement. Ces préjudices se manifestent par une atteinte aux éléments et/ou aux fonctions des écosystèmes, au-delà et indépendamment de leurs répercussions sur les intérêts humains.

L'atteinte est préjudiciable lorsqu'elle est qualifiée, selon les cas, de « mesurable », « suffisante », « quantifiable », « non négligeable » « notable » « significative », « substantielle », « grave », ou « irréversible ».

Les écosystèmes s'entendent des complexes dynamiques formés de communautés de plantes, d'animaux et de micro-organismes et de leur environnement non vivant qui, par leur interaction forment des unités fonctionnelles.

Les éléments de l'environnement s'entendent des divers composants des écosystèmes, indépendamment de la structure ou du fonctionnement de ces derniers. Les éléments de l'environnement peuvent faire ou ne pas faire l'objet d'une protection juridique spécifique.

Par fonctions écologiques, on entend les interactions entre les éléments et les processus biologiques et biophysiques qui permettent le maintien et le fonctionnement des écosystèmes.

§ 1. – Les atteintes aux sols et à leurs fonctions

Par atteintes aux sols et à leurs fonctions, on entend les atteintes portées à la texture ou à la structure physique, chimique ou biologique des sols de nature à affecter leur état écologique, leurs qualités et leurs fonctions écologiques.

Ces atteintes peuvent notamment prendre la forme d'une contamination, d'une érosion, d'une diminution en matière organique, d'un tassement, d'un glissement, d'une salinisation, d'une imperméabilisation et compaction, ou d'un appauvrissement de la diversité biologique des sols.

Les fonctions écologiques des sols s'entendent du rôle qu'ils jouent au sein des écosystèmes, tel que, par exemple : servir de vivier à la biodiversité, contribuer au stockage, au filtrage et à la transformation d'éléments nutritifs, de substances et d'eau, à la recharge des nappes souterraines, à la séquestration du carbone ou encore à la régulation du climat.

§ 2. – Les atteintes à l'air ou à l'atmosphère et à leurs fonctions

Par atteintes à l'air ou à l'atmosphère et à leurs fonctions, on entend les atteintes portées à la qualité de l'air ou de l'atmosphère de nature à affecter leurs fonctions écologiques.

Ces atteintes peuvent notamment prendre la forme d'une modification de la composition de l'air ou de l'atmosphère.

Les fonctions écologiques de l'air ou de l'atmosphère s'entendent du rôle qu'ils jouent au sein des écosystèmes, tel que, par exemple : servir de support à la biodiversité, absorber le rayonnement solaire ultraviolet ou participer à la régulation du climat.

§ 3. – Les atteintes aux eaux, aux milieux aquatiques et à leurs fonctions

Par atteintes aux eaux, aux milieux aquatiques et à leurs fonctions, on entend les atteintes portées aux eaux de surface ou souterraines, territoriales ou marines, ainsi qu'aux milieux aquatiques tels que les cours d'eau, les lacs, les plans d'eau et les zones humides, de nature à affecter leur état et leur potentiel écologique, leurs qualités et leurs fonctions écologiques, ainsi que, le cas échéant, leur libre écoulement.

Ces atteintes peuvent notamment prendre la forme de perturbations hydrologiques, biologiques, thermiques, physiques ou chimiques.

Les fonctions écologiques des eaux et des milieux aquatiques s'entendent du rôle qu'ils jouent au sein des écosystèmes, tel que par exemple : servir de support à la biodiversité, contribuer à la sédimentation, à l'élimination des polluants, à la compensation de l'insuffisance des précipitations, ou à la régulation du climat.

§ 4. – Les atteintes aux espèces et à leurs fonctions

Par atteintes aux espèces et à leurs fonctions, on entend les atteintes portées aux espèces de faune et de flore, qu'elles appartiennent ou non à la catégorie d'espèce protégée, ainsi qu'à leurs fonctions écologiques.

Ces atteintes peuvent se manifester, à l'échelon de l'espèce, de la sous-espèce, de la population, de l'individu ou des habitats et peuvent prendre la forme de :

- la mutilation, la destruction, la perturbation d'animaux ;
- la destruction, la coupe, la mutilation, l'arrachage, la cueillette ou l'enlèvement de végétaux ;
- l'éradication, l'affaiblissement, la diminution ou la raréfaction d'une espèce, d'une sous-espèce ou d'une population ;
- la destruction, l'altération, la dégradation d'un habitat.

Les fonctions écologiques d'une espèce s'entendent du rôle qu'elle joue ou peut jouer au sein des écosystèmes, tels que, selon les espèces : la pollinisation de plantes, la dispersion des graines, la fourniture d'habitat ou d'alimentation pour d'autres espèces, la séquestration du carbone, la régulation du climat et le maintien de la diversité biologique nécessaire pour la survie des populations.

SECTION 2
Les préjudices causés à l'homme

Par préjudices causés à l'homme, on entend l'ensemble des préjudices collectifs et individuels résultant pour l'homme d'un dommage environnemental ou de la menace imminente d'un dommage environnemental.

§ 1. – Les préjudices collectifs

Par préjudices collectifs causés à l'homme en cas de dommage environnemental, on entend les atteintes portées à des intérêts humains dépassant la somme des intérêts individuels et qui affectent les bénéfices collectifs procurés par l'environnement ou qui nuisent à la défense de l'environnement sous ses différents aspects.

A. Les atteintes aux services écologiques

Les atteintes aux services écologiques correspondent à une diminution des bienfaits ou des bénéfices que les êtres humains retirent des éléments de l'environnement ou de leurs fonctions écologiques, au-delà et indépendamment de l'altération des bénéfices individuels et clairement identifiés.

Ces atteintes peuvent présenter plusieurs formes selon la nature des services touchés :

1) Les atteintes aux services de régulation

Elles s'entendent de l'altération de la capacité de l'environnement à moduler des phénomènes dans un sens favorable à l'homme, comme la pollinisation ou la régulation du climat global ou local, la régulation de la qualité de l'air, des flux hydriques ou encore des maladies et des risques naturels.

2) Les atteintes aux services d'approvisionnement

Elles s'entendent de l'altération des produits que l'environnement procure à l'homme, comme les aliments, les matériaux et fibres, l'eau douce, les bioénergies, ou les produits biochimiques et pharmaceutiques.

3) Les atteintes aux services culturels

Elles s'entendent d'une diminution des bienfaits collectifs d'ordre spirituel, récréatif, culturel, civilisationnel, esthétique, scientifique, procurés par l'environnement.

B. Les atteintes à la mission de protection de l'environnement

Les atteintes à la mission de protection de l'environnement s'entendent des atteintes portées aux intérêts collectifs défendus par les personnes, publiques ou privées, en charge de la défense de l'environnement sous ses différents aspects.

Ce préjudice peut se caractériser par l'anéantissement des efforts que ces personnes ont déployés pour accomplir leur mission, en présence d'un dommage ou d'une menace imminente de dommage environnemental.

§ 2. – Les préjudices individuels

Par préjudices individuels causés à l'homme en cas de dommage environnemental, on entend les atteintes portées aux intérêts proprement individuels, d'ordre économique ou moral, qui affectent des victimes individualisées et déterminées.

A. Les préjudices économiques résultant d'un dommage environnemental

Les préjudices économiques résultant d'un dommage environnemental regroupent l'ensemble des atteintes aux intérêts individuels d'ordre patrimonial qui peuvent être réparties en trois catégories : les coûts exposés et à venir résultant des préjudices causés à l'environnement, les atteintes aux biens ainsi que les pertes de profit ou de gain espéré.

1) Les coûts exposés et à venir résultant des préjudices causés à l'environnement

Les coûts exposés et à venir résultant des préjudices causés à l'environnement s'entendent des dépenses raisonnables engagées ou susceptibles de l'être en cas d'atteintes préjudiciables causées aux écosystèmes.

Ces coûts peuvent recouvrir les formes suivantes :

a) Les coûts des mesures de prévention

Les coûts des mesures de prévention sont destinés à empêcher la réalisation d'une menace imminente de dommage environnemental.

b) Les coûts des mesures de limitation

Les coûts des mesures de limitation correspondent aux coûts exposés en cas de dommage environnemental afin de mettre un terme à ses causes ou d'en limiter l'aggravation, tels que, par exemple, le coût des mesures de pompage ou de cantonnement des polluants, de sauvetage de la faune, de nettoyage des sites, ou encore les frais de fonctionnement des centres de soins de la faune.

c) Les coûts des mesures de réparation

Les coûts des mesures de réparation s'entendent des coûts exposés et à venir destinés à réparer les préjudices causés à l'environnement et englobant les :

- coûts des mesures primaires destinées à rétablir les éléments naturels, leurs fonctions et services écologiques dans leur état initial ;
- coûts des mesures complémentaires destinées à compenser l'absence de restauration complète des éléments naturels, de leurs fonctions et services écologiques ;
- coûts des mesures compensatoires destinées à compenser les pertes provisoires d'éléments naturels, de leurs fonctions et services écologiques.

d) Les coûts des mesures de communication

Les coûts des mesures de communication sont destinés à restaurer l'image de marque ou la réputation d'une personne attachée à la qualité environnementale d'un territoire, d'une activité, ou d'un produit.

e) Les coûts additionnels

Par coûts additionnels, on entend tous les coûts rendus nécessaires pour mettre en œuvre les mesures de prévention, de limitation, de réparation ou de suivi du dommage environnemental tels que :

- les frais administratifs : frais liés à l'évaluation des dommages et des menaces imminentes de dommages environnementaux, la détermination, la mise en œuvre, le contrôle et le suivi des mesures de prévention, de limitation, de réparation ;
- les frais d'expertise et d'étude ;
- les frais de justice : frais précontentieux et contentieux liés à la mise en œuvre des mesures de prévention, de limitation, de réparation ou de suivi du dommage environnemental. Peuvent également relever de cette catégorie les honoraires d'avocats que la victime a été contrainte de prendre pour assurer la défense de ses droits ;
- les frais de consultation du public : frais d'information et de consultation du public liés à la survenance du dommage ou de la menace imminente

de dommage environnemental, ainsi que les mêmes frais engagés préalablement et pour la mise en œuvre des mesures de prévention, de limitation, de réparation ou de suivi.

2) Les atteintes aux biens

Les atteintes aux biens causées par un dommage environnemental s'entendent des atteintes à la valeur vénale ou à la valeur d'usage d'un bien objet d'un droit privatif, détruit ou détérioré à la suite d'un dommage environnemental.

3) Les pertes de profit ou de gain espéré

Les pertes d'un profit ou d'une espérance de gain résultant d'un dommage environnemental doivent être pris en compte. Ce sont celles qui résultent notamment de l'interdiction d'exercer une activité commerciale. Il peut s'agir plus particulièrement de la perte de marchés, d'un manque à gagner, de la perte de chiffre d'affaires, ou de la perte de taxes de séjour.

B. Les préjudices moraux résultant d'un dommage environnemental

Les préjudices moraux résultant d'un dommage environnemental s'entendent des atteintes aux intérêts individuels d'ordre extrapatrimonial qui peuvent présenter deux formes :

1) L'atteinte à l'image de marque ou à la réputation

La dégradation de l'image de marque ou de la réputation d'une personne attachée à la qualité environnementale d'un territoire, d'une activité, ou d'un produit doit être prise en compte.

2) Le préjudice de jouissance

Le préjudice de jouissance s'entend de l'atteinte qui conduit une personne à vivre ou à exercer une activité dans des conditions environnementales dégradées par rapport à la situation antérieure au dommage.

Ce préjudice recouvre notamment l'atteinte au cadre de vie ou au bien-être individuel.

C. Les préjudices corporels résultant d'un dommage environnemental

Les préjudices indemnisables en cas de dommage corporel résultant d'un dommage environnemental recouvrent les préjudices patrimoniaux et les préjudices extrapatrimoniaux par référence à la Nomenclature Dintilhac des préjudices corporels.

Synthèse des réponses des parties prenantes au questionnaire en vue d'une Nomenclature des préjudices environnementaux

Aude-Solveig EPSTEIN

Doctorante en droit privé, Université de Nice-Sophia Antipolis (CREDECO/GREDEG – UMR CNRS 6227), Allocataire de recherche de l'ADEME

SYNTHÈSE

Le groupe de travail, désireux de produire un instrument juridique au plus près des besoins de ses utilisateurs potentiels, a débuté ses travaux par un état des lieux des avis des parties prenantes sur l'idée d'une Nomenclature des préjudices liés au dommage environnemental. Les réponses reçues à la suite de l'envoi d'un questionnaire ou à l'occasion d'auditions ciblées, font état de l'utilité d'un instrument perçu tout à la fois comme indispensable pour redonner de la cohérence au droit de la responsabilité environnementale et pertinent pour aiguiller le travail des professionnels intervenant dans le champ de la prévention et de la réparation du dommage environnemental. Par-delà l'accueil extrêmement favorable qu'elles ont réservé à la mise en place de la Nomenclature, les réponses des parties prenantes manifestent la complexité d'une entreprise porteuse de questionnements ontologiques et lourde d'implications économiques.

La démarche d'élaboration de la Nomenclature des préjudices liés au dommage environnemental a été mue par la préoccupation de mettre au point un outil de référence opérationnel qui soit utile pour un grand nombre d'acteurs issus d'univers professionnels distincts (magistrats, exploitants, avocats, assureurs, experts environnementaux, bureaux d'études, ONG, personnes publiques concernées par l'environnement...) et appelés à s'en servir dans des contextes différents (en amont ou en aval du dommage, dans un contexte contentieux ou non...).

La composition du groupe de travail reflète cet objectif de par son parti pris transdisciplinaire. Et si le souci d'impartialité des travaux a conduit à ne pas faire siéger de partie prenante dans le groupe de travail, l'ensemble des utilisateurs potentiels de la Nomenclature n'en a pas moins été consulté, un avant-projet de nomenclature et un questionnaire comportant les six questions ci-après reproduites leur ayant été adressés [1].

1. Certaines parties prenantes ont également été auditionnées par le groupe de travail mais, si les positions qu'elles ont pu exprimer dans le cadre de ces auditions ont bien été prises en considérations, elles ne sont pas reproduites ici.

L'enjeu de cette consultation était de s'ouvrir aux points de vue des parties prenantes afin d'identifier les usages qu'ils pourraient faire de la Nomenclature, les intérêts qui s'attachaient de leur point de vue à son élaboration (question 1), les qualités qu'un tel outil devrait présenter à leurs yeux et les défauts qu'il conviendrait d'éviter lors de son établissement (question 2) et de recueillir leurs propositions quant à son architecture, son contenu (questions 3, 4 et 5) et enfin son statut juridique (question 6).

Tant ces consultations que le dialogue interdisciplinaire au sein du groupe attestent également de la volonté du groupe de travail d'être attentif aux outils qui ont déjà cours au sein des différentes professions et disciplines.

La procédure de consultation s'est révélée être un grand succès. Tant au regard du nombre élevé de réponses recueillies que de l'accord unanime exprimé en faveur de l'adoption d'une nomenclature unique des préjudices réparables en cas de dommage environnemental.

Toutes les positions et les propositions exprimées par les parties prenantes [2] dans leurs réponses au questionnaire ont été discutées par le groupe de travail qui a ensuite décidé de les intégrer ou non dans la Nomenclature finale.

Parce que toutes ces réponses ont aiguillé et éclairé le groupe de travail dans son travail de rédaction, celui-ci entendait en retracer la diversité et la richesse dans la présente synthèse. Sans prétendre à l'exhaustivité, celle-ci entend retracer les lignes de force qui les parcourent, les tendances qui s'en dégagent et, dans toute la mesure du possible, restituer les propositions originales qui y figurent. Et ce, en suivant l'ordre des six questions posées aux parties consultées.

1°) Quels sont pour vous les intérêts d'élaborer une nomenclature des préjudices consécutifs à une atteinte à l'environnement : en général et plus particulièrement eu égard aux missions que vous accomplissez dans le domaine environnemental ?

2°) Quelles devraient être les qualités et quels défauts conviendrait-il d'éviter dans l'établissement d'une nomenclature des préjudices en cas d'atteintes à l'environnement ?

3°) Selon vous, quelle devrait être l'architecture de base d'une telle nomenclature ; les grandes distinctions essentielles ?

4°) Plus précisément, pourriez-vous proposer une typologie des préjudices susceptibles d'être pris en compte à la suite d'une atteinte à l'environnement ?

5°) *A contrario*, pensez-vous que certaines conséquences d'une atteinte à l'environnement devraient être exclues de la Nomenclature ? Si oui, lesquelles et pourquoi ?

---

2. La liste des parties prenantes précisément désignées est intégrée à l'issue de la présente contribution.

6°) Quel statut (instrument purement volontaire, circulaire, décret...) souhaiteriez-vous voir reconnaître à la Nomenclature et pourquoi ?

SECTION 1
INTÉRÊTS ET USAGES DE LA NOMENCLATURE

Il est possible de résumer le grand nombre d'usages et d'intérêts potentiels de la Nomenclature identifiés par les parties prenantes en distinguant selon qu'il s'agit d'intérêts terminologiques (§ 1), sociologiques (§ 2), pédagogiques (§ 3), épistémologiques (§ 4), juridiques (§ 5) ou plus spécifiques à certaines professions (§ 6).

§ 1. – Intérêt terminologique

Un élément de réponse fréquemment avancé est que la Nomenclature constitue un outil de nature à permettre à toutes les parties intéressées de parler un même langage, d'avoir « *une connaissance exacte et commune de chaque catégorie de dommages* » (AHJUCAF) [3]. Le dialogue entre personnes et professionnels d'univers différents gagnera donc à l'existence de la Nomenclature, que celui-ci soit noué à l'échelon national ou européen [4] – si tant est que, conformément aux vœux émis dans certaines réponses [5], la Nomenclature trouve son chemin au-delà de nos frontières. Et « *la programmation de l'aménagement du territoire en serait certainement bénéficiaire* » (CDC Biodiversité).

§ 2. – Intérêt sociologique

La Nomenclature présente un intérêt sociologique dans la mesure où elle est susceptible d'apporter un éclairage sur la manière dont notre société appréhende l'environnement. Elle peut ainsi permettre *ab initio* de « *dévoiler l'apparition puis la reconnaissance d'une nouvelle valeur au sein de notre société* » (AScA)

3. Dans le même sens : CDC Biodiversité, EpE, PNF.
4. EpE.
5. J. Eklund, EpE, FFSA.

puis, au gré des adaptations successives dont elle fera l'objet, rendre compte de l'évolution de la place de l'environnement dans la société [6].

§ 3. – Intérêt pédagogique

Plusieurs réponses mettent en lumière les vertus pédagogiques de la Nomenclature. Parce qu'en intégrant les services rendus par la nature [7], elle contribue à « *élargir notre façon de caractériser des impacts, aujourd'hui essentiellement focalisée sur l'espèce* » (CDC Biodiversité) ; parce qu'elle permet la mise en œuvre du principe de réparation intégrale (*infra*) ; et enfin parce qu'elle informe les citoyens et les institutions sur la portée juridique [8] et sur le coût social des atteintes à l'environnement [9], la Nomenclature contribue à sensibiliser les acteurs au dommage environnemental [10], voire à prévenir celui-ci [11] et « *devrait permettre de favoriser la mise en œuvre des objectifs de développement durable* » (Me Bouquet-Elkaïm).

§ 4. – Intérêt épistémologique

Plusieurs réponses reconnaissent à la Nomenclature un intérêt épistémologique en ce qu'elle contribue, en elle-même et du fait des études qu'elle induit, à améliorer l'état de nos connaissances sur le dommage environnemental. En soi, la Nomenclature permettra d'une part de faciliter la recherche automatisée de jurisprudence [12] et d'autre part de réaliser des statistiques interannuelles pour

---

6. AScA, PNF.

7. La majorité des réponses a fait part du souhait que les services et fonctionnalités assurés par l'environnement soient intégrés dans la Nomenclature.

8. PNF évoque la propension de la Nomenclature à « faire exister l'environnement comme objet du champ juridique dans, l'esprit des citoyens et des institutions ».

9. Me Bouquet-Elkaïm.

10. V. Rigas ; DERVENN évoque la capacité de la Nomenclature à « *transmettre un message de responsabilité vis-à-vis des espèces non humaines, et par là même de la responsabilité vis-à-vis des humains (incluant la solidarité transgénérationnelle)* ». La CDC Biodiversité invoque la plus grande sensibilisation des acteurs qu'assurerait l'intégration dans la Nomenclature des services rendus par l'environnement.

11. AScA, J.-P. Girod, V. Rigas, Cabinet Savin Martinet. AScA et J.-P. Girod évoquent l'éventuel caractère dissuasif de la Nomenclature, sous réserve qu'on en fasse la publicité et en notant que la dissuasion serait bien plus grande si les coûts d'indemnisation étaient mentionnés et notamment, selon AScA, si la Nomenclature ne se réduisait pas à une liste de préjudices mais était assortie de méthodes d'évaluation, notamment économiques.

12. PNF évoque la possibilité de « *rattacher les différentes jurisprudences environnementales à différents niveaux de la nomenclature* » pour retrouver facilement les jurisprudences analogues.

« *conserver une mémoire du passé* » (PNF) [13] ainsi que suivre l'évolution des dommages affectant l'environnement et de leur coût [14]. En outre, pour que la Nomenclature soit opérationnelle, sa mise en œuvre doit reposer sur une connaissance approfondie et préalable de l'état de l'environnement sur le territoire national. En effet, dans le cas d'atteintes accidentelles à l'environnement il serait, en l'état actuel des connaissances quant à l'état antérieur des espèces et milieux touchés, difficile de mesurer l'importance de l'atteinte et donc d'identifier la mesure de réparation pertinente. Au regard du principe de la réparation intégrale, la Nomenclature inciterait en ce sens, à « *constituer un état des lieux général précis et rigoureux de la diversité biologique installée sur le territoire français* » (G. Benest).

§ 5. – Intérêts juridiques

Remarquons en premier lieu que plusieurs réponses se sont attachées à décrire la situation actuelle consistant en l'absence de définition et de typologie des préjudices réparables en cas de dommage environnemental. Une réponse [15] rappelle à ce titre que, plus généralement, il n'y a pas aujourd'hui dans le Code civil de définition du préjudice réparable et que la Commission Catala avait d'ailleurs proposé, dans son avant-projet de réforme de septembre 2005, de combler ce vide en y introduisant (au sein des dispositions communes aux responsabilités contractuelle et extracontractuelle) une définition selon laquelle : « *Est réparable tout préjudice certain consistant dans la lésion d'un intérêt licite, patrimonial ou extrapatrimonial, individuel ou collectif* ». Plusieurs réponses évoquent pour leur part les approximations juridiques, les confusions et l'insécurité juridique découlant de l'absence de typologie des préjudices potentiellement réparables susceptibles de naître d'une atteinte à l'environnement [16].

Notons en second lieu, que toutes les réponses ont reconnu un ou plusieurs intérêts juridiques à la Nomenclature, qu'il s'agisse de sa faculté d'améliorer la réparation des préjudices liés au dommage environnemental, de sa contribution à la prévention des conflits, du soutien qu'elle apporte à l'argumentation des

13. Selon PNF, « *de même qu'il n'est pas possible de suivre l'évolution de la délinquance sans disposer d'une typologie préalable des actes de délinquance, il n'est pas possible de suivre le dommage écologique sans disposer d'une typologie et d'une nomenclature adaptée* ».

14. La FFSA note à cet égard que « *le marché de l'assurance environnementale est confronté [...] à la fois à une insécurité juridique, à une jurisprudence encore peu développée et à l'absence d'historique et d'expérience statistique* ».

15. ASSURPOL.

16. Me Bouquet-Elkaïm, EpE, FFSA, Me Gasmi, J.-P. Girod.

parties, ou encore de sa propension à mettre le droit national en conformité avec les standards juridiques internationaux.

- Un instrument au service d'une réparation des préjudices liés au dommage environnemental tout à la fois plus cohérente, plus efficace et plus respectueuse des principes régissant l'État de droit

L'ensemble des réponses admet que la Nomenclature pourrait permettre d'améliorer et de rationaliser la réparation des préjudices liés au dommage environnemental et ce, pour plusieurs raisons.

La Nomenclature est d'une part présentée comme un outil au service des principes juridiques inhérents à l'État de droit que sont la sécurité juridique et l'égalité de traitement des justiciables. De nombreuses réponses retiennent en effet qu'en identifiant avec précision les préjudices susceptibles d'être réparés, la Nomenclature contribuerait à homogénéiser la jurisprudence relative à la réparation des préjudices liés au dommage environnemental et accroîtrait ainsi la prévisibilité des préjudices pris en considération [17]. Par là même, tout en permettant de tenir compte des particularités des cas d'espèces [18], la Nomenclature constitue un outil au service de la sécurité juridique et une garantie de l'égalité de traitement des justiciables (qu'ils soient du côté des intérêts lésés ou des personnes responsables) [19]. Et ce, à l'échelle nationale, voire européenne, dès lors que la Nomenclature pourrait paver la voie vers une nomenclature européenne [20].

La Nomenclature permettrait d'autre part de satisfaire ce qui est ressenti comme une nécessaire « *clarification conceptuelle d'un maquis juridique* » (FFSA) [21]. Face au flou sémantique qui prévaut dès lors que l'on évoque les dommages environnementaux, elle constitue notamment un moyen pertinent pour : a) officialiser les différents chefs de préjudice ; b) et plus spécifiquement pour clarifier et sécuriser la notion émergente de préjudice écologique [22] ou

17. AHJUCAF, AScA, EpE, FFSA, J.-P. Girod, Me Ruffié, Cabinet Savin Martinet, SHERPA
18. Capacité reconnue à la Nomenclature par grand nombre de réponses.
19. AScA, EpE, Cabinet Savin Martinet. AScA note par ailleurs que si la Nomenclature était articulée à des méthodes d'évaluation des différents postes de préjudice pertinentes au cas par cas, qui seraient mobilisables par les parties, elle accroîtrait bien plus l'égalité de traitement des justiciables, tout en permettant de tenir compte des particularités des cas d'espèce. EpE estime pour sa part que la Nomenclature apporterait une garantie de traitement équitable des justiciables en ce qu'elle « *favoriserait la réalisation de tableaux de référence pour la mise en œuvre de mesures de réparation en nature et/ou par équivalent pécuniaire* ».
20. EpE.
21. C'est également une préoccupation majeure selon EpE.
22. AScA, Me Bouquet-Elkaïm, H. Brunet-Lecomte, DERVENN, J.-P. Girod.

éclaircir la teneur du préjudice moral des associations de protection de l'environnement [23].

La Nomenclature est par ailleurs présentée comme un instrument utile du point de vue de la mise en œuvre des principes qui président classiquement à la réparation des préjudices mais qui avaient été quelque peu malmenés en la matière. En effet, en permettant d'identifier clairement les différents chefs de préjudice susceptibles d'ouvrir droit à réparation [24], et ce faisant en diminuant le double risque de vide [25] ou de redondance indemnitaire [26], la Nomenclature serait tout à la fois le vecteur d'une plus grande transparence et cohérence des principes de la réparation [27] et le gage du respect du principe de la réparation intégrale [28].

En outre, la Nomenclature a pu être perçue comme un moyen de simplifier l'identification des personnes justifiant d'un intérêt à agir [29] ou de celles devant être bénéficiaires des sommes versées au titre de la réparation des préjudices nés de dommages à l'environnement [30].

Pour finir, plusieurs réponses font état de l'aide que la Nomenclature apporterait aux acteurs appelés à déterminer – en amont ou en aval de la réalisation du dommage – quelles mesures de réparation, en nature ou par équivalent pécuniaire –, sont pertinentes [31].

– Un outil propice à la prévention des conflits

Certaines réponses mettent en avant le fait que la Nomenclature pourrait également favoriser la prévention des conflits. Utilisée dans le cadre de procédures non juridictionnelles de règlement des litiges (transaction, règlement à l'amiable...), elle constituerait de fait un cadre de référence objectif de nature à concilier les intérêts en présence [32].

---

23. Cf. Question 4.
24. Ce qui constitue, selon plusieurs réponses, la base pour une bonne évaluation du coût de la réparation des atteintes à l'environnement.
25. Me Bouquet-Elkaïm évoque la capacité de la Nomenclature à « *mettre fin à un vide juridique à travers la prise en compte de préjudices non encore appréhendés* ».
26. EpE, Cabinet Savin Martinet. Selon Me Ruffié, la Nomenclature permettra « *d'éviter les excès tels l'euro symbolique ou les montants délirants* ».
27. FFSA.
28. AScA, Me Bouquet-Elkaïm, Cabinet Savin Martinet, SHERPA.
29. Me Bouquet-Elkaïm, qui propose du reste d'intégrer dans la Nomenclature une rubrique qui pour chaque catégorie de préjudice, énonce quelles personnes sont pressenties pour avoir un intérêt à agir.
30. A. Charlez.
31. EpE, Me Gasmi, PNF.
32. Me Bouquet-Elkaïm, PNF, Cabinet Savin Martinet, SHERPA.

– Un outil au service de la structuration de l'argumentation des parties

Quelques réponses ont souligné l'utilité méthodologique de la Nomenclature pour nourrir et consolider l'argumentation des parties, en leur permettant notamment de justifier leurs demandes de réparation sur une base claire et objective, d'indiquer précisément au juge en charge du règlement d'un contentieux la catégorie de préjudice dont il est demandé réparation, et de veiller à ce qu'aucun poste de préjudice ne soit ni oublié ni invoqué de manière redondante [33].

– Un instrument au service de la conformité du droit national avec les standards internationaux de protection de l'environnement

Une réponse a mis en avant le fait que la Nomenclature permettrait à notre droit national de se conformer aux principes reconnus à l'échelon international et communautaire comme devant présider à l'action des États en matière de protection de l'environnement [34].

§ 6. – Intérêts professionnels spécifiques

Enfin, les réponses ont reconnu à la Nomenclature un certain nombre d'intérêts professionnels spécifiques.

Pour les exploitants dont l'activité présente un risque pour l'environnement, l'existence de la Nomenclature participe d'une meilleure connaissance de l'étendue de leurs obligations de prévention et de réparation du dommage environnemental. Les éclairant sur la nature des leurs risques et leur permettant d'en anticiper les conséquences financières, la Nomenclature les aidera notamment à affiner le champ de leur couverture assurantielle [35].

Dans le même sens, la Nomenclature permettra aux assureurs de mieux appréhender les préjudices causés à l'environnement et de proposer des produits adaptés aux différents préjudices réparables [36].

Pour ce qui est des professions judiciaires, la Nomenclature présente un intérêt tant pour les avocats que pour les juges ou les experts. Outre l'appui

33. AScA, Me Bouquet-Elkaïm, Me Gasmi, Cabinet Savin Martinet.

34. Il s'agit de la réponse de SHERPA qui fait notamment référence au Principe 22 de la Déclaration de Stockholm du 16 juin 1972, au Principe 13 de la Déclaration de Rio de juin 1992, au principe de subsidiarité de l'action communautaire par rapport à celle des États, au principe d'intégration des exigences de protection de l'environnement dans toutes les politiques de la Communauté, au principe « pollueur-payeur » et au « droit de vivre dans un environnement sain ».

35. EpE, Me Gasmi.

36. Me Gasmi.

méthodologique que la Nomenclature apportera à l'argumentation des avocats [37], elle permettra également de faciliter le travail des magistrats chargés de statuer sur des litiges relatifs à la réparation des conséquences du dommage environnemental. Tout en conservant leur liberté d'appréciation, ceux-ci pourront en effet utilement se référer à la Nomenclature pour identifier quels sont les préjudices réparables, ce qui permettra d'accélérer les procédures de réparation et par là même de réduire le délai pendant lequel les atteintes à l'environnement perdurent [38]. Enfin, la Nomenclature permettra de rationaliser le travail d'expertise sollicité dans le cadre de procédures juridictionnelles [39] (aussi bien du reste que dans le cadre de modes alternatifs de règlement des conflits [40]), voire de servir à « *l'encadrement de missions d'expertise environnementale type* » (EpE).

Parce qu'elle constitue une grille de référence systématique et reproductible des préjudices liés au dommage environnemental, la Nomenclature pourra également servir aux instances expertales agissant non pas au stade de la réparation de préjudices constatés mais lors de l'anticipation de préjudices qu'on cherche à éviter, atténuer, ou à défaut compenser [41]. À ce stade, la Nomenclature permettra d'aiguiller les experts dans la rédaction des études d'impact (devant notamment comporter une évaluation des impacts négatifs prévisibles d'un projet) ainsi que les instances publiques qui, à l'instar de l'Autorité environnementale, sont chargées de les contrôler [42]. Elle permet également de se livrer à une analyse comparative des différentes variantes de projets d'aménagement et constitue donc une aide à la décision [43].

SECTION 2
QUALITÉS ET DÉFAUTS D'UNE NOMENCLATURE

L'accessibilité de la Nomenclature est une qualité largement souhaitée, que ce terme soit appréhendé sous l'angle de l'intelligibilité ou de la publicité. L'intelligibilité de la Nomenclature doit être garantie en premier lieu par une

37. Me Gasmi, Cabinet Savin Martinet.
38. Me Gasmi.
39. EpE, Me Gasmi, Me Ruffié.
40. Me Gasmi.
41. La séquence « éviter, réduire, compenser » est prévue par différents articles du Code de l'environnement et rejoint les trois types de réparation (réparation primaire, complémentaire, compensatoire) prévus par la loi n° 2008-757 du 1er août 2008 relative à la responsabilité environnementale et à diverses dispositions d'adaptation au droit communautaire dans le domaine de l'environnement.
42. M. Badré.
43. CDC Biodiversité.

formulation compréhensible selon les cas par des professionnels d'univers différents [44], par « les publics utilisateurs » [45] ou par tout un chacun [46]. Il semble que ces variations terminologiques quant aux personnes devant bénéficier de cette accessibilité reflètent les objectifs distincts assignés à la Nomenclature. Tantôt l'accessibilité terminologique constitue un gage de son acceptation et de son utilisation par le plus grand nombre [47], tantôt elle est également au service de sa vertu pédagogique [48]. Quoi qu'il en soit, la Nomenclature doit donc être simple, c'est-à-dire formulée dans un langage courant évitant le recours à des termes scientifiques ou juridiques trop techniques ou obscurs [49]. Des exemples (de jurisprudences française et étrangère notamment) venant illustrer chaque catégorie pourraient utilement servir cet objectif d'accessibilité [50]. En vue d'encourager son utilisation, la Nomenclature devrait également être rendue publique. Il convient donc d'en organiser une large publicité [51], notamment sur Internet où elle devrait être aisément disponible sous sa forme assortie d'exemples [52].

La clarté [53] et l'univocité [54] de la Nomenclature sont également des qualités mises en avant par de nombreuses réponses. Corrélativement, l'ambiguïté et le manque de clarté sont parfois invoqués comme des défauts majeurs [55]. L'objectif doit en effet consister à éviter les divergences d'interprétation [56], c'est-à-dire à ne pas laisser planer de doutes quant au positionnement dans la Nomenclature d'un préjudice donné [57]. Les critères de distinction [58] et les catégories retenues [59] doivent donc être clairs. À cette fin, les catégories « fourre-tout » doivent être bannies [60]. La question du détail dans lequel les définitions de chaque préjudice doivent rentrer est toutefois débattue. Si selon certains, ces définitions doivent

44. G. Benest évoque la nécessité pour la Nomenclature d'être « *simple et compréhensible par des spécialistes d'une autre compétence* » ; EpE souhaite que la Nomenclature soit formulée dans un « *langage accessible à un large panel de professions* ».
45. PNF.
46. AScA, J.-P. Girod. L'AHJUCAF évoque les praticiens et les justiciables.
47. AHJUCAF, G. Benest, CDC Biodiversité, EpE, PNF.
48. Selon DERVENN c'est la vocation pédagogique de la Nomenclature qui « *implique une simplicité permettant la compréhension de la valeur de la vie par des personnes non spécialisées* ».
49. AHJUCAF.
50. EpE, PNF.
51. AScA.
52. PNF.
53. Cabinet Savin Martinet.
54. PNF.
55. AHJUCAF, EpE, Me Gasmi.
56. DERVENN, Me Gasmi, Cabinet Savin Martinet.
57. PNF.
58. Me Bouquet-Elkaïm ; l'AHJUCAF évoque la nécessité d'éviter « *les distinctions artificielles* ».
59. Me Gasmi.
60. Me Gasmi.

être précises [61] et formulées en des termes précis [62], d'autres suggèrent « *d'éviter une trop grande précision dans la définition des préjudices indemnisables afin de ne pas générer un système rigide, exclusif et afin de laisser une marge d'appréciation au pouvoir judiciaire* » (Me Bouquet-Elkaïm).

Ce débat quant à la précision des items rejoint celui relatif à **l'exhaustivité de la Nomenclature, qualifiée selon les réponses de nécessaire ou de dangereuse**. Certaines réponses mettent en avant la nécessité pour la Nomenclature d'être exhaustive [63]. Cette exhaustivité s'apparente tantôt à sa capacité à prendre en compte le maximum de dommages environnementaux et l'ensemble des préjudices liés à un seul et même dommage à l'environnement [64] et tantôt à sa capacité à « *prendre totalement en compte les caractéristiques du vivant : diversité dans la composition, dans l'espace et dans le temps* », « *le défaut premier à éviter [étant] de n'en considérer qu'une partie* » (G. Benest). L'exhaustivité est selon une position plus nuancée un objectif *à terme* pouvant être approché après un retour d'expérience et notamment au vu de l'évolution de la jurisprudence et des décisions préfectorales [65]. Toutefois, plus nombreuses sont les réponses mettant l'accent sur les dangers d'une prétention à l'exhaustivité et privilégiant une nomenclature non exhaustive [66]. Nous serions « *dans un domaine qui nécessite des marges d'appréciation importantes* » et il conviendrait donc de « *ne pas chercher la perfection* » (M. Badré). L'exhaustivité est en effet, selon plusieurs réponses, associée à l'intangibilité de la Nomenclature et donc aux risques d'exclusion de tout nouveau chef de préjudice sollicité dans l'avenir par les victimes [67] et de clôture définitive injustifiée du débat sur les dommages environnementaux [68]. Un autre argument présenté est qu'une nomenclature trop précise risquerait de conduire à une inflation des postes de préjudices (dont découlerait une dérive inflationniste des coûts, source d'accroissement des primes d'assurance et donc du champ de l'inassurabilité [69] et *in fine* du nombre de débiteurs insolvables et donc incapables de mener à bien les réparations [70]) et viendrait accroître le risque d'une double indemnisation des victimes [71]. Or au lieu de contribuer à créer des « *redondances pouvant donner lieu à un double paiement pour une*

61. EpE, Me Gasmi, PNF, SHERPA.
62. Me Gasmi.
63. Me Ruffié.
64. J.-P. Girod.
65. EpE.
66. AScA, CDC Biodiversité, J. Eklund, Cabinet Savin Martinet, SHERPA.
67. Cabinet Savin Martinet.
68. AScA.
69. FFSA.
70. Me Gasmi.
71. Cabinet Savin Martinet.

même atteinte à l'environnement » (EpE), défaut majeur identifié par plusieurs réponses, l'une des qualités de la Nomenclature devrait précisément être de permettre de les éviter [72] et « in fine *de maîtriser le risque de dérive inflationniste attaché à une liste de préjudices* » (Me Gasmi). Enfin, plusieurs réponses font état du risque qu'une nomenclature détaillée soit prématurée [73] et contribue davantage à figer qu'à promouvoir ce domaine en mouvement qu'est la réparation du dommage environnemental [74]. L'accent devrait donc être mis sur la structure de la Nomenclature et sa logique [75]. Une nomenclature « *générale et limitée à un inventaire, par grandes catégories, des typologies de préjudices* » réparables (Me Bouquet-Elkaïm) permettrait tout autant de « *couvrir tout le champ concerné, une fois et une seule* » (M. Badré) et serait du reste plus facilement compréhensible et utilisable [76], y compris à l'étranger [77].

Des positions médianes ont toutefois été exprimées qui, sans prétendre à l'exhaustivité, évoquent des modalités de modulation de l'exhaustivité de la Nomenclature. Une nomenclature de forme « arborescente » pourrait ainsi permettre d'« *adapter le niveau deprécision à l'objectif poursuivi* » (PNF) [78]. L'affinement progressif du degré de précision de la Nomenclature grâce au retour sur expérience est également suggéré [79].

L'on rejoint ici **le débat sur l'intangibilité dans le temps de la Nomenclature ou sa nécessaire adaptabilité**. S'il s'est trouvé des partisans de l'exhaustivité de la Nomenclature, paradoxalement, aucune réponse n'a clairement invoqué son intangibilité au titre des qualités qu'elle devrait présenter. Une réponse a certes mis en avant que si elle changeait trop souvent, elle serait « *difficilement appropriée* » et ne constituerait pas « *un référent commun* » (PNF). Une autre, celle-là même qui souhaitait que l'exhaustivité soit un objectif à terme, a souhaité que la Nomenclature ne soit ouverte et donc adaptable que dans un premier temps et « *au cours d'une période nécessairement limitée* » (EpE). Toutes les autres réponses sur ce point ont admis la nécessité d'une nomenclature évolutive, c'est-à-dire susceptible de s'enrichir de nouveaux postes de préjudices, et éventuellement donné des méthodes permettant de procéder aux adaptations nécessaires. Selon les points de vue exprimés, la Nomenclature se doit d'être évolutive

72. EpE.
73. J. Eklund, FFSA.
74. J. Eklund.
75. AScA.
76. AScA.
77. J. Eklund.
78. PNF note ainsi que « *par exemple pour adapter des barèmes environnementaux, une nomenclature devra être assez fine. En revanche pour un suivi statistique destiné à la communication nationale, des agrégations seront indispensables* ».
79. DERVENN.

pour des raisons différentes. D'une part en raison de notre connaissance très parcellaire de l'environnement dont découle notre impossibilité technique à catégoriser de façon exhaustive et à évaluer correctement toutes les atteintes venant l'affecter [80]. D'autre part en raison de l'évolution de la rareté ou de la fragilité des écosystèmes [81]. Enfin, du fait de la nécessité de laisser « *les dynamiques instituantes [...] s'exprimer dans le cadre de la nomenclature* » [82]. Selon les cas, ce seraient donc l'évolution des connaissances scientifiques permettant de détecter de nouvelles atteintes à l'environnement ou de mieux en évaluer les impacts [83], l'évolution de l'état de conservation des écosystèmes [84] ou l'évolution de la perception sociale de l'environnement et des dommages l'affectant [85] qui présideraient à l'évolution de la Nomenclature. Quant aux instances dont les décisions ou les travaux impulseraient cette évolution de la Nomenclature, les réponses ont évoqué tant la jurisprudence [86], que la doctrine ou les préfectures [87]. La souplesse de la Nomenclature serait rendue possible par la case « autres » que plusieurs réponses suggèrent d'y intégrer [88] ainsi que par des procédures souples de révision [89]. Le caractère évolutif de la Nomenclature devrait permettre d'éviter le risque que, prématurée, elle conduise à figer un champ très évolutif.

En outre, plusieurs réponses ont vu dans **la large application de la Nomenclature** une des qualités qu'elle devrait revêtir. Cette vaste applicabilité s'entendant aussi bien au niveau national où cet instrument doit pouvoir trouver à s'appliquer tant devant l'ordre judiciaire qu'administratif [90], qu'au niveau communautaire. Pour faciliter sa reconnaissance ou son adoption dans les pays de l'Union européenne et pour qu'elle puisse trouver à s'appliquer à propos de dommages transfrontaliers, il serait souhaitable d'une part que le vocabulaire retenu par la Nomenclature soit en harmonie avec les textes juridiques communautaires et d'autre part qu'elle soit traduite en anglais, de manière à réduire les ambiguïtés issues des différences entre systèmes juridiques continentaux et *common Law* [91].

Plusieurs réponses ont par ailleurs insisté sur **les qualités que devrait revêtir la détermination des préjudices retenus par la Nomenclature**. Une réponse

---

80. CDC Biodiversité, Cabinet Savin Martinet.
81. DERVENN.
82. AScA.
83. Me Bouquet-Elkaïm, CDC Biodiversité, Cabinet Savin Martinet.
84. DERVENN.
85. AScA.
86. EpE, Me Ruffié.
87. EpE.
88. Parc national des Écrins, PNF.
89. Voir question 6.
90. Cabinet Savin Martinet.
91. EpE. La FFSA souhaite également que la Nomenclature « *fasse l'objet d'une réflexion à l'échelle européenne* ». J. Eklund note que « *A common European framework for environmental damage practice is desirable and would help to improve also Finnish environmental practice* ».

avance que l'une des qualités de la Nomenclature devrait être de couvrir un champ des préjudices tel que ne seraient englobés que les préjudices effectivement réparables [92]. Dans le même souci de cantonner le champ des préjudices intégrés dans la Nomenclature, une réponse a mis en lumière que « *la volonté d'inscrire certains postes – ex : préjudices futurs et incertains – dans la Nomenclature pourrait accroître le domaine de l'inassurable* » (FFSA) [93] et plusieurs parties prenantes ont insisté sur la nécessité de ne faire figurer parmi les atteintes futures à l'environnement que celles qui sont prévisibles [94]. D'autres réponses ont mis en avant la nécessité que les catégories retenues reposent sur une approche objective en termes de dommages, sans empiéter sur la question du lien de causalité, du fait générateur ou sur la détermination du préjudice, qui devront prendre en compte les circonstances particulières de chaque espèce [95]. Enfin, une réponse évoque la nécessité (notamment pour garantir l'acceptation et l'utilisation de la Nomenclature) de tenir compte, lors de la détermination des préjudices, des limites que représentent les coûts et l'importance des moyens à déployer pour évaluer certains impacts : la Nomenclature ne doit pas avoir pour conséquence d'impliquer des évaluations trop coûteuses [96].

Enfin, plusieurs parties prenantes insistent sur le fait que la Nomenclature, bien qu'elle ne constitue pas un barème d'indemnisation, doit **se rapprocher des démarches d'évaluation**. Ainsi, une réponse fait état de la nécessité pour la Nomenclature d'être « *rapprochée (ou rapprochable) [...] des démarches d'élaboration d'indicateurs, dans chaque domaine environnemental (eau, biodiversité,*

92. Selon M. Badré, qui dresse un parallèle entre la notion de « préjudice réparable » et celle des « *impacts à compenser (par opposition à ceux qu'il faut absolument éviter), une nomenclature mal faite (ou trop bien faite) peut créer des illusions de maîtrise de phénomènes relevant de l'absence de connaissances suffisantes (cf. domaine des risques naturels ou technologiques, ou sanitaires)* ». Dans le même sens, PNF s'interroge sur la possibilité de prendre en compte « *les dommages environnementalement irréparables : par exemple la destruction de la dernière population de tel manchot en Antarctique* ».

93. La FFSA note à ce titre que « *les préjudices environnementaux futurs, c'est-à-dire ceux postérieurs à la date de stabilisation [...], pourraient supposer des engagements non délimités en termes temporels et par conséquent en termes économiques, ce qui est proprement incompatible avec l'opération d'assurance* ».

94. V. notamment la réponse de Me Gasmi. Cf. Question 5.

95. Me Bouquet-Elkaïm, Cabinet Savin Martinet. Dans le même sens, plusieurs réponses insistent sur la nécessité pour la Nomenclature de ne pas porter atteinte à la libre appréciation du juge qui doit statuer en son intime conviction.

96. CDC Biodiversité note ainsi que « *bien que la technique le permette, certains effets ne sont pas étudiés car ils impliquent des moyens importants et coûteux : par exemple, les effets d'un impact à une échelle géographique plus large que celle de l'étude, les effets d'un impact dans le temps, les effets d'un impact au niveau intraspécifique (qui pour être précises nécessitent le recours à des marqueurs génétiques)* ».

risques, etc.) » [97]. Une autre met en avant que la Nomenclature devrait avoir pour qualité d'articuler les différents préjudices qu'elle définit avec des méthodes d'évaluation pertinentes au cas par cas [98].

Pour finir, plusieurs parties prenantes ont estimé que la Nomenclature devrait avoir pour qualité d'être structurée d'une manière telle qu'elle permette, face au « *risque d'interpénétration et de cumul entre la responsabilité civile et la responsabilité environnementale* » (ASSURPOL), de « *distinguer les régimes de responsabilité et de clarifier leur articulation* » (FFSA) [99].

SECTION 3
L'ARCHITECTURE DE LA NOMENCLATURE

De nombreuses réponses se sont révélées favorables à **la distinction entre d'un côté les préjudices qui affectent l'homme** *via* l'environnement et de l'autre ceux qui affectent l'environnement en tant que tel [100]. Certes, là où le groupe de travail parlait pour les premiers de « préjudices subjectifs » et pour les seconds de « préjudices objectifs », plusieurs réponses ont préféré des dénominations alternatives [101], sans que le fond de la distinction n'en soit pour autant remis en cause. Plusieurs réponses contestent toutefois la pertinence de cette distinction. Une réponse admet la possibilité de cette distinction tout en la

97. M. Badré note à cet égard que « nommer et mesurer sont deux démarches assez fortement liées » et qu' « *il y a beaucoup de travaux, souvent inaboutis, sur les indicateurs, qui reposent, au moins implicitement, sur des nomenclatures* ». G. Benest énonce quant à lui que « *si un tel barème n'est pas la vocation de la nomenclature, il en sera inévitablement une suite logique, surtout préparée par les travaux [...] du CAS* ».

98. AScA.

99. C'est également le souhait exprimé par EpE.

100. AHJUCAF, ASSURPOL, M. Badré, H. Brunet-Lecomte, CDC Biodiversité, J. Eklund, EpE, Me Gasmi, ONCFS, PNF, Cabinet Savin Martinet, SHERPA. Une réponse s'éloigne toutefois beaucoup non seulement de la distinction entre préjudices subjectifs et objectifs, mais de toutes les distinctions proposées par le groupe de travail. V. Rigas propose ainsi de structurer la Nomenclature autour d'une bipartition entre d'un côté les préjudices environnementaux (englobant les principales ressources naturelles et écosystèmes) et de l'autre les préjudices « culturels » (incluant, pour leur part, les dommages affectant les musées, les monuments, les antiquités, voire « *l'héritage culturel européen* »).

101. Exemples de distinctions proposées : « les dommages aux biens ou aux personnes, dits dommages traditionnels en assurance » d'un côté et les « *dommages aux éléments naturels – appelés dommages environnementaux* » de l'autre (ASSURPOL) ; le « *préjudice écologique pur* » d'une part, les « *atteintes causées aux personnes* » de l'autre (H. Brunet-Lecomte) ; les « *préjudices personnels* » et les « *préjudices écologiques purs* » ou encore les « *dommages subis par l'environnement* » et les « *préjudices subis par un sujet de droit* » (EpE) ; le « *préjudice écologique pur* » d'une part et le « *préjudice écologique subjectif* » de l'autre (Cabinet Savin Martinet).

nuançant par l'observation selon laquelle « *ces aspects sont en pratique souvent liés, voire indissociables* » (H. Brunet-Lecomte). Allant plus loin, deux réponses mettent en avant que l'homme n'est nullement absent des préjudices objectifs. D'une part, parce que c'est bien à travers un regard humain que ceux-ci sont appréhendés [102]. D'autre part, parce que le préjudice écologique serait, en ce qu'il affecte le lien intime entretenu par toute personne avec son environnement, en partie au moins un préjudice moral [103]. Selon cette seconde position, il conviendrait donc que la Nomenclature soit non pas fondée sur la bipartition entre « préjudices subjectifs » et « préjudices objectifs » mais articulée notamment autour de la distinction entre d'un côté le « préjudice écologique pur » et de l'autre le « préjudice moral écologique ». Ce dernier serait à tel point spécifique qu'il ne saurait être absorbé par la catégorie des « préjudices subjectifs extrapatrimoniaux » liés à un dommage environnemental, qu'il conviendrait de préserver par ailleurs [104]. De telle sorte que, toujours selon cette même réponse, l'architecture de la Nomenclature devrait reposer sur cinq piliers : a) « *le préjudice écologique pur* » ; b) « *le préjudice moral environnemental* » [105] ; c) « *le préjudice corporel né d'atteintes à l'environnement* » [106] ; d) « *le préjudice patrimonial né d'atteintes à l'environnement* » ; e) « *le préjudice extrapatrimonial né d'atteintes à l'environnement* ».

Pour prendre en compte la spécificité des atteintes à l'environnement qui affectent le lien intime qui relie l'homme à son environnement, une autre piste avancée consiste à critiquer **la distinction entre les « préjudices subjectifs patrimoniaux » et les « préjudices subjectifs extrapatrimoniaux »** – par ailleurs admise par bon nombre de réponses [107]. Ainsi, les représentants d'AScA, s'appuyant sur plusieurs études qu'ils ont menées, affirment que certains préjudices classés parmi les « préjudices subjectifs extrapatrimoniaux » n'adviennent

---

102. AScA.

103. À l'appui de cette position, Me Bouquet-Elkaïm note d'une part que c'est bien parce que l'homme souffre directement des atteintes causées à l'environnement en tant que tel, « *ne serait-ce qu'au niveau psychologique et philosophique* » que le concept de préjudice écologique pur a pu être consacré. Il note d'autre part que la jurisprudence appréhende pour une large part le préjudice écologique comme un préjudice moral. Sa réponse rejoint celle d'AScA sur la nécessité de reconnaître la spécificité de l'atteinte intime générée chez l'homme par une atteinte à son environnement. Mais alors que Me Bouquet-Elkaïm en déduit la nécessité de distinguer le « *préjudice écologique pur* » du « *préjudice moral écologique* », pour AScA il convient de créer une catégorie spécifique de préjudice, le préjudice affectant le lien homme-environnement (*infra*).

104. La catégorie des préjudices extrapatrimoniaux englobe donc, selon Me Bouquet-Elkaïm, les « *troubles de jouissance et l'atteinte à l'image ou à la réputation* ».

105. Selon Me Bouquet-Elkaïm, « *l'importance de ce préjudice peut varier en fonction de la proximité géographique avec le site affecté, en fonction de critères culturels, ou encore de la valeur symbolique des éléments de l'environnement qui sont affectés* ».

106. Cf. Question 4.

107. AHJUCAF, Me Gasmi, ONFCS, PNF, Cabinet Savin Martinet.

pas à l'homme *via* l'environnement mais consistent en une atteinte directe au lien consubstantiel qui le lie à son environnement [108]. Il conviendrait donc de les singulariser en créant une catégorie spécifique dédiée aux préjudices « aux liens homme-environnement ».

Si **la distinction entre préjudices directs et indirects** a recueilli l'accueil favorable de plusieurs réponses [109], elle a, elle aussi, fait l'objet de critiques. La première consiste à dire que se prononcer *ab initio* sur le caractère direct ou indirect d'un préjudice revient à statuer sur l'existence d'un lien de causalité entre le préjudice invoqué et le fait générateur, c'est-à-dire à se livrer à une opération de rattachement qui n'incombe qu'au juge [110]. La seconde critique insiste sur le risque de confusion qu'une telle distinction serait susceptible de créer. Selon cette réponse, « *les critères de proximité géographique et temporelle (entre la source du dommage et ses effets) doivent être distingués* ». Le premier relève du lien de causalité, le second de la nature même du dommage environnemental, lequel peut être « accidentel », « graduel », « diffus, chronique ou historique » (FFSA). Enfin, dans la lignée de leur position quant à la spécificité de certains préjudices extrapatrimoniaux, les représentants d'AScA soulignent que les préjudices « aux liens homme-environnement » qu'ils ont identifiés sont nécessairement directs puisqu'ils n'atteignent pas les fonctions des écosystèmes dont les hommes tirent un bénéfice ou un agrément mais un lien beaucoup plus intime tissé entre l'homme et son environnement. En conséquence, l'architecture de base de la Nomenclature devrait, selon eux, distinguer trois types de préjudices :« *a) les préjudices directs à l'environnement ; b) les préjudices directs aux liens homme-environnement ; c) les préjudices indirects* via *l'environnement* », ces derniers correspondant aux préjudices qualifiés de « patrimoniaux » par le groupe de travail.

La distinction entre préjudices temporaires et permanents a été entérinée par plusieurs réponses [111] mais a également généré des critiques ou suggestions

---

108. Les réactions suscitées par les marées noires chez les populations qui sont rapportées dans la réponse d'AScA ont été formulées en des termes aussi évocateurs que : « *Les gens ont réagi comme s'ils étaient personnellement touchés » ; «c'est l'identité aussi qui était touchée* » ; « *j'ai été blessée dans ma bretonnité* » ; « *c'est le sentiment de viol du pays, donc ça touche à la personnalité* » ; « *il y a un ressort économique ; un ressort écologique ; et un ressort existentiel qui fait ressentir une marée noire comme une atteinte à la dignité et comme une sorte de viol touchant intimement chacun à travers son sentiment d'appartenance à ce littoral* ».

109. AHJUCAF, M. Badré, ONCFS, PNF.

110. Me Bouquet-Elkaïm.

111. AHJUCAF, M. Badré, Me Gasmi, ONCFS, PNF, Me Ruffié, Cabinet Savin Martinet. Le cabinet Savin Martinet évoque la nécessité de constituer à côté de la distinction entre préjudices temporaires et permanents, une distinction entre les « *préjudices actuels* » et les « *préjudices futurs* ». Me Gasmi évoque les « *préjudices immédiats et temporaires* ». Me Ruffié se rallie à l'idée de partir de la « *notion de consolidation environnementale après dommages dont la date probable ou effective pourrait être fixée par voie d'expertise* ».

d'adaptation. Quelques réponses reprennent à leur compte la proposition du groupe de travail d'ajouter, pour les seuls préjudices subjectifs extrapatrimoniaux, à côté des préjudices temporaires et permanents, la catégorie des préjudices « évolutifs ». Tandis qu'une réponse cantonne le caractère évolutif des préjudices aux seuls préjudices extrapatrimoniaux [112], une autre tend à en faire une catégorie générale, applicable à tous les postes de préjudices [113]. Une réponse critique néanmoins le poste des préjudices subjectifs extrapatrimoniaux évolutifs en arguant que ceux-ci ne sont pas réparables et sont, qui plus est, très difficilement évaluables [114]. D'autres évoquent la nécessité de prendre en compte le caractère réversible ou irréversible du préjudice [115]. Une réponse invite par ailleurs à relativiser la prise en compte du caractère temporaire ou permanent du préjudice dans la mesure où « *ce critère de distinction intéresse avant tout la gravité du dommage mais seulement dans un second temps sa nature* » (Me Bouquet-Elkaïm). Enfin, la réponse d'AScA remet en question la pertinence de cette distinction pour ce qui est des préjudices extrapatrimoniaux, lesquels seraient permanents par nature et propose donc pour ces préjudices-là de « *remplacer la notion de temporalité du préjudice par celle de gravité, plus adaptée pour traiter de préjudices moraux* » [116].

SECTION 4
PROPOSITIONS DE TYPOLOGIES DE PRÉJUDICES RÉPARABLES

Il est extrêmement difficile de rendre compte ici de la diversité et de la richesse des suggestions de typologie fournies par les parties prenantes. Nous ne reviendrons donc pas sur certaines propositions de classification déjà recensées,

112. Me Gasmi n'intègre les préjudices évolutifs que dans la catégorie des préjudices subjectifs extrapatrimoniaux et les définit comme les « *préjudices liés à une évolution prévisible de la pollution* ».

113. DERVENN.

114. ASSURPOL.

115. Il s'agit dans un cas de faire cohabiter le critère de réversibilité ou d'« *irréversibilité naturelle* » avec la distinction proposée entre préjudices temporaires et permanents (PNF). Dans l'autre, il s'agit de substituer la distinction entre préjudices réversibles et irréversibles, « *plus proche du domaine de l'environnement* », à celle entre préjudices temporaires et permanents (EpE).

116. Les enquêtes menées par les sociologues d'AScA les conduisent à apparenter les préjudices extrapatrimoniaux à des « traumatismes » par nature permanents « *même si leur gravité s'apaise avec le temps* ». La distinction entre le temporaire et le permanent « *ne s'y applique donc pas, ou en tout cas pas de la même manière* ». Par ailleurs, « *l'importance de ce préjudice n'est pas nécessairement corrélée à l'ampleur du dommage infligé à l'environnement lui-même ni à son degré d'irréversibilité* ».

et placerons la focale sur les propositions relatives à la structuration de la catégorie des « préjudices objectifs » causés à l'environnement (§ 1) et sur certains points saillants des questions qui se posent dès lors que l'on cherche à déterminer quels « préjudices subjectifs » causés à l'homme doivent être intégrés dans la Nomenclature (§ 2).

§ 1. – La structuration de la catégorie des préjudices « objectifs » causés à l'environnement

Les réponses proposent différentes structurations de la catégorie des préjudices affectant l'environnement en tant que tel mais les propositions rendent toutes compte d'un double exercice de qualification visant d'une part l'élément environnemental affecté et d'autre part la nature de l'atteinte.

La qualification de l'élément environnemental affecté. Presque toutes les réponses sur ce sujet vont dans le sens de la nécessité d'établir une distinction en fonction du type d'environnement affecté. Pour schématiser, il conviendrait à cet égard de distinguer entre d'un côté les atteintes aux ressources naturelles (eau, sols, air [117]) et de l'autre les atteintes aux espèces animales et végétales [118].

La manière d'aborder les atteintes affectant les habitats naturels diverge toutefois. Parfois, celles-ci sont présentées comme une catégorie en tant que telle, appelée à figurer à côté des atteintes aux ressources naturelles et des atteintes aux espèces animales et végétales [119]. Parfois, elles sont absorbées dans les atteintes aux ressources et milieux naturels [120] ou dans les atteintes aux « *espèces et habitats naturels* » (Me Gasmi).

De nombreuses réponses s'attachent également à caractériser davantage la nature de l'élément environnemental affecté. La nécessité de dénommer précisément l'espèce ou l'espace affecté ne prête guère à discussion. Les prises de

117. Les atteintes affectant l'air ne sont pas prises en compte par toutes les réponses. Le cabinet Savin Martinet n'envisage que les atteintes aux sols et aux eaux par exemple.

118. AScA, M. Badré, Me Bouquet-Elkaïm, CDC Biodiversité, A. Charlez, Me Gasmi, PNF, Cabinet Savin Martinet. PNF évoque par ailleurs la nécessité de prendre en compte, au même titre que les dommages affectant les ressources naturelles, les espèces animales et végétales et les habitats naturels, « *les atteintes à la Biosphère et à son fonctionnement global* » incluant notamment « *la modification du climat* » ou « *la destruction de la couche d'ozone* ». M. Badré indique pour sa part qu'il conviendrait ici de « *se caler d'aussi près que possible sur les nomenclatures données dans les annexes des deux directives 85/337 et 2001/42 [...] donnant le contenu imposé des thèmes à traiter dans les évaluations environnementales* ».

119. Me Bouquet-Elkaïm, CDC Biodiversité, PNF.

120. A. Charlez, Cabinet Savin Martinet.

position divergent en revanche quant à la prise en considération du statut protégé ou non de l'élément environnemental affecté, ou encore de son caractère ordinaire ou exceptionnel [121].

Certaines propositions font de « *la reconnaissance statutaire* » (G. Benest) accordée à tel ou tel élément environnemental ou de son caractère « *patrimonial* » (AScA) un critère de distinction pertinent, soit qu'elles distinguent en plusieurs catégories les atteintes à la nature ordinaire d'un côté et les atteintes à la nature protégée ou patrimoniale de l'autre [122] ; soit qu'elles se focalisent ou n'intègrent dans la Nomenclature que les espèces ou espaces protégés [123]. D'autres réponses n'érigent pas le caractère protégé ou patrimonial d'une espèce ou d'un espace en critère de classification [124], ce qui n'exclut pas qu'elles puissent par ailleurs inviter, pour caractériser l'élément environnemental affecté : soit à simplement mentionner le statut juridique de l'élément environnemental considéré, et alors le caractère protégé devra être évoqué au même titre que le caractère chassable par exemple [125] ; soit à prendre en compte l'état de conservation, bon ou mauvais, de l'espèce ou du milieu considéré [126].

---

121. Selon les cas, il est fait référence au caractère protégé, patrimonial ou constituant l'habitat privilégié d'une espèce protégée de tel espace naturel ; au caractère protégé, patrimonial ou exceptionnel de telle espèce.

122. AScA, Me Bouquet-Elkaïm, EpE ; EpE suggère de distinguer, au sein des préjudices affectant l'environnement en tant que tel, ceux qui relèvent du champ d'application de la directive 2004/35/CE et ceux qui n'en relèvent pas. EpE voit en effet dans cette distinction un moyen pour la Nomenclature de contribuer à clarifier l'articulation entre le régime issu de la directive 2004/35/CE précitée et le droit commun. Les espèces et habitats naturels protégés à distinguer sont donc celles et ceux qui entrent dans le champ d'application de ladite directive.

123. La typologie établie par DERVENN repose notamment sur la bipartition entre les atteintes aux écosystèmes d'un côté et les atteintes aux espèces patrimoniales de l'autre. Le cabinet Savin Martinet distingue pour sa part les « *préjudices causés au sol et aux eaux d'un côté et aux espèces, aux habitats protégés et aux ressources naturelles de l'autre* ». Quant à la CDC Biodiversité, elle rappelle que « *seuls les impacts sur la biodiversité protégée sont compensés. Les atteintes à la nature non protégée, couramment appelée "ordinaire", ne sont, elles, pas ou rarement évaluées et la cible de mesure compensatoire. Pourtant, les textes réglementaires ne discriminent pas la biodiversité "ordinaire" de la biodiversité protégée. Le service juridique du ministère de l'écologie a, à ce propos, indiqué à CDC Biodiversité qu'à ses yeux, la compensation s'applique à la biodiversité dans son ensemble. Avant 2007, seules certaines espèces étaient protégées, pas leurs habitats. Cette situation a évolué depuis la publication, en 2007, des arrêtés mettant à jour les listes d'espèces protégées. Pour certains taxa, par exemple les mammifères et les insectes, sont dorénavant protégés les zones de repos et de reproduction de l'espèce. Pour les oiseaux en revanche, du fait de la difficulté à définir ces zones, seuls les individus, les œufs et les nids restent protégés. Les écosystèmes en tant que tels ne sont donc pas protégés par la loi, sauf s'il s'agit de zones humides (loi sur l'eau) ou indirectement via des outils de protection d'espaces (parcs nationaux, réserves naturelles, sites classés, sites Natura 2000, etc.). Dans ce contexte, il peut parfois être difficile de justifier, donc d'imposer, une mesure compensatoire* ».

124. G. Benest, CDC Biodiversité, A. Charlez, Me Gasmi, PNF.

125. A. Charlez.

126. G. Benest, CDC Biodiversité, A. Charlez.

La capacité de résilience de l'espèce ou du milieu est également un critère de qualification largement retenu [127]. Il s'agit alors non seulement de prendre en compte la « *possibilité ou non d'une restauration spontanée* » (H. Brunet-Lecomte) mais également de prendre acte du fait que certains dommages environnementaux peuvent avoir, à l'instar d'un incendie, « *des conséquences très bénéfiques pour la biodiversité : l'évolution et l'adaptation des écosystèmes seront stimulées* » (DERVENN).

Une autre manière de caractériser l'élément environnemental affecté consiste à évaluer la quantité de cet élément qui est touchée (surface, nombre d'individus ou de stations affectés) [128].

Une réponse suggère enfin de caractériser « *l'échelle locale et globale* » à laquelle intervient l'élément environnemental affecté, c'est-à-dire d'évoquer « *le réseau fonctionnel (au sens de connexion, corridor)* » auquel il participe et de mentionner s'il constitue une « *escale sur des voies de migration...* » (G. Benest).

Dans le même sens, plusieurs réponses prennent en compte les fonctionnalités et services rendus par l'élément environnemental affecté dans le cadre de l'opération consistant à caractériser cet élément environnemental [129]. Toutefois, les modalités de la prise en considération des atteintes aux fonctionnalités et services rendus par l'environnement affecté divergent. Certaines réponses singularisent ces atteintes en leur dédiant une sous-catégorie autonome. C'est notamment le cas d'AScA qui établit, au sein des préjudices affectant directement l'environnement une tripartition entre : « *les dommages affectant les espèces et habitats naturels en tant qu'éléments fonctionnels pour l'intégrité et la pérennité des écosystèmes (ex : l'abeille en tant que pollinisateur indispensable aux communautés végétales), les dommages affectant les espèces et habitat en tant qu'éléments à forte valeur patrimoniale (ex : espèces rares, [...] habitats en voie de disparition [...]), les dommages affectant les individus dans la faune (ex : chaque goéland mazouté [...]).* » Dans d'autres propositions, les atteintes affectant les fonctionnalités et services sont absorbées dans la catégorie des atteintes « *aux habitats et aux milieux* » ou « *aux écosystèmes* » [130]. Enfin, il convient de noter que, selon

---

127. G. Benest, H. Brunet-Lecomte, DERVENN, PNF, Me Ruffié.

128. CDC Biodiversité, Me Ruffié.

129. Dans ce cas, les atteintes affectant les fonctionnalités et services rendus par l'élément environnemental affecté entrent dans le champ du préjudice affectant l'environnement en tant que tel. À noter toutefois que la CDC Biodiversité et Me Gasmi intègrent les atteintes aux fonctionnalités et services rendus par l'élément environnemental affecté du côté des préjudices affectant l'homme et non pas l'environnement en tant que tel. Dans le même sens, selon AScA, une partie au moins des services rendus par la nature, ceux qui bénéficient en premier lieu à l'homme, doivent figurer au titre des préjudices subjectifs (*infra*).

130. DERVENN, PNF.

plusieurs réponses, l'atteinte aux fonctionnalités et services rendus par la nature trouve sa place, non pas du côté des préjudices écologiques, mais au sein des préjudices « *subjectifs* » [131]. Cette apparente contradiction s'explique par la nécessité de prendre en compte les services et fonctionnalités assurés par la nature à un double titre dans la mesure où ils profitent, selon les cas, à l'homme et/ou aux écosystèmes. Cette distinction tenant au bénéficiaire des services écologiques est clairement retranscrite dans la proposition de typologie d'AScA. En effet, à côté des « *dommages affectant les espèces et habitats naturels en tant qu'éléments fonctionnels pour l'intégrité et la pérennité des écosystèmes* » qui sont, comme on l'a vu, rangés au sein des « *préjudices directs à l'environnement* », AScA classe au sein des « *préjudices indirects* via *l'environnement/préjudices patrimoniaux* » les « *atteintes actuelles aux services écologiques rendus par les ressources naturelles* ».

Pour finir, systématisant ces différents critères, une réponse suggère l'organisation de la catégorie des préjudices écologiques purs selon au moins deux paramètres : « *ceux correspondant à la description de l'état des espèces et milieux et ceux présentant la dynamique des populations et le fonctionnement des écosystèmes* » (G. Benest).

La qualification de l'atteinte à un élément de l'environnement. La qualification du préjudice causé à l'environnement dépend pour partie de la qualification de l'élément environnemental atteint. Ainsi, selon plusieurs réponses, la gravité de l'atteinte doit être caractérisée et ce, notamment par référence à l'état de conservation de la ressource affectée, à son caractère protégé, ou encore à la quantité atteinte (surface ou nombre d'individus) [132]. Par ailleurs, la capacité

131. Ainsi, la CDC Biodiversité propose-t-elle la distinction entre « *une entrée visant à une qualification objective de l'atteinte* » et « *une entrée plus "anthropocentrée", s'intéressant aux fonctions écologiques et aux services rendus par la nature qui ont été impactés* ». Me Gasmi range également les préjudices affectant les services rendus par les écosystèmes du côté des « *préjudices subjectifs* ».

132. Plusieurs réponses abordent la question de la prise en compte d'un critère de gravité de l'atteinte à l'environnement, non pas ici au titre de la délimitation des préjudices devant être intégrés ou exclus de la Nomenclature (cf. question 5), mais au titre de la qualification de l'atteinte à l'environnement. C'est notamment le cas de PNF qui évoque la question de la gravité de l'atteinte comme étant liée « *à la rareté de l'espèce, à la faiblesse de ses effectifs* » et par référence à l'idée que certains dommages sont « *environnementalement irréparables* ». Me Ruffié évoque pour sa part la nécessité de prendre en compte un critère de proportionnalité, la proportionnalité pouvant « *être appliquée au facteur polluant (quantité de celui-ci notamment au regard de la surface) et au milieu atteint (surface atteinte)* ». A. Charlez invite à caractériser l'atteinte différemment selon que « *la destruction est partielle (et à quel degré) ou totale* ». Me Bouquet-Elkaïm distingue pour sa part selon que l'atteinte a pour conséquence : a) des « *atteintes à des composantes de l'environnement* » ; la « *destruction de nids, d'œufs ou d'individus appartenant à une espèce animale ou végétale* », selon les cas, protégée ou non ; ou alors la « *destruction d'une espèce animale ou végétale* » ou « *d'un espace naturel* » entendue comme la destruction totale de ceux-ci. Enfin, EpE évoque la nécessité de prendre en compte un critère de gravité qui permettrait de faire le départ entre les préjudices qui relèvent du champ d'application de la directive 2004/35/CE du Parlement européen

de résilience de l'élément environnemental atteint rejaillira sans doute sur la caractérisation du caractère réversible ou irréversible de l'atteinte, que plusieurs propositions suggèrent de prendre en compte comme critère de classification [133]. Elle aura également un impact sur la possibilité d'une remise en état (spontanée ou non, totale ou partielle), ainsi que sur le temps que cette remise en état prendra, qui devraient tous deux être évalués pour caractériser l'atteinte [134]. L'état de conservation de la ressource jouera par ailleurs sur la « *possibilité ou non de mesures compensatoires* » identifiée par une réponse comme un critère de catégorisation [135].

D'autres éléments de qualification de l'atteinte ne dépendent pas du milieu affecté. Ainsi, le caractère accidentel, fortuit, chronique ou incrémental du fait dommageable devrait être caractérisé selon certaines réponses [136]. En outre, le facteur polluant devra également être caractérisé [137]. Quelques réponses insistent par ailleurs sur la nécessité de prendre en compte les effets cumulatifs [138] : dans la mesure où les atteintes à l'environnement autres qu'accidentelles ne sont pas *a priori* exclues du périmètre de la Nomenclature, les atteintes légères mais régulières devraient être prises en considération par le biais de la détermination de seuils [139]. À l'inverse, certaines réponses s'opposent explicitement à l'intégration dans la Nomenclature des préjudices nés d'effets cumulatifs [140].

§ 2. – Débat autour des « préjudices subjectifs » causés à l'homme à intégrer dans la Nomenclature

Parmi les préjudices causés à l'homme à la suite d'un dommage environnemental, deux éléments retiennent l'attention : la question de la prise en compte, par la Nomenclature, des incidences que des dommages environnementaux peuvent avoir sur la santé humaine et la notion de préjudice moral reconnu aux associations de protection de l'environnement en cas d'atteinte à l'environnement.

---

et du Conseil du 21 avril 2004 sur la responsabilité environnementale en ce qui concerne la prévention et la réparation des dommages environnementaux et ceux qui n'en relèvent pas.

133. Dans les propositions de Me Bouquet-Elkaïm, d'EpE, de DERVENN et de H. Brunet-Lecomte, le critère de réversibilité de l'atteinte est structurant, les préjudices réversibles relevant d'une autre catégorie que les préjudices irréversibles.

134. A. Charlez, G. Benest, Me Ruffié, PNF.

135. H. Brunet-Lecomte.

136. EpE. La FFSA rappelle que ce sont ces items qui sont retenus par les assureurs.

137. Me Ruffié évoque la nécessité de caractériser l'atteinte en tenant compte notamment de la quantité du facteur polluant, « *notamment au regard de la surface* » affectée.

138. G. Benest, PNF.

139. G. Benest.

140. H. Brunet-Lecomte.

Pour ce qui est des atteintes à la santé humaine, trois propositions ont décidé de les intégrer dans leur proposition de nomenclature. Il s'agit dans un cas d'une entrée située au même plan que les atteintes aux ressources naturelles et les atteintes aux espèces animales et végétales, c'est-à-dire que la santé humaine fait figure de « champ environnemental » susceptible d'être affecté au même titre que la faune ou la flore [141]. Dans une autre proposition, l'« *exposition pendant des années à des risques pour la santé humaine* » est intégrée dans le champ des « *préjudices écologiques subjectifs temporaires* » [142]. Enfin, une proposition érige le « *préjudice corporel causé par une atteinte à l'environnement ou à ses composantes* » en catégorie autonome et très structurante puisque située au même rang que « *le préjudice écologique pur* », « *le préjudice patrimonial né d'atteintes à l'environnement* » ou « *le préjudice extrapatrimonial né d'atteintes à l'environnement* » [143].

Partant du constat selon lequel la jurisprudence tend souvent à réparer le préjudice causé à l'environnement sous le masque du préjudice moral reconnu aux associations de protection de l'environnement, plusieurs réponses évoquent la capacité de la Nomenclature à opérer ce qui est ressenti comme une nécessaire clarification de la notion même de préjudice moral. EpE recense ainsi plusieurs configurations dans lesquelles le préjudice moral des associations est réparé. Selon une première configuration, la reconnaissance du préjudice moral est « *fondée sur un dommage à l'environnement : c'est alors le dommage même qui porte atteinte aux intérêts défendus par l'association* ». Mais il arrive également que l'association fasse valoir son préjudice alors même que le dommage affectant l'environnement a été rapidement réparé, de sorte que le dommage n'existe plus. Dans un tel cas, le préjudice « *serait rétroactif ou persisterait dans le temps* ». Le préjudice moral peut également être reconnu en l'absence de tout dommage, sur la base de la seule non-conformité aux prescriptions réglementaires. Dans ce cas, ce serait le risque que la non-conformité a fait courir à l'environnement ou aux personnes qui serait reconnu, risque qualifié par EpE de « *futur, incertain ou même virtuel* ». Enfin, selon une autre configuration, alors même qu'aucun risque n'a été généré, les tribunaux reconnaissent tout de même l'existence d'un préjudice moral et en accordent la réparation aux associations.

Là où EpE tend ainsi à fonder la justification de la reconnaissance du préjudice moral des associations sur l'effectivité du dommage environnemental ou sur le risque d'un tel dommage, d'autres réponses insistent sur le fait que tant

141. M. Badré.
142. Cabinet Savin Martinet.
143. Me Bouquet-Elkaïm.

l'investissement personnel des membres des associations qui ont déployé de nombreux efforts mis à mal par la pollution, que les valeurs, principes et « *intérêts collectifs* » légitimes que celles-ci défendent et auxquels « *l'incivisme* » des responsables porte préjudice [144] justifient, en eux-mêmes, une réparation [145]. C'est cela que le préjudice moral reconnu aux associations viendrait réparer et non le préjudice causé à l'environnement ou le risque de survenance de celui-ci. De sorte que le préjudice moral des associations devrait, selon ces réponses, être clairement distingué du préjudice causé à l'environnement, les associations n'ayant, à la rigueur, d'intérêt à agir au titre du préjudice écologique qu'en cas de carence des autorités publiques ou lorsqu'elles assument le coût de la remise en état ou du remplacement [146]. En conséquence, il conviendrait également de distinguer clairement les sommes destinées à la réparation du préjudice causé à l'environnement et celles destinées à la réparation du préjudice moral reconnu aux associations « *avec un détail précis de l'utilisation des sommes allouées et un contrôle strict de la réalisation, si ce sont ces mêmes associations qui sont chargées de procéder à la remise en état* » [147].

SECTION 5
LES CONSÉQUENCES D'UNE ATTEINTE À L'ENVIRONNEMENT DEVANT ÊTRE EXCLUES DE LA NOMENCLATURE

Les réponses sont ici extrêmement partagées puisque la moitié retient la nécessité d'exclure certains préjudices du champ de la Nomenclature [148] tandis que l'autre moitié s'y refuse [149]. Parmi les réponses refusant toute exclusion, l'une justifie clairement cette position par la nécessité de promouvoir le principe de réparation intégrale et notamment de ne pas le sacrifier sur l'autel des

144. AScA note que ce « *préjudice consiste en une atteinte à ces principes et se manifeste, chez les personnes qui le subissent, par un sentiment d'injustice, d'indignation ou d'humiliation* ».
145. Me Ruffié, ONCFS.
146. Me Bouquet-Elkaïm.
147. C'est A. Charlez qui évoque ainsi la question de l'affectation des dommages et intérêts. Elle note par ailleurs qu'il serait « *toutefois plus opportun que ce soit un opérateur distinct des parties au procès qui intervienne pour éviter tout problème et toute discussion suggérant par exemple que certaines associations se financeraient uniquement à partir des dommages et intérêts qui leur sont alloués. En outre cela garantirait mieux l'indépendance de l'opérateur choisi* ».
148. AHJUCAF, M. Badré, G. Benest, H. Brunet-Lecomte, J. Eklund, FNSEA, Me Gasmi, Cabinet Savin Martinet.
149. AScA, Me Bouquet-Elkaïm, DERVENN, J.-P. Girod, PNF, Me Ruffié.

incertitudes quant au lien de causalité [150] ; les dommages environnementaux dont il est difficile de démêler la causalité (les pollutions diffuses notamment) auraient donc leur place dans la Nomenclature [151]. Quant aux réponses justifiant l'exclusion de certains préjudices du champ de la Nomenclature, elles visent selon les cas *grosso modo* les dommages dont la gravité justifie l'exclusion [152], les dommages dont il est impossible d'identifier les responsables [153] ou les dommages jugés les plus incertains [154].

SECTION 6
LE STATUT JURIDIQUE DE LA NOMENCLATURE

Deux questions distinctes ont en réalité été abordées dans les réponses. En premier lieu, celle de la portée juridique de la Nomenclature : son application sera-t-elle rendue obligatoire ou restera-t-elle un guide de référence à simple valeur indicative ? Celle du statut juridique de la Nomenclature en second lieu : devra-t-elle faire l'objet d'une loi, d'un décret, d'un arrêté ou d'une circulaire ou bien demeurer un « instrument volontaire » ?

Quant à la portée juridique de la Nomenclature, les réponses recueillies se répartissent en trois groupes. Les unes souhaitent que la Nomenclature reste un guide de référence à valeur indicative afin de ne pas remettre en cause le pouvoir

150. Cette réponse, qui émane de Me Bouquet-Elkaïm, affirme d'une part que l'établissement du lien de causalité relève de l'office du juge et ne rentre pas dans l'objet de la Nomenclature et d'autre part qu'il évolue au gré des connaissances, notamment scientifiques.

151. Me Bouquet-Elkaïm.

152. Le critère de gravité est présenté par plusieurs réponses comme un élément justifiant l'exclusion de certains préjudices. Selon un premier point de vue, certaines atteintes à l'environnement sont jugées trop graves/irréversibles pour être considérées comme réparables (M. Badré, G. Benest). À l'inverse, dans une autre réponse, seules les atteintes les plus graves définies comme celles *« résultant du non-respect des réglementations environnementales en vigueur »* doivent entrer dans le champ de la Nomenclature (FNSEA).

153. H. Brunet Lecomte invite à exclure du champ de la Nomenclature les *« atteintes à l'environnement présentant un caractère diffus ou cumulé qui rend impossible l'identification du responsable »*.

154. Selon le cabinet Savin Martinet, *« les préjudices éventuels, hypothétiques »* doivent être exclus de la Nomenclature ; l'AHJUCAF invite à *« préciser pour les atteintes aux ressources naturelles que les atteintes futures doivent être certaines, le préjudice éventuel ne pouvant être réparé »*. Selon Me Gasmi, *« les préjudices imprévisibles liés à des atteintes à l'environnement et qui se révéleraient à long terme [...], et donc inconnus au moment où l'atteinte à l'environnement s'est produite, devraient être exclus »* [...], seuls devant *« être indemnisés les dommages connus et prévisibles »*.

d'appréciation des juridictions et le principe de réparation intégrale [155]. Les autres appellent de leurs vœux une nomenclature à portée contraignante *ab initio* [156], qu'il s'agisse par là : a) de garantir son effectivité et de mettre ainsi véritablement fin aux maux qu'elle vise à annihiler (insécurité juridique, inégalité de traitement...) ; b) ou plus symboliquement, d'attester de l'importance des enjeux qu'elle sous-tend et de consacrer l'existence du préjudice écologique [157]. Enfin, les troisièmes penchent pour une nomenclature qui serait dans un premier temps expérimentée sur une base volontaire mais éventuellement [158] ou nécessairement [159] rendue contraignante dans un second temps.

Quant au statut juridique de la Nomenclature, les réponses recueillies peuvent être classées en quatre groupes. Parmi les réponses souhaitant que la Nomenclature ait une portée contraignante, *ab initio* ou à terme, la plupart suggèrent que cette portée soit assurée par un décret [160] car, est-il dit, une loi serait trop rigide pour que soit mise en œuvre la nécessaire évolution de la Nomenclature (sauf à donner prise à l'inflation législative). Une réponse invite cependant à ce que le décret ou l'arrêté ne soit qu'un premier pas avant l'adoption d'une loi [161]. La majorité des réponses opte toutefois pour un statut de circulaire diffusée auprès des professions concernées [162], instrument qui présenterait le double avantage de permettre l'évolution de la Nomenclature et de concilier la libre appréciation des juges avec la reconnaissance de son importance par un dispositif réglementaire [163]. Enfin, quelques réponses font état du souhait que la Nomenclature ait le simple statut d'instrument volontaire et ne font pas référence à l'idée d'une officialisation par le biais d'une circulaire [164].

LISTE DES PARTIES PRENANTES

AHJUCAF, Association des Hautes Juridictions de Cassation des pays ayant en partage l'usage du Français, représentée par Roger Beauvois, Vice-président de la Cour de révision de Monaco

155. Me Bouquet-Elkaïm, H. Brunet-Lecomte, Me Ruffié, Cabinet Savin Martinet. H. Brunet-Lecomte avait du reste identifié « *le caractère contraignant et automatique* » de la Nomenclature comme un des défauts qu'il conviendrait d'éviter.
156. AHJUCAF, AScA, DERVENN, J.-P. Girod, SHERPA.
157. AScA, G. Benest, SHERPA.
158. J. Eklund, EpE, FFSA, PNF.
159. CDC Biodiversité.
160. J.-P. Girod, PNF, SHERPA.
161. DERVENN.
162. EpE, Me Gasmi, ONCFS, Me Ruffié, Cabinet Savin Martinet.
163. ONCFS.
164. Me Bouquet-Elkaïm, H. Brunet-Lecomte.

AScA, Bureau d'étude en gestion de l'environnement, représenté par Christophe Bouni (Docteur en économie de l'environnement), Agathe Dufour (Juriste en droit de l'environnement), Jean-Baptiste Narcy (Docteur de l'ENGREF en Sciences de l'Environnement)

ASSURPOL, Groupement français de co-réassurance des risques d'atteintes à l'environnement, représenté par son directeur général, Élisabeth Abrassart

Michel BADRÉ, Président de l'Autorité environnementale

Gilles BENEST, Docteur ès sciences en biologie animale, Professeur à l'Université Paris-Diderot, membre du groupe « Monétarisation de la biodiversité » (Centre d'Analyse Stratégique auprès du Premier ministre) et secrétaire général de Parcs Naturels Régionaux de France

Jérôme BOUQUET-ELKAÏM, Docteur en droit, Avocat au Barreau de Rennes spécialiste en droit de l'environnement.

Hélène BRUNET-LECOMTE, Ministère de l'Environnement, Direction des affaires juridiques et de l'environnement, Bureau des affaires juridiques des risques pour l'environnement

CDC Biodiversité, représentée par Brice Quenouille, Docteur en écologie marine, Chargé de mission

DERVENN, Société d'études, de conseils et de travaux spécialisée dans le génie écologique, représentée par Patrice Valentin, Directeur

Jan EKLUND, Juge au Tribunal administratif de Vaasa (Finlande)

EpE, Association Française des Entreprises pour l'Environnement

FFSA, Fédération Française des Sociétés d'Assurances, représentée par Stéphane Pénet, Directeur des Assurances de Biens et de Responsabilité

FNSEA, Fédération Nationale des Syndicats d'Exploitants Agricoles

Fahima GASMI, Avocate au Barreau de Paris, Cabinet Alerion

Jean-Pierre GIROD, Vice-président de la région Haute-Normandie délégué à l'environnement

Françoise MAUREL, Chef du Service de l'Économie, de l'Évaluation et de l'Intégration du Développement Durable du Ministère de l'Écologie

ONCFS, Office National de la Chasse et de la Faune Sauvage, représenté par Annie Charlez, Chef de la mission Conseil juridique et par la Direction de la Police

Tadashi OTSUKA, Professeur de droit de l'environnement, Faculté de droit de l'Université Waseda (Tokyo, Japon)

Parc national des Ecrins, représenté par Hervé Cortot, Conseiller scientifique

PNF, Parcs nationaux de France, représentés par Gilles Landrieu, Adjoint au Directeur et chargé des questions scientifiques et techniques.

Vasileios RIGAS, Juge à la Cour de cassation de Grèce

François RUFFIE, Avocat au Barreau de Libourne

SAVIN MARTINET Associés, Cabinet d'avocats spécialisé en droit de l'environnement

SHERPA, Association de lutte contre la criminalité économique, représentée par Marie Bourrel, Joseph Breham et Victoire Larzillière

Regard d'un écologue sur la proposition de Nomenclature des préjudices environnementaux

James ARONSON

Chercheur au Centre d'Écologie Fonctionnelle et Évolutive (CEFE/CNRS – UMR 5175), Montpellier, et au Missouri Botanical Garden, USA

Email : james.aronson@cefe.cnrs.fr

« Le premier pas vers la sagesse est de nommer les choses par des noms corrects. »

(WILSON, 1998)

SYNTHÈSE

Un des grands mérites de cette Nomenclature est de distinguer d'une part les notions de processus et fonctions des écosystèmes, et d'autre part celle de services (ou biens et services) que les écosystèmes naturels et culturels rendent aux humains. Cette distinction entre fonctions et services permet l'articulation des sciences naturelles – dont l'écologie –, avec les sciences sociales, le droit, qui touchent aux écosystèmes et à l'environnement. Encore faut-il distinguer réellement ces trois notions de processus, fonctions et services des systèmes écologiques. Cette contribution présente un lexique écologique de 22 termes d'écologie fonctionnelle, et d'écologie économique,– une nouvelle école des sciences économiques, – à l'usage des lecteurs de cette Nomenclature, ainsi qu'un schéma pour distinguer clairement entre fonctions et services des écosystèmes, et pour mieux les situer par rapport aux processus, d'un côté, et aux bénéfices et valeurs des services, de l'autre. La présente contribution aborde, entre autres, les définitions des termes espèce, habitat, milieu, et environnement, par rapport aux mots plus précis d'écosystème, de paysage, et de biome qui se placent quant à eux dans une échelle hiérarchique spatiale explicite. S'ajoute à cela un résumé du Projet TEEB (*The Economics of Ecosystems and Biodiversity*, c'est-à-dire l'Économie des écosystèmes et de la biodiversité) et de ses principales propositions.

Si le premier pas vers la sagesse est, dans chaque domaine ou discipline, de nommer les choses par des noms appropriés à leur nature, il est encore plus important de trouver un langage commun qui fasse sens lorsque plusieurs disciplines ou cultures travaillent en conjonction. Ainsi, alors que juristes, politiques et économistes s'intéressent aujourd'hui à l'environnement, je m'interroge d'abord sur ce qu'ils devraient savoir de l'écologie scientifique, et si le langage de cette discipline ne pourrait pas faciliter le discours entre l'ensemble des acteurs. De plus en plus, les dommages subis par « l'environnement » – ou pour être plus précis par les écosystèmes – et causés par l'action des hommes, sont abordés avec une analyse multicritères – à savoir par un regard à la fois économique, social et écologique. Néanmoins, ce sont les aspects écologiques qui représentent la base et le *sine qua non* de nos sociétés et *a fortiori* de nos économies sur cette planète Terre.

Les écologues ne seront sûrement jamais capables d'écrire la totalité des équations permettant de trouver un ordre au chaos que constitue chaque système naturel. Cependant, entre l'écologie des paysages (Forman & Godron 1987) et l'écologie de la restauration et de la réhabilitation (Clewell & Aronson 2010), nous avons fait des pas en avant sur la manière d'illustrer la dynamique de la structure et du fonctionnement des écosystèmes emboîtés, ainsi que la différence entre *fonctions* et *services* rendus aux hommes par des écosystèmes. Les services sont en fait des labels pour les « choses utiles » que les écosystèmes procurent à l'humanité, directement et indirectement. En revanche, les fonctions d'un écosystème sont les emboîtements nécessaires, au niveau des écosystèmes, pour que la fourniture des services s'opère. Les fonctions peuvent être évaluées – par des écologues, par exemple – sans aucune référence aux hommes. Ceci n'est pas le cas pour les services : qui dit « services » évoque nécessairement des bénéficiaires et des valeurs perçues par les hommes. Il n'en demeure pas moins que les services rendus par les écosystèmes, et les fonctions, voire la fonctionnalité de ceux-ci sont intimement liés.

En plus, la structure, les processus et les fonctions d'un écosystème sont en partie l'œuvre des organismes qui y participent. Les modifications au niveau de la biodiversité peuvent engendrer des dysfonctionnements en influant directement sur la structure et les processus écologiques de base. Les structures et processus des écosystèmes, – les chaînes trophiques et cycles de nutriments par exemple, – maintiennent les fonctions et le taux d'emploi, d'extraction ou de consommation des services écosystémiques (voir le Lexique proposé en Annexe 1).

Il est donc très louable déjà que la terminologie de l'Évaluation écosystémique du Millénaire (MA 2005) concernant les 4 grandes catégories de services des écosystèmes (régulation, approvisionnement, culturel, et support) soit prise en compte dans cette Nomenclature. Je rajouterais un élément important d'un autre projet interdisciplinaire lancé par l'ONU, le projet TEEB (*The Economics of Ecosystems and Biodiversity*, en français : l'Économie des écosystèmes et de la biodiversité) (Voir Annexe 2, pour un résumé du Projet TEEB et de ses propositions principales).

Pour visualiser les relations – « en cascade » – entre structure, processus et fonctions des écosystèmes, d'abord, et les services qu'ils rendent à l'humanité, ensuite, on peut se reporter à la Figure 1, modifiée d'après le premier chapitre du premier tome des résultats du Projet TEEB (de Groot et al. 2010). Il est surtout notable que par rapport au MA (2005), ici les « services » occupent une case à part – et donc un rôle charnière – entre les écosystèmes « en amont », et les bénéfices et valeurs perçus et appréciés par les humains, « en aval ».

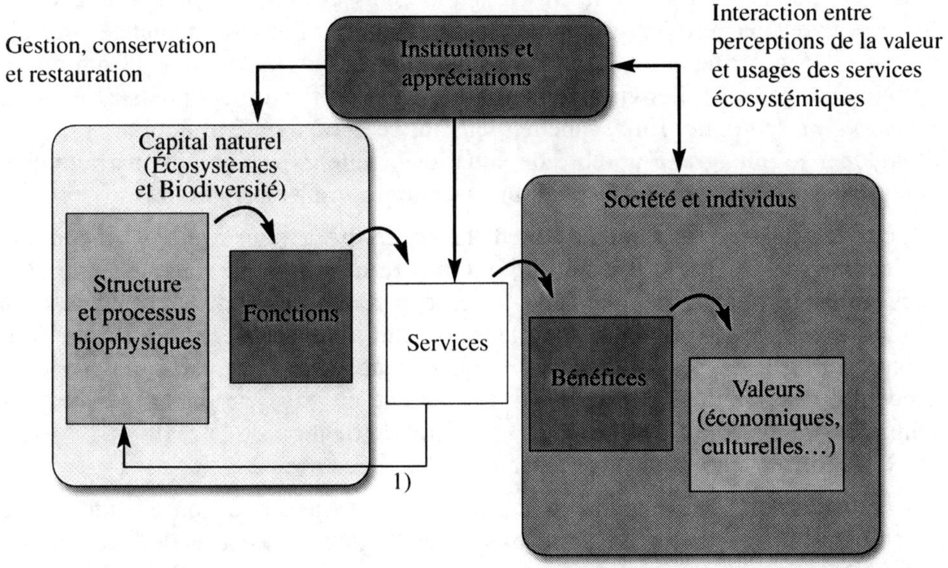

Figure 1. *Schéma en Cascade qui sépare clairement le Capital naturel de la Société avec les services des écosystèmes comme passerelle ou charnière. (Source : modifiée d'après de Groot et al. 2010, dans TEEB 2010).*

1) Une fonction est normalement impliquée dans la provision de plusieurs services et l'exploitation des biens ou l'usage des services peut affecter les structures et les processus de façon multiple. L'évaluation de préjudices liés aux dommages environnementaux devrait prendre en compte cette complexité.

Il nous faut également expliciter les termes souvent mal compris et confondus, que sont « écosystème » et « paysage », ainsi que « environnement », « espèce », et « habitat ». En fait, ces trois derniers termes usuels sont dépourvus de dimension spatiale et le plus souvent confondus avec les trois termes précédents, ce qui donne la sensation d'un « bouillon de châtaigne ».

Avant tout, il importe d'établir une échelle hiérarchique spatio-temporelle cohérente. Il est largement méconnu que, au sein des écosystèmes, tout s'emboîte à des échelles spatiales et temporelles différentes (Le Floc'h & Aronson 1995 ;

Aronson & Le Floc'h 1996, inter alia). Plusieurs systèmes écologiques s'intègrent dans d'autres systèmes de niveau hiérarchique plus élevé et comportent eux-mêmes d'autres systèmes. L'image des « poupées russes » est ici appropriée. L'échelle des systèmes vivants et évolutifs vue par les écologues peut se résumer de la façon suivante : *gène, individu, population, communauté, écosystème, paysage, biome (*ou *écorégion), biosphère.*

Or, habitat et espèce ne se trouvent pas dans cette hiérarchie d'unités, car ils ne peuvent pas être cartographiés, pas plus que « l'environnement », ou « le milieu » (Voir Annexe 1). Cela doit nous alerter sur le fait que la notion de « préjudices causés à l'environnement » n'est pas suffisamment précise, *du point de vue d'un écologue*. En revanche, dans un sens très général adopté par souci d'englober le plus grand nombre de situations, cette expression est parfaitement compréhensible et pertinente pour une démarche transdisciplinaire.

Pour les juristes, je l'entends bien, la généralité a pour vertu l'adaptabilité et l'évolutivité. À titre d'illustration, d'autres termes présents dans le Code civil sont restés inchangés depuis 1804 à l'image des notions de « préjudice » ou d'« ordre public », alors même que leur contenu a, lui, évolué. Le juriste a pour habitude d'utiliser des « standards », ou des concepts « ouverts », destinés à accueillir des réalités diverses, qui permettent au juge de saisir des réalités multiples, eu égard à l'évolution et à la complexification de la réalité (L. Neyret et G. J. Martin, communications personnelles, décembre 2011).

Ceci étant dit, je poursuis la démarche qui consiste à fournir un regard d'écologue en proposant un petit lexique écologique à l'usage des lecteurs de cette Nomenclature qui est présenté en Annexe 1 de cet article. Là, le lecteur verra que la distinction entre extinction, éradication et extirpation, par exemple, ou entre « disturbances » et perturbation participe d'une meilleure compréhension des termes inclus dans le Lexique. Enfin, rappelons qu'en anglais, on distingue « perturbation » et *disturbance*, alors qu'en français, ce dernier terme n'existe pas (voir Annexe 1 pour la distinction entre les deux). Attention donc à utiliser les traductions de termes anglo-saxons dans un sens approprié en français (cf. Bioret et al. 2009).

Alors que les juristes font fréquemment usage de termes dont la traduction présente une certaine approximation par rapport au sens premier voulu dans une autre langue, les écologues, eux en revanche, comme pour toutes les sciences de la Vie et de l'Environnement, prêtent une attention particulière à l'identité du sens des termes dans les différentes langues, et ce par souci d'une communication et d'une collaboration optimales avec les autres disciplines et la société en général.

En résumé, je plaide pour faire de cette Nomenclature un processus évolutif, apte à être utilisé et mobilisé simplement, afin de rendre de multiples services qui seront appréciés à leur juste valeur par les utilisateurs et l'ensemble des bénéficiaires, en France et ailleurs. Si le premier pas vers la sagesse – et la justice telle qu'on l'aborde dans cette Nomenclature – est d'appeler les choses par leurs vrais noms, le deuxième pas, sûrement, est de reconnaître que la Nature (= les écosystèmes et la biodiversité) est notre richesse ou capital principal, dont dépendent nos vies, notre bien-être, et notre économie.

Remerciements. Je remercie les valeureux Laurent Neyret et Gilles Martin, mes amis et collègues de longue date, Édouard Le Floc'h et Daniel Simberloff, et Mlle Bérengère Merlot, pour leur relecture critique et constructive de ce texte.

RÉFÉRENCES

J. ARONSON & E. LE FLOC'H (1996), « Que faire de tant de notions du paysage ? », *Natures Sciences Sociétés* 4 : 265-266.

J. ARONSON, S.J. MILTON & J. BLIGNAUT, ed. (2007), *Restoring Natural Capital: Science, Business and Practice.* Island Press.

A. BERQUE (1984), « Paysage-empreinte, paysage-matrice », *L'espace géographique* 12 : 3-4.

F. BIORET, R. ESTÈVE & A. STURBOIS (2009), *Dictionnaire de la protection de la nature*, Presses Universitaires de Rennes, coll. « Espaces et territoires ».

A. CLEWELL & J. ARONSON (2010), *La Restauration Écologique.* Actes Sud.

R. DE GROOT, B. FISHER, M. CHRISTIE, J. ARONSON, et al. (2010), Integrating the ecological and economic dimensions in biodiversity and ecosystem service valuation. In: *The Economics of Ecosystems and Biodiversity: Ecological and Economic Foundations.* P. KUMAR, ed. Earthscan, pp. 9-40.

R.T.T. FORMAN & M. GODRON (1986), *Landscape Ecology.* John Wiley & Sons.

E. LE FLOC'H & J. ARONSON (1995), « L'Écologie de la restauration. Définition de quelques concepts de base », *Natures, Sciences, Sociétés 3, Hors série*, 29-35.

MA (Millennium Ecosystem Assessment) (2005), *Ecosystems and Human Well-being: Synthesis. Millennium Ecosystem Assessment Series.* Island Press and World Resources Institute. Washington, D.C. [http://www.millenniumassessment.org/]

C. NEβHÖVER, J. ARONSON, J.N. BLIGNAUT et al. (2011), "Investing in Ecological Infrastructure", In: *The Economics of Ecosystems and Biodiversity in National and International Policy Making.* Patrick ten Brink, ed. Earthscan, pp. 401-448.

SER (2004), *L'ABCdaire de la restauration écologique de la SER Internationale,* Society for Ecological Restoration International Science and Policy Working Group. [http://www.ser.org/pdf/SER–Primer–in–French.pdf].

N. STERN (2006), *The Economics of Climate Change*, Cambridge University Press.

N. STERN et al. (2006), *Review on the Economics of Climate Change*. H.M. Treasury.

TEEB (2010), *The Economics of Ecosystems and Biodiversity: Ecological and Economic Foundations,* P. KUMAR, éditeur. An output of TEEB, Earthscan.

E.O. WILSON (1998), *Consilience: The Unity of Knowledge,* Vintage Books.

ANNEXE 1
Glossaire

Biens et services écosystémiques (synonyme : services naturels) : nourriture, fibres, carburants et autres matériaux et produits à valeur économique ou culturelle. Cette notion englobe également les différents biens et services à valeur économique, comme le contrôle des inondations et des érosions que les écosystèmes fournissent aux populations – le tout sans coût direct de production ou de maintien. Mesurés en termes de flux, et non pas de stock, comme c'est le cas pour le *capital naturel*, dont il existe quatre grandes catégories (voir ci-dessous). L'Évaluation des écosystèmes pour le millénaire (MA 2005) reconnaît quatre catégories : les services d'approvisionnement, de régulation, de support et les services culturels. En revanche, le projet TEEB (2010) regroupe fonctions de support et de régulation, et puis reconnaît une nouvelle catégorie « les services de l'habitat ».

Beaucoup de personnes bénéficient des « services naturels » sans en avoir conscience et n'apprécient donc pas la valeur (= importance) de la nature à son vrai niveau. Pour la même raison, les dommages environnementaux ne sont pas comptabilisés – et encore moins pénalisés et compensés – comme ils devraient l'être.

Biodiversité : diversité de la vie à tous les niveaux d'organisation (gène, individu, population, communauté, écosystème, biome...) et tous les rangs taxonomiques (par exemple, espèce, genre, famille) à un endroit donné ou en général, c'est-à-dire dans la biosphère. Il est utile et important de ne pas faire d'amalgame, comme font certains, en incluant les écosystèmes comme composant de la biodiversité, sauf éventuellement au nom de la communication grand public. Au contraire, à l'instar du MA (2005) et de TEEB (2010), il faut distinguer entre les deux concepts ; s'il faut les combiner, appelons-les *capital naturel renouvelable* (voir Figure 1). La biodiversité représente la partie vivante des écosystèmes.

Biome : ensemble d'écosystèmes de climat et végétation globalement similaires et caractéristiques d'une grande zone biogéographique (e.g., savanes, steppes, toundra, etc.).

Capital naturel : métaphore économique pour les stocks limités des ressources naturelles physiques et biologiques que l'on trouve sur Terre, d'où proviennent les flux de biens et services naturels. Il existe quatre déclinaisons de la notion de capital naturel dont a) le capital naturel dit « renouvelable », comme par exemple une forêt naturelle sur un bassin versant, avec toute sa biodiversité intacte. Les écosystèmes et la biodiversité sont en fait renouvelables en principe seulement, car si l'on « pousse » l'exploitation des biens et services qui en découlent au-delà d'un certain seuil, ils ne sont plus récupérables. Les trois autres catégories sont : b) le capital naturel « non renouvelable » comme le pétrole, le charbon, les diamants, etc. ; c) le capital naturel « réapprovisionnable » à l'image de l'atmosphère de l'eau potable ou des sols fertiles ; et d) le capital naturel « cultivé » qui regroupe notamment les cultures et les plantations forestières (MA 2005 ; Aronson et al. 2007).

Le capital naturel de types renouvelable et cultivé englobe les écosystèmes et la biodiversité (voir Figure 1) et correspond également à la notion d'« infrastructure écologique » du projet TEEB (voir Neβhöver et al. 2011). Il est à noter de façon générale que la biodiversité et le fonctionnement des écosystèmes sont en fait indissociables, surtout lorsqu'il s'agit de tenter une vraie restauration au lieu d'un simple dédommagement pour un préjudice lié aux dommages à l'environnement. Le concept de capital naturel est donc un outil majeur, et assez général, qui permet la communication et la collaboration entre écologues, juristes, économistes, et autres philosophes et journalistes.

Dégradation : détérioration et simplification progressive et graduelle d'un écosystème, avec perte de biodiversité, et dysfonctionnement, causée par des événements de stress ou des perturbations qui ont lieu avec une fréquence telle que le rétablissement initial est impossible.

La dégradation due à différents facteurs ou agents, tels que les changements climatiques anthropiques, des événements extrêmes (tsunami, etc.) et les activités humaines mal gérées sur le long terme, provoquent en général une réduction du flux des biens et services éco-systémiques.

Disturbance (emprunté de l'anglais) : événement ou processus indépendant des actions ou des activités humaines qui changent la structure, et/ou le fonctionnement des populations, des communautés biotiques, ou des écosystèmes. La distinction entre « disturbance » et perturbation est cruciale dans ce contexte, car un certain type ou gamme de « disturbances » peut très bien être une partie intégrante (= processus) d'un système écologique donné, par exemple le pâturage saisonnier par les grands herbivores dans les savanes africaines, ou les feux spontanés dans plusieurs biomes. Dans ces cas, les écologues parlent de « régimes de disturbance » alors qu'un tel terme ne s'applique jamais aux perturbations.

Environnement : la dimension physique ou factuelle d'un endroit (ou d'un *milieu*, *sensu* Berque 1984).

Écosystème : complexe dynamique formé de communautés de plantes, d'animaux et de micro-organismes et de leur environnement non vivant qui, par leurs interactions, forment une unité fonctionnelle et un niveau donné dans une échelle hiérarchique. (Comme souvent il y a des éléments qui manquent, pour les besoins de cartographie, ou d'analyse spatiale – et économique ! – on utilise des « unités de végétation » ou de milieu, sur la base d'un zonage à partir de la physionomie végétale).

Éradication : l'élimination absolue de chaque individu d'une espèce ou sous-espèce d'une région entière. Par exemple, dans la lutte contre le paludisme, on parle de l'éradication d'un pays ou d'une région entière, des moustiques anophèles porteurs de parasites du genre *Plasmodium*.

Espèce : une population ou un ensemble de populations dont les individus peuvent effectivement ou potentiellement se reproduire entre eux et engendrer une descendance viable et féconde, dans des conditions naturelles.

Extinction : élimination de chaque individu d'une espèce ou sous-espèce sur Terre. Par exemple, la dernière espèce des mammouths est attestée au nord de la Sibérie vers 1 700 ans av. J.-C. Depuis, ce groupe entier de mammifères est considéré comme éteint.

Extirpation : élimination d'une population particulière d'une espèce envahissante ou non désirée. D'autres populations peuvent survivre. Par exemple, l'extirpation des chèvres de l'île de Guadeloupe a été longtemps envisagée, mais face aux difficultés nombreuses, le projet a finalement été abandonné.

Fonction : ce qui découle des aspects dynamiques primordiaux d'un écosystème (processus), et se manifeste en termes facilement saisissable et mesurables par les écologues (par exemple, une population viable de poissons) (= fonction) découle d'une multitude de processus, et procure, par la suite, de la protéine (= service) à l'humanité, de la même manière que la purification de l'eau (= fonction) découle d'une série de processus et permet aux hommes d'obtenir de l'eau potable (= service). Cependant, rappelons que la nature des services qu'un système écologique considéré comme utile peut changer au cours du temps alors même que le système écologique lui-même n'a pas changé.

Nota : dans la Nomenclature, il est question de la « fonction d'une espèce », une notion juridique qui semble plutôt inexacte du point de vue de l'écologue mais tout à fait pertinente dans ce contexte.

Habitat : lieu où vivent les individus ou une population d'une espèce et où les conditions de vie sont propices à cette espèce ou du moins à cette population.

Milieu : une relation d'une société à un espace, un *environnement* ou un *territoire* (Berque 1984).

Nature : un terme parfaitement dénué de sens scientifique mais qui permet d'avancer le dialogue interdisciplinaire et sociétal. *Grosso modo*, c'est une métaphore pour les écosystèmes, la biodiversité, et « l'Environnement ».

Paysage : pour les écologues, c'est une mosaïque d'écosystèmes qui échangent des organismes et des matériaux. Bien d'autres définitions existent, par exemple en sciences sociales et en histoire de l'art (Aronson & Le Floc'h 1996). Pour la Convention européenne du paysage de 2000, c'est la « *partie de* **territoire** perçue par des populations et dont les caractéristiques résultent de facteurs naturels ou humains et de leurs interactions ». Mais pour nous autres écologues, c'est un assemblage d'écosystèmes qui interagissent d'une manière qui détermine des patrons spatiaux qui se répètent et sont reconnaissables (Forman & Godron, 1986 ; SER, 2004). Grâce à cette définition, le « paysage » est donc mesurable, alors que le paysage envisagé comme territoire au sens de la Convention de 2000 implique une relation entre un individus ou la société et l'espace (= l'environnement) ou la « Nature » – autant de notions difficiles à mesurer et donc difficiles à intégrer dans le droit.

Perturbation : événement naturel ou anthropique changeant la structure, le contenu ou la fonction d'un écosystème, en général de manière substantielle. Ou encore, un événement ou enclenchement graduel dont la séquence cause la dégradation de l'écosystème.

Population : (cf. Peuplement, en foresterie). un groupe d'organismes d'une seule espèce (ou sous-espèce) dont les individus peuvent effectivement ou potentiellement se reproduire entre eux et engendrer une descendance viable et féconde, dans des conditions naturelles. Normalement, tous les individus d'une population habitent au même endroit (ou pour une partie de l'année, pour ce qui concerne certains animaux). Par exemple, pour dresser un état des lieux de la population de l'ours brun dans les Pyrénées, il faut rassembler les observations des collègues français, espagnols et andorrans.

Processus : aspect dynamique d'un écosystème ou d'un paysage qui se déroule dans le temps et peut donc être mesuré en termes de taux, tels que les taux d'infiltration, d'érosion, de photosynthèse, de minéralisation, de croissance végétale, ou de dispersion de graines. Englobe également les interactions telles que les relations entre plantes vasculaires et mycorhizes (une classe de champignons), et aussi les bactéries dites rhizobiennes, et les autres relations symbiotiques, et autres relations prédateur-proie, par exemple, ou herbivore-plante palatable aux herbivores. Parfois considéré à tort comme synonyme de fonction.

Sous-espèce : au sein d'une espèce donnée, un groupe d'individus qui se trouvent isolés pour différentes raisons et qui évoluent en isolement total ou partial. Par exemple, le mouflon corse est une sous-espèce de mouflon endémique à la Corse et à la Sardaigne.

Territoire : un terme sans aucune signification écologique dans le cadre actuel mais riche de sens pour les sciences sociales et proche du terme « espace » ; rappelle en plus le mot « terroir ». Ce terme a un sens très précis dans les disciplines du comportement animal et de l'écologie du comportement animal. Ce qui rend difficile un usage précis dans le cadre juridique.

ANNEXE 2
Résumé du Projet TEEB et de ses propositions

Le projet TEEB ou Économie des écosystèmes et de la biodiversité est une étude mondiale lancée par le G8 et cinq grands pays en voie de développement qui est axée sur « le bienfait économique mondial de la diversité biologique, les coûts de la perte de biodiversité et l'échec à prendre des mesures de protection par rapport aux coûts de conservation efficace ». Le projet TEEB promeut l'intégration des valeurs économiques de la biodiversité et des services rendus par les écosystèmes dans le processus de prise de décision. Il aide à créer une plateforme de communication et de collaboration entre scientifiques, économistes, gestionnaires, décideurs dans les secteurs public et privé, ainsi qu'avec les juristes et autres gestionnaires. Le projet poursuit deux objectifs principaux : l'intégration des dimensions écologique et économique de la valorisation (de l'anglais « *valuation* », mais pas identique) de la biodiversité et des services écosystémiques sans pour autant céder à une commercialisation (de l'anglais « *commodification* », mais pas identique) de « la Nature » (c'est-à-dire, des écosystèmes et la biodiversité, ou du capital naturel renouvelable). Pour bien saisir l'importance de ces documents et de ce projet, il faut les comparer à l'absence relative de considération des aspects économiques dans le Projet MA de 2005, et à l'aspect très conservateur des calculs et cogitations économiques dans le Rapport Stern (Stern 2006 ; Stern et al. 2006) sur les aspects économiques des changements climatiques. Dans les deux cas – le Rapport Stern et le Projet TEEB – il est question du coût de l'inaction, et des bénéfices de l'action concertée face aux problèmes mondiaux de l'Environnement, mais dans le projet TEEB, l'approche est celle de la nouvelle école de pensée en sciences économiques que l'on peut appeler l'école de l'écologie économique, ou de l'économie écologique.

Le fait de distinguer clairement entre des phénomènes et emboîtements écologiques (fonctions), et leurs contributions directes et indirectes à l'humanité (biens et services), et les gains qu'ils génèrent (bénéfices) pour la société humaine aide à éviter le problème de double comptabilité qui peut surgir si certains services (en particulier de support et de régulation) contribuent à la fourniture d'autres services. Une telle différenciation est également essentielle pour la compréhension de la distribution spatiale des fonctions, afin que la fourniture de services puisse être évaluée, et que les bénéfices de ces services soient perçus.

(Pour plus d'informations, et un accès aux 5 tomes du Projet TEEB – www.teebweb.org).

Regard d'économistes sur la proposition de Nomenclature des préjudices environnementaux

Julien HAY [1]

Économiste, UMR M101 AMURE, université de Brest, auteur correspondant

Harold LEVREL [2]

Économiste, UMR M101 AMURE, Département d'Économie Maritime, Ifremer, Brest

Adeline BAS [3]

Économiste, UMR M101 AMURE, Département d'Économie Maritime, Ifremer, Brest

Pascal GASTINEAU [4]

Économiste, Laboratoire Transports et Environnement, IFSTTAR

SYNTHÈSE

Le droit français de la réparation des conséquences du dommage environnemental se situe aujourd'hui à la croisée des chemins. Dans ce contexte, disposer d'une typologie des préjudices à prendre en compte en cas de dégradation de l'environnement constitue un pré-requis utile pour une réparation intégrale et juste des dommages à l'environnement. L'objet de cette contribution est de porter un regard d'économistes sur les distinctions et les notions retenues par la Nomenclature. À cet égard, les grandes catégories de préjudices mises au jour par la Nomenclature trouvent un écho parmi les différents concepts économiques de dommages et de valeurs. En outre, du point de vue de l'économiste, l'intégration dans la Nomenclature des notions de services et de fonctions écologiques facilite de manière opportune l'articulation du droit, de l'écologie et de l'économie en vue d'une réparation cohérente des préjudices liés au dommage environnemental.

INTRODUCTION

Une audience particulière se tenait le mercredi 25 avril 2007, au tribunal correctionnel de Paris, dans le cadre du procès de l'affaire Erika. Les avocats des collectivités parties civiles regroupées au sein de l'Association Ouest Littoral

1. julien.hay@univ-brest.fr
2. harold.levrel@ifremer.fr
3. adeline.bas@ifremer.fr
4. pascal.gastineau@ifsttar.fr

Solidaire [5] (AIOLS) souhaitaient que les discussions de cette journée soient consacrées à la question de la réparation du préjudice écologique et avaient demandé à auditionner différents experts à cet effet. Cette audience était attendue. Les collectivités en question avaient fait part, lors d'une conférence de presse tenue le 2 février 2007 à Nantes, de leur intention de réclamer des réparations au titre du préjudice écologique. Elles avaient en outre indiqué détenir une étude scientifique chiffrant ce préjudice à plusieurs centaines de millions d'euros [6].

François Bonnieux, directeur de recherche à l'INRA et spécialiste d'évaluation monétaire des dommages à l'environnement, présenta l'étude scientifique en question, en sa qualité d'auteur [7]. L'économiste expliqua avoir cherché à mesurer les pertes d'agrément des résidents des trois régions membres d'AIOLS ainsi que les préjudices qu'ils auraient subis à la suite de la marée noire indépendamment de tout usage de l'environnement. Il indiqua en somme au juge Parlos que ses calculs étaient basés sur une évaluation des consentements à payer des individus et aboutissaient à une valeur totale proche de 370 millions d'euros 2005.

Peu après que l'expert eut fini son exposé, Maître Jean-Pierre Mignard, avocat des régions en question, précisa au juge que le préjudice écologique invoqué par ses clients s'apparentait en réalité à une forme juridique plus habituelle, à savoir un préjudice moral, né dans le cas présent d'une atteinte à l'environnement. Il prit également la précaution d'indiquer que l'étude produite par François Bonnieux ne visait pas à chiffrer la demande de réparation de ce poste de préjudice. Ce travail d'économie n'était porté à la connaissance du juge qu'à titre indicatif, afin de donner une idée de l'ampleur et de la nature des dommages subis par les populations des régions en question. L'avocat se tourna plus tard vers François Bonnieux et lui demanda si l'on pouvait faire correspondre la notion économique de consentements à payer, centrale dans les travaux d'évaluation économique des impacts environnementaux, avec les notions juridiques bien connues de préjudice moral, d'inquiétude ou de perte de confiance, souvent mentionnées au cours du procès. François Bonnieux ne put cacher sa perplexité à ce sujet, affirmant qu'à ses yeux les catégories juridiques habituelles de préjudices et les catégories économiques de dommages ne s'articulaient pas de manière évidente.

Cet instant d'audience illustre plusieurs difficultés importantes rencontrées en matière de réparation des atteintes à l'environnement. L'expression de préjudice

---

5. Cette association regroupe plusieurs collectivités territoriales parmi lesquelles les régions administratives Bretagne, Pays de la Loire et Poitou-Charentes.

6. Cf. dossier de presse AIOLS du 2 février 2007 « Procès Erika : les collectivités font cause commune pour obtenir réparation ».

7. F. BONNIEUX (2006), « Évaluation économique du préjudice écologique causé par le naufrage de l'Erika », Rapport INRA.

écologique, souvent mise en avant dans la presse et par les parties civiles, demeure confuse. Faute d'être clairement définie, elle contraint certains avocats à la requalifier sous des formes juridiques de préjudices plus habituelles, afin de faciliter sa prise en compte par le juge. L'exemple précédent témoigne également d'un décalage important entre deux univers, celui du droit et celui de l'économie. Il montre la difficulté persistante d'intégrer ces deux sciences dans le cadre d'un enjeu social important, celui de la prise en compte monétaire des atteintes à l'environnement. De ce fait, il est à craindre que les travaux d'économistes visant à quantifier des atteintes à l'environnement n'aient qu'un faible pouvoir de conviction dans l'enceinte d'un tribunal. Et par conséquent que les montants compensatoires accordés au titre des préjudices à l'environnement aient parfois un lien éloigné avec la réalité des dommages.

La proposition de Nomenclature des préjudices liés au dommage environnemental présentée dans cet ouvrage est de nature à résoudre quelques-unes de ces difficultés. La reprise de cet instrument dans la pratique juridique clarifierait tout d'abord le domaine de la responsabilité environnementale, en définissant différents postes de préjudices réparables en cas d'atteinte à l'environnement. Les victimes auraient ainsi davantage d'indications et d'assurance quant à la manière de conduire leurs actions en justice. De même, les parties potentiellement responsables pourraient mieux prévoir les conséquences juridiques d'une pollution. On ne doit pas perdre de vue, par ailleurs, que nommer et mesurer sont deux démarches fortement liées. En effet, comment quantifier de façon solide un préjudice si son contenu juridique n'est pas défini clairement ? De ce fait, toute Nomenclature constitue une avancée intéressante pour faciliter l'intégration entre le droit et des sciences comme l'écologie et l'économie, qui ont à dire en matière de quantification des atteintes à l'environnement.

L'objet de cette contribution est de porter un regard d'économiste sur la proposition de Nomenclature des préjudices liés au dommage environnemental. Nous exposons au préalable les enjeux économiques d'une Nomenclature des préjudices en cas d'atteintes à l'environnement (Section 1). Nous présentons ensuite plusieurs des critères mobilisés par les économistes permettant de distinguer différents types de préjudices parmi ceux liés à un dommage environnemental (Section 2). Nous abordons dans un troisième temps la question épineuse de l'évaluation monétaire des préjudices environnementaux, à laquelle les économistes consacrent de nombreux travaux (Section 3). Nous montrons enfin dans quelles mesures les critères de distinction des préjudices proposés dans la Nomenclature s'articulent avec les critères de distinction économique des préjudices, avant de souligner la dimension pragmatique de la Nomenclature qui ouvre des perspectives intéressantes dans la conduite de travaux scientifiques en appui à des demandes d'indemnisation (Section 4).

SECTION 1
LES ENJEUX ÉCONOMIQUES D'UNE NOMENCLATURE DES PRÉJUDICES LIÉS AU DOMMAGE ENVIRONNEMENTAL

Les mécanismes de responsabilité intéressent fortement les économistes, en raison de leur incidence sur les comportements des agents (§ 1). La fonction régulatrice de ces mécanismes serait d'autant plus forte que ces derniers autorisent la réparation intégrale des dommages. Il apparaît toutefois que les dommages à l'environnement ne sont pas pris en compte de la même manière d'un régime juridique à un autre, certains se montrant particulièrement restrictifs (§ 2). En France, le droit de la responsabilité admet dorénavant l'existence du préjudice écologique. Dans ce contexte, disposer d'une Nomenclature des préjudices liés au dommage à l'environnement constitue un outil précieux pour atteindre l'objectif de réparation intégrale des dommages (§ 3).

§ 1. – Les vertus prêtées par les économistes aux mécanismes de responsabilité dans le domaine environnemental

La responsabilité environnementale constitue un sujet d'étude important de l'analyse économique. Plusieurs travaux académiques ont souligné l'intérêt de s'appuyer sur des règles juridiques de responsabilité en cas d'atteintes à l'environnement, ce à différents niveaux [8] :

- sur le plan de la justice tout d'abord : dans une perspective de réparation, il paraît légitime de reconnaître un préjudice aux individus/communautés impactés au titre d'atteintes à l'environnement, et de leur attribuer à ce titre une réparation, qu'elle soit monétaire ou en nature ;
- sur le plan de la sanction ensuite : les mécanismes de responsabilité peuvent être envisagés comme des mécanismes permettant de sanctionner, s'il est jugé fautif, le comportement d'un individu ou d'une entreprise responsable d'atteintes à l'environnement ;
- sur le plan de l'efficacité et de la prévention des dommages environnementaux enfin : les règles de responsabilité, à travers le versement de montants

8. D. DEWEES, D. DUFF, et al. (1996). *Exploring the domain of accident law – taking the facts seriously*, Oxford University Press ; SHAVELL, S. (2006), « Liability for Accidents ». in A. M. POLINSKY, S. SHAVELL, (eds), *Handbook of law and economics*, Vol. 1, Harvard Law and Economics Discussion Paper No. 530. Available at SSRN: http://ssrn.com/abstract=849285 ; M.G. FAURE, J. HAY (2009), « Analyse économique de la responsabilité environnementale. Perspectives théoriques et empiriques », in C. CANS (dir.), *La responsabilité environnementale*, Dalloz, p. 85.

compensatoires qu'elles induisent, permettent de porter à la charge de toute personne responsable d'atteintes à l'environnement le coût des conséquences de ses actes. Ce faisant, elles incitent les parties potentiellement responsables d'atteintes à l'environnement à envisager l'ensemble des répercussions de leurs activités, et à entreprendre des mesures visant à prévenir autant que nécessaire leurs conséquences négatives sur l'environnement.

§ 2. – Des pratiques diverses en termes d'indemnisation des préjudices liés au dommage environnemental

Pour l'ensemble des raisons précédentes, un souhait aujourd'hui largement partagé existe parmi les économistes de voir être mis en œuvre des régimes de responsabilité permettant la réparation intégrale des préjudices liés aux dommages environnementaux. Pourtant, cette position consensuelle tranche avec la pratique de l'indemnisation des préjudices résultant des atteintes à l'environnement, variable d'un régime juridique à un autre.

À titre d'exemple, le régime international de responsabilité civile et d'indemnisation des dommages dus à la pollution par hydrocarbures (régime CLC/FIPOL) cantonne l'indemnisation des préjudices liés aux atteintes à l'environnement à la prise en charge financière des frais de lutte et de nettoyage du littoral, des pertes subies par les activités commerciales dépendant fortement des ressources naturelles (pêche, tourisme...) et du coût des mesures raisonnables de remise en état de l'environnement. Ce régime spécifique, dont les principes de réparation des dommages ont été repris dans d'autres régimes internationaux définis au sein de l'Organisation maritime internationale [9], exclut du champ de l'indemnisation tous les préjudices qui résultent bien d'un dommage environnemental mais qui n'ont aucune incidence financière, tels les préjudices moraux, ou les atteintes aux éléments naturels n'ayant aucune répercussion sur les intérêts humains. D'autres régimes, nationaux (à l'exemple de l'Oil Pollution Act de 1990 aux États-Unis) ou communautaires (Directive européenne n° 2004/35 du 21 avril 2004), se montrent en revanche moins restrictifs, reconnaissant le besoin d'une réparation en cas de dommages causés à des espèces ou habitats naturels, indépendamment des répercussions sur l'homme.

Plusieurs types de justifications sont avancés pour expliquer l'existence, et leur maintien, de barrières à une plus large réparation des dommages environnementaux. Certaines sont d'ordre juridique : la mise en œuvre des mécanismes de

---

9. B. QUEFFELEC, J. HAY, (2009), « L'évaluation du préjudice environnemental en droit international », in CUDENNEC A. et DE CET-BERTIN C. (dir.), *Mer et responsabilité*, Pedone, p. 121.

responsabilité civile s'accommoderait mieux de postes de préjudices classiques, généralement personnels et matériels. Or une part significative des atteintes à l'environnement ne vérifie pas ces conditions. Certaines atteintes environnementales n'ont aucune incidence sur les individus. D'autres encore n'affectent qu'indirectement les personnes, ou parfois de façon collective, et sans forcément avoir de répercussions financières. Des éléments scientifiques sont également mis en avant. Le fonctionnement de l'environnement est complexe et l'état actuel des connaissances ne permet pas toujours de déterminer avec le degré de certitude requis face à un tribunal la nature et l'importance des atteintes à l'environnement. En outre, cette tâche est d'autant plus difficile que l'on ne dispose généralement que de peu d'informations en matière d'états de référence des espèces, milieux et usages impactés. Enfin, une batterie d'arguments concerne la quantification des réparations à accorder. Comment attribuer une valeur monétaire aux dommages environnementaux dès lors que la Nature n'a pas de prix ? Faute de pouvoir réaliser ces calculs de manière évidente et fondée, le risque existe alors – aux yeux de certains – d'aboutir au versement de réparations dont les montants, hautement spéculatifs ou arbitraires, léseraient certaines parties et interdiraient par conséquent de rendre la justice.

§ 3. – L'importance de disposer d'une Nomenclature des préjudices liés au dommage environnemental

Le droit de la responsabilité en France se situe aujourd'hui à la croisée des chemins en matière de réparation des atteintes portées à l'environnement [10]. Les décisions rendues à ce jour dans le cadre du procès de l'Erika confirment la reconnaissance d'un préjudice écologique objectif, autonome des postes habituels de préjudices (matériel, moral...), et élargissent de ce fait le spectre de la réparation des conséquences des atteintes à l'environnement. Pour autant qu'elles vont dans le bon sens, ces décisions de justice laissent toutefois subsister de multiples interrogations quant à la manière de parvenir en pratique à une réparation intégrale des conséquences des atteintes à l'environnement. Parmi ces zones d'ombre, celles relatives aux types de préjudices réparables en cas d'atteintes à l'environnement occupent une place centrale.

Disposer d'une typologie des préjudices en cas de dégradation de l'environnement constitue un prérequis fondamental pour accompagner la bonne mise en

10. L. NEYRET, « Proposition de nomenclature des préjudices réparables en cas d'atteinte à l'environnement », in R. FAMILY et A.-S. BARTHEZ (dir.), *Responsabilité environnementale des entreprises, Environnement* juin 2009, p. 26.

œuvre de régimes de responsabilité dans le domaine des atteintes environnementales. En effet, les régimes de responsabilité ont la particularité de reposer sur des actions en justice intentées par des personnes, physiques ou morales, lesquelles sont ensuite arbitrées par un juge au regard de principes fixés par la loi. En raison de la place centrale conférée à l'initiative des individus dans ce mode de gestion des conflits, il importe que les règles du jeu soient clairement établies et connues de tous à l'avance, afin que chacun puisse anticiper avec le plus de certitudes possible ses chances de succès s'il entame une action en justice.

Cette condition est loin d'être vérifiée en France aujourd'hui, en particulier au sujet des préjudices réparables en cas d'atteintes à l'environnement [11]. Le flou qui persiste dans ce contexte est tel qu'il compromet à différents niveaux le bon fonctionnement, la pertinence et l'acceptabilité sociale d'un régime de responsabilité. L'absence de typologie claire au sujet des préjudices à prendre en compte porte tout d'abord atteinte au principe de réparation intégrale, car des demandes redondantes ne sont pas à exclure, de même que des oublis. Elle soulève également la question d'une juste réparation des préjudices liés à l'environnement et d'un traitement équitable des différentes parties, que ce soit au sein d'un même procès ou d'un procès à l'autre. Parallèlement, elle rend plus incertains les fruits à espérer des actions entamées en justice, et peut par conséquent décourager des victimes de porter leurs différends devant un tribunal. Ce manque de prévisibilité rend également délicate l'assurabilité de certains postes de préjudices. Enfin, le manque d'indications claires quant aux postes de préjudices réparables en cas d'atteintes à l'environnement n'invite pas les parties demanderesses à présenter des demandes d'indemnisation fondées et rigoureuses sur le plan scientifique. De telles demandes, dont il est raisonnable de penser qu'elles approchent au mieux la réalité des dommages, impliquent des coûts d'expertise parfois si élevés qu'il importe, pour y recourir, qu'un régime de responsabilité garantisse aux yeux des victimes des chances suffisantes de succès et de recouvrement des frais d'expertises avancés. En l'absence d'une Nomenclature des préjudices à prendre en compte, les demandes de réparation présentées risquent d'être fondées, comme ce fut le cas pour le procès de l'Erika, sur des quantifications plus discutables et de conduire à des versements d'indemnisations n'ayant qu'un lien distendu avec la réalité des atteintes à l'environnement.

Cependant, les bénéfices tirés de l'existence d'un cadre clair concernant la recevabilité et la réparation des atteintes à l'environnement (ce à quoi participe la proposition de Nomenclature) ne sont pas aussi systématiques qu'on pourrait

11. A.S. Epstein (2010), « Présentation de la nomenclature des préjudices réparables en cas d'atteintes à l'environnement », *Vertigo*, numéro hors série (8), http://id.erudit.org/iderudit/045544ar.

le croire. Quelques travaux d'économistes portent un regard plus circonspect quant aux effets à attendre des mécanismes de responsabilité en matière environnementale [12]. Ces travaux montrent, souvent sur la base d'analyses empiriques, que la mise en œuvre de régimes de responsabilité environnementale est rendue en pratique difficile, onéreuse et parfois hasardeuse. Ceci serait en partie dû au contexte spécifique des dégradations de l'environnement, qui ne permet généralement pas de répondre de manière univoque aux questions fondamentales sur lesquelles repose tout régime de responsabilité : celles de la responsabilité, du lien de causalité, de la quantification des préjudices, etc. Pour autant, ces différents travaux ne conduisent pas à remettre en cause l'intérêt de disposer d'une Nomenclature des préjudices liés au dommage environnemental, car celle-ci reste garante de davantage de clarté et de prévisibilité dans les règlements des litiges. Ils invitent seulement à ne pas se contenter d'observer qu'une telle Nomenclature constitue un prérequis utile à la réparation intégrale des préjudices en cas d'atteintes à l'environnement mais également à envisager la question complémentaire de sa mise en œuvre, afin de pouvoir mesurer pleinement ses bienfaits en pratique et apprécier ainsi pleinement sa pertinence.

SECTION 2
ÉLÉMENTS DE TYPOLOGIE ÉCONOMIQUE DES PRÉJUDICES LIÉS AU DOMMAGE ENVIRONNEMENTAL

La participation de non juristes au groupe de travail dont est issue la proposition de Nomenclature présentée dans cet ouvrage avait pour objectif d'alimenter des réflexions collectives interdisciplinaires en matière de typologie des atteintes à l'environnement. En tant qu'économistes, cette perspective nous a conduits à nous poser préalablement un ensemble de questions simples et essentielles quant à notre discipline, afin de contribuer le plus utilement possible aux discussions du groupe. S'il semble difficile d'identifier en tant que telle une nomenclature économique des préjudices liés au dommage environnemental (§ 1), l'analyse économique mobilise en revanche des notions et concepts complémentaires utiles pour fonder un travail de typologie en matière d'atteintes à l'environnement.

12. Cf. *supra*, note 8. P.S. MENELL (1991), « The limitations of legal institutions for addressing environmental risks », *Journal of Economic Perspectives*, 5(3), p. 93 ; S. M. SHAVELL (1993), « Contingent Valuation of the Nonuse Value of Natural Resources: Implications for Public Policy and the Liability System » in J.A. HAUSMAN (Ed.), *Contingent Valuation: A Critical Assessment*, Elsevier, p. 371 ; L. KAPLOW, S. M. SHAVELL (1996), « Accuracy in the assessment of damages », *Journal of Law and Economics*, 39 (1), p. 191.

En premier lieu, la dégradation de l'environnement représente un coût social qui peut être dissocié en plusieurs composantes souvent liées entre elles (§ 2). En deuxième lieu, l'économie transpose le schéma d'analyse stock/flux au fonctionnement d'un écosystème. Les économistes considèrent l'environnement comme un capital naturel dont sont issus des biens et services particuliers, les services et fonctions écologiques (§ 3). Enfin, les économistes distinguent également les conséquences des atteintes à l'environnement selon qu'il est possible ou non de leur attribuer une valeur monétaire directement à partir de prix de marché (§ 4).

§ 1. – L'existence d'une Nomenclature économique des préjudices liés au dommage environnemental ?

Une Nomenclature, économique ou non, doit vérifier un certain nombre de caractéristiques. En premier lieu, elle intègre une liste exhaustive d'éléments qui, dans le cas présent et selon les économistes, constitueraient tous une forme de préjudices liés au dommage environnemental. Ceci afin d'être universelle et donc applicable à tout type de dégradation de l'environnement. En second lieu, elle ordonne ces différents éléments de manière méthodique, en les classant de manière rigoureuse. À cette fin, elle définit des catégories de préjudices qui renvoient à des distinctions fondamentales et pertinentes du point de vue de la discipline scientifique concernée. Elle veille en outre à ce qu'aucun recoupement ne soit possible entre les catégories proposées, à ce que chaque élément relève nécessairement d'une catégorie et d'une seule, et enfin à ce que chaque catégorie contienne généralement plus d'un élément.

Ce point de référence conduit à diverses interrogations complémentaires. Existe-t-il, au sein de la communauté des économistes, une liste stabilisée, consensuelle de l'ensemble des préjudices en cas d'atteinte à l'environnement ? Par ailleurs, l'économie développe-t-elle une liste des préjudices différente de celles qui seraient proposées par d'autres disciplines ? De même, l'analyse économique propose-t-elle des critères de distinction spécifiques, qui puissent servir d'architecture à une typologie des préjudices en cas d'atteintes à l'environnement.

Le fruit de ce travail d'introspection disciplinaire est, selon nous, que l'économie ne répond que partiellement à ce qui est requis pour pouvoir proposer une Nomenclature économique des préjudices liés au dommage environnemental. Différents travaux d'économie appliquée ont été réalisés par le passé pour aboutir à une estimation monétaire aussi complète que possible du coût social de pollutions de grande ampleur [13]. Pour autant, nous n'avons pas connaissance d'une liste exhaustive, préétablie, ordonnée sur le plan de l'analyse économique et largement acceptée, des préjudices en cas d'atteintes à l'environnement. À défaut d'une réelle Nomenclature des dommages, l'économie propose cependant un ensemble de critères et de concepts pertinents, permettant d'ordonner les différents effets d'une pollution en des catégories bien distinctes. Quelques-uns de ces concepts sont présentés dans la suite de cette seconde partie.

§ 2. – Coûts d'atténuation, coûts résiduels et coûts de transaction

Les atteintes à l'environnement ont un ensemble de conséquences négatives qui constituent un coût social, c'est-à-dire l'ensemble des désagréments, financiers ou non, supportés par la collectivité consécutivement à l'altération de l'environnement.

Parmi les éléments constitutifs du coût social, il est possible de distinguer deux grandes catégories. Les *coûts d'atténuation* représentent l'ensemble des moyens humains et matériels mis en œuvre à la suite d'une atteinte à l'environnement (ou en cas d'une atteinte imminente à l'environnement) visant à en limiter, autant que possible, les conséquences négatives d'une pollution. Dans une perspective économique, cette mise en œuvre de moyens constitue un coût social du fait que ces ressources n'ont pu être affectées aux usages auxquels elles auraient été consacrées si la dégradation de l'environnement n'avait eu lieu. Les *coûts résiduels* intègrent quant à eux l'ensemble des préjudices survenus à la suite de l'atteinte et qui n'ont pas pu être évités en dépit de la mise en œuvre de moyens d'atténuation.

S'ils peuvent être distingués les uns des autres, coûts d'atténuation et coûts résiduels n'en sont pas moins liés dans la mesure où les premiers visent et contribuent à réduire les seconds. Ainsi, il existe le plus souvent une relation négative entre l'importance des mesures d'atténuation et l'ampleur finale des dommages résiduels qui peut être représentée au moyen de la figure suivante. De sorte que le coût social total d'une atteinte à l'environnement dépend de l'importance des mesures d'atténuation engagées. D'après les hypothèses retenues

13. Voir, par exemple, F. BONNIEUX, et P. RAINELLI (1991), *Catastrophe écologique et dommages économiques – problèmes d'évaluation à partir de l'Amoco Cadiz*, Economica, ou ANONYME (1984), *Coût social de la pollution par les hydrocarbures – L'exemple de l'Amoco Cadiz*, Brest, Éditions Ifremer.

dans l'illustration ci-après [14], le coût social de l'atteinte peut être très élevé lorsqu'aucune mesure d'atténuation n'est engagée, ou lorsque trop de mesures d'atténuation sont engagées (situation où les bénéfices associés à l'engagement de mesures supplémentaires sont beaucoup plus faibles que les coûts de ces mesures additionnelles).

L'art d'une bonne gestion « post-atteinte » à l'environnement consiste justement à éviter de se situer à l'une de ces deux situations polaires, et à opter pour une combinaison « coûts d'atténuation/coûts résiduels » qui contient le coût social total à un niveau raisonnable.

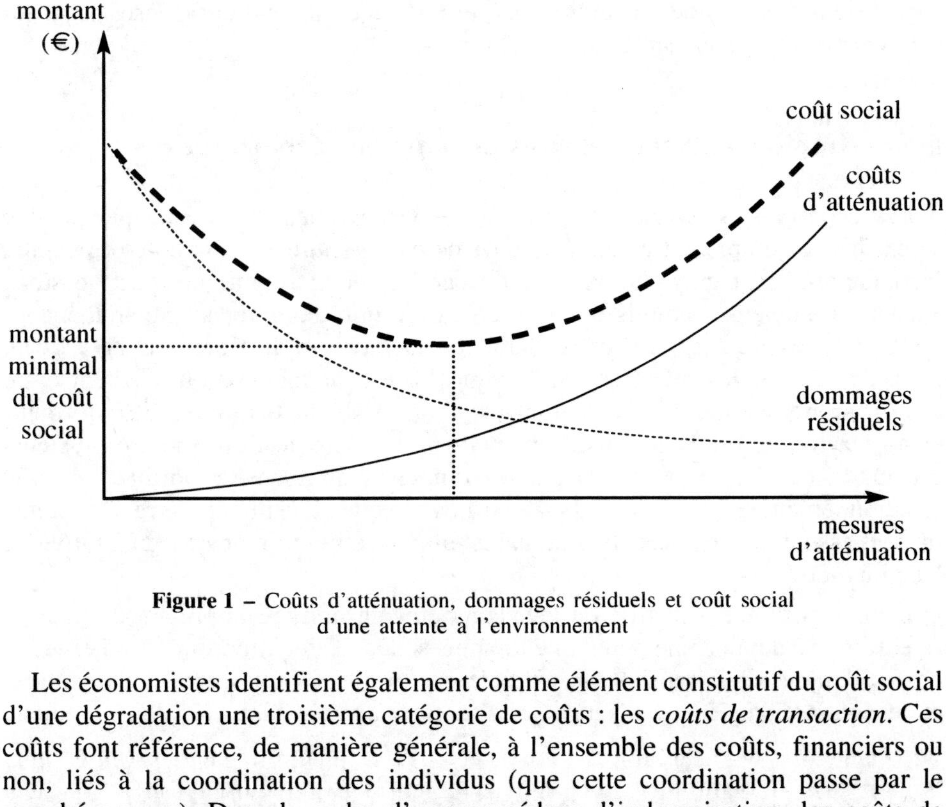

Figure 1 – Coûts d'atténuation, dommages résiduels et coût social d'une atteinte à l'environnement

Les économistes identifient également comme élément constitutif du coût social d'une dégradation une troisième catégorie de coûts : les *coûts de transaction*. Ces coûts font référence, de manière générale, à l'ensemble des coûts, financiers ou non, liés à la coordination des individus (que cette coordination passe par le marché ou pas). Dans le cadre d'une procédure d'indemnisation, les coûts de transaction incorporent des éléments divers tels que les frais de représentation pour l'ensemble des parties à la procédure, les frais de collecte d'information

14. En particulier le fait que la valeur de tous les éléments du coût social puisse être exprimée en unités monétaires. De même, les coûts de transaction sont négligés.

et de recherche pour établir des preuves, les coûts supportés par l'institution judiciaire...

En pratique, les coûts de transaction peuvent être suffisamment importants pour conduire certaines victimes à ne pas engager de procédure d'indemnisation. Le risque est alors de voir une partie des préjudices non compensée, car non invoquée [15]. Dans ces conditions, la manière dont les coûts de transactions sont pris en compte dans le cadre d'une procédure d'indemnisation a une incidence sur la réparation et la répartition finale du coût social d'une atteinte à l'environnement. En particulier, la possibilité pour les parties civiles de bénéficier d'un remboursement des frais engagés dans la procédure judiciaire est de nature à garantir que l'ensemble des préjudices seront conjointement compensés et portés à la charge du responsable de la pollution.

§ 3. – Capital naturel, services et fonctions écologiques

Les économistes envisagent souvent l'environnement selon une perspective stock/flux. Ils emploient à cet effet le terme *capital naturel*– aux côtés du capital manufacturé, du capital humain ou du capital social – pour désigner le stock existant d'éléments naturels divers (vivants ou non, comprenant notamment les sols, l'air, les espaces, l'eau, les habitats, la faune et la flore sauvage, l'eau, les écosystèmes, les processus biologiques et les interactions qui existent entre ces différents éléments), stock dont est issu au fil du temps un flux de biens et de services naturels ou environnementaux [16]. Comme l'ont montré plusieurs travaux [17], ces éléments et services environnementaux sont primordiaux dans le fonctionnement et la pérennité du support de vie que constitue la Terre. De même, ils sont essentiels pour les êtres humains, qui en retirent une part significative de leur bien-être.

Leur importance a justifié de leur consacrer un nombre important de travaux scientifiques depuis une vingtaine d'années. De cette littérature a émergé un concept aujourd'hui central dans l'étude des problématiques environnementales et des interactions Homme/Nature, celui de *service écologique* (également appelé

15. J. Hay (2006), *Analyse économique du système international CLC/Fipol comme instrument de prévention des marées noires*, thèse de doctorat de sciences économiques, université de Brest.

16. R. Costanza et H.E. Daly (1992), « Natural Capital and Sustainable Development », *Conservation Biology*, vol. 6, p. 37.

17. R. Costanza, R. d'Arge, R. de Groot, S. Farber, M. Grasso, B. Hannon, K. Limburg, S. Naeem, R.V. O'Neill, J. Paruelo, R.G. Raskin, P. Sutton, et M. van den Belt (1997), « The value of the world's ecosystem services and natural capital », *Nature*, vol. 387, p. 253. Millenium Ecosystem Assessment (2003), *Ecosystem and human well-being – A framework for assessment*, Washington : Island Press.

service écosystémique)[18]. Il est en effet possible de distinguer, parmi les biens et services issus des écosystèmes, ceux dont les êtres humains bénéficient ou non[19]. Dans le premier cas, on parle de *services écologiques*[20], c'est-à-dire « des bénéfices retirés par l'homme de processus biologiques » (Bouvron et al. 2010). Dans le second cas, on parle de *fonctions écologiques* pour désigner « les processus biologiques de fonctionnement et de maintien des écosystèmes » (Bouvron et al., 2010). Une typologie des services écologiques s'est peu à peu constituée et stabilisée, distinguant les services écologiques en quatre grandes catégories fonctionnelles (support, régulation, production et culturels) et illustrant ainsi les multiples contributions, plus ou moins directes selon les cas, des écosystèmes au bien-être des humains (cf. figure ci-après).

Services de prélèvement

Produits issus des écosystèmes

Nourriture
Bois de feu
Ressources génétiques
Produits biochimiques et pharmaceutiques
Eau
...

Services de régulation

Bénéfices issus de la régulation des processus des écosystèmes

Régulation du climat
Régulation de la qualité de l'air
Régulation de l'érosion
Purification des eaux
Régulations des maladies
Régulations des parasites
Pollinisation
Régulations des risques naturels
...

Services culturels

Bénéfices immatériels issus des écosystèmes

Valeurs spirituelles et religieuses
Valeurs esthétiques
Récréation et écotourisme
Inspiration
Héritage culturel
...

Services de support

Services nécessaires à la production de l'ensemble des autres services fournis par les écosystèmes

Cycle de l'eau
Conservation de la biodiversité
Cycle de la matière
Production primaire
Formation des sols
...

Figure 2 – Les différentes catégories de services écologiques selon le Millenium Ecosystem Assessment
(*Source :* adapté de Millenium Ecosystem Assessment, 2003 et Bouvron et al., 2010)

18. B. Fisher, R.K. Turner, et P. Morling (2009), « Defining and classifying ecosystem services for decision making », *Ecological Economics*, vol. 68, p. 643.

19. M. Bouvron, P. Teillac-Deschamps, A. Coreau, S. Hernandez, P. Meignien, D. Morandeau, et V. Nuzzo (2010), *Projet de caractérisation des fonctions écologiques des milieux en France*, Paris : Commissariat Général au Développement Durable.

20. Par simplification, la littérature consacrée aux services écologiques n'emploie plus que le terme « service » pour se référer à la fois aux biens et services issus de l'environnement.

Le schéma d'analyse stock/flux peut être mobilisé pour représenter la dynamique temporelle d'une dégradation de l'environnement et illustrer les notions de coûts d'atténuation et de dommages résiduels présentées précédemment. Comme l'indique la figure suivante l'altération d'un écosystème se traduit par une baisse du flux des fonctions et services écologiques délivrés par ce dernier. Cette baisse est plus ou moins durable et importante, selon le type de la pollution et les caractéristiques de l'écosystème affecté. En outre, cette baisse est fréquemment temporaire (c'est l'hypothèse retenue dans la figure), compte tenu du pouvoir régénérateur de la Nature. Face à cette atteinte, différents types de mesures d'atténuation (lutte contre la pollution, nettoyage, remise en état de l'environnement) sont généralement mises en œuvre, dans l'objectif d'accélérer le retour de l'environnement à son état de référence. Comme indiqué dans le point précédent, ces mesures contribuent à limiter l'ampleur et la durée des impacts négatifs de la pollution. Pour autant, une atteinte à l'environnement se traduit par une perte nette (destruction, baisse de productivité, altération...) de fonctions et services délivrés par l'environnement, représentée par la surface grisée. Le coût social de l'atteinte à l'environnement correspond sur cette figure à la somme du coût de mise en œuvre des mesures d'atténuation et de la valeur des fonctions et services écologiques perdus.

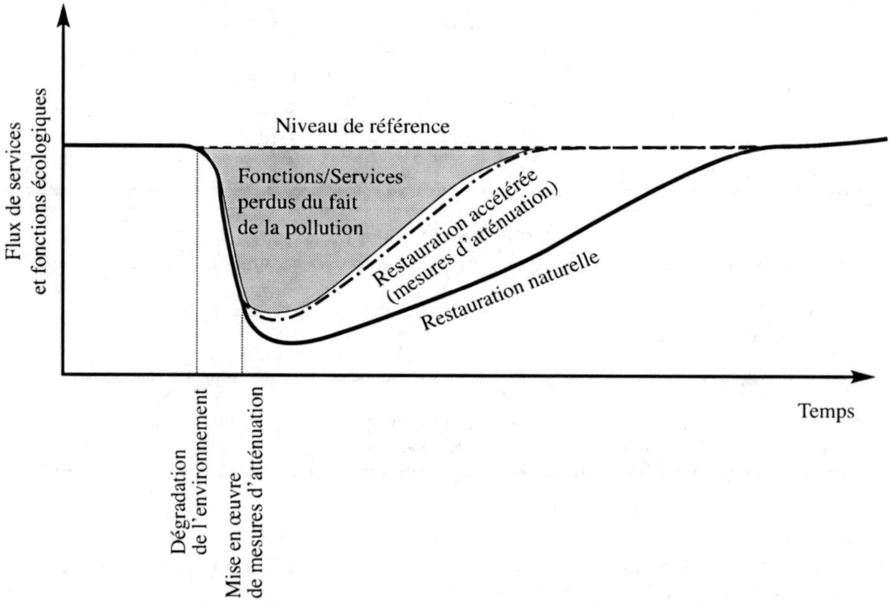

Figure 3 – Représentation dynamique de l'impact d'une pollution sur la production de fonctions et de services écologiques

§ 4. – Préjudices marchands et préjudices non marchands

Il est également d'usage en économie de distinguer les préjudices selon qu'ils sont marchands ou non marchands. Le critère de distinction porte dans ce cas sur la manière d'estimer en termes monétaires l'ampleur des préjudices causés.

De manière schématique, un préjudice est qualifié de marchand lorsqu'il est possible de s'appuyer directement sur des données marchandes observables (essentiellement des prix de marché, ou des données comptables) pour l'estimer en termes monétaires. En pratique, les préjudices marchands regroupent l'ensemble des préjudices qui ont une incidence financière sur les individus, les entreprises ou les collectivités. La nature exacte de cet impact négatif est variable. Il peut s'agir de dépenses nouvelles, encourues spécifiquement du fait de l'atteinte à l'environnement, tel le coût des mesures d'atténuation, ou encore le coût de la réparation des dommages aux biens. Il peut également s'agir de pertes de gains (baisse des recettes commerciales et/ou hausse des coûts de production), associées notamment à des pertes de services écologiques (impacts sur ressources naturelles faisant l'objet d'une exploitation commerciale).

À l'inverse, un préjudice est qualifié de non marchand lorsqu'il ne peut être estimé en termes monétaires directement à partir de prix de marché. Dans ce cas, les économistes proposent des évaluations monétaires qui s'appuient sur une conception particulière de la valeur de l'environnement et mobilisent des méthodes de quantification spécifiques. Ces points essentiels sont passés en revue dans la partie qui suit.

SECTION 3
L'ÉVALUATION MONÉTAIRE DES PRÉJUDICES LIÉS AU DOMMAGE ENVIRONNEMENTAL

L'évaluation monétaire des préjudices liés au dommage environnemental se heurte à différentes difficultés. Une première d'entre elles consiste à attribuer une valeur monétaire à des préjudices non marchands. C'est le cas pour l'ensemble des fonctions écologiques, de même que pour une grande partie des services écologiques perdus à la suite d'une atteinte à l'environnement. L'impossibilité de recourir à des prix de marché pour quantifier ces pertes ne signifie pas que ces dernières n'ont pas de valeur aux yeux des économistes (§ 1). À cet effet, différentes catégories de méthodes existent et peuvent être mobilisées lorsqu'il s'agit d'exprimer en termes monétaires les conséquences des atteintes à l'environnement (§ 2). Une difficulté supplémentaire réside dans la prise en compte de l'étalement temporel des préjudices (§ 3).

§ 1. – Valeurs instrumentale et intrinsèque de l'environnement

Une difficulté spécifique à la réparation des atteintes à l'environnement consiste à attribuer une valeur monétaire à des préjudices non marchands. C'est le cas pour l'ensemble des fonctions écologiques, de même que pour une grande partie des services écologiques perdus à la suite d'une atteinte à l'environnement. L'impossibilité de recourir à des prix de marché pour quantifier ces pertes ne signifie pas que ces dernières n'ont pas de valeur, ni qu'elles ne peuvent être exprimées en termes monétaires.

La valeur de l'environnement fait référence, de manière générale, à l'attachement qu'éprouvent les individus, seuls ou collectivement, à l'égard des divers attributs de la Nature. Les sources de cet attachement sont multiples, à l'image des notions de valeur instrumentale et de valeur intrinsèque de l'environnement, fréquemment mises en avant [21].

Les individus peuvent éprouver un attachement à l'égard de l'environnement en raison des bénéfices qu'ils en tirent, directement ou non. À ce titre, ils peuvent être désireux à ce que la qualité de l'environnement soit préservée, et ainsi continuer à tirer profit des différents services écologiques. C'est ce que met en avant la notion de valeur instrumentale : l'environnement possède sous cet angle une valeur dans la mesure où il constitue un moyen nécessaire à la poursuite d'autres fins. Pour autant, l'attachement de l'homme à la nature n'est pas uniquement fondé exclusivement sur des considérations utilitaristes ou anthropocentriques. L'environnement est également considéré par un grand nombre comme une fin en soi, indépendamment de ses usages ou de son utilité, et se voit par conséquent reconnaître une valeur sur cette base. Cette notion de valeur intrinsèque relève essentiellement de l'ordre éthique, religieux, philosophique et/ou spirituel, ordres avec lesquels l'analyse économique ne s'articule pas spontanément, notamment parce que cette dernière emprunte largement à l'approche utilitariste.

---

21. Il est seulement envisagé ici, compte tenu de la taille limitée du papier, d'aborder sommairement la question de la valeur, ou des valeurs, de l'environnement. Le lecteur intéressé par ces aspects essentiels pourra se reporter utilement à : DIETZ (2005), « Environmental Values », *Annual Review of Environment and Resources*, 30, p. 335 ou à EPA (2009), *Valuing the protection of ecological systems and services – A report of the EPA Science Advisory Board.*

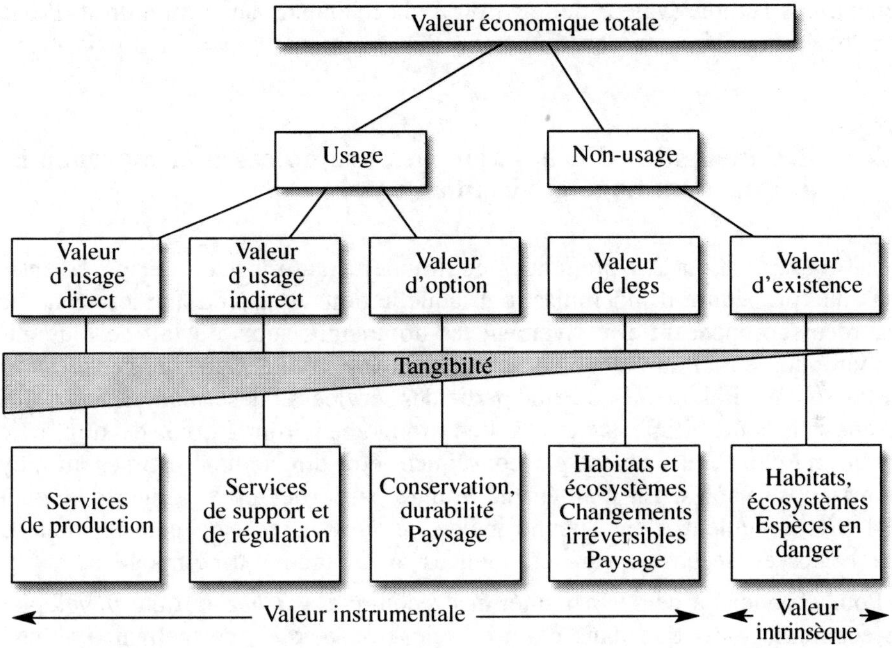

Figure 4 – Les valeurs de l'environnement
(*Source :* adapté de CAS, 2009 [22])

La distinction valeur instrumentale/valeur intrinsèque se retrouve en partie englobée dans la notion de *valeur économique totale* de l'environnement. Cette notion, développée par les économistes, vise à intégrer les différentes raisons pour lesquelles les individus manifestent un attachement à l'égard de la Nature. La valeur économique totale distingue en particulier les valeurs d'usage des valeurs de non-usages. Les premières concernent les avantages que les individus peuvent retirer, directement ou non, de l'usage d'une ressource environnementale. Ces usages peuvent être actuels ou futurs (on parle dans ce cas de valeur d'option), extractifs (chasse) ou non extractifs (observation des oiseaux). Si les valeurs d'usage font principalement référence à l'environnement comme une source de services, matériels et immatériels, pour les hommes, les valeurs de non-usage font quant à elles davantage référence à des considérations moins anthropocentriques, notamment éthiques, religieuses ou altruistes. Il s'agit notamment de l'attachement des individus à léguer un environnement en bon état aux

22. CAS (2009), « L'approche économique de la biodiversité et des services liés aux écosystèmes », Rapport du Centre d'analyse stratégique.

générations futures (valeur de legs) ou de la reconnaissance d'un droit d'exister aux différents éléments constitutifs de l'environnement (valeur d'existence).

§ 2. – Les méthodes d'évaluation des préjudices non marchands liés au dommage environnemental

La quantification des préjudices environnementaux est une étape essentielle dans une procédure d'indemnisation, laquelle doit viser à ce que les réparations accordées compensent effectivement les dommages subis du fait de l'atteinte à l'environnement. Pour autant, il s'agit souvent d'une étape épineuse dans la mesure où généralement seule une partie des services et des fonctions écologiques perdus à la suite d'une atteinte à l'environnement font l'objet de transactions sur un marché [23], et peuvent par conséquent être directement estimés au moyen de prix observables. En réalité, une grande partie des effets d'une dégradation de l'environnement n'ont aucune incidence financière et ne peuvent donc être quantifiées en se basant sur des données marchandes ou comptables.

Pour répondre à cette difficulté, des techniques *ad hoc* ont été développées, en économie ainsi que dans d'autres sciences sociales, permettant d'aboutir à une expression, pas nécessairement monétaire, de leur valeur. À l'instar des recommandations émises par un récent panel d'experts pour le compte de l'Environmental Protection Agency américaine [24], plusieurs familles de méthodes peuvent être mobilisées en matière d'évaluation des services écologiques. Ces différentes méthodes ne reposent pas toutes sur les mêmes concepts de valeur, ont chacune leurs intérêts ainsi que leurs limites. En outre, ces méthodes peuvent être utilisées de manière complémentaire, et constituer un élément d'information à prendre en compte dans une évaluation multi-critères des services et fonctions écologiques perdus à la suite d'une atteinte à l'environnement.

En tout état de cause, l'existence de ces méthodes ne doit pas faire perdre de vue que l'estimation des services et des fonctions écologiques est et reste soumise à une certaine incertitude, et que cet état de fait ne saurait justifier à lui seul un refus d'évaluation. Aussi imparfaites soient-elles, ces méthodes peuvent, à condition d'être mises en œuvre et interprétées avec suffisamment de rigueur et précaution, apporter des indications utiles lorsqu'il s'agit de balancer les

23. C'est le cas d'un certain nombre de services de production, qui sont consommés directement et pour lesquels il existe des prix de marché. C'est également le cas de services culturels comme l'éco-tourisme.

24. EPA (2009), *Valuing the protection of ecological systems and services – A report of the EPA Science Advisory Board.*

réparations accordées avec les préjudices causés. Les passages qui suivent présentent rapidement un échantillon de ces méthodes, afin d'indiquer leur existence, leur logique, leurs avantages et limites respectifs.

Les méthodes développées par les économistes [25] s'efforcent d'expliciter les arbitrages (sous forme de consentements à payer ou à recevoir) que les individus sont prêts à consentir pour bénéficier d'une amélioration de l'environnement ou pour éviter une dégradation de ce dernier. Ces méthodes ont été à ce jour les plus fréquemment appliquées pour produire des estimations monétaires des atteintes à l'environnement. Toutefois, ces méthodes, dérivées d'un corpus théorique utilitariste, sont adaptées pour estimer des valeurs anthropocentriques et montrent leurs limites en ce qui concerne des valeurs relevant d'autres ressorts (civique, biophysique...). En outre, ces mesures requièrent, pour aboutir à des résultats solides, que les personnes prises en compte dans l'évaluation aient une bonne compréhension de la manière dont les services écologiques à valoriser contribuent à leur bien-être, ce qui n'est vraisemblable que pour certains services écologiques, comme les services de production et les services culturels. En revanche, ces méthodes se révèlent peu performantes pour évaluer les services dont les individus bénéficient de manière indirecte, comme les services de support ou de régulation.

Les méthodes socio-psychologiques permettent quant à elles d'identifier, de caractériser et de mesurer les valeurs ou les préférences exprimées par les individus au regard d'une modification de l'environnement, ou de ses conséquences personnelles ou collectives. Ces méthodes s'appuient essentiellement sur des sondages, réalisés à partir d'échantillons de grande taille, visant à collecter des résultats quantitatifs. Elles s'appuient parfois également sur des approches de type narratif (focus group, entretiens individuels...), qui impliquent un nombre moins élevé de répondants et qui produisent des résultats de nature qualitative essentiellement. Ces méthodes ne permettent pas tant de produire des estimations monétaires, comme les méthodes économiques précédentes, mais de mieux connaître les attitudes, les préférences, les critères de jugement, les perceptions, les croyances, les connaissances et les intentions des individus ou du public en matière environnementale. Elles semblent appropriées lorsque les valeurs que l'on cherche à apprécier sont difficiles à exprimer ou à concevoir en termes monétaires.

Les méthodes civiques cherchent à apprécier les valeurs exprimées en matière environnementale à partir des choix opérés par les individus dans leur rôle de citoyens. Elles s'appuient notamment sur l'étude des procédures de vote qui portent sur des questions relatives à la gestion de l'environnement (mise en

25. Parmi les plus connues : la méthode des prix hédoniques, la méthode des coûts de transport ou la méthode d'évaluation contingente.

œuvre d'une zone naturelle protégée, accueil d'une installation industrielle polluante...). Elles peuvent également se fonder sur des jurys de citoyens, chargés de réfléchir, discuter sur une question donnée et apporter une réponse collective. À la différence des méthodes économiques, les réponses apportées par les jurys seraient essentiellement, en raison du mode de délibération, des réponses construites, ne reflétant pas exclusivement les préférences du jury en matière environnementale mais plus largement celles de la collectivité qu'il représente.

Enfin, lorsque les atteintes à l'environnement portent notamment sur des éléments dont les individus ne tirent aucun bénéfice, directement ou non (cas des fonctions écologiques), l'évaluation du préjudice peut s'appuyer sur des *approches fondées sur des équivalences biophysiques* plutôt que sur des équivalences de valeur (monétaire ou non). À ce titre, la méthode appelée analyse d'équivalence des habitats (*Habitat Equivalency Analysis*) s'attache à quantifier, dans une métrique biophysique, les services et fonctions écologiques perdus du fait d'une dégradation de l'environnement de manière à pouvoir élaborer (et quantifier le coût de mise en œuvre) des actions positives pour l'environnement qui permettent de recréer un montant de services et fonctions écologiques équivalent à ceux perdus. Cette méthode sert en particulier à mettre en œuvre les instructions d'évaluation des dommages contenues dans la Directive 2004/35/CE du 21 avril 2004 sur la responsabilité environnementale [26].

§ 3. – L'évaluation des préjudices futurs

La question du temps et de sa prise en compte est essentielle dans la réparation des préjudices liés à un dommage environnemental. Les effets négatifs d'une dégradation de l'environnement peuvent perdurer sur une période plus ou moins longue (cf. figure 3), quand ils ne sont pas irréversibles (extinction d'une espèce, à titre d'exemple). En outre, certains des effets d'une pollution peuvent apparaître passé un certain délai, voire même être n'être observés et connus que très partiellement au moment de la procédure d'indemnisation.

En économie, la question du temps est notamment abordée à travers l'actualisation, une pratique qui consiste, pour pouvoir les comparer à une date donnée, à pondérer les flux de services et fonctions écologiques d'un coefficient d'autant plus faible qu'ils se produisent à un horizon futur lointain. La raison de cette

26. A. Bas, H. Gaubert (2010), *La directive « Responsabilité environnementale » et ses méthodes d'équivalence*, Rapport n° 19 du Commissariat général du développement durable, http://www.developpement-durable.gouv.fr/IMG/pdf/ED19b.pdf

pratique se résume à ce qui est communément appelé « la préférence pour le présent » des agents économiques, autrement dit le fait que ces derniers préfèrent généralement tirer instantanément les bénéfices d'une action plutôt que dans le futur ou, à l'inverse, préfèrent supporter le coût d'une action à une date ultérieure plutôt que de manière immédiate. En économie, la date d'un événement importe dans la détermination de sa valeur. C'est la raison pour laquelle un taux d'actualisation est appliquée à la valeur des choses, qui permet de souligner leur valeur présente (c'est-à-dire celle qui leur est reconnue au jour actuel) est d'autant moins grande que leur délai d'apparition est lointain. Appliqué au cas d'une perte de fonctions ou de services écologiques, il en découle que la valeur associée à cette perte sera plus importante si elle se produit à courtterme qu'à longterme. Passé un certain horizon temporel, une perte de services écologiques se verra même associer une valeur quasi nulle.

La dimension temporelle des atteintes à l'environnement conduit également à considérer la question de l'incertitude. Il est difficile, en l'état actuel des connaissances scientifiques, d'apprécier avec précision la nature, l'ampleur et la durée des préjudices environnementaux causés à la suite des atteintes à l'environnement. Cette donne place les individus malgré eux dans une situation d'incertitude : nul n'est certain au lendemain de la pollution de savoir ce qu'en seront les conséquences écologiques, surtout si ces dernières perdurent sur une longue période. Envisagée dans un contexte d'indemnisation des dommages, l'incertitude soulève en particulier le problème de la justesse de la réparation accordée en compensation de l'atteinte à l'environnement (« le dommage et rien que le dommage »), une préoccupation légitime mais qui s'accommode mal avec la réalité et la complexité des atteintes à l'environnement.

En pratique, on relève au moins deux manières de traiter cette difficulté. À l'instar du régime de responsabilité défini par les conventions CLC et FIPOL de 1992, qui s'applique notamment au cas des pollutions pétrolières en Europe, il est possible d'accorder des indemnisations aux victimes année après année si le cas le nécessite, à mesure que les dommages sont avérés. D'autres régimes, comme celui de l'Oil Pollution Act de 1990 qui prévaut aux États-Unis en matière de pollutions pétrolières, traitent différemment la question de l'incertitude au moyen de l'octroi d'une majoration des montants compensatoires, majoration d'autant plus forte que l'incertitude paraît élevée. Ce supplément d'indemnisation, destiné à être provisionné, s'envisage alors comme une prime d'assurance accordée aux parties civiles en contrepartie de l'éventualité d'une compensation insuffisante [27].

27. Hypothèse selon laquelle le montant des dommages discuté au cours de la procédure d'indemnisation serait inférieur aux dommages effectifs qui se produiraient au fil du temps, une fois la procédure de réparation close.

Ces deux mécanismes s'apparentent à deux solutions polaires dans le traitement de l'incertitude. La première semble relativement défavorable aux victimes en raison de son caractère fastidieux pour obtenir une juste indemnisation (efforts à fournir, persévérance, durée de la procédure), et protège fortement la partie responsable de verser des indemnisations en excès des dommages causés. La seconde avantage au contraire les victimes, en les mettant à l'abri d'une indemnisation insuffisante, avec pour corollaire d'augmenter le risque pour les parties responsables de verser des indemnisations en excès [28].

SECTION 4
QUELQUES COMMENTAIRES AU SUJET DE LA PROPOSITION DE NOMENCLATURE DES PRÉJUDICES LIÉS AU DOMMAGE ENVIRONNEMENTAL

À présent qu'ont été présentés le regard des économistes quant à l'existence d'une nomenclature des préjudices et les différents critères économiques de distinction de ces préjudices, il s'agit de s'intéresser à la proposition de Nomenclature des préjudices liés au dommage environnemental en tant que telle. De ce point de vue, trois catégories de remarques peuvent être faites. Sur le plan de l'articulation entre le droit et l'économie, les différents critères juridiques de distinction des préjudices retenus dans la Nomenclature autorisent de multiples rapprochements avec les critères économiques de typologie des dommages (§ 1). En outre, la Nomenclature permet d'entrevoir une réparation intégrale des préjudices, moyennant cependant que quelques précautions soient prises dans sa mise en œuvre (§ 2). Enfin, la dimension pragmatique de la Nomenclature est mise en avant. En particulier, la référence aux notions de services et de fonctions écologiques augure une articulation plus convaincante du droit, de l'écologie et de l'économie en matière de réparation des atteintes à l'environnement (§ 3).

§ 1. – Rapprochement de la grille de lecture économique des préjudices avec la proposition de Nomenclature

La Nomenclature issue du groupe de travail interdisciplinaire propose une dizaine de postes différents de préjudices à prendre en compte en cas de dommage

28. Les facteurs permettant de choisir entre ces deux dispositifs peuvent relever de critères comme l'allocation efficace des risques (arbitrage en faveur du groupe le plus réticent à supporter un nouveau risque), ou plus prosaïquement d'actions de lobbying (arbitrage en faveur du groupe le plus influent).

environnemental, ordonnés de façon cohérente en fonction de trois critères de distinction (cf. figure 5) :

- selon que les dommages affectent exclusivement l'environnement ou qu'ils affectent par ricochet les individus. Ce critère de distinction justifie les deux grandes catégories sur lesquelles est construite la proposition ;
- selon que les préjudices causés aux hommes affectent ces derniers de manière collective ou sur le plan individuel ;
- selon que les préjudices individuels affectent les individus sur le plan patrimonial ou extrapatrimonial.

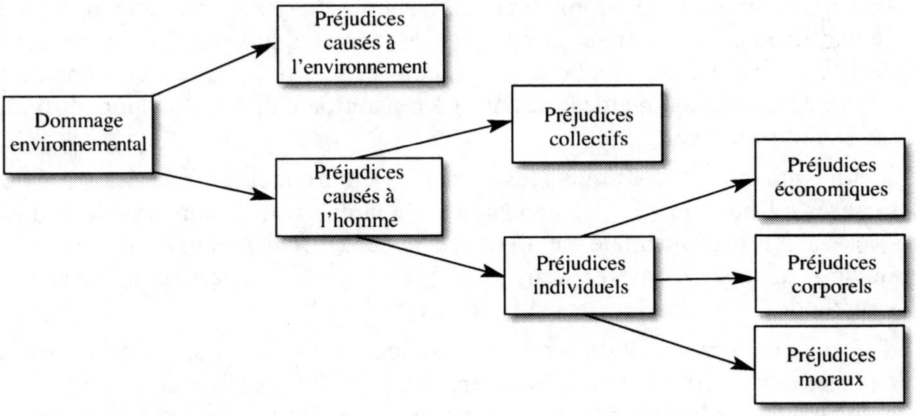

Figure 5 – Représentation schématique de l'architecture de la Nomenclature proposée

Plusieurs points de convergence ou rapprochements apparaissent si l'on met en regard l'organisation de la Nomenclature avec certains des critères économiques de distinction des préjudices présentés précédemment. On peut de ce point de vue apporter les commentaires suivants :

1. La distinction des « préjudices causés à l'environnement » et des « préjudices causés à l'homme », comme en témoignent les contenus de ces catégories, est compatible [29] avec la délimitation opérée entre les notions de fonctions et services écologiques.

2. Au-delà de la reprise de la notion de service écologique, la Nomenclature opère implicitement une distinction pertinente entre les atteintes aux services

29. Sans pour autant s'y réduire, en tout cas en ce qui concerne les préjudices à l'homme.

écologiques collectifs et les atteintes aux services écologiques individuels. Les services écologiques individuels font référence, pour l'essentiel, à l'exploitation commerciale des ressources naturelles. Les pertes de services écologiques individuels ne sont pas explicitement mentionnées dans la Nomenclature car elles revêtent en réalité d'autres appellations plus traditionnelles, comme les atteintes aux biens ou les pertes de profit, lesquelles ne posent pas de problème de fond en ce qui concerne leur prise en compte. Les services écologiques collectifs ont souvent quant à eux la dimension économique de biens collectifs, dans le sens où un grand nombre de personnes en bénéficient simultanément, que ces dernières le souhaitent ou pas (exemple des services de régulation). En outre, les services écologiques collectifs sont souvent de nature non marchande, ne faisant pas l'objet d'une exploitation commerciale (exemple des activités récréatives liées à l'environnement). La prise en compte des atteintes aux services écologiques collectifs est innovante dans la mesure où ces pertes, qui peuvent être importantes [30], ne donnent généralement pas droit à réparation à ce jour, ou alors difficilement et indirectement.

3. La distinction des « préjudices causés à l'environnement » et des « préjudices causés à l'homme » fait également écho à la distinction entre valeur intrinsèque et valeur instrumentale de l'environnement. De sorte que ces postes de préjudices nécessitent de recourir, pour les quantifier en termes monétaires, à des méthodes d'évaluation très différentes.

4. Les coûts d'atténuation, en raison de leur dimension quasi exclusivement pécuniaire, apparaissent sous la bannière des préjudices économiques. En revanche, les coûts résiduels sont dispersés entre les préjudices causés à l'environnement, les préjudices collectifs, les préjudices corporels, moraux et économiques [31].

5. Hormis les préjudices économiques, tous les autres postes de préjudices sont de nature non marchande et nécessitent d'être évalués sur une autre base que des prix de marché, comme l'indique le schéma ci-après.

30. F. BONNIEUX et P. RAINELLI (2002), « Évaluation des dommages des marées noires : une illustration à partir du cas de l'Erika et des pertes d'agrément des résidents », *Économie et Statistiques* 357-358, p. 173.

31. Par exemple, le cas des pertes du secteur de la pêche professionnelle à la suite de la marée noire de l'Erika.

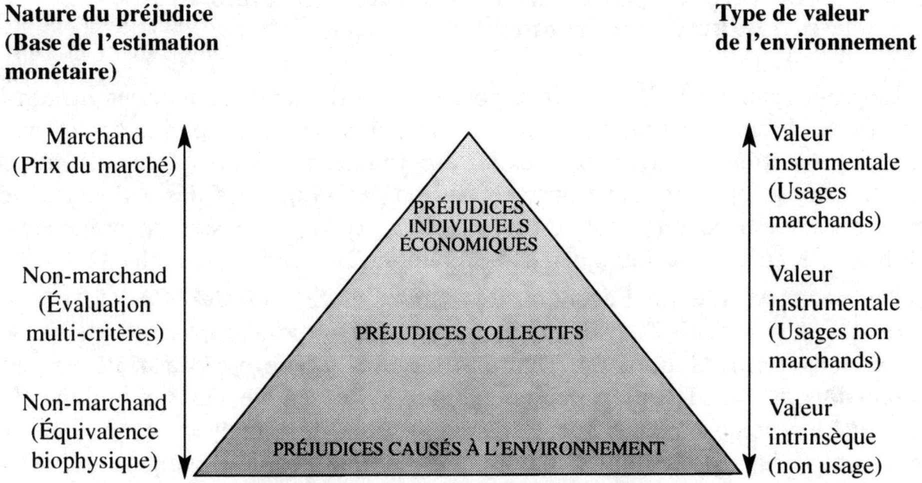

Figure 6 – Types de préjudices et bases de quantification monétaire

6. La catégorie des préjudices économiques individuels incorpore, au travers des coûts de réparation (et plus particulièrement les coûts des mesures complémentaires ou compensatoires), le coût de mesures qui peuvent être mises en œuvre en lien avec des pertes de fonctions ou de services écologiques, collectifs ou non. La logique juridique de les considérer comme des préjudices économiques individuels s'explique par le fait qu'il s'agit de dépenses, qui affectent par conséquent les intérêts des individus sur le plan financier. Le point de vue de l'économiste peut être légèrement différent, considérant qu'il est possible d'assimiler le coût de ces mesures à une expression monétaire de la valeur des pertes de fonctions et de services, comme le proposent les approches fondées sur les équivalences biophysiques, présentées précédemment. L'avantage de la logique juridique réside dans sa clarté car le coût des mesures de réparation n'y a qu'une seule et unique place, conformément aux attentes d'une Nomenclature. Le regard de l'économiste tendrait au contraire à faire varier le positionnement du coût de ces mesures dans la Nomenclature, selon qu'elles adressent des pertes de fonctions, de services écologiques collectifs, ou de services écologiques individuels.

7. Enfin, la catégorie des coûts additionnels se rapproche de la notion de coûts de transaction. La proposition de rendre ces coûts réparables en cas d'atteintes à l'environnement est de nature à limiter les réticences des victimes à faire valoir leur droit à une réparation au titre des préjudices subis.

§ 2. – L'objectif de juste réparation des préjudices liés au dommage environnemental

La proposition de Nomenclature a pour mérite premier de combler un manque : un besoin de clarification au sujet des différents postes de préjudices ouvrant droit à réparation en cas d'atteintes à l'environnement. Mais qu'en est-il en ce qui concerne l'objectif d'une juste réparation des préjudices liés à l'environnement ? La Nomenclature oublie-t-elle certains types de postes de préjudices ? Permet-elle en outre d'invoquer des préjudices de manière redondante ?

Du point de vue de l'économiste, l'architecture adoptée offre de bonnes garanties en termes d'exhaustivité des postes de préjudices proposés. Sa représentation sous forme d'arbre (cf. figure 5) montre qu'elle est construite sur une succession de nœuds qui paraissent englober l'ensemble des possibilités. De surcroît, les nœuds retenus font sens sur le plan de l'analyse économique, et renvoient à des distinctions dichotomiques essentielles de principe.

Un second point retient également notre attention. La Nomenclature intègre la distinction opérée dans la directive européenne n° 2004/35 du 21 avril 2004 entre les mesures de réparation primaires, compensatoires et complémentaires. Ce faisant, la Nomenclature laisse ouvert le choix entre une réparation monétaire ou une réparation en nature de plusieurs types d'atteintes. Si l'on prend l'exemple d'une atteinte aux fonctions écologiques d'un écosystème, la Nomenclature autorise de réparer cette atteinte sous la forme d'une prise en charge du coût des mesures de restauration primaires, compensatoires et complémentaires qui auraient été entreprises pour réparer complètement cette atteinte. Dans le cas où aucune mesure de réparation n'aurait été engagée (soit que cela aurait été trop coûteux pour la victime, ou tout simplement irréalisable techniquement), la Nomenclature offre la possibilité de réclamer le versement d'un montant monétaire en guise de réparation de ce préjudice causé à l'environnement. Ce choix est intéressant à différents niveaux. En premier lieu, il permet aux victimes d'agir plus facilement en justice et donc à faire valoir un préjudice, qu'elles aient entrepris des mesures de réparation ou non. En second lieu, il incite plus fortement les parties responsables de pollutions à remettre l'environnement en l'état, dans la mesure où elles risqueraient d'avoir à verser des indemnisations compensatoires importantes en l'absence de mesures de réparation. Dans ces deux optiques, il en résulte qu'une atteinte a une plus forte probabilité d'être compensée. La Nomenclature proposée semble donc avoir le potentiel d'épuiser, en autorisant leur réparation sous des formes multiples laissées au choix des victimes, tous les types de préjudices liés à l'environnement ou tout du moins de se rapprocher de cet objectif.

Le dernier point concerne la possibilité de redondances. Sur le plan de sa construction, le fait que la proposition de Nomenclature renvoie à des distinctions dichotomiques essentielles en économie est également de nature à limiter les risques de doublons dans les demandes, un même poste ne pouvant pas en principe relever de deux catégories à la fois si ces dernières sont exclusives. En pratique, quelques précautions devront cependant être prises lors de l'examen et de la discussion des demandes présentées par les victimes. Il ne pourrait être acceptable qu'une même perte de fonctions écologiques donne lieu à la présentation de deux demandes distinctes, l'une réclamant une réparation monétaire intégrale de ce préjudice causé à l'environnement, l'autre visant à financer des mesures de réparation compensatoires dont les effets escomptés épuiseraient l'ensemble des pertes de fonctions. En dépit du fait qu'elles ne relèveraient pas du même poste de préjudices selon la proposition de Nomenclature, ces deux demandes seraient clairement redondantes dans la mesure où leur indemnisation conduirait à compenser deux fois la même atteinte, sous des formes différentes. La vigilance et la sagesse du juge seront mises à l'épreuve pour estimer si les différents préjudices réclamés par les parties civiles sont bien complémentaires et ne se recouvrent pas en partie, en dépit d'intitulés différents. La clarté de la Nomenclature est de ce point de vue un atout qui devrait l'aider dans sa tâche.

Pour conclure, il est difficile de répondre de manière assurée aux deux questions concernant l'exhaustivité et la redondance des postes de préjudices, faute de pouvoir s'appuyer sur des cas d'étude réels de mise en œuvre de la Nomenclature proposée. En dépit de toutes les précautions et tous les efforts d'imagination entrepris au sein du groupe de travail, il n'est pas à exclure de voir un jour surgir le Diable caché derrière certains détails. C'est la raison pour laquelle la proposition de Nomenclature doit être envisagée avec précaution. Il ne s'agit en aucun cas d'une typologie définitive mais seulement d'un premier jalon, espéré le plus solide possible, d'une classification susceptible d'évoluer, de s'affiner et de se clarifier au fil du temps.

§ 3. – Une Nomenclature pragmatique

Comme nous l'avons indiqué, la Nomenclature proposée se prête à plusieurs recoupements avec les principaux critères économiques de distinction des préjudices liés à un dommage environnemental. En outre, elle intègre les notions de fonctions et de services écologiques, s'appuyant ainsi sur un schéma scientifique de représentation du fonctionnement des écosystèmes. La Nomenclature proposée apparaît comme le fruit d'un effort de rapprochement entre plusieurs champs disciplinaires distincts, le droit en premier lieu, l'écologie et l'économie d'autre part. Cet équilibre pragmatique illustre bien une préoccupation constante du groupe de travail : aboutir à une Nomenclature qui fasse avant tout sens sur le plan juridique et qui soit également en adéquation avec la réalité et la variété des formes d'atteintes à l'environnement.

La référence aux notions de fonctions et services écologiques offre des perspectives intéressantes en termes d'application de la Nomenclature. Les services écologiques constituent aujourd'hui un thème de recherche important, aussi bien en écologie qu'en économie. Les travaux conduits concernent des sujets variés et importants au regard des enjeux soulevés par la réparation des préjudices liés au dommage environnemental. Parmi ces sujets, citons :

- l'identification des fonctions et services écologiques et leur quantification à l'aide d'indicateurs ;
- la réalisation de typologies de milieux, permettant d'appréhender les fonctions et services rendus par milieu type ;
- l'analyse des équivalences entre différents services et leur restauration ;
- l'évaluation monétaire des services écologiques et la constitution de valeurs de référence.

La notion de services écologiques constitue un nouveau paradigme dans le cadre duquel les sciences du vivant et économiques parviennent à converger de manière plus naturelle et plus aisée qu'elles n'ont pu le faire par le passé. Le fait qu'elle soit reprise dans la proposition de Nomenclature augure d'une meilleure articulation entre le droit et les deux champs disciplinaires précédents. On peut espérer que cela aboutisse à une meilleure réparation des préjudices liés au dommage environnemental, en particulier davantage fondée sur le plan scientifique.

Un certain nombre de difficultés importantes subsistent néanmoins. Le paradigme des services écologiques, certes prometteur, doit davantage être mis en pratique afin de se stabiliser et de pouvoir être mobilisé de manière convaincante et rapide dans le cadre d'une procédure judiciaire de réparation. En outre, la démarcation généralement faite entre les fonctions écologiques d'une part et les services écologiques d'autre part – distinction reprise dans la proposition de Nomenclature – n'est pas toujours aussi claire que cela en pratique [32]. Enfin, l'évaluation monétaire des pertes de services et de fonctions relève toujours d'un exercice délicat [33]. Pour autant, ces difficultés rappellent que l'environnement a un fonctionnement complexe, que l'on ne comprend que partiellement en l'état actuel des connaissances. Aucune Nomenclature, aussi élaborée soit-elle, ne peut

32. J. Boyd et S. Banzhaf (2007), « What are ecosystem services? The need for standardized environmental accounting units », *Ecological Economics*, 63, p. 616-626 ; K.J. Wallace (2007), « Classification of ecosystem services: Problems and solutions ». *Biological Conservation*, 139 (2), p. 235.

33. Cf. *supra* note 24.

s'affranchir de ce contexte. Elle constitue au contraire un argument supplémentaire pour poursuivre les efforts visant à une meilleure compréhension du Vivant et des interactions Homme/Nature.

CONCLUSION

La proposition de Nomenclature répond à plusieurs des limites actuelles en matière de réparation des atteintes à l'environnement. Cet instrument juridique semble avoir en l'état le potentiel de clarifier le cadre de la réparation de ce type de préjudice, de garantir davantage de prévisibilité, de stabilité et de cohérence, en particulier écologique, dans la manière dont les affaires de pollution sont traitées en justice.

La Nomenclature proposée ne traite pas de la question de la valorisation des préjudices, conformément à son ambition initiale de ne pas aboutir à un barème. Cependant, les enjeux de la valorisation sont perceptibles derrière plusieurs de ses intitulés. Nous avons montré à quels concepts économiques centraux et méthodes d'évaluation renvoyaient les notions de fonctions et de services écologiques, lesquelles sont intégrées dans la proposition. Ce faisant, la Nomenclature recèle d'indications utiles à l'intention des parties prenantes quant à la manière pertinente de constituer la preuve de dommages et de quantifier les demandes de réparation.

La proposition de Nomenclature ne permet pas de résoudre tous les obstacles rencontrés dans la réparation des préjudices environnementaux. Son application, si elle devait être mise en œuvre, serait tributaire des nombreuses limites scientifiques et empiriques habituellement rencontrées dans le domaine environnemental. Nous avons cependant montré qu'elle permet d'entrevoir une articulation davantage convaincante que par le passé des cadres juridique, économique et écologique, ouvrant ainsi des perspectives intéressantes dans la conduite de travaux scientifiques en appui à des demandes d'indemnisation. Par conséquent, la proposition de Nomenclature pourrait constituer une première étape essentielle sur le chemin visant à rendre plus sûrs et plus justes dans le droit français les montants à payer au titre du préjudice environnemental.

La force normative de la Nomenclature des préjudices environnementaux

Catherine THIBIERGE
Professeur à l'École de Droit d'Orléans

SYNTHÈSE

Parce qu'elle émane d'une source doctrinale, la Nomenclature des préjudices environnementaux ne saurait à première vue prétendre à la moindre force obligatoire. Mais à l'examen, elle révèle pourtant une potentielle force normative d'inspiration des pratiques, à la fois conférée par une indéniable valeur normative – due à la qualité de son élaboration participative et la rigueur scientifique et juridique de son contenu –, et escomptée d'une portée normative ambitieuse, – par le nombre et la variété des destinataires auxquels elle s'adresse –. Véritable réponse à un besoin juridique et à une demande sociale de clarification des préjudices environnementaux, elle pourrait bien, à l'avenir, faire l'objet d'une « densification normative », vers une véritable force obligatoire, que celle-ci soit de droit, acquise par une possible consécration officielle, ou de fait, conquise par le jeu d'une réception source d'une effectivité réelle.

Voici une « proposition de Nomenclature des préjudices liés au dommage environnemental » élaborée, à l'initiative de deux universitaires professeurs de droit, par un groupe de travail pluridisciplinaire, et intégrée dans un rapport spontané qui sera remis au garde des Sceaux et au ministre de l'Environnement après sa publication.

Voici encore un concept en émergence, celui de Force normative, dont l'un des intérêts est de rendre compte de la force d'instruments pourtant formellement non obligatoires. Un concept aux retombées très pratiques puisqu'il permet de diagnostiquer de manière précise la force spécifique de tel instrument particulier.

À travers le thème qui m'a été confié, la question posée est donc la suivante : quelle est la force normative de cette Nomenclature [1]? À première vue, et parce

1. Et, en amont, « cette Nomenclature a-t-elle une force normative ? ». Mais il est vrai que la formulation de l'intitulé le présuppose.

qu'elle émane d'une source privée d'origine à la fois doctrinale, scientifique et pratique, cette Nomenclature ne saurait prétendre d'emblée à la moindre force obligatoire. En revanche, elle pourrait bien dès maintenant se révéler dotée d'une véritable force normative susceptible de s'intensifier à l'aune de sa probable réception sur le terrain et, pourquoi pas, d'une future consécration formelle.

Il s'agit donc d'effectuer ici un diagnostic d'un genre particulier, puisqu'en partie tourné vers l'avenir. Un diagnostic doublé d'un pronostic en quelque sorte. Pour y parvenir, il est nécessaire de diagnostiquer le potentiel de force normative dont est d'ores et déjà porteuse cette Nomenclature (Section 1), afin de pouvoir tenter de pronostiquer sa force dans l'avenir (Section 2).

SECTION 1
DIAGNOSTIC : LE POTENTIEL D'UNE INDÉNIABLE FORCE INSPIRATOIRE

Grâce à l'exposé des motifs rédigés par Laurent Neyret et Gilles Martin, il est possible d'observer avec une grande transparence comment le potentiel de force inspiratoire de la Nomenclature a été préparé au stade de sa « fabrication » (§ 1), et combien il conditionne une force inspiratoire largement escomptée et probable (§ 2).

§ 1. – Une force inspiratoire nourrie en amont, par une valeur normative [2] de qualité

Tous les ingrédients qui pouvaient délibérément l'être ont été réunis pour donner vie et force à cette Nomenclature. À commencer par la très fine *attention portée au contexte factuel et juridique* de son émergence, qu'il s'agisse de l'actualité de la multiplication des dommages environnementaux ou de leur prise en compte par les textes et par la jurisprudence [3]. C'est l'évolution du droit, en réponse à l'évolution de la réalité dommageable en matière environnementale, qui a conduit ses initiateurs à pointer le double risque de redondances et de

2. La valeur normative est la vocation d'un instrument à fournir référence, en lien avec la source de celui-ci. C'est l'un des trois pôles de la Force normative. V. C. THIBIERGE *et alii, La Force normative, Naissance d'un concept*, LGDJ/Bruylant, 2009, p. 822.

3. V. Recueil de décisions de justice relatives au dommage environnemental, présent ouvrage.

vides indemnitaires. C'est ce risque que la Nomenclature vient déjouer par la typologie ordonnée des préjudices qu'elle propose, apte à clarifier un paysage juridique jusqu'alors façonné de manière ponctuelle, contingente et casuistique. Au fond, dès ce stade préparatoire, cette proposition de Nomenclature se présente comme *une réponse à un besoin juridique et à une demande sociale implicite* que les initiateurs du projet ont bien su entendre.

Cela explique la *démarche d'écoute et de mobilisation des forces créatrices* du droit qu'ils ont su mettre en œuvre pour lancer le processus de fabrication de la Nomenclature. Initiée par deux universitaires juristes, elle a été nourrie d'une procédure ouverte sur la société civile et les milieux professionnels concernés, puisque « *l'ensemble des utilisateurs potentiels de la Nomenclature a été consulté par voie de questionnaire et, pour certains d'entre eux, par voie d'audition* » [4].

En revanche, ces parties prenantes n'ont pas été intégrées au groupe de travail, dans un *souci affiché d'objectivité* qui a présidé à la constitution du groupe de travail. Ce dernier se compose de membres reconnus pour leur compétence en matière environnementale, dans des champs disciplinaires et professionnels pluriels : économistes, biologistes, avec une majorité de juristes, à la fois universitaires et praticiens de haut niveau, magistrats de la Cour de cassation. Une composition en reflet d'une pluridisciplinarité et d'une expertise garantes de *rigueur scientifique* pour aborder ces questions environnementales de grande complexité, et sur lesquelles le recul du temps est encore faible.

Issue d'une initiative universitaire, accueillie par l'École de droit de Sciences Po Paris, et fruit d'une élaboration non seulement *concertée* avec les parties prenantes mais également *négociée* entre ses auteurs, choisis pour leur compétence professionnelle et leur expertise scientifique ou technique, la Nomenclature étudiée présente une indéniable valeur normative, confortée par le souci de la clarté, d'ordre et d'accessibilité qui a présidé à sa rédaction. Certes il ne s'agit pas de la même valeur que celle inhérente à la loi ou à une autre source textuelle officielle. Mais en tant qu'une *source privée mixte*, à la fois doctrinale et pratique, jaillie en réponse à un besoin juridique et à une demande sociale de clarification et de juste réparation ou prévention des préjudices environnementaux, elle présente une valeur normative de qualité, pour des raisons procédurales d'élaboration et substantielles de pertinence de contenu.

Il en résulte que *la « Nomenclature des préjudices liés aux dommages environnementaux » est dotée d'une valeur normative qui n'est pas inhérente à la nature de sa source, privée, mais lui est conférée par la qualité de son élaboration*

4. V. Exposé des motifs.

et de son contenu. Où l'on voit que la fabrique d'un tel instrument peut lui conférer une réelle valeur normative, assise sur une forte légitimité – scientifique, professionnelle et doctrinale –, à la mesure de la portée normative recherchée. Même si ses auteurs ne se l'ont pas formulé ainsi, il apparaît que le mode de construction de la Nomenclature a été pensé en fonction de son ambition à constituer une référence généralisée.

§ 2. – Une force inspiratoire escomptée en aval, pour une portée normative [5] ambitieuse

Pour les auteurs du projet, l'ambition consiste à « *construire un outil de référence profitable au plus grand nombre* », capable d'offrir une « *grille de lecture commune* » [6] aux juristes et aux professionnels et de guider leur action à tous les niveaux.

Au niveau micro-juridique, la Nomenclature pourrait inspirer toutes sortes de pratiques juridiques, contractuelles, juridictionnelles et professionnelles, et fournir de manière très concrète un *modèle rédactionnel* pour des contrats d'assurance, des rapports d'experts, des transactions et des décisions de justice.

Elle pourrait aussi, à un niveau macro-juridique servir de *modèle textuel* pour le jurislateur français, européen ou étranger, et être ainsi une source d'inspiration pour l'édiction d'une circulaire, d'une loi, française ou étrangère, d'une directive européenne, voire d'instruments internationaux.

Autant dire que *c'est une portée normative micro-et macro-juridique, à la fois catégoriellement diversifiée et spatialement étendue, qui est non seulement recherchée mais également promise à cet outil, puisque la Nomenclature s'adresse à des destinataires très variés, des magistrats aux jurislateurs en passant par toutes sortes de professionnels, assureurs, experts, exploitants, sans oublier les victimes d'atteintes à l'environnement et autres défenseurs de la cause environnementale.* Plusieurs indices invitent à cet encourageant diagnostic. En premier lieu, le franc succès de la procédure de consultation des parties prenantes (société civile et milieux professionnels) – si l'on en juge au nombre de réponses recueillies et à l'accord unanime pour l'adoption d'une nomenclature unique – [7], atteste de l'intérêt suscité par cet outil et prépare aussi, dans une

5. La portée normative est le fait pour un instrument de servir référence et est donc en lien avec les effets de celui-ci. C'est l'un des trois pôles de la Force normative. V. C. THIBIERGE *et alii, La Force normative, Naissance d'un concept*, LGDJ/Bruylant, 2009, p. 822.

6. V. Exposé des motifs.

7. *Idem.*

certaine mesure, sa réception future par les professionnels et organisations intéressés. En second lieu, le parrainage d'institutions de renom comme la Cour de cassation, l'École Nationale de la Magistrature et le Conseil d'État renforce sa légitimité. Quant à l'intérêt des pouvoirs publics pour cette Nomenclature, il faudra attendre sa remise au ministre pour s'en faire une idée. Mais en attendant, rien n'interdit de se lancer dans un pronostic de force normative...

SECTION 2
PRONOSTIC : LA POSSIBILITÉ D'UNE VÉRITABLE FORCE OBLIGATOIRE ?

L'exercice du pronostic de force normative s'annonce plus délicat. Autant le diagnostic s'appuie sur des éléments actuels, aisément identifiables, autant le pronostic requiert des suppositions, des hypothèses. Si nous acceptons de jouer le jeu, notre pronostic concernant la « Nomenclature des préjudices liés aux dommages environnementaux », est qu'*elle pourrait voir sa force inspiratoire se muer en force obligatoire*. Cette mutation de sa force normative supposerait un processus de « densification normative » [8] (§ 1) qui pourrait aboutir à deux types de force obligatoire que nous nous proposons de distinguer (§ 2).

§ 1. – La possible « densification normative » de la Nomenclature

Par « densification normative » d'un instrument, nous entendons ici l'intensification de sa force normative [9], en l'occurrence le passage d'une force simplement inspiratoire à une véritable force obligatoire. Au moins deux voies de densification pourraient être empruntées.

- une *densification normative par la réception*. La Nomenclature pourrait voir sa force normative s'accroître par la réception qu'en feront les acteurs de la pratique juridique et juridictionnelle. Au fil du temps, son utilisation pourrait en effet se généraliser, parce qu'elle répond pertinemment à un besoin de clarification et de rationalisation dans le traitement des dommages

8. V. C. THIBIERGE *et alii*, *La densification normative, Découverte d'un processus,* Mare et Martin, à paraître.

9. C'est une facette parmi d'autres du processus de densification normative. Pour une présentation globale et approfondie, v. *La densification normative. Découverte d'un processus, op. cit.*

environnementaux, jusqu'à ce que son maniement finisse par relever de l'évidence pour les acteurs. En ce cas, sa force de référence n'aura pas été décrétée mais se sera imposée d'elle-même parce qu'elle répond aux besoins de la pratique et présente les qualités intrinsèques précédemment évoquées.

Il s'agit là d'un processus qui requiert un certain temps d'intégration [10] de la part des destinataires de la proposition de Nomenclature. Un processus qu'on ne peut pas forcer, mais qu'il est possible de favoriser en amont par le façonnage d'une valeur normative de grande qualité, tant dans l'élaboration que dans le contenu. Ce qui est précisément le cas ici.

C'est la qualité de l'instrument, en l'occurrence de la classification et des définitions qu'il porte, qui va conditionner en partie cette réception et ce ressenti social. Sa densification normative sera en l'occurrence le fruit d'un dialogue, amorcé par les auteurs lors de l'élaboration de l'instrument, par l'audition des parties prenantes, qui sera amené à se poursuivre ensuite grâce au caractère évolutif de la Nomenclature, signalé dès sa naissance comme l'un de ses traits distinctifs [11]. Où l'on assiste ici à une *fabrique continue du droit, en dialogue entre les créateurs et les destinataires de la norme, eux-mêmes, dans une petite mesure, co-créateurs de celle-ci.*

- une *densification normative par la consécration*. Une autre manière pour la Nomenclature d'acquérir plus de force normative, est tout simplement d'être consacrée par une source formelle [12], en étant transposée ou simplement visée dans un texte. En ce cas, la source officielle reprendra alors à son compte ce qui a été forgé en amont par la doctrine, puis la pratique. Elle y apposera son cachet et rendra indiscutable et ostensible une force normative qui ne l'aura cependant pas attendue pour se manifester.

Le type de force normative à l'œuvre dépendra alors de la nature de source qui opérera cette consécration, selon qu'il s'agit d'une circulaire, « petite source du droit » en principe non contraignante mais non dénuée d'effets juridiques [13], puisqu'elle s'impose tout de même aux fonctionnaires qui seront chargés de la mettre en œuvre, ou bien qu'il s'agit d'un décret, voire d'une loi, par définition obligatoires.

Il n'est pas certain que cette consécration qui pourrait apparaître comme un accomplissement pour la Nomenclature, source privée ainsi promue en source

---

10. Le processus de densification normative de la Nomenclature Dintilhac montre que ce temps peut cependant être relativement ramassé.
11. V. Exposé des motifs.
12. Nous entendons ici « source formelle » au sens étroit de source officielle de droit édicté selon une forme, une procédure prévue.
13. V. S. GERRY-VERNIÈRES, *Les petites sources du droit*, th. Paris 2, 2010, N. MOLFESSIS (dir.), Economica, 2012 (à paraître).

officielle du droit, soit finalement si souhaitable, car elle aurait alors pour effet de fixer ce qui a délibérément été conçu avec rigueur mais aussi avec souplesse pour s'adapter au mieux aux besoins de la pratique et aux évolutions des dommages environnementaux [14].

L'expérience montre que ces deux voies de densification, par la réception sur le terrain et par la consécration officielle, ne s'excluent nullement l'une l'autre et peuvent même se dynamiser mutuellement. La densification normative de la Nomenclature Dintilhac [15] en témoigne, elle qui a doublement fait l'objet d'un très bel accueil par les professionnels de l'indemnisation qui s'y réfèrent spontanément et massivement, et qui a été visée par une circulaire [16] peu après sa remise au garde des Sceaux.

§ 2. – Les deux sortes de force obligatoire possibles de la Nomenclature

La Nomenclature pourrait ainsi revêtir à l'avenir une véritable force obligatoire, mais d'une nature spécifique selon la voie de densification normative empruntée. Consacrée par une source officielle du droit, que ce soit par un décret, par une loi, par une directive européenne, voire par un traité international, elle acquerrait par là même la force obligatoire inhérente à chacun de ces instruments. Mais il est un autre type de force obligatoire possible pour cette Nomenclature qui mérite plus particulièrement attention ici.

L'idée peut paraître de prime abord un peu surprenante, car pour les juristes la force obligatoire est une, qu'elle caractérise la règle légale et plus largement de la règle de droit ou le contrat. Longtemps cette manière implicitement unitaire de concevoir la force obligatoire a pu suffire aux juristes. Mais de nos jours, sous l'effet conjugué de la multiplication et de la diversification des sources de droit et des normes juridiques, il devient éclairant d'en discerner la spécificité car un autre type de force obligatoire gagnerait à être reconnu.

La force obligatoire de la règle légale est inhérente aux instruments qui d'emblée en sont dotés, car elle est corrélée à la forte valeur normative de la loi et du contrat. On ne peut en dire autant d'autres instruments dits de « droit

14. V. notamment le projet d'observatoire ou comité de suivi de la Nomenclature évoqué dans l'exposé des motifs.

15. Pour une analyse de la Nomenclature Dintilhac et de son évolution potentielle, v. M. Robineau, « Le statut normatif de la nomenclature Dintilhac », *JCP* G 2010, 612, p. 1147.

16. Circulaire n° 2007-05 du 22 février 2007, relative à l'amélioration des conditions d'exercice du recours subrogatoire des tiers payeurs en cas d'indemnisation du dommage corporel.

souple », telle que la Nomenclature qui, *a priori*, en sont dépourvus, mais qui pourtant peuvent être ressentis comme obligatoires par leurs destinataires et utilisateurs.

Contrairement à la règle légale, dotée d'une force obligatoire initiale, abstraite, systématique et imposée d'en haut, ces instruments peuvent parfois en effet acquérir une force obligatoire sur le terrain, révélée *a posteriori* par l'accueil réservé à la norme. Cette force obligatoire n'est donc pas un don de naissance ; c'est une reconnaissance, c'est la conquête d'une norme qui a fait concrètement ses preuves. Ou pour le dire autrement, ce n'est pas une force obligatoire qui s'origine *ab initio* dans sa valeur normative – *a priori* faible compte tenu de la nature de sa source, en l'occurrence pour cette Nomenclature, une source privée –, mais *a posteriori* dans sa portée normative qui se révèle dans l'accueil de la pratique, vecteur d'effectivité. Il s'agit de ce que nous pourrions appeler *une « force obligatoire de fait », ancrée dans la pratique car ressentie par les acteurs, certes ne rivalisant pas avec la « force obligatoire de droit » de la loi, mais parfois capable de démentir* [17] *ou d'anticiper* [18] *la jurisprudence.*

Quelle que soit la voie de densification normative empruntée, la Nomenclature ne pourra prétendre qu'à une force obligatoire acquise, – et non pas initiale, cette dernière constituant le sceau des instruments formels nés de sources officielles – ; *une force obligatoire qui ne dépendrait plus principalement de ses auteurs, d'une procédure, ni d'une validité formelle.* Ce sera aussi une force obligatoire conquise par la Nomenclature parce qu'elle aura su convaincre acteurs et jurislateur de sa pertinence et de son bien-fondé, et parce qu'elle aura su répondre à leurs besoins de rationalisation et de justesse dans le traitement des dommages environnementaux ; *une force obligatoire corrélée à l'effectivité réelle.* Autrement dit, au présent et pour l'avenir, une très belle force normative tenant non pas à un vêtement formel qui de toute évidence lui fait défaut, mais à ses qualités intrinsèques soigneusement cultivées. Souhaitons donc bon vent à cette Nomenclature nue pour l'instant mais d'ores et déjà parée par ses auteurs des meilleurs atours de la légitimité scientifique et de la pertinence pratique.

---

17. Un bon exemple en est fourni par la pratique de l'apposition de la mention « lu et approuvé » au bas des contrats, au-dessus de la signature de la personne qui s'engage. Cette pratique (cet usage ?) est dotée d'une réelle force obligatoire, bien que la Cour de cassation lui dénie toute valeur normative. Sa force ne lui est donc pas inhérente, mais acquise. Elle provient de sa répétition doublée d'une croyance en cette force, au point que même les praticiens, comme les banquiers par exemple qui connaissent la jurisprudence, continuent à y recourir. Cette force n'est certes pas celle de la loi ou du contrat, mais c'est à notre avis une sorte de force obligatoire, une « force obligatoire de fait ».

18. C'est ainsi que l'accueil de la Nomenclature Dintilhac a précédé sa reconnaissance par la jurisprudence. Il pourrait en être de même pour cette Nomenclature, même si certaines décisions de juges du fond en étaient annonciatrices, comme l'arrêt rendu par la cour d'appel de Paris, le 30 mars 2010, dans l'affaire de l'Erika.

La représentation juridique de l'environnement et la Nomenclature des préjudices environnementaux

Isabelle DOUSSAN
Directrice de Recherche INRA
Centre de Recherche en Droit Économique (UMR CNRS 7321)

SYNTHÈSE

L'une des questions préalables à la construction de la Nomenclature a été de s'interroger sur la représentation juridique de l'environnement. Pour s'en inspirer le plus souvent ; ainsi, de l'ordonnancement des postes de préjudices selon les découpages classiques du droit, tels qu'ils figurent par exemple dans le Code de l'environnement français. Pour s'en écarter parfois, afin de combler ce qui peut apparaître comme des lacunes actuelles du droit positif ou pour préciser certains concepts insuffisamment définis dans les textes. Mais aussi pour marquer certains choix des auteurs, comme celui de l'autonomie des préjudices à l'environnement distincts des préjudices à l'homme. L'objet de cette contribution est donc d'expliquer les choix retenus dans la rédaction de la Nomenclature au regard des catégories et notions présentes ou au contraire absentes, ou encore latentes, du droit positif. Familière aux juristes dans nombre de ses classifications, la Nomenclature se veut aussi innovante et prospective, afin d'ouvrir des voies susceptibles d'améliorer la prise en compte et la réparation des dommages environnementaux.

De quelle manière l'environnement est-il représenté dans le monde du droit ? Parce que « *le droit est un autre monde* » [1], l'environnement dans sa formalisation juridique ne saurait être le reflet fidèle des données et connaissances issues des sciences de l'écologie par exemple [2]. D'autres sciences – philosophie, anthropologie, éthologie, sociologie, économie pour ne citer qu'elles – mais aussi les savoirs dits profanes sont des sources d'inspiration pour le droit. Et surtout, si le système juridique est ouvert sur l'extérieur, il possède ses propres catégories et concepts avec lesquels il traite les informations recueillies, lesquelles sont donc mises à

1. M.-A. HERMITTE, « Le droit est un autre monde », in *Les objets du droit*, Enquête n° 7, éd. Parenthèses, 1999, pp. 17-37.
2. Lire en ce sens G.J. MARTIN, « La "vérité" scientifique à l'épreuve du droit, l'exemple du droit de l'environnement », *in* J.-J. SUEUR (dir.), *Le vrai, le faux, le juste*, Bruylant, 2010.

la sauce juridique ; pour le dire plus savamment, à l'ouverture cognitive succède la fermeture normative [3]. L'une des questions préalables à la construction de la Nomenclature a donc été de s'interroger sur la représentation juridique de l'environnement. Pour s'en inspirer tout d'abord ; c'est ainsi que l'on y retrouve les « compartiments » familiers aux juristes comme l'eau, l'air ou les espèces animales et végétales par exemple. Mais aussi pour en combler les éventuelles lacunes ; le sol, par exemple, si souvent oublié du droit de l'environnement trouve la place qui lui revient dans la Nomenclature. Pour projeter la Nomenclature dans l'avenir enfin ; ainsi, les fonctions et services écologiques, encore très peu présents dans les textes de droit positif, mais amenés sans doute à jouer un rôle fondamental dans les politiques environnementales, figurent dans la Nomenclature qui fournit ainsi des précisions sémantiques que l'on espère utiles. L'objet de cette contribution est donc d'expliquer les choix retenus dans la rédaction de la Nomenclature au regard des catégories ou des notions présentes ou au contraire absentes, ou encore latentes, du droit positif. Le corpus normatif étudié ici n'est pas exhaustif, il se limite aux principaux textes communautaires et français [4]. Il a néanmoins constitué pour le groupe un fondement suffisant pour structurer la Nomenclature. En premier lieu, dans ses deux grandes parties, la *summa divisio* qui la traverse entre les préjudices causés à l'environnement et ceux causés à l'homme. La distinction n'allait pas de soi, et relève d'un choix d'ordre moral, d'une posture philosophique, car se faisant la Nomenclature attribue une valeur intrinsèque à l'environnement, indépendamment des intérêts proprement humains (Section 1). Mais une fois l'autonomie de ces préjudices affirmée – et assumée par le groupe – encore fallait-il déterminer les postes de préjudices devant y figurer, faire des choix terminologiques, en un mot les ordonner (Section 2).

SECTION 1
L'ENVIRONNEMENT VALORISÉ

L'environnement apparaît sous un double éclairage dans le monde du droit : comme le support ou le vecteur d'intérêts humains (santé, activités économiques,

3. Selon la théorie des systèmes autopoïétiques, voir G. TEUBNER, *Le droit, un système autopoïétique*, PUF, coll. Les voies du droit, Paris, 1993.

4. Qui ont été analysés avec le concours précieux des étudiants de la Clinique du droit de l'environnement de l'Université de Versailles Saint-Quentin et en particulier Coralie Bracon, Marjolaine Rouxel et Noémie Saffray.

etc.), mais aussi comme un intérêt, une valeur, en soi, indépendamment de l'utilité (culturelle, sociale ou économique) qu'il peut représenter pour l'homme. Nous dirions ainsi que l'environnement, globalement ou dans ses différentes composantes, est considéré comme une valeur, un « centre d'intérêts » [5] dépassant la sphère des intérêts humains qu'ils soient individuels ou collectifs. Il est vrai que la distinction entre ce qui relève de l'humain d'un côté et de la nature de l'autre n'est pas toujours aisée dans les textes de droit positif. Mais ce qui nous intéresse de souligner ici, ce n'est pas tant la distinction en elle-même que la pluralité des valeurs attachées à l'environnement et que le droit reconnaît.

À cet égard, le préambule de la Convention sur la diversité biologique est particulièrement significatif puisqu'il proclame la « *valeur intrinsèque de la diversité biologique* » dans son alinéa 1er, les Parties contractantes déclarant ensuite que « *la conservation et l'utilisation durable de la diversité biologique revêtent la plus haute importance pour la satisfaction des besoins alimentaires, sanitaires et autres de la population de la planète (...)* » (al. 20) et qu'elles sont « *déterminées à conserver et à utiliser durablement la diversité biologique au profit des générations présentes et futures* » (al. 23).

De même la notion de patrimoine commun reflète l'ambivalence de l'environnement relevant tout à la fois de la culture et de la nature ou encore forme hybride entre le sujet et l'objet [6]. Les références sont nombreuses, ainsi par exemple en droit communautaire où « *les habitats et espèces menacés font partie du patrimoine naturel de la Communauté* » [7] et où « *l'eau n'est pas un bien marchand comme les autres mais un patrimoine qu'il faut protéger, défendre et traiter comme tel* » [8]. En droit français « *les espaces, ressources et milieux naturels, les sites et paysages, la qualité de l'air, les espèces animales et végétales, la diversité et les équilibres biologiques auxquels ils participent font partie du patrimoine commun de la nation* » [9], la Charte constitutionnelle de l'environnement de 2005 déclarant pour sa part que « *l'environnement est le patrimoine commun des êtres humains* » et que « *la préservation de l'environnement doit être recherchée au même titre que les autres intérêts fondamentaux de la Nation* ».

---

5. G. FARJAT, « Entre les personnes et les choses, les centres d'intérêts. Prolégomènes pour une recherche », *RTD civ.* 2002, p. 221.

6. F. OST, *La nature hors la loi, l'écologie à l'épreuve du droit*, éd. La Découverte, 1995, p. 306 et s.

7. Directive 92/43/CEE du Conseil du 21 mai 1992 concernant la conservation des habitats naturels ainsi que de la faune et de la flore sauvages, considérant 4.

8. Directive 2000/60 du 23 octobre 2000 établissant un cadre pour une politique communautaire dans le domaine de l'eau, considérant 1er.

9. Art. L. 110-1 C. env.

Si l'on se tourne du côté des dispositions plus spécifiques ou plus techniques, elles nous montrent également que si certains éléments sont protégés en raison de l'utilité (vitale, économique) ou de la valeur (esthétique, culturelle) qu'ils présentent pour l'homme, la protection s'entend également en dehors de ces critères. Ainsi par exemple le droit français de l'eau vise la protection de ses différents usages, mais également celle de la « vie biologique » (*sic*) du milieu aquatique (art. L. 211-1 C. env.). Les textes relatifs aux espèces protégées se fondent quant à eux sur leur caractère « remarquable », qui peut se rapporter aussi bien à une dimension humaine qu'écologique, ou sur leur « vulnérabilité » face aux dangers qui les menacent, sans que soit prise en compte leur utilité pour l'homme (par exemple l'art. L. 414-1 C. env.).

Et il faut bien entendu ajouter à cet inventaire les exemples jurisprudentiels reconnaissant l'existence d'un préjudice environnemental distinct des atteintes aux biens et aux personnes [10]. C'est pourquoi le choix d'inclure dans la Nomenclature les préjudices à l'environnement en tant que tels s'inscrit dans le droit fil du droit positif qui reconnaît une valeur *per se* aux ressources naturelles. Pour autant, en faire une catégorie spécifique, distincte des préjudices à l'homme et qui marque ainsi la *summa divisio* de la Nomenclature, a néanmoins été longuement discuté. D'une part, on pouvait craindre des redondances ; d'autre part, dans la mesure où tous les préjudices à l'homme figurant dans la Nomenclature trouvent leur origine dans un dommage environnemental, la pertinence même d'une catégorie spécifique de préjudices à l'environnement était discutable. Enfin, distinguer aussi nettement les deux types de préjudices amenait la Nomenclature à réduire la question des rapports homme/nature à une opposition, ou à tout le moins un dualisme contestable. En effet, pouvait-on tracer une frontière aussi nette entre les intérêts humains et non-humains quand les travaux des philosophes et anthropologues [11] mettent en avant l'infinie complexité des relations homme/nature dont les thèses dualistes ne peuvent rendre compte ?

Deux considérations principales ont finalement dicté le choix d'une telle présentation. En premier lieu, le droit positif permet de penser que l'environnement ne se réduit pas aux seuls intérêts humains et possède ainsi une existence juridique propre. En second lieu, considérer que l'environnement n'existe qu'à travers l'homme conduit à établir un véritable choix d'ordre philosophique et moral qui, non seulement ne relève pas de la seule compétence des juristes,

---

10. L. NEYRET, « La réparation des atteintes à l'environnement par le juge judiciaire », *D.* 2008, chron. p. 170 ; Recueil de décisions dans le présent ouvrage.

11. P. DESCOLA, *Par-delà nature et culture*, Gallimard, coll. Bibliothèque des sciences humaines, Paris, 2005 ; J. DERRIDA, E. ROUDINESCO, *De quoi demain... Dialogue*, chap. 5, Champs Flammarion, 2001, E. DE FONTENAY, *Sans offenser le genre humain. Réflexions sur la cause animale*, Albin Michel, 2008.

mais surtout est un choix fermé, exclusif. En revanche, considérer dans le cadre de la Nomenclature que l'environnement peut être pensé comme un intérêt ou une valeur en soi, qui ne se résume pas aux intérêts humains, consiste à adopter une posture intellectuelle ouverte, à faire un choix non exclusif. En ce sens, la Nomenclature est d'ailleurs susceptible de jouer un rôle performatif salutaire face à un certain pragmatisme environnemental qui gagne du terrain et qui tend à mettre en avant les valeurs utiles, instrumentales de l'environnement au détriment de sa valeur intrinsèque, qui selon les termes de la Commission européenne « *ne sera pas suffisante* » pour répondre au défi de la préservation de la biodiversité [12].

En outre, et sur un plan plus pratique, il y aurait un risque à réduire la prise en compte de l'environnement dans le droit aux seuls éléments naturels que l'on estime actuellement utiles à l'homme qu'il s'agisse d'une utilité vitale, économique, culturelle ou spirituelle. D'une part, il faut ici tenir compte de la grande incertitude scientifique en ce domaine : ce qui est considéré comme inutile aujourd'hui peut l'être demain. D'autre part, la valeur culturelle ou symbolique attribuée aux éléments de l'environnement est extrêmement variable ; si sur le territoire de la France métropolitaine cette variation est sans doute infime, il n'en va vraisemblablement pas de même des territoires d'outre-mer, dans lesquels le droit français est applicable et qui comprennent des communautés autochtones ou locales de cultures différentes.

Enfin, la finalité de la Nomenclature doit être prise en compte. La question homme/nature peut donner lieu à des débats et travaux dans le champ de la philosophie, le système juridique lui-même peut rendre compte plus finement de la diversité des rapports entre les mondes humains et non humains [13], mais la Nomenclature a été conçue comme un outil au service de la réparation des dommages à l'environnement. À ce titre, elle se doit d'être aussi exhaustive que possible, afin de permettre à chacun de ses utilisateurs de faire son choix parmi les postes de préjudice pertinents pour son cas d'espèce. Mais parce qu'elle doit être également aussi lisible que possible, elle doit trancher et ainsi parfois renoncer à une formalisation plus subtile et par là même plus complexe.

Affirmer l'autonomie des préjudices causés à l'environnement en en faisant l'une des deux parties de la Nomenclature ne suffisait pas, encore fallait-il les ordonner en définissant des postes de préjudices plus précis.

---

12. Examen à mi-parcours du sixième programme d'action communautaire pour l'environnement COM, 2007, 225 final.

13. L. COUTELLEC, I. DOUSSAN, « Attempt to typologize relations between different worlds (human, animal, living) based on legal and ethical questions surrounding the status of GM fish », *in* C.M. ROMEO CASABONA, L. ESCAJEDO SAN EPIFANIO, E. CIRION (Aitziber ed.), *Global food security: ethical and legal challenges*, Wageningen Academic Publishers, The Netherlands, 2010, pp. 412-417.

SECTION 2
L'ENVIRONNEMENT ORDONNÉ

Les définitions de l'environnement en droits français et communautaire mêlent des éléments que l'on peut qualifier de « statiques » (air, sol, eau, espaces et espèces) avec des notions plus dynamiques (diversité biologique, fonctions écologiques par exemple). Concernant les premiers, ils correspondent aux découpages classiques du droit de l'environnement et sont de ce fait parlants pour les juristes, c'est pourquoi ils ont été choisis pour structurer la partie de la Nomenclature consacrée aux préjudices à l'environnement. Les notions plus dynamiques, présentes également en droit positif ont également été considérées comme indispensables pour la Nomenclature. D'une part, elles correspondent à l'approche des sciences écologiques qui sont nées précisément d'une vision intégrée et dynamique des rapports entre les espèces et les milieux. D'autre part, on remarque que ces notions figurent plus spécifiquement dans les textes relatifs aux dommages ou atteintes pouvant être portées à l'environnement tels que ceux relatifs aux études d'impact ou d'incidence ou aux obligations d'évaluation des substances dangereuses pour l'environnement par exemple. C'est donc à ce double titre qu'elles figurent dans la Nomenclature.

En conséquence, si dans la Nomenclature l'environnement est découpé, compartimenté de manière assez classique (§ 1), il est mis en mouvement par des notions plus dynamiques (§ 2).

§ 1. – L'environnement compartimenté

A. LES SOLS

En premier vient le sol. Pourtant, celui-ci n'est pas véritablement présent en tant que milieu naturel dans le droit ; par exemple, il ne figure pas dans le Livre deuxième du Code de l'environnement français, consacré aux « milieux physiques », où seuls apparaissent les « eaux et milieux aquatiques » et l'« air et atmosphère ». La protection du sol est donc aujourd'hui essentiellement appréhendée à travers les règles relatives à ses différents usages et en particulier le droit de l'urbanisme, et, en ce qui concerne le droit de l'environnement, par les textes relatifs à la prévention des pollutions et nuisances (ICPE, droit des produits chimiques, par exemple), ou encore ceux traitant des espaces protégés comme les parcs nationaux ou les réserves naturelles [14]. La relative absence du sol en tant que milieu physique à part entière a de quoi étonner – plus les scientifiques que les juristes d'ailleurs, lesquels sont habitués à le considérer davantage comme un support de droits que comme une composante essentielle, et fragile, des écosystèmes. Cette situation pourrait cependant être amenée à changer si la proposition de directive sur la protection des sols [15] aboutissait à l'adoption d'un texte contraignant. Non seulement elle définit le sol comme « *la couche supérieure de l'écorce terrestre située entre le substratum rocheux et la surface, compte non tenu des eaux souterraines* » (art. 1), mais elle identifie les principales atteintes qui le menacent, telles que l'érosion, la diminution des teneurs en matières organiques et l'appauvrissement de la biodiversité, la contamination, la salinisation ou encore l'imperméabilisation. Enfin, elle fonde son régime protecteur sur les fonctions et services écologiques qu'il remplit (cf. *infra*).

C'est donc compte tenu tout à la fois de l'importance écologique des sols et de leurs fonctions et de l'évolution en cours du droit, que le choix a été fait de faire apparaître les atteintes aux sols comme un poste de préjudice autonome dans la Nomenclature et de reprendre la liste de la proposition de directive pour les caractériser.

B. L'AIR ET L'ATMOSPHÈRE

Du sol nous passons à l'air et l'atmosphère qui présentent la particularité de ne pas être des écosystèmes ou, dit plus simplement, des milieux vivants. Pour autant, ils font partie de la composante abiotique des écosystèmes et remplissent à ce titre des fonctions nécessaires à toute forme de vie, végétale, animale et humaine ; ils fournissent par exemple l'oxygène indispensable pour tous les organismes vivants. Le droit rend d'ailleurs compte de cette particularité puisqu'ils sont appréhendés essentiellement comme vecteur, c'est-à-dire comme un milieu dont la modification est susceptible d'entraîner des atteintes à la santé humaine et aux autres éléments de l'environnement. Par exemple, l'article L. 220-2 du Code de l'environnement dispose que « *constitue une pollution atmosphérique (...) l'introduction par l'homme, directement ou indirectement, dans l'atmosphère et les espaces clos, de substances ayant des conséquences préjudiciables*

14. Respectivement articles L. 331-1 et L. 332-1 du Code de l'environnement qui visent la conservation des différents éléments naturels dont le sol, le sous-sol et les minéraux et fossiles. Ajoutons aussi – sans que cette liste prétende à l'exhaustivité – la Convention alpine de 1995 qui prévoit expressément la préservation des sols.

15. COM (2006) 232 final.

de nature à mettre en danger la santé humaine, à nuire aux ressources biologiques et aux écosystèmes, à influer sur les changements climatiques, à détériorer les biens matériels, à provoquer des nuisances olfactives excessives ».

En conséquence, les atteintes à l'air et l'atmosphère et notamment les modifications de leur composition (un enrichissement en CO_2 par exemple) constituent un poste de préjudice spécifique dans la Nomenclature.

C. L'EAU ET LES MILIEUX AQUATIQUES

Quant à l'eau, qu'elle soit superficielle, souterraine, douce, marine, close ou courante, elle est elle aussi un élément fondamental des écosystèmes, compte tenu de son importance pour toute forme de vie. En outre, elle est le réceptacle de la plupart des pollutions, que les rejets soient directs ou indirects, puisque la plupart des substances polluantes rejetées dans les sols ou l'air finissent par aboutir dans l'eau.

Contrairement à ce qui a pu être dit pour les sols, l'eau est très présente en droit positif. Elle constitue, avec les milieux marins et aquatiques, le titre 1er du livre consacré aux milieux physiques dans le Code de l'environnement français. Par ailleurs, de nombreuses dispositions, voire des corpus normatifs spécifiques, ont pour objet d'assurer sa protection selon ses caractéristiques physiques (douce, marine, souterraine ou superficielle notamment) ou juridiques (support de droits de propriété ou d'usage, appartenant au domaine public par exemple). De manière générale, le droit de l'eau a pour objet d'assurer sa qualité (conservation des eaux et milieux aquatiques et prévention des pollutions), mais se préoccupe également de sa quantité (prévention des inondations et sécheresse).

Plus spécifiquement, on notera la place prépondérante, plus que pour aucune autre composante de l'environnement, des usages de l'eau en droit. En effet, le droit communautaire et français appréhende l'eau comme une ressource naturelle dont le « bon état écologique » [16] est nécessaire, dans l'ordre, aux intérêts humains prioritaires (santé, sécurité), au bon état des écosystèmes aquatiques et enfin aux activités humaines « *légalement exercées* » (agriculture, industrie, pêche, etc.). De manière significative, l'objet du droit français de l'eau est défini comme « *la gestion équilibrée et durable de la ressource en eau* » (art. L. 211-1 C. env.) et l'usage de l'eau pour la consommation humaine y apparaît comme un objectif prioritaire. Cette hiérarchie a été explicitement introduite par la loi

16. La directive cadre sur l'eau du 23 octobre 2000 impose aux États de garantir le « bon état écologique » des eaux, défini selon les différentes catégories d'eau (superficielle, souterraine, etc.) en fonction d'indicateurs relatifs à la qualité biologique, hydromorphologique et physico-chimique.

du 30 décembre 2006 sur l'eau et les milieux aquatiques [17], puisqu'il est indiqué que « *la gestion équilibrée doit permettre en priorité de satisfaire les exigences de la santé, de la salubrité publique, de la sécurité civile et de l'alimentation en eau potable de la population* » (art. L. 211-1-II C. env.). Ce n'est qu'ensuite, dans les « exigences » devant être « satisfaites ou conciliées » lors des différents usages, activités ou travaux, qu'apparaît en premier lieu « *la vie biologique du milieu récepteur, et spécialement de la faune piscicole et conchylicole* ». Ces différents usages de l'eau peuvent d'ailleurs être assimilés aux services écologiques remplis par la ressource en eau, sans que cette terminologie apparaisse dans les textes (cf. *infra*). Quant aux régimes de protection renforcée, ils sont fondés soit sur la garantie de certains intérêts humains liés à l'eau (santé pour les eaux de consommation ou de baignade ; sécurité publique contre les inondations ; usages économiques, etc.), soit sur les risques de dégradation pesant sur certaines eaux indépendamment de l'usage qui peut en être fait (par ex. « zones vulnérables » ou « sensibles » aux pollutions, notamment par les nitrates [18]).

Pour autant, il n'est pas toujours aisé de distinguer ce qui dans les règles de protection des eaux relève de la préservation de l'eau en tant que telle ou de ses différents usages, les deux objectifs étant en grande partie interdépendants. Il n'en demeure pas moins que la Nomenclature, scindée en deux grandes catégories de préjudices, vise spécifiquement les atteintes aux eaux et milieux aquatiques, indépendamment des conséquences sur les usages qui peuvent en être faits. Les atteintes aux usages de l'eau figurent dans la partie de la Nomenclature consacrée aux préjudices causés à l'homme, qu'il s'agisse des préjudices collectifs, en particulier l'atteinte aux services, ou individuels.

D. LES ESPÈCES

Le choix fait pour la Nomenclature s'éloigne également quelque peu du droit positif puisque le dernier chef de préjudice à l'environnement est celui des atteintes aux espèces et à leurs fonctions. N'y figure donc pas les atteintes aux « espaces naturels », objets d'un livre du Code de l'environnement et dont la protection est par ailleurs très souvent mêlée à celle des espèces qu'ils abritent, eu égard notamment à leur fonction d'habitat (cf. *infra*).

Concernant en premier lieu les espèces, végétales et animales, certaines d'entre elles bénéficient d'un régime particulier de protection en raison de leur plus

17. Elle est implicite dans le droit communautaire.
18. Articles R. 211-75 et R. 211-94 du Code de l'environnement.

grande rareté ou vulnérabilité. Les autres espèces ne présentant pas ces caractéristiques, ou plus exactement n'étant pas identifiées comme telles, sont prises en compte par le biais des réglementations relatives aux activités et substances polluantes, notamment au stade de l'évaluation des impacts et bénéficient de ce fait d'un degré de protection moindre [19].

En revanche, la Nomenclature spécifie expressément que les atteintes envisagées s'entendent de celles portées à toutes les espèces, qu'elles appartiennent ou non à la catégorie d'espèce protégée. Il est apparu en effet comme fort peu souhaitable de ne prendre en compte que les espèces spécialement protégées, comme c'est le cas pour le régime de responsabilité environnementale de la directive 2004/35 et de la loi française de transposition. Ce choix est d'ailleurs conforté par le fait que la Nomenclature vise également les fonctions écologiques éventuellement remplies par les espèces, y compris donc les espèces « ordinaires » du point de vue du public (et du droit) mais parfois essentielles sur le plan écologique. Toutefois, il convient de noter que la distinction entre les espèces spécialement protégées et les autres retrouve sa pertinence au stade de l'évaluation du dommage et partant du préjudice. L'existence d'un régime renforcé de protection indique en effet que ces espèces sont identifiées par le droit positif comme présentant une « valeur supérieure », quel que soit le fondement de l'attribution de cette valeur, et il est dès lors logique d'estimer que les dommages qui les affectent sont susceptibles de se traduire par un préjudice plus grand.

Enfin, quelques remarques d'ordre terminologique doivent être faites. En premier lieu, en visant les espèces « de faune et de flore », la Nomenclature reprend des termes couramment employés dans les textes et qui semblent équivalents (mais peut-être plus poétiques) à ceux d'espèces animales et végétales également présents [20]. En second lieu, le choix a été fait de ne pas se limiter aux espèces « sauvages » comme c'est le cas dans la plupart des textes de droit positif. Selon la Nomenclature, un dommage affectant une espèce, animale ou végétale, sauvage ou domestique, est donc susceptible d'être qualifié de préjudice causé à l'environnement. Ce choix est justifié par deux raisons principales. D'une part, d'un point de vue biologique, la frontière entre le « sauvage » et le « domestique » est poreuse et il peut être difficile de distinguer les deux. D'autre part, et surtout, il existe des espèces domestiques rares et/ou menacées de disparition, qui peuvent présenter un intérêt écologique certain en terme

19. Voir par exemple les études demandées dans le cadre d'une demande d'autorisation de mise sur le marché d'un pesticide où il doit être démontré que les risques pesant sur les organismes vivants présents dans l'environnement sont « acceptables » au regard des critères écotoxicologiques fixés.

20. Notons d'ailleurs que l'actuel livre IV du Code de l'environnement consacré au « patrimoine naturel » s'intitulait avant la loi n° 2010-788 du 12 juillet 2010 « faune et flore ».

notamment de diversité génétique. Il s'agit par exemple d'espèces végétales ou animales qui ne sont plus utilisées dans les modes d'agriculture conventionnelle (comme certains chevaux de traits par exemple) mais qui peuvent faire l'objet d'aides financières [21] pour leur culture ou leur élevage par des exploitants agricoles. On peut citer également les plantations d'organismes de recherche [22], puisqu'il s'agit dans ce cas d'espèces cultivées mais qui présentent un grand intérêt écologique. En conséquence, leur destruction ou des atteintes qui leur seraient portées sont susceptibles de se traduire par un préjudice causé à l'environnement indépendant du préjudice subi par l'exploitant ou leur détenteur.

Par ailleurs, il a été dit plus haut que la protection juridique des espèces va le plus souvent de pair avec celle des habitats qui les abritent. En les visant, la Nomenclature rend compte à la fois du droit positif et d'une réalité écologique puisque l'on ne saurait prétendre protéger une espèce sans protéger son lieu de vie. Rappelons ici que le terme d'habitat est défini par la Convention sur la diversité biologique de 1992 comme « *le lieu ou type de site dans lequel un organisme ou une population existe à l'état naturel* ». Dans le dispositif Natura 2000, un « *habitat naturel* » est défini comme les « *zones terrestres ou aquatiques se distinguant par leurs caractéristiques géographiques, abiotiques et biotiques, qu'elles soient entièrement naturelles ou semi-naturelles* ». Dans le même dispositif, « *l'habitat d'une espèce* » est le « *milieu défini par des facteurs abiotiques et biotiques spécifiques où vit l'espèce à l'un des stades de son cycle biologique* ».

Il nous faut également dire un mot de l'absence des espaces en tant que catégorie à part entière dans la Nomenclature. Un tel choix n'allait pas de soi notamment en considérant le fait que le Code de l'environnement leur consacre son livre III qui comprend notamment le littoral, les parcs et réserves, ainsi que les dispositions relatives aux paysages. Cette question fut débattue entre les auteurs de la Nomenclature. Il a finalement été considéré que l'ensemble des autres catégories choisies pour qualifier les préjudices causés à l'environnement épuisait la question et qu'il aurait été non seulement superflu mais source de confusion de viser expressément les atteintes aux espaces. En effet, le champ d'application des régimes de protection des espaces comprend en général les espèces végétales et animales, le sol et sous-sol, l'atmosphère, les eaux, les paysages et le cas échéant le patrimoine culturel qu'ils comportent [23], tous ces éléments figurant déjà dans la Nomenclature. En outre, la protection juridique

---

21. En particulier dans le cadre de la Politique agricole commune de l'UE (PAC).

22. Par exemple, l'INRA ou le CIRAD qui cultive en particulier en Guyane des espèces rares de cacaoyers endémiques ou provenant d'autres pays.

23. Voir par exemple les articles L. 331-1 et L. 332-1 du Code de l'environnement relatifs aux parcs nationaux et réserves naturelles.

de certains espaces peut être fondée sur le fait qu'ils abritent des espèces animales ou végétales elles-mêmes protégées. Dans ce cas, c'est la fonction d'habitat de ces espèces que le droit reconnaît et préserve, fonction figurant également dans la Nomenclature à propos des espèces de faune et de flore.

Une autre considération a dicté le choix fait dans la Nomenclature. Si dans le droit positif les espaces figurent en tant que tels, c'est parce qu'ils sont identifiés comme présentant une valeur particulière, écologique ou patrimoniale et ils sont donc délimités spatialement. Or, il a été dit que les auteurs de la Nomenclature entendaient ne pas limiter le préjudice causé à l'environnement aux seuls éléments de l'environnement spécialement protégés par le droit, mais que la biodiversité « ordinaire » y avait toute sa place, d'autant plus que la prévention des atteintes la menaçant n'est assurée que par la réglementation des pollutions et nuisances dont on sait qu'elle vise à réduire les dommages à un niveau « acceptable ». Mais dès lors que tous les espaces sont visés dans la Nomenclature, le terme même d'espace perd son sens en ne se rapportant pas à une zone géographique déterminée et serait ainsi susceptible de rendre la lecture de la Nomenclature plus confuse. Dans le même ordre d'idées, il a également été discuté, et abandonné, le fait d'intégrer la notion d'espace par d'autres termes, plus dynamiques, tels que paysage ou écosystème (sur la place particulière réservée à ce dernier terme voir *infra*).

Enfin, il convient d'ajouter que les textes relatifs à la protection des espaces les qualifient souvent de naturels ; c'est l'occasion de remarquer ici que ce terme a été exclu de la Nomenclature en ce qui concerne les préjudices à l'environnement. En effet, non seulement d'un point de vue écologique, le caractère naturel d'un élément de l'environnement est malaisé à définir, mais il peut faire penser que les espaces dits « semi-naturels » tels que haies, bosquets, plans d'eau artificiels, sont exclus. Or ceux-ci présentent très souvent un intérêt écologique majeur, en tant qu'habitats mais également en tant que relais dans des espaces anthropiques, comme les espaces agricoles, pour permettre par exemple les flux migratoires d'espèces. On notera en outre que le terme d'habitat naturel dans le dispositif Natura 2000 est défini comme les « *zones terrestres ou aquatiques se distinguant par leurs caractéristiques géographiques, abiotiques et biotiques, qu'elles soient entièrement naturelles ou semi-naturelles* ».

Si la Nomenclature découpe l'environnement selon les clivages du droit positif, elle intègre également les notions plus dynamiques issues principalement des sciences de l'écologie.

§ 2. – L'environnement en mouvement

La lecture des principaux textes relatifs à la prévention des atteintes à l'environnement, mais également des textes plus spécifiques comme les directives « habitats », la Convention sur la diversité biologique ou les textes relatifs aux paysages fait apparaître des termes tels que le climat, la diversité biologique, les écosystèmes et leur fonctionnement, les habitats, le paysage ou encore les équilibres biologiques, les interrelations ou interactions entre les différents éléments de l'environnement. Apparaissent également les notions de fonctions et services écologiques. Il convenait ici, d'une part, de choisir parmi ces différentes expressions, aux sens souvent trop proches, et, d'autre part, de déterminer la place qu'elles devaient occuper dans la Nomenclature.

A. L'EXCLUSION DU PAYSAGE

Quant au choix, il faut tout d'abord noter que ces termes ne sont en général pas définis dans les textes juridiques et certains paraissaient trop vagues pour se prêter à une définition utile, comme les équilibres biologiques, les interrelations ou interactions entre les différents éléments de l'environnement. Pour d'autres, il a été jugé qu'ils pouvaient entraîner une certaine confusion en figurant dans la Nomenclature. C'est le cas du paysage, dont le sens commun exprime une dimension subjective, tandis que l'acception scientifique renvoie l'écologie du paysage. Cette dernière s'intéresse à la dynamique spatio-temporelle des composantes biologiques, physiques des paysages humanisés et/ou naturels ; elle comprend dans son champ dans une plus ou moins grande proportion selon les objets étudiés, une dimension sociale ou humaine au sens des activités exercées par exemple. Certains textes juridiques conjuguent ces deux acceptions. Ainsi dans les « *directives de protection et de mise en valeur du paysage* » (art. L. 350-1 et s. C. env.) qui concernent les « *territoires remarquables par leur intérêt paysager* », les critères permettant de les qualifier comme tels sont les suivants : « *les territoires remarquables dont l'intérêt paysager est notamment établi par leur unité et leur cohérence, ou encore par leur richesse particulière en matière de patrimoine ou comme témoins de modes de vie et d'habitat ou d'activités et de traditions industrielles, artisanales, agricoles et forestières* » (art. R. 350-1 C. env.). Les termes « *unité et cohérence* » se réfèrent à la notion d'écologie du paysage, tandis que les termes suivants évoquent davantage la dimension subjective. Un autre exemple de définition est celui du dispositif Natura 2000, dans la mesure où certains éléments du paysage revêtent une importance majeure pour la faune et la flore sauvage et où leur gestion a pour effet d'améliorer la cohérence écologique du réseau Natura 2000. Il s'agit d'éléments qui, de par leur structure linéaire et continue (tels que les rivières avec leurs berges ou les systèmes traditionnels de délimitation des champs) ou leur rôle de relais (tels que les étangs ou les petits bois), sont essentiels à la migration, à la distribution géographique et à l'échange génétique d'espèces sauvages. En revanche, la Convention européenne sur le paysage de 2000 qui le définit comme « *une partie de territoire telle que perçue par les populations, dont le caractère résulte de l'action de facteurs naturels et/ou humains et de leurs interrelations* » met davantage en avant sa dimension subjective. C'est donc face aux confusions et redondances possibles compte tenu de la *summa divisio* de la Nomenclature, qu'il a été préféré exclure ce terme.

B. L'INTÉGRATION DES ÉCOSYSTÈMES ET DE LA DIVERSITÉ BIOLOGIQUE

En revanche, les termes d'écosystème et de diversité biologique ont été considérés comme essentiels pour caractériser les dommages à l'environnement et figurent donc dans la Nomenclature. Mais s'est alors posée la question de la place qu'ils devaient occuper. Une solution aurait pu être de faire des atteintes pouvant leur être portées des postes autonomes de préjudices. Mais leur caractère englobant risquait alors de rendre la Nomenclature peu lisible.

C'est pourquoi l'écosystème figure dans la définition même du préjudice causé à l'environnement, qui reprend ici la définition donnée par la Convention sur la diversité biologique [24] et s'applique donc à tous les chefs de préjudices environnementaux.

Quant à la diversité biologique, elle est définie par la même convention comme la « *variabilité des organismes vivants de toute origine y compris, entre autres, les écosystèmes terrestres, marins et autres écosystèmes aquatiques et les complexes écologiques dont ils font partie (et qui) comprend la diversité au sein des espèces et entre espèces ainsi que celle des écosystèmes* ». En tant que notion transversale pour la Nomenclature, il est donc apparu pertinent de l'introduire dans les différents postes de préjudices afin qu'associée aux éléments plus statiques, elle les enrichisse et les complète.

24. Pour mémoire, « *le complexe dynamique formé de communautés de plantes, d'animaux et de micro-organismes et de leur environnement non vivant qui, par leur interaction, forment une unité fonctionnelle* ».

C. Les fonctions et services écologiques

Enfin, parmi les notions qualifiées de dynamiques, les fonctions et services écologiques [25] appellent quelques remarques particulières, quant à ce qu'il convient d'entendre par ces termes, avant de s'intéresser aux textes juridiques qui s'y réfèrent et enfin aux choix effectués dans la Nomenclature.

1) Définitions

L'un des apports scientifiques majeurs des sciences de l'écologie réside dans le concept d'écosystème, qui emprunte à l'idée de système les interactions et l'ensemble ordonné et cohérent et se définit comme un système complexe d'interactions entre un ensemble d'espèces vivantes et un milieu physique. À partir des années 1980, on admet que les écosystèmes sont ouverts et contingents, et qu'ils sont caractérisés par des processus fonctionnels avec des flux d'énergie, de matière et aussi d'organismes. Cette approche influe fortement les connaissances en matière de diversité biologique, puisque dans les années 2000 apparaît la notion de diversité fonctionnelle, qui est un tournant important dans l'histoire des sciences du vivant. Par exemple, on découvre expérimentalement que ce n'est pas tant le nombre d'espèces qui importe mais les fonctions qu'elles remplissent. Ce sont donc les caractéristiques fonctionnelles des espèces qui influent fortement sur les propriétés des écosystèmes.

C'est dans ce contexte scientifique qu'intervient un rapport d'experts de l'ONU réalisé entre 2002 et 2005 et intitulé « Évaluation des écosystèmes pour le millénaire » [26]. Ce rapport élaboré par des scientifiques, dont des économistes, a pour effet de propulser dans les champs des politiques publiques la notion de fonction écologique et surtout celle de service écologique. En effet si la notion de fonction écologique relève du champ des sciences de l'écologie, celle de service apparaît davantage « travaillée » par l'analyse économique comme ce fut le cas dans le rapport de l'ONU. Celui-ci pose comme présupposé que les écosystèmes contribuent directement ou indirectement au bien-être des populations et a pour objet

25. Nous avons adopté dans ce travail les termes de fonctions et services *écologiques* car ils figurent dans la directive 2004/35 et sa loi de transposition (cf. *infra*) ; ils sont équivalents aux fonctions et services écosystémiques davantage employés dans la littérature scientifique. Sur les implications juridiques du concept de service, voir I. Doussan, « Les services écologiques : un nouveau concept pour le droit de l'environnement ? », in C. Cans (dir.), *La responsabilité environnementale, prévention, imputation, réparation*, Dalloz, coll. Thèmes et commentaires, 2009, pp. 125-141.

26. Ou MEA pour Millenium Ecosystem Assessment, consultable sur www.maweb.org.

« *d'évaluer les conséquences de la modification des écosystèmes pour le bien-être humain* [27] *et d'analyser les possibilités d'accroître la conservation et l'utilisation des écosystèmes et leur contribution au bien-être humain* ». L'enjeu était donc de mettre enavant les valeurs des écosystèmes pour le bien-être des sociétés, et par là même les coûts de leur dégradation, constatée et projetée [28].

La définition communément retenue aujourd'hui du concept de services des écosystèmes est celle du MEA [29]. Les services y sont définis à partir des fonctions et processus des écosystèmes : si ces derniers sont biologiques, biophysiques et biogéochimiques et participent aux transformations et au maintien des écosystèmes et de leur diversité biologique, les services représentent, quant à eux, les bienfaits que les êtres humains en retirent [30]. En conséquence, il faut comprendre les fonctions écologiques comme une source possible de services, lesquels recouvrent les seules fonctions et processus apportant un bénéfice à l'homme.

Il est essentiel d'ajouter que si les fonctions et processus des écosystèmes sont étudiés dans les sciences de l'écologie, ils sont imparfaitement connus et parfois difficiles à caractériser. En revanche, les services sont mieux identifiés. Ils sont également plus faciles à comprendre par des non-scientifiques et surtout ils se prêtent davantage à une évaluation (monétaire ou non) puisque la valeur de référence est celles des besoins (physiologiques ou non) de l'être humain [31].

2) Les fonctions et services en droit positif

On remarque une utilisation assez libre de ces deux termes au regard des définitions que nous venons d'exposer [32] ; par exemple, sous l'emploi du terme fonctions sont également (voire exclusivement) compris les services.

---

27. Entrent dans les critères du « bien-être » humain des critères physiologiques mais aussi les relations sociales (cohésion, respect mutuel par ex.) et « *la liberté de choix et d'action dont l'opportunité d'atteindre ce qu'un individu peut juger valeureux de faire ou d'être* ».

28. Ce rapport « *place le bien-être humain au centre du processus d'évaluation, tout en reconnaissant que la diversité biologique et les écosystèmes ont également une valeur intrinsèque et que les êtres humains prennent des décisions concernant les écosystèmes aussi sur la base de la valeur intrinsèque que de considérations de leur propre bien-être et celui des autres* ».

29. Voir par ex. EPA-SAB-09-012, Valuing the Protection of Ecological Systems and Services, mai 2009 (rapport de l'Agence de protection de l'environnement des EU).

30. Sont généralement distingués : les services d'approvisionnement (ou services de prélèvement) tels que les aliments, les ressources génétiques ou encore l'eau douce ; les services de régulation tels que celle du climat ou des cycles aquatiques ; les services culturels fournis par les écosystèmes tels que l'enrichissement spirituel, les loisirs mais aussi les systèmes de savoir et les relations sociales. Sont enfin qualifiés de services de soutien, la production de biomasse, d'oxygène ou le cycle de l'eau, autrement dit les éléments nécessaires à la production des autres services fournis par les écosystèmes.

31. On pourrait penser que l'évaluation des fonctions et processus des écosystèmes peut se faire en fonction de leur « état optimal », or les écosystèmes sont par nature évolutifs et il paraît dans la plupart des cas qu'une définition d'un état optimal est impossible.

32. L'étude des textes, français et européens seulement, ne prétend pas à l'exhaustivité.

L'emploi le plus ancien et fréquent du terme de fonction s'applique incontestablement aux zones humides, puisque le préambule de la Convention de Ramsar de 1971 les concernant fait référence aux fonctions des zones humides en tant que « *régulateur du régime des eaux et en tant qu'habitants d'une flore et d'une faune sauvages caractéristiques et, particulièrement, des oiseaux d'eau (...)* » et au fait que « *les zones humides constituent une ressource de grande valeur économique, culturelle, scientifique et récréative* ». Schématiquement, on peut interpréter la première partie de la définition comme se référant aux fonctions écologiques et la seconde aux services.

En droit communautaire, la directive-cadre sur l'eau de 2000 « *reconnaît les fonctions importantes que ces zones exercent pour la protection des ressources en eau* » (considérant 8) et semble donc englober les fonctions autant que les services écologiques. Quant aux dispositions nationales, si les termes de fonctions et services ne sont pas employés, l'approche est similaire puisque les « *zones humides d'intérêt environnemental particulier* » sont définies comme celles présentant « *un intérêt pour la gestion intégrée du bassin versant ou une valeur touristique, écologique, paysagère ou cynégétique particulière* » (art. L. 211-3 II 4° a C. env.).

Hors les zones humides, on trouve également un exemple d'utilisation du terme de fonctions écologiques dans le projet de directive sur les sols [33] dont l'objet est de définir « *un cadre pour la protection des sols et la préservation de leur capacité à remplir (...) des fonctions écologiques, économiques, sociales et culturelles* » [34]. On notera que la liste qui est dressée des fonctions écologiques du sol correspond en réalité davantage aux services tels que nous les avons définis précédemment.

Mais l'exemple le plus intéressant ici est sans doute celui de la directive 2004/35/CE du 21 avril 2004, sur la responsabilité environnementale en ce qui concerne la prévention et la réparation des dommages environnementaux. Les termes de fonctions et services écologiques apparaissent dans la définition même du dommage à l'environnement, lequel s'entend comme « *une modification négative mesurable d'une ressource naturelle ou une détérioration mesurable d'un service lié à des ressources naturelles (...)* ». Les services sont définis comme« *les fonctions assurées par une ressource naturelle au bénéfice d'une*

33. COM (2006) 232 final.

34. Définies comme : « *a) production de biomasse, notamment pour l'agriculture et la foresterie ; b) stockage, filtrage et transformation d'éléments nutritifs, de substances et d'eau ; c) vivier de la biodiversité, notamment habitats, espèces et gènes ; d) environnement physique et culturel de l'homme et des activités humaines ; e) source de matières premières ; f) réservoir de carbone ; g) conservation du patrimoine géologique et architectural.* ».

autre ressource naturelle ou du public ». La loi française de transposition [35] adopte la même définition.

En l'absence d'autres éléments d'analyse de cette définition, deux interprétations sont possibles. On peut en effet penser que les « *fonctions assurées par une ressource naturelle au bénéfice d'une autre ressource naturelle* » doivent être comprises comme les « services de soutien » au sens du MEA, à savoir les fonctions permettant au final un service pour l'être humain ; cette interprétation apparaît conforme au texte puisque l'accent est mis sur le terme de service, les fonctions venant ensuite définir ces services. Mais on peut également retenir que ces fonctions correspondent à la définition du terme par le MEA, à savoir des relations/connexions biophysiques d'un écosystème sans considération du fait qu'elles puissent profiter ou non à l'être humain. Dans les deux cas toutefois, il convient bien sûr de ne pas oublier que la définition du dommage au sens de la directive 2004/35 ne se limite pas aux dommages aux services puisqu'elle comprend aussi « une modification négative mesurable d'une ressource naturelle ». Face au flou caractérisant l'emploi des termes services et fonctions écologiques en droit positif, nous avions donc un choix terminologique à faire pour assurer la lisibilité de la Nomenclature.

3) Les choix de la Nomenclature

Nous avons en premier lieu adopté les définitions communément admises dans les communautés scientifiques – écologie et économie principalement – et en particulier la nette distinction entre fonctions et services au regard des intérêts pris en compte. D'une part, la Nomenclature donnait ici l'occasion de clarifier ces deux notions et d'apporter ici un gain de prévisibilité juridique au regard du flou existant en droit positif. D'autre part, non seulement, la distinction entre l'humain et le non-humain apparaît pertinente pour l'analyse juridique, mais elle correspondait à la division principale de la Nomenclature [36]. Mais auparavant, il faut sans doute dire pourquoi nous avons décidé de retenir ces termes.

Nous avons en effet pris en considération le fait qu'ils apparaissent de plus en plus comme des grilles de lecture de l'environnement et de la biodiversité, tant dans le champ scientifique que dans les textes de politiques publiques [37]. Or cette approche fonctionnelle de l'environnement, loin d'être un simple effet

---

35. Loi n° 2008-757 du 1er août 2008 créant l'article L. 161-1 du Code de l'environnement.

36. Cette division ayant d'ailleurs été déterminée en partie au cours des débats internes au groupe de travail sur les notions de fonctions et services écologiques.

37. Voir par exemple la récente communication de la Commission de l'UE, « La biodiversité, notre assurance-vie et notre capital naturel – stratégie de l'UE à l'horizon 2020 », COM (2011) 244 final.

de mode, un nouvel habillage terminologique pour des concepts déjà connus, marque une évolution, non seulement en termes de connaissances scientifiques, mais dans les rapports au monde naturel que les sociétés entretiennent. Sous ces deux aspects, les termes de fonctions et services intéressent le droit et partant la Nomenclature.

Quant aux connaissances scientifiques, il est apparu particulièrement important de rendre compte dans la Nomenclature de la notion de fonctions écologiques. Celle-ci est en effet de nature à modifier l'appréhension juridique même de l'environnement, qui nous l'avons vu est encore très compartimentée et relève d'une approche que l'on pourrait qualifier de statique, voire fixiste de l'environnement. Intégrer davantage les fonctions identifiées par les sciences de l'écologie dans l'ordre juridique apparaît ainsi comme une évolution salutaire, à même notamment d'assurer une préservation plus efficace de la nature ordinaire, la parente pauvre du droit de l'environnement. C'est pourquoi la Nomenclature prend explicitement en compte les atteintes aux fonctions écologiques comme élément des préjudices à l'environnement. En cela, elle est conforme au nouveau régime de responsabilité environnementale, et va même au-delà puisque nous avons vu qu'elle intègre les espaces et espèces non spécialement protégés.

Quant à la place occupée par ces fonctions écologiques dans la Nomenclature, la question s'est posée d'en faire un poste de préjudice autonome, en plus des atteintes aux différents éléments de l'environnement. Mais la solution retenue, qui consiste à l'ajouter aux différents postes de préjudices existants, a semblé préférable en raison du caractère transversal de la notion de fonctions et partant de la difficulté pratique à déterminer les dommages affectant les ressources de ceux affectant leurs fonctions. Les fonctions écologiques viennent donc compléter, comme cela a déjà été mentionné pour la diversité biologique, les différents postes de préjudice identifiés.

Mais les discussions principales au sein du groupe de travail ont bien davantage porté sur l'intégration explicite dans la Nomenclature de la notion de service écologique. Certains, dont l'auteure de ces lignes, considéraient le terme même de services comme peu heureux en ce qu'il exprime un rapport très particulier à la nature. Il consiste en effet à positionner l'humain (individuel, collectif ou général à travers l'humanité) comme un consommateur, une sorte de client, ou d'agent face à un environnement mué de son côté en prestataire de services. Or d'une part, il s'agit là d'une posture intellectuelle extrêmement réductrice d'un point de vue philosophique et moral. D'autre part, cette vision du monde ne paraît pas correspondre aux sentiments que chacun peut éprouver face à l'environnement ; qui irait songer en termes de « service culturel » lors d'une promenade en forêt, de « service d'approvisionnement » en mangeant un fruit, de « service de régulation » en voyant une abeille butiner ? Une telle vision du monde a de quoi rebuter et l'on peut considérer comme peu judicieux de reprendre le terme même de service écologique dans la Nomenclature. D'autant plus, qu'une approche instrumentale de l'environnement déjà présente en droit s'exprime à travers des notions déjà connues des juristes ; c'est le cas de la notion d'usages comme déjà vu plus haut, ou encore de celles de préjudice de jouissance ou d'atteintes à l'esthétique du paysage. Il s'agissait donc de savoir si l'utilisation du concept de service écologique dans la Nomenclature permettait d'y intégrer des éléments, des postes de préjudices, qui ne seraient pas présents avec des catégories plus classiques ou au contraire novatrice comme celle de préjudice culturel qui avait été proposée au sein du groupe [38]. En définitive, c'est la réponse à cette question qui a emporté la conviction du groupe et le choix a été fait d'intégrer la notion de services écologiques dans la Nomenclature. En effet, choisir d'y faire figurer explicitement les services écologiques dans toute leur dimension collective, c'est contribuer à hisser la Nomenclature vers un degré plus élevé d'exhaustivité des conséquences préjudiciables des dommages à l'environnement. Intégrer les services écologiques en tant que tels permet de mieux répondre au principe de réparation intégrale et au principe pollueur-payeur. Les exclure de la Nomenclature, en revanche, aurait pour effet de limiter la portée de la responsabilité des auteurs de dommages à l'environnement, ce qui n'est pas, on l'aura compris, le souhait du groupe de travail. Enfin, les services écologiques figurent déjà dans le droit positif et cette notion sera certainement amenée à être davantage employée à l'avenir. Il convenait dès lors de faire état dans la Nomenclature de cette évolution prévisible des textes juridiques de protection de l'environnement.

Ceci nous amène à une remarque d'ordre général, en manière de conclusion, sur les enjeux de la structuration de la Nomenclature. Nous l'avons dit, le groupe s'est appuyé en grande part sur la représentation de l'environnement en droit positif, qu'il s'agisse de l'autonomie des préjudices à l'environnement, et partant de la valeur qui lui est ainsi attribuée, ou de la détermination des différents postes de préjudices. L'enjeu était ici, autant que faire se peut, d'ancrer la Nomenclature dans les catégories et terminologies juridiques existantes en droit de l'environnement pour des raisons pratiques évidentes. Mais la Nomenclature s'en échappe parfois, car ses auteurs la voulaient innovante et prospective. Elle ouvre ainsi, du moins nous l'espérons, des voies permettant d'améliorer la prise en compte et la réparation des dommages environnementaux.

---

38. R. LAFARGUE, « Le préjudice culturel né du dommage environnemental », présent ouvrage.

La notion de dommage environnemental réparable en droit international : l'apport de la Commission d'indemnisation des Nations Unies

Jean-Christophe MARTIN

Professeur à l'Université de Nice – Sophia Antipolis

SYNTHÈSE

La notion de dommage environnemental, qui n'est pas définie officiellement de manière univoque en droit international public, se révèle problématique. Si elle a pu recevoir un certain éclairage à l'occasion de quelques affaires portées devant des juridictions internationales et des travaux de codification du droit de la responsabilité internationale de l'État entrepris par la Commission du droit international, la notion de dommage environnemental a surtout connu un développement remarquable dans le cadre de la procédure d'indemnisation des victimes de l'agression du Koweït par l'Irak. Ainsi, la pratique du « comité F4 » créé au sein de la Commission d'indemnisation des Nations Unies (CINU) pour connaître spécifiquement des réclamations environnementales, qui présente un intérêt juridique fort, marque incontestablement un jalon et constitue une source fertile d'inspiration pour d'autres organes internationaux, de règlement des différends notamment. Afin de le mettre en lumière, nous nous intéressons à la nature puis aux caractères du dommage environnemental réparable, dont une acception particulièrement large a été retenue dans le cadre de la CINU.

La notion de dommage environnemental se révèle problématique en droit international public. L'application des principes de la responsabilité internationale en présence de dommages à l'environnement apparaît, à la lumière de la pratique limitée et des réflexions théoriques conduites par la doctrine, comme une question complexe et sensible. Le droit international pose l'obligation, de nature coutumière et codifiée dans le Principe 21 de la Déclaration de Stockholm de 1972 puis le principe 2 de la Déclaration de Rio (1992), de ne pas causer de « dommage à l'environnement » dans d'autres États (ou dans des zones ne relevant d'aucune juridiction nationale) [1], et les États ont en vertu de ce principe *Sic utere tuo ut*

1. Le principe 2 de la Déclaration de Rio (1992) énonce : « *Conformément à la Charte des Nations Unies et aux principes du droit international, les États ont le droit souverain d'exploiter leurs propres ressources selon leur politique d'environnement et de développement, et ils ont le*

alienum non laedas une obligation générale de prévenir les dommages transfrontières significatifs ou d'en réduire le risque au minimum [2]. Si ce principe bien établi constitue la règle générale sur la base de laquelle la responsabilité internationale de l'État peut être engagée, la notion de dommage à l'environnement reste discutée et n'est pas définie officiellement de manière univoque.

D'ailleurs, on constate que les États se sont montrés jusqu'ici peu enclins à engager la responsabilité internationale d'autres États en cas de dommage de nature écologique, évitant de la sorte d'initier un mouvement pouvant à l'avenir se retourner contre eux. Le professeur Pierre-Marie Dupuy a ainsi constaté une « *espèce de conspiration de non-invocation* », traduisant peut-être « *une volonté politique des États de ne pas poser en termes de responsabilité juridique les problèmes de dommage à l'environnement* » [3]. Certains États ont néanmoins parfois saisi des juridictions internationales de différends à composante environnementale et, en ce qui concerne l'activité récente de la Cour internationale de Justice, organe judiciaire principal des Nations Unies, on citera, outre l'arrêt célèbre du 25 septembre 1997 en l'affaire du *Projet Gabcikovo Nagymaros* (Hongrie c/ Slovaquie), l'arrêt rendu le 20 avril 2010 en l'affaire des *Usines de pâte à papier sur le fleuve Uruguay* (Argentine c/ Uruguay) et les affaires pendantes relatives aux *Épandages aériens d'herbicides* (Équateur c/ Colombie), *Chasse à la baleine dans l'Antarctique* (Australie c/ Japon) et *Construction d'une route au Costa Rica le long du fleuve San Juan* (Nicaragua c/ Costa Rica).

Au constat de la faiblesse du contentieux environnemental interétatique s'ajoute celui selon lequel les États ont choisi d'élaborer des règles internationales spécifiques de responsabilité en matière environnementale, reposant sur la responsabilité civile des particuliers, autrement dit des régimes de responsabilité de droit privé [4]. Plusieurs conventions internationales définissent ainsi des régimes de

---

devoir de faire en sorte que les activités exercées dans les limites de leur juridiction ou sous leur contrôle ne causent pas de dommages à l'environnement dans d'autres États ou dans des zones ne relevant d'aucune juridiction nationale ». La Cour internationale de Justice a consacré cette règle comme faisant partie du corpus du droit international : Avis consultatif du 8 juillet 1996 sur la *Licéité de l'utilisation des armes nucléaires par un État dans un conflit armé, Rec. CIJ*, 1996, p. 15, § 29. Le principe a été posé dans la fameuse sentence arbitrale rendue le 11 mars 1941 dans l'affaire de la *Fonderie de Trail* (États-Unis / Canada) : *Recueil des sentences arbitrales*, 1941, vol. III, p. 1965.

2. Cette règle est codifiée à l'art. 3 du projet de la CDI sur la prévention des dommages transfrontières résultant d'activités dangereuses (V. le rapport de la CDI sur les travaux de sa 53e session, A/56/10, 2001, p. 400) : « *L'État d'origine prend toutes les mesures appropriées pour prévenir les dommages transfrontières significatifs ou en tout état de cause pour en réduire le risque au minimum* ».

3. P.-M. Dupuy, « À propos des mésaventures de la responsabilité internationale des États dans ses rapports avec la protection internationale de l'environnement », *Les hommes et l'environnement : en hommage à Alexandre Kiss*, Frison-Roche, Paris, 1998, p. 271.

4. L'IDI a recommandé en 1997 que « *Les régimes en matière d'environnement devraient normalement imputer la responsabilité principale aux opérateurs. Les États qui se livrent à des activités en qualité d'opérateurs sont soumis à cette règle* » (art. 6 de la résolution susmentionnée).

responsabilité civile des opérateurs, indépendamment de la licéité de l'activité qu'ils conduisent si celle-ci entraîne des dommages pour l'environnement. Parmi ces traités, on citera en exemple [5] la Convention de Lugano, adoptée en 1993 sous l'égide du Conseil de l'Europe, sur la responsabilité civile des dommages résultant d'activités dangereuses pour l'environnement, qui consacre sur le plan juridique la spécificité du dommage de l'environnement. L'article 2, par. 7 d) définit en effet la notion de dommage comme signifiant :

« *a. le décès ou des lésions corporelles ;*

b. toute perte de ou tout dommage causé à des biens autres que l'installation elle-même ou que les biens se trouvant sur le site de l'activité dangereuse et placés sous le contrôle de l'exploitant ;

c. toute perte ou dommage résultant de l'altération de l'environnement, dans la mesure où ils ne sont pas considérés comme constituant un dommage au sens des alinéas a ou b ci-dessus, pourvu que la réparation au titre de l'altération de l'environnement, autre que pour le manque à gagner dû à cette altération, soit limitée au coût des mesures de remise en état qui ont été effectivement prises ou qui le seront ;

d. le coût des mesures de sauvegarde ainsi que toute perte ou tout dommage causés par lesdites mesures ».

Dans cette convention, la notion de dommage couvre non seulement les dommages causés à des personnes et à des biens, mais aussi l'altération de l'environnement et le coût des mesures préventives et pertes ou dommages supplémentaires causés par ces mesures. Et la définition donnée de l'environnement [6] met aussi l'accent « *sur le fait que la Convention ne se limite pas à la réparation de dommages subis par les personnes ou les biens, mais s'étend à la réparation de dommages à l'environnement, qui doit faire l'objet d'une protection spécifique* » [7]. On mentionnera aussi ici à titre principal le « Projet de directives pour l'élaboration d'une législation nationale sur la responsabilité, l'intervention et l'indemnisation en cas de dommages causés à l'environnement

---

V. sur la question José JUSTE-RUIZ, « Les considérations relatives à l'environnement dans les travaux de codification sur la responsabilité internationale de l'État », *Pour un droit commun de l'environnement : Mélanges en l'honneur de Michel Prieur*, Dalloz-Sirey, Paris, 2007, p. 182.

5. Voir aussi, notamment, la Convention de 1962 sur les effets transfrontières des accidents industriels, la Convention de 1992 sur la protection et l'utilisation des cours d'eaux transfrontières et des lacs internationaux, la Convention sur la réglementation des activités relatives aux ressources minérales de l'Antarctique, la Convention sur la responsabilité civile pour les dommages causés au cours du transport de marchandises dangereuses.

6. « *L'"environnement" comprend : les ressources naturelles abiotiques et biotiques, telles que l'air, l'eau, le sol, la faune et la flore, et l'interaction entre les mêmes facteurs ; les biens qui composent l'héritage culturel ; et les aspects caractéristiques du paysage* ».

7. Rapport explicatif, § 42 : http://conventions.coe.int/Treaty/FR/Reports/Html/150.htm.

par des activités dangereuses » élaboré au sein du Programme des Nations Unies pour l'environnement (PNUE) [8]. Cet instrument de référence en cours d'élaboration, qui vise à établir des directives destinées à fournir aux États des orientations concernant la formulation de leur législation nationale, donne de la notion de dommage la définition suivante (Directive nº 3) :

« *a) la perte de vies humaines et les dommages corporels résultant de dommages à l'environnement ;*

b) la perte de biens ou les dommages causés à des biens résultant de dommages causés à l'environnement ;

c) le préjudice purement pécuniaire ;

d) le coût des mesures de remise en état, limité au coût des mesures effectivement prises ou qui seront prises ;

e) le coût des mesures préventives, y compris toute perte ou tous dommages résultant de ces mesures ;

f) les dommages causés à l'environnement ».

Et la notion de « dommages causés à l'environnement » est alors définie comme couvrant « *les effets défavorables ou négatifs sur l'environnement qui :*

a) sont mesurables selon des données de référence établies de manière scientifique et reconnues par une autorité publique, qui prennent en compte toute autre variation imputable à l'homme et toute autre variation naturelle ;

b) sont estimés importants, à partir de divers facteurs tels que :

i) des changements à long terme ou permanents, entendus comme étant des changements qui ne seront pas corrigés par un redressement naturel dans un laps de temps raisonnable ;

ii) l'étendue des changements qualitatifs et quantitatifs ayant des incidences défavorables ou négatives sur l'environnement ;

iii) la réduction ou la perte de capacité de l'environnement à fournir des biens et des services de façon permanente ou temporaire ;

iv) l'étendue des incidences défavorables ou négatives sur la santé humaine ;

v) la valeur esthétique, scientifique et récréative des parcs, des régions sauvages et des autres terres ».

Des dommages divers sont ainsi reconnus comme indemnisables par ce projet, qui repose sur le principe pollueur-payeur et la responsabilité de l'exploitant (voire des autorités publiques).

---

8. Document UNEP/Env.Law/IGM.Lia/2/2, 2009. Voir aussi le rapport du Directeur exécutif du PNUE de décembre 2009 : UNEP/GCSS.XI/8/Add.1.

La question de la responsabilité en droit international en cas de dommages à l'environnement a en outre fait l'objet de réflexions poussées dans le cadre de travaux de codification. L'Institut du droit international, société savante conduisant une activité de codification « privée », a ainsi adopté en 1997 une résolution de 32 articles sur « *la responsabilité en droit international en cas de dommages causés à l'environnement* » [9], qui porte tant sur la responsabilité internationale de l'État pour fait illicite [10] que pour simple préjudice [11], et sur la responsabilité civile des opérateurs. Par ailleurs, la Commission du droit international, organe de codification de l'Organisation des Nations Unies, s'est aussi intéressée à la question de la réparation du dommage environnemental dans le cadre de ses travaux consacrés à la responsabilité internationale, dans ses deux dimensions (*responsibility* et *liability*). Deux textes ont donc été parallèlement élaborés : d'une part, au terme de six décennies de réflexions, la CDI a adopté un projet de 59 articles relatifs à la responsabilité internationale de l'État pour fait internationalement illicite [12]. L'article 1er énonce que : « *tout fait internationalement illicite de l'État engage sa responsabilité internationale* » et, en application de cette règle, la responsabilité de l'État peut être engagée en cas de violation de l'obligation de prévenir ou contenir le dommage à l'environnement. On se contentera ici de souligner que le dommage n'est pas une condition de la responsabilité internationale de l'État, qui peut être engagée du seul fait d'une violation du droit international imputable à un sujet du droit international. Ainsi, la responsabilité d'un État peut être mise en jeu du fait de la violation d'une obligation au titre du droit de l'environnement (une obligation procédurale notamment [13]) sans pour autant qu'un dommage de nature environnementale ne soit causé à un autre État.

---

9. Rapporteur : M. Francisco Orrego Vicuña. Le texte peut être consulté sur le site de l'Institut : http://www.idi-iil.org/idiF/resolutionsF/1997_str_03_fr.PDF.

10. L'IDI affirme dans sa résolution précitée de 1997 que : « *Les principes du droit international qui régissent la responsabilité internationale pour fait illicite s'appliquent également aux obligations de protection de l'environnement* » (art. 3).

11. L'art. 4 de la résolution précitée de l'IDI précise : « *Les normes de droit international peuvent également prévoir la mise en jeu de la responsabilité de l'État pour simple préjudice. Ce type de responsabilité est particulièrement adéquat en cas d'activités ayant un caractère très dangereux et d'activités impliquant un risque ou présentant d'autres caractéristiques similaires* ».

12. La CDI a adopté le texte définitif de ses projets d'articles en 2001 (voir le rapport de la CDI sur les travaux de sa 53e session, A/56/10, pp. 44-60). Le texte des articles est annexé à la résolution 56/83 de l'Assemblée générale des Nations Unies, qui les a recommandés à l'attention des États.

13. Voir sur ce point l'arrêt de la CIJ du 20 avril 2010 en l'affaire des *Usines de pâte à papier*, dans lequel la Cour conclut que l'Uruguay a manqué aux obligations de nature procédurale lui incombant en vertu des articles 7 à 12 du statut du fleuve Uruguay de 1975 (et que la constatation par la Cour de cette violation constitue une satisfaction appropriée), alors que l'Uruguay n'a pas manqué aux obligations de fond lui incombant en vertu des articles 35, 36 et 41 dudit de 1975.

D'autre part, la CDI a élaboré deux projets complémentaires sur la responsabilité pour simple préjudice, résultant d'activités qui ne sont pas interdites par le droit international [14]. Le texte adopté par la Commission en 2006 établissant des « projets de principes sur la répartition des pertes en cas de dommage transfrontière découlant d'activités dangereuses » [15] définit le terme "dommage" (principe 2) comme suit :

« *Aux fins des présents projets de principes :*

a) Le terme « dommage » s'entend d'un dommage significatif causé à des personnes, à des biens ou à l'environnement ; et comprend :

i) une perte de vie humaine ou un dommage corporel ;

ii) la perte d'un bien, ou un dommage causé à un bien, y compris tout bien faisant partie du patrimoine culturel ;

iii) une perte ou un dommage résultant d'une atteinte à l'environnement ;

iv) le coût de mesures raisonnables de remise en état du bien ou de l'environnement, y compris les ressources naturelles ;

v) le coût de mesures d'intervention raisonnables ».

Le terme « environnement » – qui ne fait pas l'objet d'une définition unique en droit international et donne lieu à des définitions plus ou moins larges – est défini par la CDI comme comprenant « *les ressources naturelles, abiotiques et biotiques, telles que l'air, l'eau, le sol, la faune et la flore et les interactions de ces mêmes facteurs, et les aspects caractéristiques du paysage* ». La CDI prend soin de préciser à cet égard qu'elle « *a choisi d'inclure dans la définition ces valeurs, qui comprennent des valeurs autres que celle des services rendus, comme l'esthétique du paysage. Cela inclut la jouissance de la nature pour sa beauté naturelle et pour ses propriétés et ses atouts en matière de loisirs* », expliquant prudemment que « *cette vision plus large se justifie par le caractère général et supplétif des présents projets de principes* » [16]. Les principes de 2006

14. La CDI a décidé en 1997 de subdiviser ce sujet, sur lequel elle travaille depuis 1978, en deux parties : la CDI a d'abord traité de la « Prévention des dommages transfrontières résultant d'activités dangereuses », sujet sur lequel elle a adopté en 2001 un projet constitué d'un préambule et de 19 articles. Puis, la CDI a travaillé sur la question de la « Responsabilité internationale en cas de perte causée par un dommage transfrontière découlant d'activités dangereuses », sur laquelle elle a adopté en 2006 un projet constitué d'un préambule et de huit principes. V. le rapport de la CDI sur les travaux de sa 49ᵉ session, A/52/10, 1997, p. 60.

15. Rapport précité A/61/10, p. 126. Le texte des principes est annexé à la résolution 61/36 de l'Assemblée générale des Nations Unies, qui les a recommandés à l'attention des États.

16. Rapport précité A/61/10, p. 138. Notons que, si cette définition est déjà large par l'inclusion des « *aspects caractéristiques du paysage* », elle ne couvre pas la dimension culturelle parfois donnée à l'environnement La Convention de Lugano de 1993 définit par exemple en son article 3 l'environnement comme comprenant non seulement « *les ressources naturelles abiotiques et biotiques, telles que l'air, l'eau, le sol, la faune et la flore, et l'interaction entre les mêmes facteurs* » et « *les aspects caractéristiques du paysage* », mais également « *les biens qui composent l'héritage culturel* ».

couvrent donc le dommage à l'environnement en tant que tel, qui est défini aux points iii) à v), et l'on se tourne avec intérêt vers le commentaire que donne la CDI de cette disposition : « *Les sous-alinéas iii à v portent sur des réclamations qui sont habituellement associées à des dommages environnementaux. On peut considérer qu'ils procèdent de la même notion. Ensemble, ils constituent les éléments essentiels d'une définition des "dommages à l'environnement" en ce qu'ils traitent de questions relatives aux dommages à l'environnement proprement dit.* ***Il s'agit de dommages causés à l'environnement par l'activité dangereuse, qu'il y ait ou non simultanément dommages aux personnes ou aux biens, et qui sont donc indépendants de tels dommages.*** *L'importance donnée aux réclamations relatives à l'environnement dans les sous-alinéas iii à v s'appuie sur les tendances constatées dans de récents régimes de responsabilité internationale, mais ouvre aussi la possibilité de nouveaux développements du droit relatif à la protection de l'environnement proprement dit* » [17]. L'un des objectifs affirmés du projet est ainsi de « *préserver et protéger l'environnement proprement dit en tant que ressource commune de la collectivité* » [18].

À cette fin, la CDI s'est en particulier appuyée sur la mise en œuvre singulière de la responsabilité internationale de l'Irak pour les dommages, notamment environnementaux, causés dans le cadre de la guerre du Golfe. En effet, une étape importante dans l'affirmation de la responsabilité de l'État pour les atteintes à l'environnement et la destruction des ressources naturelles (résultant de l'utilisation illicite de la force) a été franchie en réaction à l'invasion et l'occupation du Koweït par l'Irak le 2 août 1990 et leurs conséquences. La guerre du Golfe constitue l'une des illustrations les plus connues de moyens et méthodes de guerre ayant délibérément porté atteinte à l'environnement : en réaction à l'offensive aérienne de janvier 1991 de la coalition internationale autorisée à agir militairement par le Conseil de sécurité (résolution 678), Saddam Hussein a notamment ordonné à l'armée irakienne de déverser des millions de barils de pétrole dans le golfe Persique et mettre le feu à plus de 600 puits de pétrole.

La CINU a accepté le principe d'indemniser en tant que dommages environnementaux des dommages causés à des monuments du patrimoine culturel : voir par ex. rapport 5, §§ 192-207. La CEDH a aussi considéré que l'installation à proximité d'un monastère de deux énormes antennes par l'Organisme des Télécommunications de Grèce et par la Radiophonie et Télévision Grecque, ainsi que d'un radar de l'OTAN présente un enjeu pour la préservation de l'environnement « *naturel et culturel* » : *Iera Moni Profitou Iliou Thiras c/ Grèce*, 22 décembre 2005, § 38.

17. Rapport précité A/61/10, p. 132. On retrouve ici l'art. 23 de la résolution adoptée en 1997 par l'IDI, selon lequel : « *Les régimes en matière d'environnement devraient prévoir la réparation des dommages à l'environnement en tant que tel, indépendamment ou en complément de la réparation des préjudices liés à des décès, à des lésions corporelles ou à des pertes de biens ou de valeur économique. Le type spécifique de réparation envisagé dépendra du but et de la nature du régime en question* ».

18. Rapport précité A/61/10, p. 146.

L'ensemble des activités militaires terrestres (destruction d'usines chimiques, dispersion de mines, extraction de sable du désert et manœuvres d'engins militaires...), ainsi que l'afflux de réfugiés [19], ont aussi entraîné d'importants dommages écologiques. Après l'action militaire menée par une coalition d'États sous les auspices de l'Organisation des Nations Unies, le Conseil de sécurité a adopté la résolution 687 (1991), par laquelle il a (ré)affirmé [20] l'Irak responsable en vertu du droit international des dommages directs résultant de l'agression irakienne [21] : l'Irak « *est responsable, en vertu du droit international, de toute perte, de tout dommage –* ***y compris les atteintes à l'environnement et la destruction des ressources naturelles*** *– et de tous autres préjudices directs subis par des États étrangers et des personnes physiques et sociétés étrangères du fait de son invasion et de son occupation illicites du Koweït* » (§ 16). La responsabilité de l'Irak est fondée dans cette résolution sur la violation du principe général d'interdiction du recours à la force inscrit à l'article 2 § 4 de la Charte de San Francisco. Mais le Conseil de sécurité y affirme qu'un État peut être tenu responsable pour de tels dommages environnementaux ; et c'est ainsi la première fois dans l'histoire du traitement des réparations de guerre [22] que l'on trouve une référence expresse à la réparation des « *dommages directs causés à l'environnement et des pertes de ressources naturelles* », notions qui ne sont d'ailleurs aucunement définies par le Conseil de sécurité.

En l'espèce, le Conseil de sécurité a, de manière inédite, décidé de mettre en œuvre la responsabilité de l'Irak dans le cadre institutionnel de l'Organisation des Nations Unies [23]. Il a à cette fin créé un Fonds d'indemnisation, appelé à effectuer le paiement des réparations et alimenté par des prélèvements sur le produit des ventes de pétrole par l'Irak [24], ainsi que la « Commission d'indemnisation des Nations Unies » (CINU – *United Nations Compensation Commission,*

---

19. Voir par ex. la réclamation n° 5000288 de l'Iran : 5e rapport du Comité F4, S/AC.26/2005/10, 2005, §§ 171-184.

20. Nous renvoyons aux résolutions 674 (1990), § 8 et 686 (1991), § 2 (b).

21. Voir G. Cottereau, « De la responsabilité de l'Irak selon la résolution 687 du Conseil de sécurité », *AFDI* 1991, pp. 99-117 ; A. Kolliopoulos, *La Commission d'indemnisation des Nations Unies et le droit de la responsabilité internationale,* LGDJ, Paris, 2001, 483 p.

22. Voir P. d'Argent, *Les réparations de guerre en droit international public*, LGDJ/Bruylant, Paris/Bruxelles, 2002, 902 p.

23. Résolution 687, § 18 : « *décide également de créer un fonds d'indemnisation pour les paiements sus au titre des réclamations relevant du paragraphe 16 et de constituer une commission qui sera chargée de gérer ledit fonds* ». Le Fonds et la Commission sont créés par la résolution 692 (2001).

24. Dans le cadre du programme « Pétrole contre nourriture » (mis en place par la résolution 986 (1995), 25 % des revenus des exportations de pétrole de l'Irak étaient destinés au Fonds d'indemnisation des Nations Unies. La résolution 1483 (2003) a mis fin à ce programme et mis en place un nouveau mécanisme similaire. Depuis, 5 % des revenus des exportations de pétrole de l'Irak sont affectés à l'indemnisation des dommages résultant de l'invasion du Koweït.

UNCC), qu'il a chargée d'examiner les réclamations [25] et de gérer le Fonds. La Commission se charge donc tant de fixer le montant de la contribution de l'Irak au Fonds que les modalités d'affectation des sommes versées ; elle s'occupe aussi de l'évaluation des réclamations, ainsi que du paiement des sommes accordées. La CINU est ainsi le premier organe international ayant eu à connaître de réparations pour des dommages délibérés causés à l'environnement dans le cadre d'un conflit armé.

La CINU n'est pas une juridiction [26], mais un organe administratif, d'établissement des faits. La Commission remplit néanmoins, parmi d'autres, des fonctions quasi-judiciaires [27], et on peut finalement y voir un organe hybride, ou à mi-chemin entre l'organe administratif de traitement de réclamations en grand nombre et une juridiction. En son sein, ces fonctions quasi-judiciaires sont exercées par des comités, composés de trois commissaires, chargés d'examiner les réclamations et de recommander les paiements [28]. Un comité a été spécifiquement chargé d'examiner les 168 réclamations environnementales (catégorie « F4 ») [29]. Ces réclamations, introduites par douze États [30], ont été examinées entre 1998 et 2005 par le Comité « F4 », qui a rendu cinq rapports [31] présentant un intérêt juridique fort, et qui constituent une contribution importante au droit de la réparation du dommage environnemental [32]. Le professeur Alexandre Kiss a ainsi écrit : « *les États semblent hésiter à vouloir s'engager dans la voie qui leur a été indiquée à plusieurs reprises : développer les règles de la responsabilité internationale pour dommages causés par des effets transfrontières d'actes ayant eu lieu à*

25. Toutes catégories confondues, la CINU a reçu 2,6 millions de réclamations.

26. Le fonctionnement et la composition de la CINU ne remplissent pas les conditions du critère formel de la juridiction, même si elle remplit une fonction matériellement judiciaire en réglant des différends internationaux. Voir A. KOLLIOPOULOS, *op. cit.*, pp. 205 sqq. et p. 230.

27. Rapport du Secrétaire général ONU S/22559, 1991, §§ 20 et 25.

28. Ils rendent des rapports formulant des recommandations sur les compensations à allouer, sur lesquels le Conseil d'administration de la Commission (composé de tous les membres du Conseil de sécurité) statue.

29. Le Comité F4 était composé de trois membres : le juge Thomas Mensah (Président), José R. Allen et Peter H. Sand.

30. Les réclamations environnementales figurent dans la catégorie F (réclamations par des États et organisations internationales), dont elles constituent une sous-catégorie.

31. Ces cinq rapports (dont un est divisé en deux parties) correspondent aux cinq tranches des réclamations F4 : premier rapport : S/AC.26/2001/16, 22 juin 2001 ; deuxième rapport : S/AC.26/2002/26, 10 mars 2002 ; troisième rapport : S/AC.26/2003/31, 18 décembre 2003 ; S/AC.26/2004/16, 9 décembre 2004 (première partie) et S/AC.26/2004/17, 9 décembre 2004 (seconde partie) ; S/AC.26/2005/10, 30 juin 2005.

32. Voir notamment P. H. SAND, « Compensation for Environmental Damage from the 1991 Gulf War », *Environmental Policy And Law*, 2005, vol. 35, n° 6, pp. 244-249 ; J.-C. MARTIN, « La pratique de la Commission d'indemnisation des Nations Unies pour l'Irak en matière de réclamations environnementales », in SFDI, *Le droit international face aux enjeux environnementaux. Colloque d'Aix-en-Provence*, Pedone, Paris, 2010, pp. 257-274.

l'intérieur de leur sphère de compétence territoriale (...) et cela malgré les efforts du Programme des Nations Unies pour l'environnement et ceux de la Commission du droit international. Paradoxalement, des résultats concrets ont pu être enregistrés jusqu'à nos jours surtout dans le cadre de la procédure d'indemnisation des victimes de l'agression du Koweït par l'Irak » [33]. L'apport de la CINU, en particulier s'agissant de la notion de dommage environnemental, pourrait guider d'autres organes internationaux, et la CDI s'est d'ores et déjà appuyée sur les rapports du Comité F4 aux fins de l'élaboration de son projet de principes sur la réparation des dommages résultant d'activités non interdites par le droit international. Nous nous pencherons ici sur la nature (Section 1) puis les caractères (Section 2) du dommage environnemental réparable dans le cadre de la CINU.

SECTION 1
LA NATURE DU DOMMAGE ENVIRONNEMENTAL RÉPARABLE

En vertu de la *lex specialis* qu'il devait appliquer – la résolution 687 du Conseil du Conseil de sécurité, les décisions du Conseil d'administration de la CINU ainsi que, au besoin, le droit international général [34] –, le Comité F4 a conclu que la responsabilité de l'Irak pour les dommages à l'environnement « *englobe tous les dommages et toutes les pertes touchant l'environnement ainsi que toutes conséquences de tels dommages et pertes qui peuvent raisonnablement être imputés directement à l'invasion et à l'occupation du Koweït par l'Irak* » [35]. La notion de dommage environnemental reçoit ici une acception particulièrement large, alors que la détermination des éléments indemnisables d'un dommage causé à l'environnement reste une question problématique en droit international. Deux types de dommages environnementaux peuvent *grosso modo* être distingués : le dommage écologique en soi, « *préjudice infligé à la collectivité* » [36],

33. A. KISS, « Contentieux de l'environnement en droit international public »,*Juris-Classeur Environnement*, Fasc. 4910, 2006, § 21.

34. L'article 31 des Règles de procédure précise que les commissaires doivent appliquer la résolution 687 (1991) et les autres résolutions pertinentes du Conseil de sécurité, les « *critères publiés par le Conseil d'administration pour les différentes catégories de réclamations* », ainsi que « *le cas échéant, d'autres règles pertinentes du droit international* ». Le Comité F4 a interprété cette disposition comme signifiant « *qu'il faut recourir à "d'autres règles pertinentes du droit international" si les résolutions du Conseil de sécurité et les décisions du Conseil d'administration ne donnent pas d'orientations suffisantes pour l'examen de telle ou telle réclamation* ».

35. 5e rapport du Comité F4, S/AC.26/2005/10, 30 juin 2005, § 67.

36. 11e Rapport de J. Barboza à la CDI sur la responsabilité internationale pour les conséquences préjudiciables d'activités qui ne sont pas interdites par le droit international, A/CN.4/468, 1995, p. 18, § 39.

et le dommage causé aux personnes physiques et morales, par le biais d'une dégradation de l'environnement « *par exemple lorsque quelqu'un est intoxiqué et doit être hospitalisé à la suite de la pollution de l'eau ou lorsqu'un hôtelier perd des clients en raison des dommages subis par la région où il se trouve (fumées industrielles, mauvaises odeurs, eaux polluées, etc.)* » [37]. La prise en compte du dommage à l'environnement en tant que tel est récente. La Commission du droit international a ainsi rendu compte dans ses travaux de « *la préoccupation récente de la communauté internationale de reconnaître la protection de l'environnement proprement dit comme une valeur en soi et non seulement dans la perspective d'un dommage aux personnes et aux biens. Il s'agit de préserver l'environnement comme une ressource précieuse, non seulement pour la génération actuelle, mais aussi pour les générations futures. Vu la nouveauté de cette préoccupation et l'intérêt commun qu'il y a à protéger l'environnement proprement dit, il est important de souligner que les dommages à cet environnement pourraient donner lieu à une indemnisation prompte et adéquate (...)* » [38]. Ainsi, « *En cas de dommage causé aux ressources naturelles ou à l'environnement, il existe un droit à indemnisation ou au remboursement des frais supportés au titre de mesures raisonnables de prévention, de remise en état ou de restauration* » [39]. C'est effectivement le cas dans le cadre de mise en jeu de la responsabilité de l'Irak devant la CINU, qui illustre parfaitement l'érection de l'environnement comme une valeur à protéger en soi. Dans sa décision n° 7 (§ 35), le Conseil d'administration de la CINU a précisé que les « *dommages directs causés à l'environnement et [les] pertes de ressources naturelles* » consistent en pertes ou frais dus :

« *a) aux mesures prises pour réduire et prévenir les dommages à l'environnement, y compris les frais liés directement à la lutte contre les incendies de puits de pétrole et aux mesures prises pour enrayer la marée noire dans les eaux côtières et internationales ;*

b) aux mesures raisonnables déjà prises pour nettoyer l'environnement et le remettre en état ou aux mesures dont il est raisonnable de penser, preuves à l'appui, qu'elles seront nécessaires pour ce faire ;

c) à une surveillance et une évaluation raisonnables des dommages causés à l'environnement afin d'estimer et de réduire les dommages et de remettre l'environnement en état ;

d) à une surveillance raisonnable de la santé publique et aux tests de dépistage médicaux visant à enquêter sur les risques accrus pour la santé qu'entraînent les dommages causés à l'environnement et à prévenir ces risques ; et

37. *Ibid.*
38. Rapport précité A/61/10, 2006, p. 148.
39. *Id.*, p. 149.

e) aux pertes de ressources naturelles ou aux dommages qui leur ont été causés ».

La notion de dommage environnemental est ainsi entendue largement et n'est pas limitée aux dommages aux biens ou manques à gagner, mais couvre également les dommages subis par l'environnement *per se*. Et le Comité F4 a considéré qu'il ne s'agissait là que d'une liste indicative et non exhaustive [40]. Pour le Comité, sont indemnisables « *tous les dommages et toutes les pertes touchant l'environnement* », mais aussi « *toutes conséquences de tels dommages et pertes* ». Une grande variété de dommages environnementaux ont ainsi en pratique été visés par les réclamations et indemnisés par le Comité F4. Une typologie peut être proposée, qui conduit à distinguer quatre catégories de dommages environnementaux, dont certaines résultent d'une approche progressiste tendant au développement du droit international en matière de réparation du dommage environnemental.

§ 1. – Projets de dépollution et remise en état

L'indemnisation des mesures de reconstitution, de remise en état de l'environnement est classiquement admise en droit international. Elle est prévue dans un certain nombre de conventions internationales relatives à la réparation de préjudices découlant d'activités non interdites par le droit international : l'indemnité versée vise le financement des mesures de dépollution et remise en état, qui ont déjà été prises ou vont être prises [41]. La remise en état intégrale des éléments de l'environnement qui ont été endommagés (*restitutio naturalis*) se présente comme la meilleure forme de réparation. Les mesures de remise en état consistent ainsi, si possible, en des mesures de réhabilitation ou de restauration de l'environnement afin de rétablir l'environnement dans un état identique à celui qui précédait le dommage. Comme l'a souligné le rapporteur spécial J. Barboza : « *le plus important ici est le retour au* statu quo ante *: les valeurs écologiques priment en principe les valeurs économiques et cela est si vrai que, à la différence de ce qui se passe dans d'autres domaines, quelques lois internes précisent que l'indemnisation que les victimes d'un dommage peuvent obtenir dans certains cas doit être utilisée aussi à des fins écologiques. Le coût de la remise en état ou en place de composantes de l'environnement donne une bonne mesure de la valeur de la perte subie* » [42]. Si l'environnement ne peut être restauré ou

40. 2e rapport du Comité F4 (S/AC.26/2002/26, 10 mars 2002), §§ 22-23.
41. Voir le 11e Rapport de J. Barboza, *op. cit.*, p. 13, § 29.
42. *Id.*, § 27.

rétabli, les mesures de remise en état peuvent prendre la forme de réintroduction dans l'environnement de l'équivalent de ses composantes altérées [43].

S'agissant de la CINU, six États de la région (Arabie Saoudite, Iran, Jordanie, Koweït, Syrie et Turquie) ont introduit des réclamations relatives à l'indemnisation de projets de dépollution ou remise en état. Le Comité F4 a convenu avec ces États que les projets indemnisables sont ceux dont l'objectif est « *de rétablir l'environnement ou les ressources endommagés dans l'état où ils se seraient trouvés si l'Irak n'avait pas envahi et occupé le Koweït* » [44]. L'Irak a quant à lui plaidé qu'il ne faut pas « *accorder d'indemnité pour des mesures visant à remettre l'environnement en parfait état, car cela entraînerait un "enrichissement sans cause" des requérants* », qu'il « *faut prendre dûment en considération la possibilité de régénération naturelle* » et que les mesures de remise en état comportant des « *dépenses manifestement disproportionnées* » doivent être rejetées. Le Comité a affirmé que lorsqu'on applique le principe de retour au *statu quo ante* à une réclamation particulière, « il faut tenir compte de plusieurs éléments, notamment le lieu où se trouvent les ressources endommagées et l'usage qui en est fait ou qui pourrait en être fait, la nature et l'ampleur du dommage, la possibilité d'effets nocifs ultérieurs, la viabilité des mesures de remise en état proposées et la nécessité d'éviter des dommages collatéraux pendant et après leur application ». Le Comité a en conséquence refusé certains projets de dépollution (ex. : enlèvement de béton de goudron) au regard de leurs risques pour l'environnement [45], proposant *proprio motu* des programmes alternatifs de remise en état [46], des solutions de remplacement [47] établis sur la base de rapports d'experts ! Le Comité F4, retenant une vision holistique tenant compte de la complexité des questions environnementales, a en outre souligné que le rétablissement de l'environnement doit se faire « *du point de vue de son*

---

43. V. notamment Convention de Lugano, art. 2 § 10 et le § 40 du Rapport explicatif de cette convention : http://conventions.coe.int/Treaty/FR/Reports/Html/150.htm.

44. 3e rapport du Comité F4, § 47.

45. Plus largement, le Comité F4 a aussi souligné que, même pour les projets acceptés, « *les requérants doivent prendre en considération les éventuels effets négatifs des mesures qu'ils adoptent pour remédier à des dommages causés à l'environnement sur leur propre territoire* » et que « *les requérants sont tenus par le droit international de veiller à ce que ces mesures ne nuisent pas à l'environnement dans d'autres États ou dans des zones situées hors des limites de la juridiction nationale* » : 3e rapport, § 50.

46. Voir la réclamation du Koweït n° 5000450, 3e rapport, §§ 128-129 et annexe IV.

47. Voir la réclamation de la Jordanie n° 5000304, 5e rapport, § 362 : le programme de remise en état défendu par le Koweït ne pouvant selon le Comité pas être mis en œuvre, celui-ci n'estime pas que le montant demandé sur la base d'un tel programme constituerait une indemnisation appropriée de la perte subie. « *En conséquence, le Comité a mis au point, à titre de solution de remplacement, un programme de gestion concertée des parcours. Il estime qu'un tel programme indemnisera de manière adéquate la Jordanie des dommages causés à ses ressources en terrains de parcours et de ses pertes liées à la productivité des parcours et aux habitats de la faune et de la flore sauvages* ».

fonctionnement écologique global » plutôt que consister dans un rétablissement « *dans un état physique particulier* » [48].

§ 2. – Dépenses engagées pour contenir le dommage écologique

L'indemnisation des mesures de sauvegarde visant à contenir et atténuer le dommage écologique est aussi classique. Autrement dit, le coût de ces mesures *ex post* entre dans la définition du dommage environnemental. Les conventions internationales sur la responsabilité pour des activités ne découlant pas d'une activité interdite par le droit international admettent l'indemnisation de « *toutes mesures raisonnables prises par toute personne après la survenance d'un événement pour prévenir ou limiter la pollution* » [49].

S'agissant de la responsabilité de l'Irak suite à la guerre du Golfe, plusieurs États extérieurs à la région (l'Allemagne, l'Australie, le Canada, les États-Unis, les Pays-Bas et le Royaume-Uni) ont été indemnisés par la CINU pour des dépenses engagées pour contenir le dommage écologique, « *pour faire face aux déversements d'hydrocarbures, aux incendies de puits de pétrole et autres atteintes ou risques d'atteinte à l'environnement, y compris la surveillance et l'évaluation des effets de ces déversements et incendies* » [50]. L'intérêt à agir devant la Commission a été logiquement élargi aux États qui ont subi un préjudice économique en contribuant, par solidarité et dans une logique « communautaire », à la protection de l'environnement dans le golfe Persique, d'autant qu'ils y ont été appelés par les Nations Unies. Le Comité F4 a justifié l'indemnisation de ces dépenses en rappelant que « *les dommages causés à l'environnement par l'invasion et l'occupation irakiennes ont fait l'objet de demandes spécifiques d'assistance de la part de l'Assemblée générale et d'autres organismes et organes des Nations Unies ainsi que des pays exposés aux dommages en question ou au risque de tels dommages par suite de l'invasion et de l'occupation du Koweït par l'Irak* » [51]. Ainsi, le Comité F4 a accordé 8,3 millions de $ US au titre de ces « *international environmental solidarity costs* » [52]. On notera en passant que, dans ce cadre, le Comité a opéré une judicieuse distinction entre opérations de sauvegarde de l'environnement et opérations militaires : une activité est indemnisable au titre du dommage environnemental au regard de son objectif, indépendamment de la nature du personnel l'ayant conduite. Le Comité F4 a été saisi

48. 3e rapport, § 48 ; voir aussi 5e rapport, § 82.
49. Voir 11e rapport Barboza, A/CN.4/468, p. 15, § 32.
50. 2e rapport, § 211.
51. 2e rapport, § 34
52. P. H. SAND, *op. cit.*

de la question de l'indemnisation d'activités conduites par le personnel militaire des États de la coalition armée, puisqu'aux termes de la décision 19 du Conseil d'administration, « *les dépenses des forces armées de la coalition armée, y compris les dépenses au titre des opérations militaires contre l'Irak, n'ouvrent pas droit à réparation* ». Toutefois, le Comité a considéré que « *les dépenses afférentes aux activités entreprises par le personnel militaire sont indemnisables s'il est dûment prouvé que l'objectif principal desdites activités était de faire face à des dommages causés à l'environnement ou à la menace d'atteintes à l'environnement ou à la santé publique dans l'intérêt de l'ensemble de la population* » [53]. Ainsi, le critère du but de l'opération prend heureusement le pas sur le statut du personnel impliqué et la notion de dommage environnemental s'en trouve donc élargie.

§ 3. – Dépenses liées à la surveillance et l'évaluation du dommage environnemental

De manière très originale, la CINU a considéré comme des dommages indemnisables les dépenses entraînées par les activités de surveillance et d'évaluation que les États avaient entreprises ou allaient entreprendre afin de recenser et d'évaluer les dommages ou pertes environnementaux subis par suite de l'invasion et de l'occupation du Koweït par l'Irak [54]. Le § 35 de la décision 7 du Conseil d'administration de la CINU prévoit ainsi l'indemnisation des pertes et frais dus « *c) À un contrôle et une évaluation raisonnables des dommages causés à l'environnement afin d'estimer et de réduire les dommages et de remettre l'environnement en état* » et « *d) À un contrôle raisonnable de la santé publique et aux tests de dépistage médicaux visant à enquêter sur les risques accrus pour la santé qu'entraînent les dommages causés à l'environnement et à prévenir ces risques* ». Cela couvre plus précisément les dépenses entraînées par trois catégories d'activités : « *a) Les enquêtes menées pour déterminer s'il y a effectivement eu atteinte à l'environnement ou appauvrissement des ressources naturelles ; b) Les études faites pour quantifier les pertes correspondantes ; c) L'évaluation de méthodes d'atténuation ou de réduction des dommages ou des pertes* » [55]. Ainsi, sur les 168 réclamations « F4 », 107 ont été des réclamations liées à la surveillance et l'évaluation, qui portent sur des dépenses qui ont permis non

53. 2e rapport, § 29. Pour des illustrations *a contrario*, voir notamment les réclamations Pays-Bas – n° 5000306 (2e rapport, §§ 274-277) et États-Unis – n° 5000289 (2e rapport, § 291).

54. Ces réclamations ont logiquement été introduites par les six États de la région qui ont subi des dommages environnementaux « substantiels ».

55. 1er rapport, § 28.

seulement de fournir la preuve de l'existence d'un dommage mais aussi de quantifier l'indemnité à réclamer. Ces réclamations ont d'ailleurs été traitées prioritairement [56], ce qui a contraint le Comité F4 à examiner ces réclamations avant qu'une décision n'ait été prise quant à l'indemnisation des réclamations principales. C'est la première fois que les dépenses liées à l'évaluation du dommage environnemental sont considérées comme des activités indemnisables [57]. J. Barboza a ainsi souligné, s'agissant des alinéas c) et d) du § 35 de la décision 7 (cf. *supra*) qu'ils « *concernent des frais qui, pour n'être pas négligeables, n'entrent pas normalement dans les définitions que l'on donne du dommage, même s'ils peuvent être accordés par un tribunal au titre du dommage résultant de la dégradation de l'environnement* » [58].

Le Comité n'a accepté d'indemniser que celles de ces dépenses qui ont reposé sur des méthodes pertinentes et ont donc été utiles aux fins de la procédure, refusant d'indemniser les activités de surveillance et d'évaluation « *qui ont un caractère purement théorique ou hypothétique* » [59]. En effet, si l'obtention effective de la preuve d'un dommage environnemental n'est pas une condition à l'indemnisation de ces réclamations liées à la surveillance et évaluation [60], il doit y avoir un lien substantiel « suffisamment étroit » entre l'activité d'évaluation et le dommage résultant directement de l'agression par l'Irak, témoignant du caractère *raisonnable* de l'activité de surveillance/évaluation envisagée [61]. À titre d'exemple, le Koweït a demandé une indemnité de 543 792 $ US au titre d'une étude visant à déterminer s'il existe, déposé sur les fonds marins côtiers, du pétrole qui aurait été répandu lors de l'invasion et de l'occupation du Koweït par l'Irak. Cette étude devait être réalisée par des relevés aériens et des techniques de résonance acoustique et en employant des plongeurs professionnels. Estimant que cette méthode présente plusieurs défauts, le Comité a rejeté cette réclamation en concluant qu'« *il est peu probable que l'étude telle qu'elle est envisagée permette de constater l'existence sur les fonds marins de pétrole dont la présence serait due à l'invasion et à l'occupation du Koweït par l'Irak en quantités telles qu'il y aurait une menace importante pour l'environnement si longtemps après l'invasion par l'Irak* » [62].

Au final, le Comité a accordé un montant total de 243 234 967 $ US (le montant total réclamé s'établissait à 1 007 412 574 $ US) au titre de réclamations

56. Ces réclamations constituent la première tranche des réclamations F4, examinée dans le 1er rapport, de 2001.
57. L. Boisson de Chazournes et D. Campanelli, *op. cit.*, p. 14.
58. 11e Rapport de J. Barboza, *op. cit.*, § 12.
59. 1er rapport, § 31.
60. § 30 du 1er rapport.
61. § 31 du 1er rapport.
62. Réclamation no 5000399 (§§ 434-440 du 1er rapport). Voir aussi pour un autre exemple parlant la réclamation no 5000386 (§§ 169 sqq. du 1er rapport).

liées aux dépenses de surveillance et évaluation, donnant ainsi aux États requérants la « *possibilité de rassembler les moyens de preuve dont il[s ont] besoin pour faire reconnaître la nature et l'ampleur du dommage* » [63]. En somme, l'Irak a donc indemnisé les activités conduites par les requérants aux fins de prouver qu'une réclamation est fondée [64]...

§ 4. – Dommages causés aux ressources naturelles

Enfin, sont indemnisables les dommages et pertes causés aux ressources naturelles : ressources en eaux souterraines, ressources terrestres, agricoles, halieutiques, palustres et marines... Et le Comité F4 de la CINU a accepté d'indemniser non seulement les dommages aux ressources naturelles ayant une valeur économique mais aussi, plus singulièrement, les dommages « purement écologiques », causés à des ressources environnementales sans valeur commerciale : dommages durables causés au milieu marin et aux ressources halieutiques de l'Iran (réduction de l'alevinage résultant de la diminution du couvert de la mangrove, dommages causés aux récifs coralliens et réduction des ressources halieutiques) [65], dommages aux ressources en eau souterraines en Jordanie (salinisation et épuisement des ressources en eaux souterraines, perte d'eaux souterraines due à la contamination microbiologique, perte de la pleine possibilité d'utiliser les ressources en eau subie par la population jordanienne) [66], etc. Il a interprété la résolution 687 et la décision n° 7 du Conseil d'administration comme ne limitant pas les « atteintes à l'environnement » à des dommages aux ressources naturelles ayant une valeur économique : « *Le Comité n'est pas d'avis que les dispositions ou le contexte de la résolution 687 (1991) du Conseil de sécurité ou de la décision 7 du Conseil d'administration soient susceptibles d'une interprétation qui limiterait les "atteintes à l'environnement" à des dommages aux ressources naturelles ayant une valeur économique* » [67]. L'Irak a prétendu que cette interprétation de la *lex specialis* applicable n'est pas conforme au droit international, « *qu'il n'y a pas de précédent, en droit international général, de quelque indemnisation au titre de la perte provisoire de ressources naturelles sans valeur économique* »,

63. 1er Rapport, § 29.
64. J. Carver, « Introduction » to « International Claims Litigation II: A Case Study on the UNCC », *Proceedings of the 99th Annual Meeting of the American Society of International Law*, ASIL, 2005, p. 326.
65. Réclamation de l'Iran (5e rapport, §§ 155-161).
66. 5e rapport, §§ 318-352.
67. 5e rapport, § 55.

que « *le droit international n'autorise l'indemnisation que d'un dommage "financièrement mesurable", ce que n'est pas (...) la perte provisoire de ressources naturelles sans valeur commerciale, dans l'état actuel du droit International* », affirmant finalement que « *l'indemnisation, même modeste, d'une perte de cette nature, quelle qu'elle soit, reviendrait à transformer radicalement le droit international* » [68]. Bien qu'il ait considéré ne pas avoir besoin de recourir au droit international général pour trancher ce point, la *lex specialis* à appliquer fournissant des orientations suffisantes, le Comité F4 a précisé *obiter* qu'il ne considère pas que sa conclusion « *soit incompatible avec un principe ou une règle quelconques du droit international général. Il est d'avis que l'affirmation selon laquelle le droit international général exclut l'indemnisation pour les dommages purement écologiques n'est pas fondée* » [69]. On notera à cet égard que la Commission du droit international avait déjà affirmé dans le même sens en 2001 que « *les dommages à l'environnement vont souvent au-delà de ceux qui peuvent facilement être évalués en termes de frais de nettoyage ou de perte de valeur d'un bien. Les atteintes à de telles valeurs environnementales (biodiversité, agrément, etc. – parfois appelées "valeurs de non-usage") ne sont pas moins réelles et indemnisables, en principe, que les dommages aux biens, même si elles sont sans doute plus difficiles à évaluer* » [70]. Les réclamations présentées à la CINU au titre de dommages à des ressources naturelles ne présentant aucun intérêt économique ont été majoritairement rejetées sur le fond, pour défaut de preuve de leur matérialité ou de leur lien direct avec le fait générateur de la responsabilité (l'invasion et l'occupation du Koweït par l'Irak). Est ainsi illustrée la difficulté inhérente à la réparation de ce type de dommages à l'environnement.

Par ailleurs, le Comité a aussi conclu que la perte *provisoire* de l'usage de ressources naturelles, des avantages écologiques que procuraient les ressources avant d'avoir subi des dommages, avant leur remise en état, était aussi un dommage environnemental indemnisable. Le Comité F4 a admis la recevabilité de telles réclamations en affirmant que le seul fait que les effets de la perte ne sont pas permanents ne saurait exclure l'indemnisation de la perte dont la matérialité est par ailleurs établie et dont il est prouvé qu'elle a résulté de l'invasion et de l'occupation du Koweït. Ainsi le Comité s'est-il penché par

---

68. 5e rapport, § 47.

69. 5e rapport, § 58.

70. CDI, commentaire de l'art. 36 du projet sur la responsabilité de l'État pour fait internationalement illicite : rapport sur les travaux de sa 53e session, A/56/10, 2001, pp. 270-271. De même, l'art. 25 de la résolution de l'IDI de 1997 précise que « Le fait qu'un dommage en matière d'environnement soit irréparable ou non quantifiable n'exonère pas de l'obligation de réparer. L'entité qui cause un dommage à l'environnement d'un caractère irréparable ne doit pas se trouver en fin de compte dans une situation éventuellement plus favorable que d'autres entités qui ont causé des dommages quantifiables ».

exemple sur la perte temporaire d'activités de loisir au Koweït : le Koweït a affirmé que sa réclamation pour perte d'activités de loisir représente la « *valeur économique de la diminution du bien-être social due à la perte des possibilités de pratiquer des activités de loisir sur les plages et en mer pendant et après l'invasion et l'occupation du Koweït par l'Irak* », réclamant une indemnité d'un montant de 23 015 144 $ US au titre de cette perte. Le Comité F4 a convenu que « *certaines personnes au Koweït ont vraisemblablement été privées d'activités de loisir sur les plages et en mer pendant et après l'invasion et l'occupation du Koweït par l'Irak et ce, en conséquence directe de l'invasion et de l'occupation* » et, si le Comité n'a pas accordé d'indemnité sur cet élément de réclamation, c'est en raison de l'insuffisance des preuves fournies par le Koweït pour déterminer la nature et l'ampleur de la perte d'activités de loisir subie par des individus au Koweït [71].

En revanche, le caractère temporaire de la perte, s'il n'exclut pas l'indemnisation, pourra « *avoir une incidence sur la nature et l'importance de l'indemnité qu'il pourrait être bon d'accorder* » [72].

SECTION 2
CARACTÈRES DU DOMMAGE ENVIRONNEMENTAL RÉPARABLE

Il convient de s'intéresser à deux caractères du dommage environnemental qui constituent classiquement des paramètres de la recevabilité à l'indemnisation : la gravité du dommage (§ 1), qui pose la question de son évaluation, et le rapport direct de causalité qui doit lier le dommage environnemental au fait générateur de la responsabilité (§ 2).

§ 1. – Gravité du dommage environnemental réparable

En principe, la responsabilité pour fait internationalement illicite n'est engagée qu'avec la violation d'une obligation internationale, tout préjudice en résultant devant alors être réparé : l'article 31 du projet de la CDI sur la responsabilité internationale de l'État pour fait illicite prévoit ainsi que « *[l]'État responsable est tenu de réparer intégralement le préjudice causé par le fait internationalement*

71. 5e rapport, §§ 457 à 465.
72. 5e rapport, § 56.

illicite » et que « *[l]e préjudice comprend tout dommage, tant matériel que moral, résultant du fait internationalement illicite de l'État* » [73]. En revanche, le droit international fixe généralement en matière de responsabilité pour dommage résultant d'une activité non interdite un seuil à partir duquel le dommage doit être indemnisé, les dommages n'atteignant pas ce seuil étant considérés comme tolérables. Pour autant, il n'existe pas de standard universellement admis comme établissant un seuil [74]. La fameuse sentence arbitrale rendue dans l'affaire de la *Fonderie du Trail* avait posé le critère rigoureux de réparation d'un dommage « *grave* » (« *serious* ») [75], qui a depuis évolué vers celui du dommage « significatif » ou « appréciable ». Ainsi la CDI a-t-elle déterminé le champ d'application de ses deux textes relatifs, d'une part, à la prévention des dommages transfrontières résultant d'activités dangereuses et, d'autre part, aux aspects relatifs à la responsabilité pour de tels dommages au regard de ce critère du dommage significatif [76]. La CDI explique que le terme « significatif » « *se réfère à quelque chose qui est plus que "détectable", mais sans nécessairement atteindre le niveau de "grave" ou "substantiel"* », ajoutant que « *le dommage doit se solder par un effet préjudiciable réel sur des choses* » *et que* « *[l]a détermination de ce qui constitue un "dommage significatif" fait appel à des critères concrets et objectifs, mais aussi à un jugement de valeur qui dépend des circonstances du cas considéré et du moment où ce jugement est porté* » [77].

Devant le Comité F4 de la CINU, l'Irak a ainsi fait valoir que les dommages invoqués ne sont pas indemnisables s'ils n'atteignent pas le seuil « *qui est généralement admis en droit international pour l'indemnisation quand un État*

73. La CDI s'est ainsi intéressée à la gravité de la violation du droit international, plutôt que du dommage. L'art. 19 de la résolution de l'IDI de 1997 préconise : « *Les régimes en matière d'environnement devraient prévoir la réparation des dommages et le paiement d'indemnités chaque fois qu'il y a eu manquement à une obligation* ».

74. Voir généralement Ph. SANDS, *Principles in International Environmental Law*, 2nd éd., Cambridge, 2003, pp. 878-881. L'art. 19 de la résolution de l'IDI de 1997 recommande sur ce point : « *En cas de régime établissant une responsabilité pour simple préjudice, le seuil au-dessus duquel il y a lieu d'indemniser le préjudice doit être clairement fixé* ».

75. *Fonderie de Trail (États-Unis d'Amérique / Canada)*, Sentence arbitrale du 11 mars 1941, *Recueil des sentences arbitrales*, vol. III, pp. 1907 et ss.

76. La CDI explique en particulier que : « *En règle générale, vu l'importance d'un seuil de dommage pour présenter des demandes de remise en état et d'indemnisation, s'agissant de dommages à l'environnement, on considère que l'on se rapproche d'autant plus du seuil de dommage significatif que les effets s'écartent davantage de l'état considéré comme durable et que les pertes ont un caractère moins prévisible et limité* ». Cela doit être déterminé par rapport à un "état initial" que les États, en général, définissent ou devraient définir ; voir R. WOLFRUM, C. LANGENFELD et P. MINNEROP, *Environmental Liability in International Law Towards a Coherent Conception* (Berlin : Erich Schmidt Verlag), 2005, p. 501 » : rapport précité A/61/10, p. 127, note n° 326.

77. Rapport précité A/61/10, p. 128. Voir aussi le rapport de la CDI sur les travaux de sa 48e session, A/51/10, 1996, § 98.

est responsable de dommages transfrontières à l'environnement » [78]. Sur le principe, le Comité ne s'est pas prononcé sur l'état du droit international positif en la matière : le Comité F4 a en effet répondu sur ce point qu'aucun seuil de gravité n'est exigé par la *lex specialis* qu'il lui appartient d'appliquer, et il n'est dès lors pas nécessaire de se tourner vers le droit international général [79].

Toutefois, le Comité a affirmé que l'ampleur du dommage est un paramètre permettant de décider de leur réparation, dans la mesure où il détermine le caractère *raisonnable* des mesures de remise en état : « *Pour déterminer si des mesures de remise en état sont raisonnables, il convient de prendre en considération l'ampleur du dommage. Toutefois, de l'avis du Comité, ce n'est pas le seul facteur à faire entrer en ligne de compte. D'autres éléments, comme le lieu et la nature du dommage et ses effets réels ou potentiels sur l'environnement, peuvent également intervenir* ». Ainsi, pour le Comité, « *lorsqu'un dommage qui serait normalement qualifié d'"insignifiant" est causé à une zone particulièrement sensible du point de vue écologique, ou lorsque le dommage, joint à d'autres facteurs, risque d'avoir des effets nocifs additionnels ou plus graves sur l'environnement, il peut être raisonnable de prendre des mesures correctives pour éviter des dommages supplémentaires ou les réduire dans toute la mesure possible* » [80].

L'évaluation du dommage environnemental est d'ailleurs une question particulièrement difficile de la responsabilité pour dommage environnemental. Nous nous limitons ici [81] à souligner que la question de l'évaluation présente un intérêt particulier en matière de dommages à des ressources naturelles sans valeur commerciale ou liés à la perte provisoire de ressources naturelles. À cet égard encore, le Comité F4 a fait montre d'audace en admettant certaines méthodes nouvelles d'évaluation. Ainsi, il a admis le recours à la modélisation informatique [82] ainsi qu'à la méthode dite « *analyse des équivalences d'habitat* » (*Habitat*

---

78. 3e rapport, § 33.

79. En effet, s'agissant du droit applicable, le Comité était tenu de suivre la résolution 687 (1991) et autres résolutions pertinentes du Conseil de sécurité, des « *critères publiés par le Conseil d'administration pour les différentes catégories de réclamations* » et « *toutes les décisions pertinentes du Conseil d'administration* », ainsi que « *s'il y a lieu* », « *d'autres règles pertinentes du droit international* ». Le Comité en a conclu qu'il ne lui faut recourir au droit international général que si les résolutions du Conseil de sécurité et les décisions du Conseil d'administration ne donnent pas d'orientations suffisantes pour l'examen de telle ou telle réclamation. En l'occurrence, la résolution 687 (1991) du Conseil de sécurité n'évoque aucun seuil de gravité (elle énonce même au contraire qu'une indemnité peut être accordée pour « *toute perte, (...) tout dommage (...) et tous autres préjudices directs* »), et que les décisions pertinentes du Conseil d'administration fournissent des orientations suffisantes : 3e rapport, § 33.

80. 3e rapport, § 36.

81. V. notamment M. BOWMAN and A. BOYLE, *Environmental Damage in International Law and Comparative Law: Problems of Definition and Évaluation*, Oxford University Press, 2002.

82. Voir la réclamation du Koweït no 5000460, 5e rapport, §§ 434 s. et 443 s.) : le Koweït utilise une série intégrée de modèles informatiques (modèle PARS [Model for the Assessment and

Equivalency Analysis, « HEA ») [83], reconnaissant « *qu'il s'agit là d'une méthode relativement nouvelle qui n'a encore guère été appliquée sur les plans national et international* ». Le Comité a convenu que cette analyse « *comporte des incertitudes, en particulier dès lors qu'il faut établir une norme d'évaluation qui tient convenablement compte des différents types d'avantages perdus et déterminer la nature et l'ampleur des mesures de remise en état qu'il convient de prendre pour compenser des dommages causés à différents types de ressources* », mais n'a pas considéré pour autant « *que ces difficultés potentielles soient une raison suffisante pour rejeter complètement ces méthodes et conclure que leur emploi est contraire aux principes du droit international* ». En revanche, le recours par les requérants à cette méthode le conduit à une attention accrue : il a considéré « *qu'il ne devrait déclarer recevables les réclamations établies sur la base d'une analyse des équivalences d'habitat ou de méthodes analogues d'évaluation des ressources qu'après avoir acquis la certitude que l'évaluation de l'ampleur des dommages et la quantification de l'indemnité demandée sont appropriées et raisonnables dans chaque cas* » [84].

§ 2. – Le lien de causalité entre le dommage et le fait générateur de la responsabilité

La question de la responsabilité de l'Irak étant tranchée *a priori* – puisque affirmée par le Conseil de sécurité et formellement acceptée par l'Irak [85] – il n'entrait pas dans le mandat de la CINU et, partant, du Comité F4 d'examiner pour chaque réclamation la violation de règles primaires du droit international. Le principe de la responsabilité de l'Irak faisant partie du droit applicable par les comités, leur mandat s'est donc réduit, d'une part, à l'examen du lien de causalité entre le dommage environnemental prétendu et l'invasion et l'occupation de l'Irak par le Koweït et, d'autre part, à l'évaluation du montant des dommages et pertes. S'agissant du lien de causalité, seules sont indemnisables aux termes

Remediation of Sediment) et modèle OSCAR (Oil Spill Contingency and Response Model]) pour estimer la pollution des zones marines par les marées noires et calculer les pertes de biomasse correspondantes.

83. La méthode a ainsi été utilisée par la Jordanie (5e rapport, § 356 s.). Il s'agit d'un système conçu et appliqué par le Ministère océanique et atmosphérique des États-Unis (*United States National Oceanic and Atmospheric Administration*) pour déterminer la compensation due au public au titre du préjudice subi par l'écosystème et la perte des services fournis par l'écosystème à l'élément biotique.

84. 5e rapport, § 81.

85. L'Irak a accepté par écrit de mettre pleinement en œuvre les dispositions de la résolution 687 : doc. S/22456.

de la résolution 687 les pertes ou dépenses qui résultent *directement* de l'invasion et de l'occupation du Koweït par l'Irak. Le paragraphe 34 de la décision n° 7 du Conseil d'administration de la CINU a précisé que constituent des « *pertes, dommages ou préjudices directs* » toute perte ou de tout préjudice subis à la suite :

« *a) des opérations militaires ou des menaces d'action militaire des deux parties au cours de la période allant du 2 août 1990 au 2 mars 1991 ;*

b) du départ de personnes de l'Irak ou du Koweït ou de leur incapacité de quitter ces pays (ou d'une décision de ne pas y revenir) durant cette période ;

c) des actions commises par des fonctionnaires, des salariés ou des agents du Gouvernement irakien ou d'entités placées sous son contrôle pendant cette période à l'occasion de l'invasion ou de l'occupation ;

d) de la perturbation de l'ordre public au Koweït ou en Irak au cours de cette période ; ou

e) d'une prise en otage ou de toute autre forme de détention illégale ».

Ainsi, la CINU a considéré comme résultant *directement* de l'invasion et l'occupation du Koweït les dommages résultant des opérations militaires *des deux parties* [86], donc tant celles de l'Irak que celles de la coalition internationale ayant recouru à la force pour libérer le Koweït. L'Irak a contesté la légalité de cette règle au regard tant du droit de la responsabilité internationale de l'État qu'au regard de la résolution 687, qui précise que l'Irak est responsable des dommages résultant directement de son invasion et occupation du Koweït et doit donc être interprétée – selon l'Irak – comme ne couvrant pas les opérations militaires des alliés. Estimant qu'il n'entrait pas dans le cadre de son mandat de contrôler la légalité de la décision n° 7 [87], le Comité F4 s'est déclaré lié par l'interprétation quasi-authentique donnée par le Conseil d'administration de la CINU (composé des 15 États membres du Conseil de sécurité). Il apparaît que le principe de responsabilité pour les dommages causés par les forces armées des deux parties est une solution constante dans la pratique des réparations de guerre [88]. D'ailleurs, le comité de la CINU constitué spécifiquement pour traiter la réclamation « *Well Blowout Control Claim* » (portant sur l'extinction des puits

86. La décision 7 (§ 34) du Conseil d'administration précise en effet que peuvent être considérées comme « *des pertes, dommages ou préjudices directs* » résultant de l'invasion et de l'occupation du Koweït par l'Irak ceux subis à la suite « *des opérations militaires ou des menaces d'action militaire des deux parties au cours de la période du 2 août 1990 au 2 mars 1991* ».

87. 4e rapport (1re partie), S/AC.26/2004/16, § 265. Voir Ph. Gautier, « Environmental Damage and the United Nations Claims Commission: New Directions for Future International Environmental Cases? », in *Law of the Sea, Environmental Law and Settlement of Disputes: Liber Amicorum Judge Thomas A. Mensah*, Nijhoff, Leiden, 2007, p. 193.

88. P. d'Argent, *op. cit.*, p. 653 ; A. Kolliopoulos, *op. cit.*, pp. 412-413.

de pétrole koweïtien), a affirmé que l'obligation faite à l'Irak de réparer les dommages résultant d'opérations militaires des deux parties est conforme aux principes généraux du droit international [89]. En conséquence, les dommages environnementaux résultant des opérations militaires des alliés ont aussi dû être réparés par l'Irak. Le Comité F4 a par exemple conclu que la construction par les forces armées de la coalition alliée de campements, de fortifications et de routes militaires dans des zones désertiques de l'Arabie saoudite « *a causé des dommages à l'environnement qui résultent directement de l'invasion et de l'occupation du Koweït par l'Irak* » [90].

En outre, le Comité F4 a sagement affirmé que le fait que les atteintes à l'environnement puissent résulter de causes parallèles ou concomitantes ne suffit pas non plus à briser le lien de causalité existant entre les dommages et l'invasion et l'occupation du Koweït : l'Irak « *n'est pas exonéré de sa responsabilité à l'égard des pertes ou des dommages résultant directement de l'invasion et de l'occupation au seul motif que d'autres facteurs auraient pu contribuer* » [91]. Mais en revanche, le Comité a dûment pris en considération le rôle des autres facteurs, sans rapport avec l'invasion et l'occupation, « *afin de déterminer le niveau d'indemnisation approprié pour la partie du dommage qui est directement imputable à l'invasion et l'occupation* » [92]. Le Comité s'est notamment demandé « *si le requérant avait aggravé le dommage ou y avait contribué, soit en ne prenant pas les mesures voulues pour l'atténuer, soit en faisant preuve de négligence ou en agissant de façon malavisée* » [93]. Il a même ce faisant dégagé une obligation pour le requérant de prévenir et d'atténuer les dommages à l'environnement, qu'il présente comme « *une conséquence nécessaire de la préoccupation commune, qui est de protéger et de conserver l'environnement, ce qui comporte des devoirs envers la communauté internationale et les générations futures* » [94] et dont il tient compte dans son examen des réclamations. Si le requérant a aggravé le dommage ou y a contribué en agissant de manière déraisonnable (par inaction, négligence ou action inappropriée), il peut être tenu « *d'assumer une certaine responsabilité pour la partie du dommage qui est imputable à ses propres actes ou omissions* » [95] : cela pourra conduire à une

89. Report and recommendations made by the panel of commissioners appointed to review the Well Blowout Control Claim, S/AC.26/1996/5/Annex, 18 décembre 1996, § 86.

90. 4e rapport (1re partie), § 274.

91. 2e rapport, § 25.

92. 3e rapport, § 39. Quand il ressort des preuves disponibles que le dommage résultait de causes qui n'avaient aucun rapport avec l'invasion et l'occupation du Koweït par l'Irak, le Comité n'a évidemment recommandé aucune indemnisation.

93. 3e rapport, § 39.

94. Il s'agit d'une obligation « *d'atténuer les dommages à l'environnement autant que faire se peut compte tenu des circonstances* » : 3e rapport, § 42.

95. 3e rapport, § 42.

indemnisation seulement partielle du dommage, ou au refus d'indemnité si la violation a été de nature à rompre le lien de causalité. Par exemple, le Comité F4 a suivi l'Irak en considérant que, par sa mauvaise gestion d'un dépôt de matériel de guerre, le Koweït a manqué à son obligation d'atténuer le dommage causé aux ressources terrestres : « *Selon le Comité, la cause directe des dommages réside dans le fait que le Koweït n'a pas pris les mesures qui s'imposaient face à un risque manifeste, ce qui a rompu le lien de causalité de telle sorte que l'Irak ne peut pas être tenu responsable des dommages* » [96]. Au contraire, le Comité a jugé que la décision prise par les contractants engagés par le Koweït pour les opérations de déminage de faire exploser des munitions là où elles avaient été découvertes, au lieu de les récupérer et de les stocker dans des installations idoines, était raisonnable compte tenu des circonstances, car la situation était alors dangereuse [97]. Ces opérations ont donc constitué des mesures raisonnables visant à nettoyer et remettre en état l'environnement et, dans ce cas, il n'y a donc pas eu violation par le requérant de l'obligation d'atténuer les dommages.

En définitive, la pratique de la CINU en matière de réclamations environnementales présente donc un intérêt juridique fort, s'agissant notamment de la notion de dommage environnemental réparable, et constitue ainsi une étape importante pour le droit international de la responsabilité, en particulier en matière environnementale. Nous ne doutons pas que cette pratique, nonobstant ses spécificités et, pour commencer, la *lex specialis* que devait appliquer le Comité F4, constituera une référence pour des organes judiciaires ou arbitraux internationaux qui seront à l'avenir saisis de différends relatifs à la responsabilité internationale pour dommages environnementaux. En effet, outre le principe même de la responsabilité internationale de l'Irak posé par le Conseil de sécurité, agissant au nom de tous les membres de l'ONU (art. 24 de la Charte), dans une résolution fondée sur le Chapitre VII de la Charte de San Francisco, le Comité F4 a par son audace participé de manière significative au développement progressif du droit international en matière de responsabilité environnementale, tout en se montrant particulièrement rigoureux dans le traitement concret des réclamations. Ainsi, il a admis 109 des 168 réclamations aux fins d'indemnisation, et le versement d'environ 5,2 milliards de dollars US, soit seulement 6 % des montants réclamés, pourcentage particulièrement faible en comparaison de ceux des autres comités de la CINU [98].

On retiendra en outre que le Comité F4 s'est attaché, dans une logique « communautaire », à mettre en œuvre un principe d'affectation des indemnités

96. Réclamation n° 5000466, 4e rapport (1re partie), § 206.
97. 2e rapport, §§ 100 et 101.
98. Pour comparaison : A' : 91 %, B' : 67 %, C' : 45 %, D' : 20 %...

octroyées, garantissant la destination des sommes versées, leur utilisation exclusive aux fins de la protection de l'environnement. Et, dans cette perspective, un système inédit de suivi a été mis sur pied à l'initiative du Comité F4. Celui-ci a assuré lui-même entre 2001 et 2005 le suivi de la bonne utilisation par les réclamants des indemnités qu'il leur a allouées pour les activités de surveillance et d'évaluation de l'environnement. Puis, en 2005, le Conseil d'administration a décidé (suite à la demande de l'Irak) d'établir un Programme en vue de suivre aussi la mise en œuvre des projets indemnisés sur la recommandation du Comité F4 au titre de la réparation des dommages environnementaux « substantiels », c'est-à-dire les projets de dépollution et remise en état [99]. Ce mécanisme sans précédent constitue assurément un autre apport majeur de la CINU au droit de la réparation du dommage environnemental.

99. Décision 258 : S/AC.26/Dec.258 (2005). Voir M. Kazazi, « The UNCC Follow-up Programme for Environmental Awards », in T. M. Ndiaye et R. Wolfrum (dir.), *Law of the Sea, Environmental Law and Settlement of Disputes: Liber Amicorum Judge Thomas A. Mensah*, M. Nijhhoff, Leiden/Boston, 2007, pp. 1109-1130 ; P. H. Sand, « Compensation for Environmental Damage from the 1991 Gulf War », *Environmental Policy And Law*, 2005, vol. 35, n° 6, pp. 244-249.

La qualification du préjudice causé à l'environnement

Mathilde Boutonnet
Maître de conférences, Chaire CNRS droit de l'environnement
Université d'Aix-Marseille III (CERIC)

SYNTHÈSE

Tout dommage environnemental, relevant des faits, n'est pas nécessairement un préjudice causé à l'environnement, dans l'ordre du droit. Encore faut-il que l'atteinte causée à l'environnement soit préjudiciable. L'appréciation du degré de gravité constitue ici un élément déterminant : seul un dommage suffisamment grave devrait être appréhendé par le droit. De ce fait, si « l'état » de gravité ne constitue pas un caractère indispensable à la qualification de préjudice, le « suffisamment grave » constitue un « seuil » de gravité en-deçà duquel un dommage sera qualifié de préjudice et au-delà duquel un dommage restera de l'ordre des faits.

Rappel des caractères du préjudice. – Comme le rappellent certains auteurs, « *tous les dommages que suscite la vie en société ne donnent pas lieu à réparation* » [1]. C'est ici dire que tout dommage ne constitue pas un préjudice. En admettant la distinction doctrinale existant entre le dommage et le préjudice bien connue du droit de la responsabilité civile et administrative, alors que certains dommages existent bien dans les faits, le droit ne les reconnaît pas nécessairement et rejette parfois leur réparation : « *une chose est lésion (...) ; autre chose sont les conséquences de la lésion, de l'atteinte* » [2]. De ce fait, au regard des règles de droit commun ou de régimes spéciaux de réparation, pour qu'une lésion soit reconnue par le droit, encore faut-il s'assurer de la présence de certains caractères. Il s'agit ici d'un exercice de qualification consistant à opérer le passage de la présence d'un dommage dans les faits à la reconnaissance

1. F. Terré et Y. Lequette et Ph. Simler, *Droit civil, Les obligations*, Précis Dalloz, 9e éd., 2005, n° 697.
2. *Droit de la responsabilité et des contrats*, Dalloz Action 2008/09, sous la dir. de Ph. Le Tourneau, n° 1309.

d'un préjudice en droit et, par conséquent, à le prouver. Pour s'en tenir au droit commun de la responsabilité, le préjudice désigne un dommage certain, direct et personnel [3].

Application au préjudice causé à l'environnement. – Qu'en est-il de la preuve du préjudice causé à l'environnement ? Pour une part, la preuve du préjudice causé à l'environnement contraste avec l'exigence de caractère personnel. En effet, en offrant une reconnaissance à ce préjudice à côté du préjudice causé à l'homme, la Nomenclature fait le choix de nécessairement délaisser l'exigence du caractère personnel. Le préjudice causé à l'environnement étant celui subi par l'environnement et non par l'homme, il n'est pas personnel. Pour une autre part, la preuve du préjudice causé à l'environnement retrouve les deux autres éléments de qualification : le caractère direct et le caractère certain. Si le premier concerne davantage la preuve du lien de causalité, le second s'avère intimement relié à la preuve du préjudice lui-même, à son existence, et explique alors qu'il subsiste. En effet, de manière générale, « *il n'y a pas d'action en responsabilité sans préjudice à réparer* » [4]. Ce caractère « *va de soi* » [5]. Comme le rappellent certains auteurs, « *dire que le dommage doit être certain n'est pas affirmer un caractère particulier du préjudice, mais constater qu'il doit exister et que sa preuve doit être apportée par le demandeur* » [6], bien que celle-ci s'avère à nuancer au regard du fait que la certitude s'entend de ce qui est fortement « vraisemblable » [7] et que le système de présomptions a son rôle à jouer. Ainsi, comme tout autre préjudice, le préjudice causé à l'environnement doit être prouvé.

Spécificité du préjudice causé à l'environnement. – Toutefois, cette preuve n'est pas aisée. Le droit se voit confronté aux difficultés scientifiques autant que sociales. Scientifiques car, plus que les juristes, ce sont les écologues qui détiennent les compétences permettant d'apprécier ce qui est dommageable pour l'environnement. Or sur ce point, il est admis que toute atteinte à l'environnement n'est pas en soi préjudiciable. L'environnement peut être altéré ou modifié sans être pour autant endommagé. Sociales car les atteintes à l'environnement sont indissociables de la vie en société, celle-ci étant inévitablement génératrice de

3. *Droit de la responsabilité et des contrats*, Dalloz Action 2008/09, sous la dir. de Ph. LE TOURNEAU, n° 1309. V. Cass. 2e civ., 16 avril 1996, n° 94-13613.
4. *Droit de la responsabilité et des contrats*, Dalloz Action 2008/09, sous la dir. de Ph. LE TOURNEAU, n° 1320.
5. G. VINEY et P. JOURDAIN, *Traité de droit civil, Les conditions de la responsabilité*, 3e éd. 2006, LGDJ, n° 275.
6. *Ibid.*
7. *Droit de la responsabilité et des contrats*, Dalloz Action 2008/09, sous la dir. de Ph. LE TOURNEAU, n° 1411.

dégradations environnementales. Là encore, la simple altération de l'environnement est socialement inévitable. Toutefois, le droit, de par sa vocation normative, peut et doit trancher. De ce fait, prenant en compte ces deux paramètres scientifique et social, la Nomenclature fait le choix de la nuance, à l'instar de ce qui existe pour les autres nuisances, en refusant d'admettre que toute atteinte à l'environnement représente un préjudice causé à l'environnement mais que seules certaines atteintes devront conduire le juge et autres parties prenantes à les qualifier de préjudice. D'où cette définition :

Par préjudices causés à l'environnement, on entend l'ensemble des atteintes causées aux écosystèmes dans leur composition, leurs structures et/ou leur fonctionnement. Ces préjudices se manifestent par une atteinte aux éléments et/ou aux fonctions des écosystèmes, au-delà et indépendamment de leurs répercussions sur les intérêts humains.

On en retient que pour prouver le préjudice causé à l'environnement, il est nécessaire de démontrer qu'il existe une atteinte qui puisse être qualifiée de préjudiciable. Reste bien sûr à savoir à partir de quel moment on passe de la simple altération ou modification de l'environnement à une véritable atteinte au caractère préjudiciable. Cette atteinte se manifeste-t-elle par un état de gravité ? Quelle gravité ? Une gravité minimum ? Importante ? Suffisante ? C'est l'objet de cette contribution de répondre à ces différentes questions qui, sur le plan méthodologique, invitent à effectuer un *va-et-vient* permanent entre ce que propose la Nomenclature, ce qui existe d'ores et déjà dans le droit positif, au regard de la jurisprudence et de la loi, et ce qui pourrait à l'avenir faire l'objet d'évolutions. L'étude de la preuve du préjudice causé à l'environnement invite alors à la fois à justifier le choix normatif effectué au regard du droit positif tout en guidant sa mise en œuvre pour le droit prospectif.

Atteinte préjudiciable / atteinte qualifiée. – En ce sens, la Nomenclature définit l'atteinte préjudiciable au regard de qualificatifs tournés vers l'appréciation de son niveau de gravité. Cela signifie donc que c'est par ce caractère que s'opère le passage de la simple modification ou altération au préjudice causé à l'environnement.

L'atteinte est préjudiciable lorsqu'elle est qualifiée, selon les cas, de « mesurable », « suffisante », « quantifiable », « non négligeable » « notable » « significative », « substantielle », « grave », ou « irréversible ».

Cette définition est le fruit, non seulement de la conciliation des intérêts écologiques, sociaux et économiques, mais aussi d'une observation de l'état de la jurisprudence et de la loi, de la manière dont le droit positif appréhende les atteintes préjudiciables. Elle donne à voir une graduation de la gravité qui invite, pour celui qui aurait à s'appuyer sur cette Nomenclature, à rejeter « l'état » de gravité (Section 1) au profit du « seuil » de gravité comme critère de qualification du préjudice causé à l'environnement (Section 2).

SECTION 1

LE REJET DE « L'ÉTAT » DE GRAVITÉ COMME CRITÈRE DE QUALIFICATION DU PRÉJUDICE CAUSÉ À L'ENVIRONNEMENT

Toute atteinte à l'environnement ne doit pas être nécessairement « grave » pour être préjudiciable. De manière générale, la preuve du préjudice causé à l'environnement peut être apportée malgré l'absence de gravité de l'atteinte dans les faits. Il faut en expliquer les raisons (§ 1) tout en soulignant les limites dues à l'existence d'une exception (§ 2).

§ 1. – Les raisons du rejet

Double justification. – Deux éléments poussent à affirmer que « l'état » de gravité des dommages environnementaux ne peut être considéré comme un critère général de reconnaissance des préjudices en résultant. D'une part, de manière générale, la gravité n'est pas un caractère exigé au titre de la réparation du préjudice. Plus précisément, en droit de la responsabilité civile, si le juge relève parfois le caractère « *insignifiant* » du dommage pour refuser de le réparer, il n'y a « *aucune exigence quant à l'importance ou à la gravité intrinsèque du dommage invoqué* » [8]. Cela signifie seulement que, trop insignifiant, l'existence du préjudice est difficile à démontrer. C'est ainsi que doit être compris le principe selon lequel *de minimis non curat praetor*, à savoir le juge ne s'occupe pas des choses trop minimes [9]. De ce fait, la Cour de cassation approuve le juge du fond qui « *ayant relevé le caractère insignifiant du fait invoqué (...) a pu estimer qu'un tel fait n'avait pas causé (...) un préjudice ouvrant droit à indemnisation* » [10]. Certes, certains régimes semblent offrir une place à la gravité. C'est le cas, toujours en droit de la responsabilité civile, de la théorie du trouble anormal de voisinage qui repose sur l'anormalité du trouble et c'est le cas, en

8. G. VINEY et P. JOURDAIN, *Traité de droit civil, Les conditions de la responsabilité civile*, 3e éd., 2006, LGDJ, n° 248.
9. M. FABRE-MAGNAN, ouvrage préc. p. 109.
10. Cass. 1re civ., 24 juin 1986, n° 84-15215.

droit administratif, de certains régimes jurisprudentiels de responsabilité sans faute qui exigent la preuve d'un dommage anormal et spécial [11]. Mais, outre que l'anormalité ou la spécialité ne se confondent pas avec un état de gravité, ces qualificatifs apparaissent dérogatoires au droit commun. Il s'agit d'exceptions. Ainsi, on peut retenir que l'état de gravité n'est pas de manière générale une condition subordonnant la prévention ou la réparation des dommages en droit positif. D'autre part, c'est la notion même de préjudice qui conduit à écarter l'exigence d'un état de gravité. Rappelons que, en s'en tenant au droit de la responsabilité civile, le préjudice réside dans la lésion d'un intérêt [12]. Pour qu'un intérêt soit lésé, il est alors nécessaire que, dans les faits, il y ait au préalable une atteinte [13]. Et cette atteinte doit être préjudiciable c'est-à-dire produire des conséquences néfastes pour les intérêts protégés par le droit. De ce fait, classiquement, s'agissant des préjudices causés à l'homme, qu'ils soient matériels ou moraux, le droit de la responsabilité civile invite à vérifier que l'atteinte lèse les intérêts patrimoniaux et/ou extrapatrimoniaux de la personne. Ce n'est aucunement « l'état » de gravité qui est ici en jeu mais la démonstration concrète, consistante, palpable par le biais de la précision des intérêts lésés.

Jurisprudence environnementale civile. – Ce même constat émane de la jurisprudence civile relative à la réparation des préjudices liés aux dommages environnementaux. Aucune jurisprudence n'est venue affirmer l'exigence de gravité [14]. Déjà, dans l'affaire Erika, le jugement du TGI de Paris avait admis la réparation du préjudice environnemental en affirmant uniquement la possibilité pour les associations d'exercer les droits de la partie civile, à savoir, selon l'article L. 142-2 du Code de l'environnement, de « *demander réparation, non seulement du préjudice matériel et du préjudice moral, directs ou indirects causés aux intérêts collectifs qu'elles ont pour objet de défendre, mais aussi de celui résultant de l'atteinte portée à l'environnement, qui lèse de manière directe ou indirecte ces mêmes intérêts qu'elles ont statutairement pour objet de sauvegarder* » [15]. De même, confirmant ce jugement, l'arrêt de la cour d'appel

---

11. M. FABRE-MAGNAN, préc. p. 239.

12. Sur ce point, G. VINEY et P. JOURDAIN, *op. cit.*, n° 249.

13. J. FLOUR, J.-L. AUBERT et E. SAVAUX, *Les obligations* 2. *Le fait juridique*, Sirey, Dalloz, 12e éd., n° 134.

14. Sur la jurisprudence civile v. L. NEYRET, « La réparation des atteintes à l'environnement par le juge judiciaire », in colloque à la Cour de cassation : « La réparation des atteintes à l'environnement », 26 mai 2006, publication sur le site de la Cour de cassation, *D.* 2008, p. 170 ; M. BOUTONNET, « Les fondements et conditions en matière de responsabilité environnementale », in *Lamy droit de la responsabilité civile*, n° N 370-58.

15. V. TGI Paris, 16 janvier 2009, V. L. NEYRET, « Naufrage de l'Erika, Vers un droit commun de la réparation des atteintes à l'environnement », *D.* 2008, chron. p. 170 ; M. BOUTONNET, « 2007-2008 : l'année de la responsabilité civile environnementale », *RLDC* 2008/48, n° 2941 ; *JCP G* 2008, I, 126, note K. LE COUVIOUR ; *JCP G*, II, 2009 10053, note B. PARANCE ; *AJDA* 2008, p. 934, note A. VAN LANG.

de Paris rendu le 30 mars 2010 ne définit pas le préjudice environnemental au regard de son état de gravité mais de sa qualification objective opposée à subjective [16]. Plus précisément, certains juges se contentent de constater l'atteinte à l'environnement sans en spécifier la gravité. Alors que la cour d'appel de Lyon, dans un arrêt du 23 avril 2009, admet la réparation d'un préjudice « *tenant tant à la mortalité du poisson qu'aux atteintes au milieu aquatique* » [17], un arrêt de la cour d'appel de Bordeaux signale « *la disparition de toute flore* » et l'atteinte de « *l'ensemble du milieu aquatique* » [18] quand un arrêt de la cour d'appel de Pau précise que la réparation résulte du fait que des déchets dangereux ont produit un « *effet nocif sur les sols, la faune ou la flore* » [19] et qu'un arrêt rendu par la cour d'appel de Versailles le 25 novembre 2010 confirme « *la réparation des dommages causés à la nature (flore, faune) qui se trouvait sur les lieux atteints par la pollution* » [20].

Justification supplémentaire. – Le droit positif pousse alors à rejeter « l'état » de gravité comme critère général de qualification du préjudice causé à l'environnement. En faisant ce choix, la Nomenclature fait donc aussi celui de s'intégrer dans cette tendance. Certes, rien n'empêchait de créer une exception dans le domaine environnemental. Toutefois, au regard de la conciliation des intérêts écologiques, économiques et sociaux, cela ne peut se justifier. Face à l'ampleur et à la croissance des atteintes à l'environnement, il semblerait inopportun que le droit rehausse l'exigence des règles actuelles de prévention ou réparation. À l'instar des autres domaines du droit de la responsabilité civile, la seule question qui vaille semble alors être celle de la preuve de l'atteinte qualifiée de préjudiciable, non plus au regard des intérêts patrimoniaux et extrapatrimoniaux, mais des intérêts environnementaux en ce que, comme le précise la Nomenclature, les préjudices causés à l'environnement « *rendent compte des détériorations de l'environnement au-delà et indépendamment des répercussions connues sur les intérêts humains* ». À défaut, l'exigence de « l'état » de gravité devrait être considérée comme une exception.

---

16. V. CA Paris, 30 mars 2010, 11e ch., n° 08/02278, *D.* 2010, p. 2238, obs. L. NEYRET ; M. BOUTONNET, « L'arrêt Erika, vers la réparation intégrale des préjudices résultant des atteintes à l'environnement ? », *Environnement et développement durable* juillet 2010, p. 13 ; K. LE COUVIOUR, *JCP G* 2010, n° 16, p. 804). V. spéc. p. 427 de l'arrêt.
17. CA Lyon, 23 avril 2009, *Association Club Mouche Saumon Allier.*
18. CA Bordeaux, 10 avril 2009, *SCEA Château Walton c/ Sepanso.*
19. CA Pau, 1re ch., 9 déc 2008, *J. Hulseboch c/ Min. public, Sepanso Landes.*
20. 3e ch. RG/09/04888.

§ 2. – L'exception au rejet

Régime de police administrative. – Affirmer que « l'état de gravité » n'est pas un critère permettant de reconnaître l'existence d'une atteinte préjudiciable pour l'environnement ne signifie pas que le droit ne puisse, par exception, y déroger. C'est en ce sens que devrait être comprise d'ores et déjà la mise en œuvre du régime de police administrative concernant la « prévention et la réparation de certains dommages causés à l'environnement » issue de la loi du 1er août 2008 transposant la directive de l'Union européenne du 21 avril 2004 [21].

La gravité des atteintes à l'environnement dans la loi du 1er août 2008. – Il est vrai que, s'agissant de ce régime, la présence du caractère de gravité conditionne son application et, donc, la réparation autant que la prévention de certaines atteintes.

À l'origine de ce régime, la directive du 21 avril 2004 affirme, dans son 13e Considérant, que « *toutes les formes de dommages environnementaux ne peuvent être réparées* » et que le régime proposé entend s'appliquer à un type de « *dommage environnemental* » qui devrait être « *concret et quantifié* ». D'où la référence à la gravité des dommages. Plus précisément, la directive invite à prévenir et réparer les dommages causés « *aux espèces et habitats naturels protégés, à savoir tout* ***dommage qui affecte gravement*** *la constitution ou le maintien d'un état de conservation favorable de tels habitats ou espèces* », les « *dommages affectant les eaux, à savoir tout dommage qui* ***affecte de manière grave et négative*** *l'état écologique, chimique ou quantitatif ou le potentiel écologique des eaux concernées, tels que définis dans la directive 2000/60/CE, à l'exception des* ***incidences négatives*** *auxquelles s'applique l'article 4, paragraphe 7, de ladite directive* », ainsi que les « *dommages affectant les sols, à savoir toute contamination des sols qui engendre* ***un risque d'incidence négative grave*** *sur la santé humaine du fait de l'introduction directe ou indirecte en surface ou dans le sol de substances, préparations, organismes ou micro-organismes* ».

---

21. COM (2000) 66 final. L'exigence de gravité était déjà présente dans les textes préparatoires précédents la directive. Le Livre blanc de la Commission européenne sur la responsabilité environnementale du 9 février 2000 affirme que « *toute* ***modification*** *de la qualité ou de la quantité des ressources naturelles* ***ne doit pas être qualifiée de dommages*** *et entraîner une action en responsabilité* » (Annexe 3, p. 53) et que « *le système communautaire devrait s'appliquer à partir* ***d'un seuil minimal*** *: seuls les* ***dommages importants*** *devraient être pris en considération* » (*idem*, p. 23). P. Thieffry, « La directive sur la responsabilité environnementale enfin adoptée », *LPA* 2004, no 102, p. 5 ; A. Van Lang, « La directive responsabilité environnementale et le droit administratif », *Environnement* 2005, étude 32 ; P. Kromarek P. et M. Jacqueau, « Réflexions autour de la transposition de la directive sur la responsabilité environnementale en droit français », *Environnement* 2004, étude 18.

Quant à la loi du 1er août 2008 [22] insérée aux articles L. 160-1 et suivants, elle opère certes de légères modifications concernant la terminologie relative à la gravité. L'explication se trouve dans le Rapport du Sénat dirigé par le sénateur Bizet du 21 mai 2008 [23] qui a critiqué, lors de l'examen des articles, la transposition des termes « modifications négatives mesurables » et « risque d'incidence négative grave ». Par souci dit « rédactionnel », le rapport a proposé de les remplacer respectivement par ceux de « détériorations » mesurables et « risque d'atteinte grave », termes plus compréhensifs en droit français. Toutefois, à la lecture de ce même Rapport, la gravité demeure le « *critère* » de qualification du préjudice environnemental. Il y est dit que « *pour chacune des ressources* » visée par le régime, le « *critère de gravité devra être rempli* » [24]. En ce sens, l'article L. 161-1 du Code de l'environnement qui vient préciser le champ d'application du régime, dispose dans son premier paragraphe que : « *Constituent des dommages causés à l'environnement* ***au sens*** *du présent titre* ***les détériorations directes ou indirectes mesurables*** *de l'environnement qui : 1° Créent un* ***risque d'atteinte grave*** *à la santé humaine du fait de la contamination des sols résultant de l'introduction directe ou indirecte, en surface ou dans le sol, de substances, préparations, organismes ou micro-organismes ; 2°* ***Affectent gravement*** *l'état écologique, chimique ou quantitatif ou le potentiel écologique des eaux, à l'exception des cas prévus au VII de l'article L. 212-1 ; 3°* ***Affectent gravement*** *le maintien ou le rétablissement dans un état de conservation favorable (...)* ».

Portée exigeante. – Nul doute que la gravité tient une place importante dans la mise en œuvre de ce régime de police administrative : toute atteinte à l'environnement ne constitue pas un préjudice réparable, sa reconnaissance juridique est subordonnée à la preuve de sa gravité. Cette subordination apparaît d'autant plus exigeante que la gravité constitue un « état », compris dans son exclusivité : le préjudice est grave ou ne l'est pas. Représentant un seuil minimum dans la prise en compte des atteintes à l'environnement, la gravité doit être présente en tant que telle. Elle est exigée en soi et non selon certains degrés de référence. Il s'agit de réparer un dommage environnemental grave et non « assez », « relativement », « probablement » ou « suffisamment » grave.

Portée limitée. – Cependant, le régime de police administrative revêt un champ d'application limité [25] : de manière générale, il s'agit d'un régime de

---

22. Loi n° 2008-757. V.
23. Doc. Sénat n° 288 (2006/2007).
24. *Idem.*
25. A. Guégan, « La place de la responsabilité civile après la loi du 1er août 2008 », Dossier Responsabilité environnementale des entreprises, *Environnement et développement durable*, juin 2009, p. 14 ; B. Parance.

police administrative. Il n'est aucunement exclusif et rien n'empêche les personnes intéressées de se fonder sur d'autres régimes, tel le droit de la responsabilité civile, pour obtenir réparation des préjudices ne possédant pas un état de gravité. Plus particulièrement, il s'agit d'un régime ne s'appliquant qu'à certains dommages. Ne sont appréhendés que les dommages causés à l'eau, au sol et à certaines espèces et habitats protégés. Sont exclus les dommages causés aux personnes. Par ailleurs, mi-objectif/mi-subjectif, le régime ne s'applique pas à toutes activités industrielles ou agricoles polluantes. Autrement dit, ce régime de police administrative laisse de côté des dommages causés à l'environnement en raison de ses conditions restrictives. De ce fait, s'il est vrai que la preuve de « l'état » de gravité des atteintes à l'environnement constitue un critère de qualification des préjudices susceptibles d'êtres appréhendés par ce régime, ce n'est pas le cas de l'ensemble des atteintes. « L'état » de gravité apparaît un critère « spécial » au regard d'un régime « spécial » et ne constitue aucunement un critère « général » ou « de droit commun ».

Est-ce à dire que la gravité soit un élément indifférent à la qualification du préjudice causé à l'environnement ? Rien n'est moins sûr tant, au regard du droit positif sur lequel s'appuie la Nomenclature, un « seuil » de gravité des atteintes préjudiciables doit être fixé.

SECTION 2
L'ADMISSION D'UN « SEUIL » DE GRAVITÉ COMME CRITÈRE DE QUALIFICATION DU PRÉJUDICE CAUSÉ À L'ENVIRONNEMENT

Rejeter « l'état de gravité » comme critère de qualification du préjudice causé à l'environnement ne signifie pas que la gravité n'ait aucun rôle à jouer dans la preuve du préjudice. Bien au contraire, un « seuil » de gravité peut être admis afin de guider les parties prenantes quant à la qualification du préjudice à l'environnement. Plus précisément, face à l'appréciation nécessaire du « degré » de gravité (§ 1), il est possible d'exiger la preuve d'un dommage environnemental « suffisamment grave » (§ 2).

§ 1. – L'appréciation nécessaire du « degré » de gravité du préjudice

Définition. – À l'opposé de « l'état » de gravité compris comme un bloc, le « degré » de gravité est ouvert à la graduation. Il implique d'apprécier le préjudice selon les différentes échelles ou niveaux de gravité : un dommage peut être peu grave, assez grave, grave, très grave, suffisamment grave, voire potentiellement grave. Cette appréciation graduée du dommage s'avère nécessaire en tant qu'élément de preuve du préjudice, en droit. En effet, au regard du droit de la responsabilité civile, puisque ce qui est insignifiant empêche de prouver l'existence d'un préjudice, on en déduit que le niveau de gravité d'une atteinte est déterminant dans la preuve du préjudice. Autrement dit, plus le préjudice est grave, plus il est aisé à démontrer. C'est ainsi que doit être compris le principe *de minimis non curat praetor* et la jurisprudence de la Cour de cassation qui pose le principe selon lequel le juge « *constate l'existence du préjudice par l'évaluation qu'elle en fait* » [26]. Pour prouver le préjudice, le juge apprécie souverainement et nécessairement son degré de gravité.

Manifestations dans la jurisprudence environnementale. – Cette inévitable appréciation se manifeste clairement dans le domaine environnemental. C'est ce que montre, en premier lieu, le droit de la responsabilité civile. En effet, la jurisprudence des juges du fond s'y attache pour convaincre davantage de l'existence du préjudice. Ainsi, dans son jugement du 4 octobre 2007, le TGI de Narbonne constate que le défendeur a causé une « *pollution de la qualité des eaux, en se révélant* ***particulièrement*** *nocif pour les organismes aquatiques* » avant d'admettre le préjudice environnemental en découlant [27]. Plus généralement, après avoir décrit l'importance de la pollution eu égard à ses « *effets* ***nuisibles*** » *ainsi que «* ***l'état*** *de la pollution* » due au déversement « d'une quantité ***importante*** » de produit chimique, elle en déduit « *l'existence d'un préjudice financier* » et moral. De même, la cour d'appel de Pau, dans un arrêt du 9 avril 2009 déduit le préjudice « écologique » d'un acte de pêche « ***particulièrement*** *déloyal et* ***attentatoire*** *au maintien d'une espèce protégée, se raréfiant chaque année* » [28]. Et après avoir rappelé que l'action civile tendait à obtenir indemnisation du préjudice écologique car une « *biodiversité tant animale que végétale* » avait été « *détruite* », un jugement rendu par le TGI de Nanterre en date du 11 mai 2009 reconnaît « *l'atteinte portée à l'environnement lésant* ***à l'évidence****, de manière directe ou indirecte, les intérêts collectifs des administrés de la commune qu'elle a statutairement pour objet de sauvegarder* » [29]. Ces décisions jurisprudentielles n'affirment pas que les atteintes à l'environnement doivent être graves pour être réparées. Mais elles montrent, par l'utilisation de certaines expressions, que l'appréciation de la gravité contribue à prouver l'existence d'un préjudice

26. Cass. 2e civ., 8 juillet 1987, n° 85-15193, *Bull. civ.* II, n° 150.
27. V. jugement préc.
28. CA Pau, 9 avril 2009, *Min. public, associations c/ H. Toulouse*.
29. V. M. BOUTONNET, « Une nouvelle reconnaissance du préjudice écologique pour une réparation symbolique », *Environnement* juillet 2009, n° 90.

causé à l'environnement. Sans exiger un « état » de gravité à l'instar du régime de police administrative, elles s'appuient sur un certain « niveau » ou « degré » de gravité lui paraissant suffisant pour en déduire l'existence du préjudice, soit parce que la pollution s'est révélée « ***particulièrement*** » nocive ou « ***à l'évidence*** » dommageable.

Autres manifestations. – L'appréciation du degré de gravité du dommage environnemental émane, en second lieu, dans d'autres régimes de prévention, réparation ou répression, ces derniers invitant à aller en ce sens. En effet, exigeant eux-mêmes un certain degré de gravité pour prendre en compte les préjudices, ils invitent à une appréciation graduée. D'abord, s'appliquant aux dommages graves, le régime de police administrative relatif à la prévention et réparation des dommages causés à l'environnement invite nécessairement à apprécier le degré de gravité des atteintes. L'annexe 1 de la directive invite à apprécier le caractère significatif du « dommage » pour déterminer l'ampleur du dommage. Puis, toujours dans le domaine de la réparation, d'autres textes moins connus manifestent la nécessaire appréciation du degré de gravité. Si les « Projets de principes sur la réparation des pertes en cas de dommage transfrontière découlant d'activités dangereuses et commentaires y relatifs » se réfèrent à l'exigence d'une atteinte « significative » [30], le projet de directives pour « l'élaboration d'une législation nationale sur la responsabilité, l'intervention et l'indemnisation en cas de dommages causés à l'environnement » élaboré par le Programme des Nations Unies pour l'environnement du 9 octobre 2009 et visant à fournir aux États certaines indications favorables à la création d'un régime de responsabilité environnementale affirme quant à lui que « *les dommages causés à l'environnement s'entendent uniquement comme ceux ayant* ***des effets défavorables ou négatifs sur l'environnement*** » [31]. Enfin, cette même exigence se retrouve lorsqu'il s'agit de prévenir les atteintes à l'environnement et de sanctionner leur auteur. Outre que la directive 85/337 relative à l'évaluation des incidences de certains projets sur l'environnement et la directive 2001/42 relative à l'évaluation des incidences de certains plans et programmes sur l'environnement visent uniquement les incidences ou effets « ***notables*** » sur l'environnement, l'article L. 122-1 du Code de l'environnement concernant les études d'impact des travaux et projets d'aménagement entend contrôler les aménagements ou ouvrages qui « *par* ***l'importance de leurs dimensions ou leurs incidences*** *sur le milieu naturel, peuvent porter atteinte à ce dernier* ». Et tout en évoquant les « ***effets négatifs importants*** *du projet* », la disposition vise également à « *réduire et, si*

30. Texte adopté par la Commission du droit international à sa 58e session, en 2006, et soumis à l'Assemblée.

31. V. la directive 3 « définitions ».

possible, compenser les ***conséquences dommageables*** *pour l'environnement et la santé* ». Par ailleurs, symbole de la prévention, en se référant non seulement à la gravité des dommages mais aussi à leur « ***irréversibilité*** », le principe de précaution reconnu par l'article 5 de la Charte de l'environnement du 1er mars 2005 invite nécessairement à une appréciation graduée des atteintes à l'environnement. Quant au droit pénal, la directive 2008/99/CE relative à la protection de l'environnement par le droit pénal affirme, dans son 5e considérant, que « *en vue de garantir une protection efficace de l'environnement, il est absolument nécessaire d'instaurer des sanctions plus dissuasives à l'égard des activités préjudiciables à l'environnement, qui entraînent généralement ou sont* ***susceptibles d'entraîner une dégradation substantielle*** *de la qualité de l'air, y compris la stratosphère, du sol et de l'eau ainsi que de la faune et de la flore, notamment en termes de conservation des espèces* ». Et s'agissant de la détermination des infractions, elle exclut même explicitement les actes qui portent sur une « ***quantité négligeable*** » de certains spécimens et ont un « ***impact négligeable*** » sur l'état de conservation d'une espèce.

Double statut du « degré » de gravité. – En définitive, le droit positif donne à voir un double statut du « degré » de gravité : nécessaire pour démontrer l'existence d'un préjudice, la détermination de son degré de gravité est aussi exigée par certains textes au titre de la qualification du préjudice auquel ils prétendent s'appliquer. « Mesurable », « suffisante », « quantifiable », « non négligeable » « notable » « significative », « substantielle », « grave », ou « irréversible », tous ces qualificatifs émanant de la jurisprudence autant que des divers textes énoncés montrent que le caractère préjudiciable de l'atteinte dépend inévitablement du regard porté sur le « degré » de gravité diversement exigé. Le degré constitue un genre dont l'état est uniquement une des espèces. D'où le fait que la Nomenclature ait choisi de se référer ouvertement à ces degrés sans en retenir l'un plus que l'autre pour définir la notion d'atteinte qualifiée comme préjudiciable. Cela signifie que, pour être prouvé, le préjudice doit répondre à un de ces degrés, au titre aussi bien de la qualification émanant de certains textes, que de l'appréciation s'inférant des faits eux-mêmes. Reste à savoir, si pour plus de clarté, un dénominateur commun ne pourrait pas s'en dégager. Dans ce cas, l'exigence d'une atteinte à l'environnement « suffisamment grave » semble le plus adéquate.

§ 2. – L'exigence d'une atteinte à l'environnement « suffisamment grave »

À la recherche du seuil minimum. – S'il est nécessaire d'apprécier le « degré » de gravité du dommage causé à l'environnement pour démontrer l'existence d'un préjudice, cela peut conduire à ce que, de manière générale, un

« seuil » de gravité s'infère de ces « degrés », entendu comme un seuil minimum à partir duquel l'atteinte à l'environnement pourrait être considérée comme « préjudiciable » et en dessous de laquelle la preuve deviendrait impossible. Il est certain que « l'état » de gravité doit ici être exclu tant il est associé à un régime spécifique, au même titre que l'état « d'irréversibilité ». En exigeant la preuve des conséquences négatives, substantielles, significatives, néfastes ou notables pour l'environnement, le droit positif manifeste bien l'idée d'un même seuil au-delà duquel les préjudices peuvent être pris en compte et en-deçà duquel ils sont à exclure.

Le seuil du « suffisamment grave ». – Ce seuil minimum déclenchant le passage du dommage, de l'ordre du fait, au préjudice, de l'ordre du droit, pourrait être signifié par l'expression « suffisamment grave ». En effet, au-delà de ce que suggèrent ces qualificatifs, cette exigence s'avère logique au regard de l'ensemble du droit de la responsabilité civile. En effet, puisque le juge ne peut prendre en compte ce qui est insignifiant, il semble possible d'exiger la prise en compte de ce qui est signifiant ou, plus précisément, « suffisamment grave ». Du même coup, ce seuil minimum devrait constituer un critère de qualification du préjudice causé à l'environnement. L'admettre invite alors, pour les parties prenantes, à suivre ce raisonnement : la preuve du préjudice causé à l'environnement dépend d'un degré de gravité comme seuil minimum, à savoir la preuve d'une atteinte « suffisamment grave ». De ce fait, le juge, ou toute autre partie prenante, ne pourra invoquer l'existence d'un préjudice causé à l'environnement si l'atteinte n'est pas « suffisamment grave ».

L'intérêt du seuil retenu. – Ce seuil présente un double intérêt : d'une part, il représente un juste milieu, celui de la conciliation des intérêts écologiques, économiques et sociaux. Il permet tout à la fois d'admettre que toute atteinte n'est pas préjudiciable et qu'au-delà d'un certain seuil les intérêts de la nature doivent être pris en compte. D'autre part, il s'avère potentiellement souple et adaptable à l'ensemble des régimes. En effet, « suffisamment grave », telle atteinte peut se voir appliquer le régime de prévention et police administrative issu de la loi du 1er août 2008, le principe de précaution, le droit de la responsabilité civile aussi bien que d'autres régimes de prévention ou répression.

Les difficultés. – Reste que par le flou qui l'entoure, le seuil minimum implique nécessairement de revenir au concret, à l'observation, à la démonstration scientifique permettant de savoir pourquoi et comment telle atteinte s'avère suffisamment dommageable. Sur ce point, l'expertise en tant que « *mise à disposition par un spécialiste de connaissances qui permettent, ensuite, à un tiers de prendre une décision éclairée* » [32] a bien sûr son rôle à jouer. Qu'elle soit d'ordre

32. L. Cadiet, « Brèves observations sur l'expertise préventive en droit des sociétés », in *Prospective du droit économique – Dialogue avec Michel Jeantin*, Paris, Dalloz, 1999, p. 151.

judiciaire ou extrajudiciaire, et dans ce dernier cas publique, semi-publique ou privée [33]. Bien sûr, pour éviter tout risque entre le pouvoir scientifique et le pouvoir décisionnel, notamment judiciaire, les rôles doivent être bien fixés : à l'expert de constater et expliquer le dépassement ou non du seuil minimum ; au juge ou tout autre acteur politique de trancher. Pour ce faire, il semble souhaitable de guider le travail de l'expert et, au titre de sa mission, l'encadrer par le biais de questions auxquelles il sera appelé à répondre. L'expertise n'ayant pas à procéder à la qualification du préjudice causé à l'environnement, ces questions devraient être entièrement orientées vers le discours scientifique. À titre d'exemples, telle pourrait être l'intitulé de la mission : « description et explication des atteintes causées à l'environnement ». Et telles pourraient être les questions l'orientant, étant précisé que chaque chef de préjudice causé à l'environnement devrait ici être cerné [34] : les faits manifestent-ils un dommage causé à l'environnement ? Pourquoi ? Quel est le degré de gravité du dommage ? Est-il peu grave ? Assez grave ? Grave ? Très grave ? À ce titre, l'expert aurait à positionner le degré de gravité du préjudice sur une échelle graduée.

C'est alors en écoutant les réponses que le pouvoir décisionnel pourra apprécier le dommage et retenir, le cas échéant, son caractère « suffisamment grave » et le qualifier de « préjudiciable » au regard aussi de ses paramètres juridiques, telle l'exigence spéciale d'un « état de gravité » ou encore « d'irréversibilité ». La preuve du préjudice causé à l'environnement conduit alors nécessairement à croiser les sciences et le droit, tout en rappelant que, même dans le domaine environnemental, c'est au droit de trancher et non de valider.

---

33. V. *La relation juge-expert dans les contentieux sanitaires et environnementaux*, E. TRUILHÉ-MARENGO (dir.), Doc fr. 2011, spéc. sur ce point, M. BOUTONNET, « L'expertise devant le juge judiciaire », p. 284.

34. V. la contribution relative à la preuve du préjudice causé à l'environnement, de la justification à la motivation des chefs de préjudices.

Les chefs de préjudices causés à l'environnement

Mathilde BOUTONNET

Maître de conférences, Chaire CNRS droit de l'environnement
Université d'Aix-Marseille III (CERIC)

SYNTHÈSE

La Nomenclature des préjudices liés au dommage environnemental distingue les préjudices causés à l'homme et les préjudices causés à l'environnement. Concernant ces derniers, il existe différents chefs de préjudices trouvant leurs raisons d'être dans la réalité écologique et certaines traces en droit positif. Après avoir justifié l'existence de ces chefs de préjudices, la contribution invite alors les parties prenantes à s'en servir pour prouver plus précisément le préjudice à prévenir, réparer ou gérer. Ce n'est qu'en identifiant le poste de préjudice causé à l'environnement ainsi qu'en évaluant son ampleur que le dommage environnemental sera parfaitement appréhendé par le droit.

Les chefs de préjudices. – Prouver le préjudice causé à l'environnement consiste à qualifier un dommage, dans les faits, d'atteinte au caractère préjudiciable, en droit. La simple altération ou modification négative de l'environnement devant être distincte d'un véritable préjudice, il est nécessaire d'apprécier le degré de gravité de l'atteinte, celle-ci devant être « suffisamment grave » pour être préjudiciable et, par conséquent, faire l'objet de mesures de gestion, prévention, réparation ou sanction [1]. Si l'appréciation du degré de gravité concerne la preuve du préjudice causé à l'environnement de manière générale, elle est également indispensable pour démontrer tout à la fois l'existence et l'importance d'un type plus précis de préjudice causé à l'environnement. C'est justement l'originalité de la Nomenclature que de proposer des chefs ou des postes de préjudices causés à l'environnement, typologie permettant de préciser ce que recouvre ce préjudice, de manière tout autant large que précise et, au demeurant, ouverte. Plus particulièrement, quatre chefs de préjudices sont envisagés :

1. M. BOUTONNET, « La qualification du préjudice causé à l'environnement », présent ouvrage.

1) Les atteintes aux sols et à leurs fonctions 2) Les atteintes à l'air ou à l'atmosphère et à leurs fonctions 3) Les atteintes aux eaux, aux milieux aquatiques et à leurs fonctions 4) Les atteintes aux espèces et à leurs fonctions.

Guide de mise en œuvre. – Prouver l'existence d'un préjudice causé à l'environnement devrait ainsi impliquer, au regard de la Nomenclature proposée, de prouver une (ou des) atteinte(s) au caractère préjudiciable entrant dans une ou plusieurs de ces catégories, sachant que celles-ci restent ouvertes, fluides et cumulables. Le but de cette contribution consiste alors à guider les parties prenantes dans l'utilisation de cette typologie afin qu'elles orientent leur preuve, non pas uniquement vers celle du préjudice causé à l'environnement, mais plus particulièrement vers celle du (ou des) chef de préjudice qu'il recouvre. Pour ce faire, il est nécessaire de s'expliquer au préalable sur la typologie des chefs de préjudices. Ce n'est que si ceux-ci s'avèrent à la fois compris et acceptés, que leur mise en œuvre deviendra possible.

Méthodologie. – La méthodologie suivie à cette fin consiste à opérer un *va-et-vient* entre la réalité scientifique, économique et sociale, le droit positif ainsi que les propositions émanant de la Nomenclature afin de les ancrer dans le passé tout en les justifiant pour l'avenir. C'est cette méthodologie qui permet de justifier le fait que la preuve du préjudice causé à l'environnement puisse être, en amont, guidée par la typologie des chefs de préjudices (Section 1) et, en aval, concrétisée par à leur mise en œuvre (Section 2).

SECTION 1
LA PREUVE DU PRÉJUDICE CAUSÉ À L'ENVIRONNEMENT GUIDÉE PAR LA TYPOLOGIE DES CHEFS DE PRÉJUDICES

La Nomenclature propose d'appréhender, au sein des préjudices causés à l'environnement, quatre types de préjudices. Ceux-ci peuvent servir de guide à celui qui voudrait démontrer l'existence d'un préjudice causé à l'environnement dans toute son originalité et spécificité. La typologie des chefs de préjudices demande pour cela à être justifiée de manière aussi bien générale que spéciale, quant à son principe (§ 1) et à son contenu (§ 2).

§ 1. – La justification du principe de la typologie

Réalité écologique. – Pourquoi ne pas se satisfaire de la preuve du préjudice causé globalement à l'environnement ? Quel intérêt y a-t-il à affiner sa preuve et à préciser l'exacte atteinte que subit l'environnement ? La première raison réside dans la nécessaire adaptation du droit à la réalité écologique. Une des principales originalités de la Nomenclature étant de reconnaître l'existence autonome des atteintes environnementale, il semble nécessaire de mieux les cerner par le biais de la notion d'environnement. Celui-ci n'est pas défini de manière unitaire, tel un bloc stable et homogène. Il est composé de différents éléments, mêlés d'interactions, communiquant par le biais de leurs fonctions. D'où la définition suivante retenue par la Nomenclature :

Par préjudices causés à l'environnement, on entend l'ensemble des atteintes au caractère préjudiciable causées aux écosystèmes dans leur composition, leurs structures et/ou leur fonctionnement. Ces dommages se manifestent par une atteinte aux éléments et/ou aux fonctions des écosystèmes, au-delà et indépendamment de leurs répercussions sur les intérêts humains.

Une fois définie la notion d'environnement, il devient difficile de ne retenir, en cas de dommage, qu'un préjudice « général » causé à l'environnement. Ce serait en effet contredire la notion même d'environnement. Ainsi, dresser une typologie des chefs de préjudices causés à l'environnement, c'est accepter la complexité et spécificité de réalité environnementale.

Précédents. – L'arrêt rendu par la cour d'appel de Paris dans l'affaire de l'Erika le 30 mars 2010 [2] va en ce sens puisqu'il prend soin de définir le dommage environnemental dans toute sa complexité et indépendance comme « *une atteinte aux intérêts actifs environnementaux non marchands* ». Il ajoute que ce préjudice est objectif et non pas subjectif puisqu'il n'est pas subi par des « sujets de droit » : il s'infère d'une « *atteinte sans répercussion sur un intérêt humain particulier* » et touche à un « *intérêt collectif légitime* », « *que le droit protège* » [3].

Et cela ne surprend pas si l'on rappelle que, s'agissant des préjudices bien connus, ceux causés à l'homme en dehors de toute atteinte à l'environnement, le droit prend déjà acte de la réalité humaine. Pour s'en tenir au droit de la responsabilité civile, de manière générale, sont appréhendées un grand nombre de conséquences patrimoniales et extrapatrimoniales résultant des atteintes aux personnes [4]. Il s'agit déjà ici de chefs de préjudices. Plus particulièrement, à cheval sur les préjudices économique et moral, le préjudice corporel recouvre une grande variété de préjudices. S'agissant notamment des conséquences morales, le préjudice esthétique, le *pretium doloris*, le préjudice d'agrément manifestent

---

2. CA Paris 4e ch., affaire *Erika*, 30 mars 2010 nº RG 08/02278, p. 427. *Environnement et développement durable* 2010/10, Étude 14, M. BOUTONNET ; L. NEYRET, *D.* 2010, chron. p. 2238.
3. Arrêt, p. 431.
4. Sur ce rappel, M. FABRE-MAGNAN, *Droit des obligations, 2, Responsabilité civile et quasi-contrats*, PUF, coll. Thémis, 2010, p. 120 s.

l'adaptation du droit de la responsabilité civile à la complexité et spécificité humaine. Dresser une typologie des chefs de préjudices causés à l'environnement va alors également en ce sens.

Principe juridique. – Une seconde raison réside dans la volonté de respecter davantage un principe essentiel du droit de la responsabilité : le principe de réparation intégrale. En vertu de ce dernier, l'auteur du dommage doit réparer tout le dommage survenu, et pas davantage [5]. La Cour de cassation veille à ce que l'action en responsabilité civile ait pour conséquences de rétablir dans la mesure du possible le *statu quo ante*. De ce fait, détailler les chefs de préjudices, c'est respecter le principe de réparation intégrale, être au plus près de la situation existante si le préjudice n'avait pas eu lieu. L'argument se renforce si l'on rappelle qu'il existe deux modes de réparation : la réparation peut être en nature ou par équivalent [6]. Or, dans les deux cas, que ce soit sous forme matérielle ou pécuniaire, cela nécessite de connaître précisément ce que recouvre l'atteinte, de l'évaluer pour ce qu'elle est. La typologie des chefs de préjudices contribue à cette meilleure évaluation. En cas de réparation économique, elle peut conduire à imposer des dommages-intérêts proportionnés à l'évaluation qui sera faite et, en cas de réparation en nature, elle peut conduire à justifier du choix établi entre les différentes formes de remise en état possibles. Sur ce point, la loi du 1er août 2008 ayant transposé la directive de l'Union européenne dite responsabilité environnementale et établissant un régime de police administrative de réparation et prévention des dommages causés à l'environnement, prévoit trois modes de réparation [7] : la réparation primaire qui « *désigne toute mesure par laquelle les ressources naturelles et leurs services visés au premier alinéa retournent à leur état initial ou s'en approchent. La possibilité d'une réparation par régénération naturelle doit être envisagée* » / la réparation complémentaire qui permet de « *fournir un niveau de ressources naturelles ou de services comparables à celui qui aurait été fourni si le site avait été rétabli dans son état initial* » / la réparation compensatoire qui compense « *les pertes intermédiaires de ressources naturelles ou de services survenant entre le dommage et la date à laquelle la réparation primaire ou complémentaire a produit son effet* ». Déterminer et évaluer chaque chef de préjudice lors d'une situation dommageable devrait alors permettre de vérifier, au regard de la spécificité de chaque atteinte, ce qui peut retourner à un état initial, ce qui doit être fourni autrement ou être compensé. Le principe de la typologie s'avère ainsi justifié. Il convient de s'assurer qu'il en est de même de son contenu.

5. M. FABRE-MAGNAN, ouvrage préc., p. 372.
6. *Idem*, p. 379.
7. V. art. L. 162-9 C. env.

§ 2. – La justification du contenu de la typologie

Rencontre des discours scientifique et juridique. – La détermination des quatre chefs de préjudices retenus s'inspire avant tout de la réalité écologique. Les études scientifiques font état de la diversité et complexité des atteintes à l'environnement.

La diversité, d'une part, en distinguant entre les différentes ressources ou éléments naturels. C'est ce qui émane en particulier du *Millenium ecosystem assesment,* c'est-à-dire *l'Évaluation des écosystèmes pour le millénaire (EM)*, programme de travail international conçu pour répondre aux besoins des décideurs et du public en matière d'information scientifique relative aux conséquences des changements que subissent les écosystèmes pour le bien-être humain ainsi qu'aux possibilités de réagir à ces changements [8]. Si les différents rapports d'évaluation concernent la biodiversité ou les écosystèmes en général, le contenu plus sectoriel des études s'intéresse en particulier à l'état des eaux, de l'air et la disparition des espèces.

La complexité, d'autre part, car les études scientifiques manifestent la nécessité d'appréhender l'environnement en distinguant entre les différentes fonctions assurées par les éléments naturels. Il émane des rapports résultant du *Millenium assesment*, de ceux rendus par la D4E tels que le projet d'évaluation des fonctions écologiques ou du rapport de M. Chevassus-au-Louis établissant une approche économique de la biodiversité, que l'environnement se comprend à travers ses multiples interactions [9]. La biodiversité dépasse le simple inventaire des espèces ou espaces [10]. Ces études mettent en évidence la biodiversité ou écologie fonctionnelle, c'est-à-dire la capacité d'un écosystème à réaliser différentes fonctions écologiques [11]. De ce fait, l'atteinte à un élément naturel se double nécessairement d'une atteinte à ses fonctions.

Comme le montre l'étude d'Isabelle Doussan dans cet ouvrage, en droit, les traces d'une telle typologie existent déjà. Les différents chefs de préjudices peuvent être découverts à travers la manière dont le droit positif appréhende la protection de l'environnement dans toute sa diversité et complexité.

Jurisprudence civile. – En premier lieu, appréhendant les effets dommageables d'une atteinte à l'environnement pour les réparer, la jurisprudence civile montre que certains chefs de préjudices pourraient être plus clairement

8. V. les rapports en ligne sur le site du EMA, http://www.maweb.org.
9. V. le Rapport Chevassus-au-Louis, p. 84 s.
10. P. 86.
11. Rapport sur le projet d'évaluation des fonctions écologiques, p. 6 ; Rapport Chevassus-au-Louis, p. 87.

reconnus [12]. En ce sens, certains arrêts et jugements font part des éléments naturels atteints. Sont ainsi explicitement visés : la faune, tel un ours [13], des poissons [14], des oiseaux [15], des abeilles [16] et, plus précisément, des espèces protégées [17], « *très rares* » [18] ou régies « *par des réglementations* » [19] ; l'eau, tel un milieu aquatique, une rivière [20], un ruisseau ou cours d'eau [21], une « rare rivière du département classée en 1re catégorie » [22], ou plus largement, « *eau, berge, flore, fond, rives* » [23] ; la flore lorsqu'il y a eu par exemple « *enlèvement de la végétation* » [24] ; les sols, en cas notamment de « *dépôts non conformes de déchets* » [25]. Ces précisions sont parfois déduites de l'existence d'une infraction. Sur l'action civile, le juge relève ainsi la « mise en vente de poisson de taille prohibée » [26], « *de substance nuisible dans les eaux souterraines, superficielles ou de la mer* » [27], de rejets illicites d'hydrocarbures [28]. Mais surtout, un pas significatif a été franchi avec l'arrêt *Erika* rendu par la cour d'appel de Paris le 30 mars 2010 [29], celui-ci venant clairement préciser que le préjudice environnemental « *s'entend de toute atteinte non négligeable à l'environnement naturel, à savoir notamment, à l'air, l'atmosphère, les sols, les terres, les paysages, les sites naturels, la biodiversité et l'interaction entre ces éléments* ».

Ainsi, différents chefs de préjudices causés à l'environnement se trouvent en germe dans la jurisprudence civile. Si de manière générale, apparaît une distinction entre les atteintes aux espèces, à savoir la flore et la faune, au milieu aquatique et au sol, plus particulièrement, il semble aussi que la qualité de l'élément naturel soit prise en compte en tant qu'élément « protégé » ou « rare », ce qui montre la place implicite de leurs fonctions.

---

12. Sur la jurisprudence civile, L. NEYRET, « La réparation des atteintes à l'environnement par le juge judiciaire », *D.* 2008, p. 170 ; M. BOUTONNET, « Étude fondement et conditions dans le domaine de l'environnement », *Lamy droit de la responsabilité civile*, n° 370-58.
13. CA Pau, 10 sept. 2009, *Agent du Trésor, associations c/ Marqueze*, affaire de l'ours Canelle.
14. CAA Lyon, 23 avril 2009, *Association Club Mouche Saumon Allier.*
15. Affaire *Erika.*
16. CA Angers, 1re ch., 9 déc. 2008, *EURL Les ruchers de Gatine c/ Coop. Agricole Terrena.*
17. CA Pau, 9 avril 2009, *Min. pub., 3 associations c/ H. Toulouse.*
18. TGI Tours, 24 juillet 2008, *Min. pub. Assoc de protection env. c/ SAS Synthron.*
19. CA Rouen, 20 janvier 2009, *Butel c/ Association La ligue pour la préservation de la faune sauvage.*
20. CA Pau, 25 juin 2009, *Min. pub. Sepanso c. Labarde.*
21. CA Bordeaux, 19 juin 2009, *Société Brugar c/ Sepanso.*
22. TGI Tours, 24 juillet 2008, *Min. pub. Assoc de protection env. c/ SAS Synthron.*
23. TGI Tours, 24 juillet 2008, *Min. pub. Assoc de protection env. c/ SAS Synthron.*
24. CA Bordeaux, 10 avril 2009, *SCEA château Walton C. Sepanso.*
25. CA Pau, 9 déc. 2008, *J. Hulseboch c/ Min pub. Sepanso Landes.*
26. CA Bordeaux, 26 mars 2008, *Min pub., Sepanso, c/ G. Dieu.*
27. TGI Bordeaux, 5 mai 2008, *Min. pub., Sepanso, Assoc. Agréées de pêche c/ Société Annette un.*
28. V. Cass. crim., 14 mai 2008, n° 07-84927.
29. CA Paris 4e ch., affaire *Erika*, 30 mars 2010, n° RG 08/02278, p. 427.

Législation protectrice de l'environnement. – Les traces de la typologie des chefs de préjudices causés à l'environnement doivent aussi être cherchées dans la législation protectrice de l'environnement tant, en imposant la protection de certains éléments naturels, elle invite à penser que, dignes de protection juridiques, ces derniers peuvent être victimes de préjudices reconnus par le droit.

Législations sectorielles. – C'est ce que montrent, en premier lieu, les législations sectorielles. Les chefs de préjudices peuvent s'inférer de la protection juridique dont bénéficient certains éléments naturels. C'est le cas, premièrement, du milieu aquatique. L'article L. 210-1 du Code de l'environnement énonce que l'eau « *fait partie du patrimoine commun de la nation* ». Sa protection, sa mise en valeur et le développement de la ressource utilisable, dans le respect des équilibres naturels, sont d'intérêt général. Plus précisément, la législation montre que la préservation de l'eau concerne aussi bien les eaux superficielles, souterraines et de mers que « *les écosystèmes aquatiques* », « *les sites et zones humides* ». Par ailleurs, c'est à la fois la qualité de l'eau que son caractère durable qui font l'objet de la protection (art. L. 211-1-I C. env.) en raison de leurs fonctions.

C'est le cas, secondement, des espèces : s'agissant de la faune et de la flore, la législation protectrice de l'environnement est dense, comme le montre le livre 4 du Code de l'environnement qui y est entièrement consacré. Il existe ainsi des directives ayant pour but de protéger certaines espèces telles que les oiseaux sauvages [30], leurs œufs, leurs nids et leurs habitats. Plus globalement, comme le rappelle l'article L. 411-1 du Code de l'environnement qui créée un statut général d'espèces de la faune et de la flore protégées, le droit de l'environnement veille à la « *préservation de patrimoine biologique* », en interdisant la destruction, l'enlèvement des œufs ou des nids, la mutilation, perturbation, vente de certaines espèces qui doivent être conservées, la destruction, coupe, mutilation, même arrachage et cueillette. Et certains textes, comme la directive concernant la conservation des habitats naturels ainsi que de la faune et de la flore sauvage [31] transposée par l'ordonnance du 11 avril 2001 [32], veillent à leur conservation favorable [33].

La découverte des chefs de préjudices causés à l'environnement s'infère, troisièmement, de la législation protectrice de l'air. L'article L. 220-2 tend ainsi à prescrire toute pollution atmosphérique entraînant des conséquences préjudiciables de nature à mettre en danger la santé humaine, à nuire aux ressources

30. Directive n° 79/409/CEE du conseil du 2 avril 1979, *JOCE* n° L. 103 du 25 avril 1979.
31. Directive n° 92/43/CEE du Conseil du 21 mai 1992, *JOCE* n° L. 206 du 22 juillet 1992.
32. N° 2001-321, *JO* 14 avril 2001.
33. La conservation est définie au regard des effets produits par un ensemble d'influences qui agissent sur des habitats ou espèces (v. art. 1er de la directive).

biologiques et aux écosystèmes, à influer sur les changements climatiques, à détériorer les biens matériels, à provoquer des nuisances olfactives excessives. La protection de l'air semble ainsi être justifiée pour ce qu'il procure à l'homme et à la nature.

Enfin, quatrième élément naturel protégé par le droit : le sol. Bien que traditionnellement plus faible, sa protection juridique *per se,* manifestant la possibilité d'en déduire un préjudice en cas d'atteinte, est à rechercher dans la proposition de directive du Parlement européen et du Conseil définissant un cadre pour la protection des sols [34]. Entendu comme « *la couche supérieure de l'écorce terrestre située entre le substratum rocheux et la surface, compte tenu des eaux souterraines* » [35], dont il faut promouvoir une « *utilisation durable* » [36] et « *sa capacité à jouer son rôle écologique, économique et social* » [37] ainsi que ses « *fonctions* » [38] en tant que « *ressource naturelle d'intérêt général (...) pour les générations futures* » [39].

Ainsi, au regard des législations sectorielles du droit de l'environnement, il apparaît que les sols, l'air, l'eau, les espèces et habitats de la faune et flore s'avèrent dignes de protection juridique. Ceci justifie directement les quatre chefs de préjudices retenus.

Régime de police administrative. – Plus explicite encore, la loi du 1er août 2008 transposant la directive du 21 avril 2004 sur la responsabilité environnementale constitue une véritable source d'inspiration quant au contenu de la typologie des chefs de préjudices proposés. En effet, tournée cette fois vers la réparation et prévention des dommages à l'environnement, elle conduit à ériger des préjudices spécifiques. D'une part, pour appréhender les différents dommages, elle opère une distinction entre les ressources naturelles. Alors que le dommage à l'environnement est défini comme « *une modification négative mesurable d'une ressource naturelle ou une détérioration mesurable d'un service lié à des ressources naturelles* », le régime s'applique à trois éléments naturels : les sols, les eaux, les espèces et leurs habitats. Elle montre alors qu'une classification des préjudices peut être effectuée à des éléments environnementaux eux-mêmes. D'autre part, comme le montre l'article L. 161-1, 4 du Code de l'environnement, le régime administratif apporte des précisions quant à la consistance des préjudices, les atteintes envisagées étant celles qui « *affectent les services écologiques, c'est-à-dire les fonctions assurées par les sols, les eaux et les espèces et habitats*

34. COM (2006) 232 final.
35. Article 1er de la directive.
36. 3e considérant.
37. 7e considérant.
38. 8e considérant.
39. 11e considérant.

mentionnés au 3° au bénéfice d'une de ces ressources naturelles ou au bénéfice du public, à l'exclusion des services rendus au public par des aménagements réalisés par l'exploitant ou le propriétaire ». Est alors fait le lien entre la ressource naturelle elle-même et ce qu'elle apporte pour les autres ressources et pour le public. On retrouve ici la cohérence avec la réalité écologique envisageant l'environnement dans toute sa complexité à travers les fonctions. Tout l'intérêt de ce régime de police administrative est donc d'envisager la prévention et réparation des dommages environnementaux à partir de l'appréhension des éléments naturels et de leurs fonctions.

En établissant une typologie des chefs de préjudices selon les différents éléments naturels et leurs fonctions, la Nomenclature s'inspire alors directement de ce régime de police administratif tout en le complétant et le dépassant. Toutefois, justifier l'établissement des chefs de préjudices ne suffit pas, il faut aussi expliquer la manière dont ils doivent être mis en œuvre.

SECTION 2
LA PREUVE DU PRÉJUDICE CAUSÉ À L'ENVIRONNEMENT CONCRÉTISÉE PAR LA MISE EN ŒUVRE DES CHEFS DE PRÉJUDICES

Constat. – Au regard du droit de la responsabilité civile, pour obtenir réparation du chef de préjudice causé à l'environnement, il faut aussi en apporter la preuve. Il s'agira, pour une part, de démontrer que l'atteinte est « suffisamment grave » pour être qualifiée de préjudice [40]. Pour une autre part, si l'on se réfère aux chefs de préjudices retenus, leur mise en œuvre devrait permettre de concrétiser la preuve du préjudice causé à l'environnement. Cette mise en œuvre passe par l'identification (§ 1) autant que l'évaluation (§ 2) des préjudices.

§ 1. – L'identification des préjudices

Nature et consistance des préjudices. – Identifier un ou plusieurs chefs de préjudices causés à l'environnement consiste à préciser, au regard de la typologie proposée, non seulement la nature du préjudice mais aussi sa consistance.

---

40. V. M. Boutonnet, « La qualification du préjudice causé à l'environnement », présent ouvrage.

Concernant la nature, elle est guidée par les quatre types de préjudices. La question est alors la suivante : les faits en cause concernent-ils un préjudice causé aux sols et à leurs fonctions, à l'air ou à l'atmosphère et à leurs fonctions, aux eaux, aux milieux aquatiques et à leurs fonctions, aux espèces et à leurs fonctions ? Quant à la consistance, elle invite à creuser et à expliquer en quoi il y a constitution de ce chef de préjudice, à le décrire et à le justifier. À cette fin, elle a trait aussi bien à l'élément naturel visé qu'à ses fonctions. Sur ce point, la Nomenclature apporte des précisions susceptibles de guider les parties prenantes. L'élément naturel peut en effet être diversement atteint : l'atteinte au sol peut prendre la forme notamment d'une contamination, d'un glissement, d'un appauvrissement de la diversité biologique ; l'atteinte à l'air peut prendre la forme d'une modification de la composition ; l'atteinte aux eaux peut par exemple se manifester par une perturbation hydrologique ; et l'atteinte aux espèces, aussi divers que le sont les sous-espèces, populations, individus ou habitats, oscille entre les destructions, dégradation et dérangements. Par ailleurs, les fonctions sont elles aussi touchées de multiples manières. Tout dépend ici du rôle que jouent le sol, l'eau, l'air, et les espèces au sein de l'écosystème. Là encore, accorder une consistance aux fonctions de l'élément naturel devrait permettre de le prouver de manière affinée et complète à la fois. En définitive, retenons que pour prouver le préjudice causé à l'environnement, il sera nécessaire de répondre aux questions suivantes :1) Quel est le poste de préjudice causé à l'environnement ? 2) Quels sont les éléments et fonctions atteintes ? 3) En quoi sont-ils atteints ?

Jurisprudence civile. – D'emblée, la jurisprudence civile ne justifie que trop rarement la consistance du préjudice. Elle désigne globalement le préjudice causé à l'environnement sans en préciser ou en décrire la nature. Toutefois, on peut découvrir, à la lecture de certains jugements et arrêts, certaines traces de ce travail d'identification, cette dernière s'appuyant parfois sur les conclusions des demandeurs. Ainsi, dans son jugement du 4 octobre 2007, le TGI de Narbonne affirme qu'il « *ressort de la procédure pénale, que l'écoulement de chlorpyrifos éthyl dans les eaux maritimes du fait de la SARL SOFT a contribué à une pollution de la qualité des eaux, en se révélant particulièrement nocif pour les organismes aquatiques* » [41]. Dans un jugement du 11 mai 2009 [42] reconnaissant un « *préjudice écologique* », le TGI de Nanterre indique que celui-ci a été subi « *par le patrimoine naturel* » quand le demandeur faisait part du fait que le « *parc était un lieu de maintien d'une biodiversité tant animale que végétale* ».

41. Assoc. ECCLA et a.

42. TGI Nanterre, 11 mai 2009, *Commune de Vanves c/ Y. Vidal*, commentaire *Environnement* juillet 2009, p. 24, M. BOUTONNET.

Et dans cette même affaire, la cour d'appel est venue préciser la possible « *réparation des dommages causés à la nature (flore, faune) qui se trouvaient sur les lieux atteints par la pollution* » [43]. S'agissant de cette jurisprudence, avec la Nomenclature comme guide, le juge et les demandeurs, aidés par l'expertise, devrait alors parfaire la preuve du préjudice en motivant l'existence d'un préjudice causé à l'eau et à ses fonctions ainsi qu'aux espèces et à leurs fonctions, en décrivant le type de milieu aquatique et d'espèces atteintes, la forme des atteintes aux éléments et à leurs fonctions, tout en mettant en évidence l'importance de ces fonctions.

Cet effort d'identification des chefs de préjudices plus rigoureuse n'est d'ailleurs pas absent de la jurisprudence, comme le montre le jugement rendu par le TGI Tours le 24 juillet 2008. Le juge constate que « *Les dommages se sont étendus avec décélération sur environ 12 kilomètres du cours d'eau la Brenne, rare rivière du département classée en première catégorie, concernant à la fois le milieu aquatique (eau, berges, flore, fond, rives) et les espèces (poissons, dont certains très rares comme la truite fario ou la lamproie, mais aussi insectes et divers invertébrés)* ». Il spécifie donc la nature de l'atteinte, eaux et espèces – flore et faune –, tout en dressant un inventaire de la faune aquatique touchée. Manque malgré tout de plus amples explications quant à l'ensemble des éléments naturels touchés (la flore en particulier) ainsi que leurs fonctions.

L'affaire Erika va encore plus loin dans cet effort d'identification. Certes, le jugement du TGI de Paris rendu le 16 janvier 2008 [44] s'était montré peu précis. S'agissant des indemnités versées à la LPO, le juge constatait uniquement « l'ampleur de la pollution » à l'origine d'un « véritable désastre ornithologique ». Certes aussi, l'arrêt de la cour d'appel de Paris, tout en accordant la réparation du préjudice causé à l'environnement à davantage de demandeurs, manque, pour une part, de précision quant à la nature et la consistance des chefs de préjudices. L'association Robins des Bois obtient réparation pour ce qui concerne « son préjudice écologique » en raison de la souillure de la mer [45], des communes, comme celle de Sarzeau, se voient accorder réparation car le bien-être de la population a subi un effet particulièrement négatif [46] ; des collectivités territoriales, telle le département du Morbihan, obtiennent indemnisation car il n'est pas « *contestable que la pollution généralisée sur des côtes de ce département à vocation essentiellement maritime a eu sur la qualité de vie de la collectivité de ses habitants des conséquences très défavorables* » [47] et des régions, comme

43. Cour d'appel de Versailles en date du 25 novembre 2010 (3e ch., RG n° 09/04888).
44. P. 436 de l'arrêt.
45. P. 438 de l'arrêt.
46. P. 444 de l'arrêt.
47. P. 457 de l'arrêt.

celle de Bretagne, ont reçu des indemnités au titre de leur « *préjudice écologique personnel* » pour avoir subi, « *comme les autres habitants des territoires touchés par la marée noire, un trouble grave dans son bien-être, lequel est étroitement lié au sentiment d'harmonie avec la nature* ». L'indemnisation a donc eu lieu malgré le manque de preuves quant à la nature et la consistance des chefs de préjudice pour atteinte à l'eau et à certaines espèces. Toutefois, pour une autre part, concernant la demande de la LPO, la cour d'appel constate que la marée noire a touché « *les oiseaux marins dans tous les aspects de leur vie* ». Et, pour justifier le montant de la réparation, elle se réfère « *au nombre d'oiseaux de chaque espèce victimes de la marée noire, mais aussi à la capacité de la nature à se régénérer et, en l'occurrence, de la capacité des espèces d'oiseaux relativement communes à compenser par reproduction leurs pertes accidentelles et, à l'inverse, de la difficulté à rétablir des populations d'oiseaux plus rares ou dont les capacités d'adaptations sont moins grandes* ». L'effort d'identification est là mais pour plus de rigueur, au nom du principe de réparation intégrale et dorénavant guidée par la typologie des chefs de préjudices causés à l'environnement, il devrait être démontré qu'il existe un préjudice causé à certaines espèces d'oiseaux et à leurs fonctions. L'identification nécessaire du poste de préjudice se montre alors sur ce point indissociable de son évaluation.

§ 2. – L'évaluation du préjudice

Évaluation purement écologique. – Pour concrétiser la preuve du préjudice causé à l'environnement, il est nécessaire de l'évaluer au regard de chaque poste de préjudice qui serait retenu. L'évaluation aura également des conséquences sur le mode de réparation choisi. Les chefs de préjudices envisagés par la Nomenclature conduisent à privilégier une appréciation purement écologique consistant à apprécier quantitativement et qualitativement l'ampleur de l'atteinte. Dans le premier cas, il s'agit d'apprécier au regard des éléments atteints, la surface, la superficie, le nombre d'individus ou d'espèces touchées. Dans le second cas, il s'agit d'apprécier ce qu'apportent ces éléments dans l'écosystème. Plus leurs fonctions sont importantes, plus l'atteinte s'avère qualitativement importante.

Appréciation quantitative et qualitative. – Cette double appréciation trouve une justification aussi bien dans le discours scientifique que juridique. Scientifiquement, le rapport Chevassus-Au-Louis [48] fait particulièrement référence aux

48. *Approche économique de la biodiversité et des services liés aux écosystèmes*, 2009, Doc. Fr.

études de M. Levrel [49] qui proposent des indicateurs de biodiversité susceptibles d'apprécier l'ampleur de certaines atteintes [50]. Par ailleurs, selon le projet élaboré par la Direction des études économiques et de l'évaluation environnementale (au sein du ministère de l'Environnement et du Développement durable), il est possible de créer des indicateurs pertinents pour évaluer les fonctions écologiques et les capacités des milieux à assurer les fonctions et services. L'ampleur de l'atteinte pourrait être appréciée en tenant compte des espèces qui assurent un certain rôle dans un écosystème, qu'elles soient rares ou protégées voire menacées, de leur capacité de redondance c'est-à-dire d'êtres remplaçables, en vérifiant pour un milieu donné, leur capacité à réaliser certaines fonctions écologiques, en se référant à la surface, la dimension spatiale et paysagère d'un milieu atteint tout en le comparant aux autres milieux avoisinant, et en établissant la valeur seuil au-delà de laquelle la résilience du milieu n'est plus assurée.

Ces études scientifiques ont pour écho juridique les indicateurs issus du régime responsabilité environnementale créé par la loi du 1er août 2008 qui, pour être appliqué, invite à évaluer la gravité de l'atteinte. La gravité étant, pour ce régime, une condition de qualification du préjudice, son appréciation est déterminante. Le décret d'application du 26 avril 2009 énonce les différents paramètres permettant de quantifier le préjudice à l'environnement en distinguant selon les éléments naturels [51]. S'agissant du sol, la gravité des risques créés pour la santé humaine par la contamination des sols s'apprécie au moment de la manifestation du risque ou de la réalisation du dommage, au regard des caractéristiques et des propriétés du sol, ainsi que de la nature, de la concentration, de la dangerosité et des possibilités de dispersion des contaminants (article R. 161-1 C. env.) ; s'agissant des eaux, la gravité du dommage s'apprécie au moment de la manifestation du risque ou de la réalisation du dommage par rapport à l'état écologique, chimique ou quantitatif ou au potentiel écologique des eaux, selon les méthodes et critères déterminés par les arrêtés prévus à l'article R. 212-18 (art. R. 161-2 C. env.).

Mais surtout, s'agissant des espèces, de manière très précise, l'article R. 161-3 énonce les critères suivants :

« I. – L'état de conservation d'un habitat naturel s'apprécie en tenant compte de l'ensemble des influences qui, dans son aire de répartition naturelle, peuvent affecter à long terme sa répartition, sa structure, ses fonctions ainsi que la survie des espèces typiques qu'il abrite. Il est considéré comme favorable lorsque sont réunis les critères suivants :

49. H. Levrel, « Quels indicateurs pour la gestion de la biodiversité ? », *Cahiers de l'IFB*, 2007.
50. P. 93.
51. Loi précitée.

1° Son aire de répartition naturelle et les zones couvertes à l'intérieur de cette aire de répartition naturelle sont stables ou en augmentation ;

2° La structure et les fonctions spécifiques nécessaires à son maintien à long terme existent et sont susceptibles de continuer à exister dans un avenir prévisible ;

3° L'état de conservation des espèces typiques qu'il abrite est favorable.

II. – L'état de conservation d'une espèce s'apprécie en tenant compte de l'ensemble des influences qui, agissant sur l'espèce concernée, peuvent affecter à long terme la répartition et l'importance de ses populations dans leur aire de répartition naturelle. Il est considéré comme favorable lorsque sont réunis les critères suivants :

1° Les données relatives à la dynamique des populations de cette espèce indiquent qu'elle se maintient à long terme comme élément viable de son habitat naturel ;

2° L'aire de répartition naturelle de cette espèce ne diminue pas et n'est pas susceptible de diminuer dans un avenir prévisible ;

3° Il existe et il continuera probablement d'exister un habitat suffisamment grand pour maintenir à long terme les populations de cette espèce qu'il abrite.

III. – Les détériorations s'apprécient par rapport à l'état de conservation des habitats ou des espèces au moment de la manifestation du risque ou de la réalisation du dommage en tenant compte de données mesurables telles que :

1° Le nombre d'individus, leur densité ou la surface couverte ;

2° Le rôle des individus ou de la zone concernés par rapport à la conservation générale de l'espèce ou de l'habitat ;

3° La rareté de l'espèce ou de l'habitat appréciée, le cas échéant, au niveau régional, national ou communautaire ;

4° La capacité de multiplication de l'espèce, sa viabilité ou la capacité de régénération naturelle de l'habitat ;

5° La capacité de l'espèce ou de l'habitat à se rétablir, par sa seule dynamique naturelle, dans un état équivalent ou supérieur à l'état initial, dans une durée telle que les fonctionnements de l'écosystème ne soient pas remis en cause après la survenance d'un dommage, sans autre intervention que des mesures de protection renforcées. »

Il en résulte une appréhension à la fois qualitative et quantitative de l'ampleur du préjudice causé à l'environnement, l'appréciation résultant à la fois du nombre d'espèces touchées, de leur rareté ainsi que de leurs diverses capacités fonctionnelles. On peut alors y voir une grille de lecture généralisable au-delà de l'application de ce régime.

Évaluation économique ? – L'évaluation écologique doit-elle être complétée par une évaluation économique ? Autrement dit, la preuve du préjudice causé à l'environnement est-elle aussi subordonnée à la quantification monétaire de l'atteinte constituée par un des chefs de préjudices envisagés ? La réponse doit être nuancée en ce qu'il faut distinguer l'évaluation économique du coût de la restauration de la nature de l'évaluation économique de la valeur de la nature.

Évaluation économique du coût de la restauration. – D'une part, l'évaluation économique peut résulter de l'appréciation du coût engagé ou à engager pour remettre en état la nature, que cette réparation soit primaire, complémentaire ou compensatoire. Sur ce point, il ne faut pas s'y tromper : certes, ces dommages-intérêts sont généralement destinés à réparer un préjudice matériel, celui subi par la personne engageant les sommes. Dans ce cas, il ne s'agit pas de la réparation du préjudice causé à l'environnement mais de la réparation du préjudice causé à l'homme [52]. C'est en ce sens que va le TGI de Tours lorsqu'il confirme le versement de dommages-intérêts à une association de protection de l'environnement au titre de son préjudice économique après avoir évalué le coût de la restauration [53]. Toutefois, l'évaluation peut avoir un double rôle : évaluer le coût de la restauration permet d'évaluer les dommages-intérêts au titre de la réparation du préjudice économique tout en attestant de l'importance du préjudice causé à l'environnement. C'est un indicateur de ce qu'il vaut monétairement et à fin de réparation.

Évaluation purement économique de la valeur de la nature. – D'autre part, une évaluation « purement » économique est possible, celle consistant à apprécier le coût ou le prix de la nature en fonction de sa valeur. Celle-ci trouve sa source dans les différentes analyses économiques et, en particulier, dans la théorie de l'économie du bien-être qui, issue elle-même des théories utilitaristes, propose d'évaluer la valeur de l'environnement à partir des choix des agents, de leur préférence. Elle est dite instrumentale car il s'agit d'offrir un coût à la nature en fonction de ce qu'elle procure pour l'homme et a été mise en exergue dans le Rapport du groupe de travail dirigé par M. Chevassus-au-Louis relatif

52. V. contribution.

53. Il affirme « *qu'avec une longueur de pollution la plus active sur 4 ; 5 km, une pente de 2,1 % et une largeur moyenne du lit à 8 mètres, la surface touchée est de 36 800 m*^{2} *; qu'au regard de la valeur de la reconstitution du mètre carré, selon la méthode dite LEGER HUET ARRIGNON, désormais admis pour 52,91 euros, la valeur d'habitat représente la somme de 36 800 m*^{2} *multiplié par 52,91 euros, soit 1 947 088 euros, à moduler selon l'intérêt patrimonial (1 sur échelle de 10 par rapport à la truite fario), le coefficient d'irréversibilité (0,375/1 pour tenir compte de la nécessité des migrations de repeuplement pour tenter de s'approcher de l'état antérieur), et la perte de fonctionnalité (toujours sur le comptage de cette population des truites fario, avant et après les événements), soit la somme de 138 730 euros* ». V. M. Boutonnet, « Une nouvelle réparation du préjudice écologique par le juge du fond », *Environnement* 2008/10, p. 15.

à l'« Approche économique de la biodiversité et des services liés aux écosystèmes »[54]. Pour les experts du groupe, une distinction s'impose entre la biodiversité extraordinaire, qui n'a pas de prix selon eux, et la biodiversité ordinaire, qui n'a pas de valeur intrinsèque identifiée comme telle mais qui, par l'abondance et les multiples interactions entre ses entités, contribue à des degrés divers au fonctionnement des écosystèmes et à la production des services qu'y trouvent nos sociétés. Le groupe de travail propose d'évaluer cette biodiversité ordinaire à partir des services des écosystèmes dont profite la société et liste les méthodes de monétarisation qui reflètent les CAP, c'est-à-dire consentement à payer des agents pour maintenir les services procurés par la nature. Ces consentements à payer résultent d'une étude de comportements observables ou d'enquêtes permettant de déterminer le prix que les agents seraient prêts à payer pour voir perdurer un service environnemental.

Avenir. – Reste que ces théories économiques ne font pas l'unanimité dans le monde scientifique, en particulier parce qu'elles reposent sur la subjectivité des agents et ne sont pas en lien avec la réalité de l'usage des services[55]. Mais sans juger de l'opportunité, il est vrai que son acceptation sociale, politique ou juridique pourrait demain inviter à un renforcement de la preuve du préjudice causé à l'environnement, l'évaluation purement écologique s'accompagnant alors d'une évaluation purement économique.

Difficultés. – Finalement, deux types d'évaluations s'avèrent envisageables : l'évaluation purement écologique et l'évaluation économique, relativement au coût de la restauration ou à la valeur de la nature. Mais dans les deux cas, une difficulté scientifique surgit. Ces deux évaluations nécessitent d'avoir des compétences mêlant l'écologie et l'économie. Si d'un côté, l'évaluation écologique demande à expliquer la consistance et l'ampleur de l'atteinte du point de vue écologique, d'un autre côté, l'évaluation économique demande à déterminer le coût de la remise en état et l'évaluation purement économique impose d'expliquer quelle est la valeur de tel élément naturel ainsi que de sa fonction. Pour y répondre, l'expertise aura ici son rôle à jouer. Qu'elle soit judiciaire, scientifique ou politique, elle pourrait apporter une aide décisionnelle, à condition de clairement déterminer la mission de l'expert. Ainsi peut-on envisager de le solliciter pour effectuer la mission suivante : selon les compétences de l'expert, il lui serait demandé de procéder de manière générale à l'évaluation écologique et économique du dommage de manière générale, et de manière plus précise de

54. Centre d'analyse stratégique, avril 2009.

55. Pour une critique, O. GODARD, « Évaluation des dommages, l'obscur objet de la réparation judiciaire ».

déterminer « *l'ampleur quantitative et qualitative du dommage environnemental* » ; « *l'ampleur de l'atteinte quant à son coût de restauration* » et « *l'ampleur de l'atteinte en fonction de la valeur des éléments et fonctions touchées* ». À partir de cette évaluation, l'expert pourrait être appelé à situer sur une échelle l'ampleur de l'atteinte pour déterminer le degré de gravité du préjudice causé à l'environnement et préciser la manière dont l'atteinte peut être réparée, son coût et les mesures envisageables, celles-ci étant intimement reliées à l'ampleur du préjudice causé à l'environnement. En effet, la réparation primaire nécessite de déterminer s'il est possible de revenir à l'état initial du site ; la réparation complémentaire conduit à vérifier quelles sont les ressources ou fonctions pouvant être établies pour y remédier ; la réparation compensatoire demande à déterminer les pertes intermédiaires.

Du même coup, l'évaluation écologique autant qu'économique participerait, non seulement, de la preuve du préjudice lui-même – celui-ci étant subordonné à son caractère suffisamment préjudiciable [56]–, mais aussi de la mise en œuvre de la réparation, monétairement. D'où l'on voit que, nécessaire à la preuve du préjudice causé à l'environnement, l'évaluation conditionne aussi sa réparation.

56. V. La première partie de la contribution relative à la preuve du préjudice causé à l'environnement.

Temporalité et préjudices liés au dommage environnemental

Philippe BRUN

Professeur de droit privé à l'Université de Savoie

SYNTHÈSE

Donnée essentielle pour le droit, le temps prend un relief particulier lorsqu'on y confronte la problématique des dommages environnementaux et de leurs conséquences préjudiciables. La durée est sans doute une des dimensions les plus importantes que revêt la temporalité en la matière, qu'il s'agisse de caractériser les préjudices liés à un dommage environnemental, ou de les évaluer. Il s'agit d'une dimension importante du sujet, mais ce n'est pas la seule : il faut compter aussi avec la notion d'évolution ou la mise en œuvre de standards qui impliquent une relation au temps, telle par exemple que la prévisibilité. C'est surtout dans la classification et l'ordonnancement des mesures de traitement des dommages environnementaux (la classique distinction prévention/réparation, ici revisitée) que la temporalité est sollicitée, d'une manière que l'on peut juger originale. La présente contribution se propose tout à la fois d'envisager cette problématique en elle-même, sur un plan dogmatique, mais aussi en la confrontant aux solutions proposées par la Nomenclature.

Le temps est une donnée fondamentale du droit en général et du droit de l'environnement en particulier [1], ainsi qu'en atteste l'emblématique notion de développement « durable ».

En droit de la responsabilité environnementale, le rapport au temps se manifeste dans des perspectives multiples. C'est avant tout sous l'angle de la durée qu'apparaît l'originalité de la responsabilité environnementale dans son rapport au temps, l'échelle n'étant pas ici celle de la vie humaine [2]. Ainsi, c'est bien semble-t-il la prise en compte de la spécificité de la problématique de la réparation en

---

1. V. pour une étude d'ensemble, T. SOLEILHAC, *Le temps et le droit de l'environnement*, thèse Lyon III, 2006.

2. Il n'est que de songer, pour prendre un exemple caricatural, à celui d'une pollution d'origine nucléaire...

matière environnementale qui explique le choix par le législateur d'un délai de prescription spécial, trentenaire et donc nettement plus long qu'en droit commun [3]. On peut par ailleurs se demander, s'agissant du rapport au temps du droit de la réparation environnementale, si les catégories du droit commun en vigueur sont transposables à la matière environnementale, et notamment si la distinction cardinale du temporaire et du permanent qui prévaut en droit du dommage corporel est également viable s'agissant des dommages environnementaux.

Le rapport au temps – dans ce qu'il a d'original – du droit de la réparation environnementale ne se limite pas à la question de la durée. La temporalité est également interrogée lorsqu'il s'agit de catégoriser les sanctions du droit de l'environnement, et en particulier lorsqu'il s'agit de classer ce qui relève de la prise en charge du passé, la réparation, et ce qui s'apparente à la prévention. La distinction prévention/réparation est classique, et apparemment assez nettement délimitée en droit commun, mais on peut se demander (notamment au vu des nouveaux textes sur la responsabilité environnementale), s'il n'y a pas des risques de recoupements. Il n'est pour se convaincre de l'étroitesse des liens entre prévention et réparation en responsabilité environnementale que de se rappeler l'intitulé même de la directive du 21 avril 2004.

De manière qui peut paraître plus « résiduelle », la dimension temporelle de la question de la réparation environnementale apparaît avec la mise en œuvre de standards qui ne sont pas inconnus du droit commun, mais qui peuvent ici revêtir un sens particulier. On pourrait citer la référence fréquente à la « *prévisibilité* », par exemple celle de l'évolution de la menace [4], ou celle de l'évolution du dommage [5]. La notion d'évolution est elle-même omniprésente [6].

La temporalité apparaît donc comme un paramètre particulièrement important du droit de la responsabilité environnementale. Si elle est toujours une donnée considérable du droit, il semble qu'elle représente une des problématiques essentielles à intégrer dans le cadre d'une entreprise d'élaboration d'une nomenclature des chefs de préjudices liés au dommage environnemental. Pour se concentrer

---

3. C. env., art. L. 152-1 : « *Les obligations financières liées à la réparation des dommages causés à l'environnement par les installations, travaux, ouvrages et activités régis par le présent code se prescrivent par trente ans à compter du fait générateur du dommage* ». Sur les difficultés d'interprétation suscitées par ce texte, v. notamment N. LEBLOND, « Le préjudice écologique », *J.-Cl. Resp. civ. et ass.*, art. 1382 à 1386, fasc. 112, 2010, n° 136 et s. v. aussi, Ph. BILLET, « La prescription de la réparation des atteintes à l'environnement », in *La responsabilité environnementale, prévention, imputation, réparation*, dir. C. CANS, préf. G. VINEY, Dalloz, coll. Thèmes et commentaires 2009, pp. 193 et s.

4. C. env., art. R. 162-6, 4°.

5. C. env., art. R. 162-8, 3°.

6. V. aussi la définition de l'état de conservation d'un habitat naturel par référence au maintien de ses populations « **à long terme** » : dir. 92/43/CEE du 21 mai 1992 ; v. aussi, art. R. 161-3 I C. env.

sur ceux des aspects ébauchés plus haut qui semblent devoir être approfondis [7], évidemment sans aucune prétention d'exhaustivité, on envisagera successivement la question de la durée dans l'appréhension des préjudices liés au dommage environnemental (Section 1), et, plus sommairement, celle de la place de la temporalité dans le traitement de ces préjudices (Section 2).

SECTION 1
LA DURÉE DANS L'APPRÉHENSION DES PRÉJUDICES LIÉS AU DOMMAGE ENVIRONNEMENTAL

La question de la durée est présente à plusieurs titres dans l'appréhension juridique des préjudices liés au dommage environnemental. Pour s'en tenir aux principales manifestations, et en schématisant, on peut dire qu'elle intervient non seulement, de manière significative, au niveau de l'évaluation des préjudices pour dommage environnemental (§ 2), mais aussi, dans une certaine mesure, dès le stade de la caractérisation de tels préjudices (§ 1).

§ 1. – La durée et la caractérisation des préjudices liés au dommage environnemental

Les préjudices qui résultent d'un dommage environnemental entretiennent par définition des liens étroits avec la durée : s'agissant d'une entité « vivante », la situation dommageable à considérer est nécessairement évolutive. Tout le problème est de savoir comment le droit peut appréhender cette donnée factuelle importante. Ce qui renvoie à la question de la réversibilité ou de l'irréversibilité du dommage, qui se pose ici avec une acuité particulière. C'est surtout l'irréversibilité qui a retenu l'attention [8], mais il faut aussi considérer l'autre face du problème, et la question de savoir s'il y a lieu éventuellement de retrancher du dommage à faire réparer par un tiers responsable ce qui a vocation à être résorbé par régénérescence naturelle. Cette dernière interrogation relève plutôt du domaine de l'évaluation du dommage [9], mais elle a à voir également avec

7. Étant par ailleurs d'ores et déjà précisé que ces questions spécifiques liées à la temporalité se posent très majoritairement à propos des intérêts environnementaux (selon la terminologie retenue par la nomenclature) ou si l'on préfère à propos de « préjudices écologiques purs ».
8. V. à cet égard, « L'irréversibilité », *RJE* 1998, n° spécial.
9. V. *infra* B.

la caractérisation de celui-ci : on peut en effet imaginer qu'un chef de préjudice soit purement et simplement éludé sur ce motif de la capacité de l'environnement à s'auto-régénérer, ainsi qu'en attestent semble-t-il les dispositions de l'article R. 161-5, 3° du Code de l'environnement, selon lesquelles ne constitue pas un dommage affectant gravement le maintien ou le rétablissement dans un état favorable des espèces ou des habitats, la détérioration qui « *disparaît dans un temps limité sans intervention humaine* ».

Il y a donc certainement un parti à prendre dans l'élaboration d'une nomenclature des chefs de préjudice en la matière, sur l'opportunité de retenir cette restriction tirée de la possibilité de résorption à court terme du dommage [10], qui entrerait en ligne de compte un peu à la manière d'un seuil de gravité. On ne peut manquer à cet égard de faire le lien entre cette donnée factuelle et le caractère de certitude requis classiquement du préjudice pour qu'il soit réparable [11]. Les incertitudes relatives à l'aptitude de l'environnement à se régénérer peuvent être mises en avant pour dénier à l'atteinte la qualification de préjudice réparable, ou à tout le moins pour limiter la réparation aux conséquences certaines du dommage [12]. Peut-être n'est-il pas inutile à cet égard de rappeler que si le droit français admet bien la réparation du préjudice futur, c'est cependant à la condition qu'il apparaisse comme « *la prolongation certaine et directe d'un état de chose actuel* » [13]. À cette formule célèbre, la jurisprudence a parfois ajouté l'exigence que le dommage en cause soit susceptible d'une évaluation immédiate [14], mais sans doute poser pareille condition reviendrait-il à restreindre exagérément le champ des mesures de réparation en matière environnementale.

La caractérisation des chefs de préjudices liés au dommage environnemental, c'est aussi et surtout leur **qualification juridique**, leur « catégorisation ». À cet égard, la principale question à trancher tient certainement dans le point de savoir s'il y a lieu de retenir en la matière, la distinction entre préjudices à caractère permanent et préjudices à caractère temporaire. En première approche, l'opportunité de recourir à cette démarcation qui fait figure de véritable *summa divisio*

10. En l'occurrence, la Nomenclature telle qu'arrêtée ne retient pas une telle restriction.

11. V. notamment sur cette exigence, et le sens qu'elle revêt en droit commun de la responsabilité, J. Flour, J.-L. Aubert et E. Savaux, *Les obligations*, vol. II, *Le fait juridique*, 13e éd. 2009, Sirey, n° 137, observant que de la trilogie classique (caractère actuel direct et certain) elle est en dernière analyse « *la seule qui importe* ».

12. V. à cet égard, P. Jourdain, « Le dommage écologique et sa réparation », in G. Viney et B. Dubuisson (dir.), *Les responsabilités environnementales dans l'espace européen, point de vue franco-belge,* Schulthess, Bruylant LGDJ, 2006, pp. 143 et s., spéc. n° 8, pp. 150 et 151, évoquant la fameuse décision rendue par le tribunal de Bastia (4 juill. 1985) dans l'affaire dite des boues de Montedison, où le dommage écologique pur n'avait pas été pris en compte au motif que les experts avaient émis des doutes sur la capacité de résistance des organismes marins et sur le caractère tolérable ou non de la pollution.

13. Cass. req., 1er juin 1932 : *D.* 1932, I, p. 101, rapp. Pilon.

14. Cass. 2e civ., 15 déc. 1971 : *Bull. civ.* II, n° 345.

en droit du dommage corporel ne paraît guère faire de doute. Et de fait, on retrouve bien, s'agissant des atteintes à l'environnement et de leurs répercussions, tant en termes d'intérêts humains qu'environnementaux, des préjudices dont la manifestation se prolonge dans le temps et d'autres qui ne s'inscrivent pas dans la durée. Il s'avère cependant assez rapidement que la transposition en la matière d'une telle division n'est pas sans susciter des difficultés, tenant à la détermination de la frontière entre les deux catégories.

Le problème ne se situe pas tant semble-t-il dans la détermination de la catégorie de préjudices temporaires (pertes intermédiaires dans la terminologie de la directive de 2004 [15]) que dans la circonscription exacte de la catégorie des préjudices permanents. En réalité, le risque est celui d'une assimilation pure et simple des notions de préjudices futurs et de celles de préjudices permanents : tout ce que l'environnement n'a pas retrouvé de son état initial lorsque l'évaluation est faite ne mérite certainement pas d'être classé dans la catégorie des préjudices permanents.

Mais c'est l'opportunité même de cette catégorie qui pose question : puisque l'échelle de temps applicable à la plupart des préjudices environnementaux tient non dans la durée de la vie humaine mais dans des durées plus longues, et qu'il faut faire la part entre ceux des préjudices qui même dans ce laps de temps plus long ne sont pas susceptibles de résorption et ceux qui tiennent dans des atteintes proprement irréversibles, on peut se demander s'il n'y a pas lieu de retenir une **catégorie intermédiaire** entre le permanent et le temporaire, qui correspondrait peu ou prou à ce que dans la terminologie du FIPOL [16] on qualifie de préjudices **« perdurables »** [17]. Au-delà des questions de terminologie, l'enjeu est sans doute de pouvoir prendre en compte cette irréductible spécificité temporelle des préjudices environnementaux (ou de certains d'entre eux du moins), pas tant d'ailleurs dans le caractère de « permanence » de leurs effets que dans

15. Dans le texte de transposition, C. env., art. L. 162-9 al. 4, qui définit les mesures de réparation dites « *compensatoires* » comme celles qui doivent « *compenser les* ***pertes intermédiaires de ressources naturelles ou de services*** *survenant entre le dommage et la date à laquelle la réparation primaire ou complémentaire a produit son effet* ».

16. V. à cet égard, J. HAY, « L'indemnisation des dommages perdurables par le FIPOL à la suite du naufrage du Braer : le cas du Burra Haaf », Communication personnelle. La question qui était posée ici était celle de savoir si le FIPOL pouvait accepter ou non le règlement de sommes correspondant à des préjudices censés se « répéter » dans l'avenir, soit par le versement d'une somme forfaitaire, soit par une indemnisation des pertes futures à mesure qu'elles se produisent En définitive, le FIPOL refusa d'accéder aux demandes d'indemnisation des dommages perdurables.

17. V. aussi, en ce sens quela permanence n'est pas la perpétuité, PNUE, directive 3 déf. 2. b. qui énonce que les dommages causés à l'environnement sont estimés importants à partir de divers facteurs tels que « *des changements à long terme ou permanents, entendus comme étant des changements qui ne seront pas corrigés par un redressement naturel dans un laps de temps raisonnable* ».

leur « évolutivité » [18], avec toutes les difficultés que ce caractère emporte, notamment du point de vue de l'assurance [19].

Sur ce point, on peut d'ailleurs se demander, s'agissant d'atteintes dont les conséquences préjudiciables paraissent particulièrement sujettes à fluctuations, s'il n'y aurait pas lieu de consacrer une catégorie de préjudices intitulée « **préjudices évolutifs** » ? Il est permis d'être réservé sur l'opportunité d'une telle création. Il semble en tout cas qu'il ne pourrait s'agir que d'une catégorie rassemblant plusieurs chefs de préjudice, et non un chef de préjudice spécifique. Ce caractère paraît d'ailleurs commun à un si grand nombre de préjudices que l'on peut se demander s'il y a là véritablement un identifiant pertinent. En revanche, un préjudice « de suivi », qui aurait pour objet le dommage environnemental en tant que tel, ainsi que les mesures de prévention, de limitation et de réparation apparaît comme un bon compromis au service de l'appréhension de la durée dans le droit de la réparation du dommage environnemental [20].

§ 2. – La durée et l'évaluation des préjudices liés au dommage environnemental

La question essentielle tient sans doute ici, précisément en raison du caractère évolutif de la plupart des chefs de préjudices environnementaux, de savoir à quel moment il faut se placer pour procéder à l'évaluation, et notamment s'il est souhaitable et possible d'adopter une notion comparable à celle de *consolidation* adoptée en droit du dommage corporel.

L'adoption d'une notion équivalente, telle celle de « **stabilisation** » proposée en doctrine [21], n'a de sens et d'utilité que si l'on se convainc qu'il y a lieu de retenir ici, comme en matière de réparation du dommage corporel, la distinction des préjudices temporaires et permanents [22]. À examiner la liste des chefs de préjudices proposée par Laurent Neyret [23], au sein de la catégorie des préjudices

---

18. La Nomenclature appréhende la spécificité de la dimension temporelle des préjudices liés au dommage environnemental au travers de la notion de « coûts à venir ». Bien évidemment, comme tout préjudice futur, la prise en compte de ce type de coûts est subordonnée à la preuve de leur caractère suffisamment certain.

19. Sur l'assurance en matière de responsabilité environnementale, v. notamment F. MILLET et V. HEUZÉ, « Les fonds d'indemnisation et l'assurance », in *Les responsabilités environnementales dans l'espace européen*, préc. pp. 455 et s.

20. Un tel préjudice a été intégré dans la Nomenclature au sein des « coûts additionnels », de nature économique.

21. L. NEYRET, *D.* 2008, chr. 2686.

22. V. *supra* n° 7 et s.

23. Art. préc.

« objectifs », on constate que la détermination de la ligne de frontière apparaît assez délicate à tracer : dans le classement proposé, les préjudices objectifs permanents correspondent à la situation dans laquelle « *au moment du jugement, l'environnement n'a pas retrouvé son état initial* ». Mais du même coup, on fait dépendre l'appartenance d'un chef de préjudice à la première ou la seconde catégorie en fonction du moment où le juge statue, ce qui apparaît quelque peu arbitraire.

Il est permis de se demander si la résolution du problème que pose pour l'évaluation, l'évolutivité (évolutivité de surcroît difficile à prévoir) de certains chefs de préjudices environnementaux ne passe pas par une autre approche, en particulier par l'aménagement d'une possibilité (beaucoup plus large qu'en droit commun) pour le juge ou les régleurs de réajuster l'évaluation en se ménageant la possibilité de réintervenir à intervalles réguliers sur un même sinistre, ce qui suppose, s'agissant de l'évaluation judiciaire, de se détourner de la conception traditionnelle de l'office du juge.

Cette problématique se rapporte en réalité au moins autant à la question de l'évaluation qu'à celle de la réparation des préjudices environnementaux, laquelle est envisagée en droit de la responsabilité environnementale dans un cadre plus large comprenant à la fois des mesures de réparation *stricto sensu* mais aussi des mesures de prévention.

SECTION 2

LA TEMPORALITÉ ET LA CLASSIFICATION DES MESURES DE TRAITEMENT DES PRÉJUDICES LIÉS AU DOMMAGE ENVIRONNEMENTAL

La responsabilité environnementale donne une place apparemment égale à la prévention et à la réparation. Si le diptyque est connu du droit commun, il semble qu'il soit susceptible ici de revêtir un sens et une portée particuliers. Le risque existe en tout cas de difficultés de délimitation, s'agissant des chefs de préjudices, entre ceux qui relèvent de la réparation et les chefs de dépenses relatifs à des mesures préventives : il ne s'agit pas là de difficultés d'ordre académique, mais de risques de doublons ou d'oublis. Il importe bien entendu de mettre en exergue ces difficultés dans le cadre de l'élaboration d'une nomenclature des chefs de préjudices résultant d'un dommage environnemental (§ 1). Peut-être n'est-il pas inutile cependant d'examiner par ailleurs comment les diverses mesures de traitement des dommages environnementaux sont classées dans le cadre de la responsabilité environnementale et en particulier dans le cadre de la directive transposée du 21 avril 2004, ce qui peut conduire à se demander si certaines d'entre elles au moins méritent d'être prises en compte (§ 2).

§ 1. – Temporalité et ordonnancement des mesures de traitement des préjudices liés au dommage environnemental

La question essentielle [24] qui se pose ici est celle de savoir comment peut s'articuler, au sein d'une nomenclature des chefs de préjudices liés au dommage environnemental, la distinction – *a priori* cardinale en matière de responsabilité environnementale – entre prévention et réparation, distinction de facture temporelle s'il en est puisque la première réalise une anticipation du dommage quand la seconde suppose un dommage réalisé. S'agissant de déterminer des chefs de préjudice, il peut paraître superflu, voire incohérent, d'envisager la prévention. Mais en réalité, ce serait raisonner selon une fausse perspective que d'évincer pour cette raison les mesures de prévention de la Nomenclature. Car si ces mesures se situent temporellement avant la réalisation du dommage, elles n'en ont pas moins un coût qui mérite d'être pris en compte en tant que préjudice réparable.

C'est d'ailleurs bien ainsi que la question a été envisagée, du point de vue du droit commun de la responsabilité, au plan prospectif du moins, avec l'avant-projet de réforme du droit des obligations et de la prescription [25]. Il est à noter que l'article 1344 de cet avant-projet, qui considère comme préjudice réparable les dépenses exposées pour prévenir la réalisation imminente d'un dommage ou pour éviter son aggravation subordonne toutefois la prise en compte de ces dépenses à la condition qu'elles aient été « **raisonnablement engagées** ». La question peut se poser de savoir s'il serait opportun de reprendre cette restriction dans le cadre de la Nomenclature [26]. Pareille exigence ne pourrait du reste être

24. Parmi beaucoup d'autres dont l'acuité n'est pas toujours aisée à déterminer : ainsi du point de savoir si une nomenclature des chefs de préjudices liés au dommage environnemental doit ou non faire une place particulière aux mesures provisoires (ou aux mesures conservatoires). Une telle nomenclature n'ayant pas en principe vocation à inventorier dans le détail l'ensemble des mesures de traitement de tous les chefs de préjudices, on serait tenté de répondre par la négative, mais peut-être certains types de préjudices causés à l'environnement sont-ils plus propices à l'application de mesures provisoires. En tout état de cause, la Nomenclature arrêtée ne comporte pas de telle condition V. pour une étude de la place de ces mesures en matière environnementale, G.-J. MARTIN, « Mesures provisoires et irréversibilité en droit français », in *L'irréversibilité*, préc. pp. 131 et s.

25. La Documentation française, 2005.

26. Une telle restriction peut en effet apparaître comme une opportune mesure de responsabilisation des acteurs de la réparation. Mais d'un autre côté, et du point de vue de la technique juridique, on peut se demander si ce genre de règle qui ressortit au régime de la réparation a véritablement sa place dans une nomenclature.

posée que dans le cadre d'une disposition envisageant de manière générique le préjudice consistant dans le coût de mesures préventives, ce qui ne correspond pas nécessairement à la démarche suivie pour l'élaboration d'une nomenclature des chefs de préjudice. Quel que soit le parti retenu à cet égard, il y aura lieu de déterminer si ces mesures de prévention doivent être envisagées au même titre ou distinctement des dépenses relatives à un dommage réalisé, mais dont l'objet est d'en limiter les effets ou d'en éviter l'aggravation. Là encore, quelle que soit l'option retenue, il paraît important de retenir une formulation qui évite tout risque de confusion ou de recoupement entre les coûts relatifs aux mesures de prévention proprement dites et celles de limitation d'un des conséquences d'un dommage réalisé [27]. Un tel risque sera d'autant plus important qu'une même situation dommageable peut justifier que soient pris concomitamment ces deux types de mesure.

§ 2. – L'ordonnancement temporel des mesures de réparation dans la responsabilité environnementale

Le dispositif relatif à la responsabilité environnementale invite à faire des distinctions entre diverses sortes de réparation [28] sur la base d'un critère pour partie temporel :

- **la réparation primaire**, dont la vocation est d'assurer le retour à la situation initiale ;
- **la réparation complémentaire** dont la vocation est de fournir un niveau de ressources naturelles ou de services comparables à celui qui aurait été fourni si l'état initial du site endommagé avait été rétabli ;
- **la réparation compensatoire**, qui est celle destinée à compenser les pertes intermédiaires de ressources ou de services qui surviennent entre la date de survenance d'un dommage et le moment où la réparation primaire a pleinement produit son effet : sa vocation est donc de compenser les pertes provisoires. La question mérite sans doute d'être posée de savoir s'il peut être opportun d'intégrer tout ou partie de ces distinctions, et en particulier

27. Pour contrecarrer un tel risque, la Nomenclature distingue clairement les coûts des mesures de prévention et les coûts des mesures de réparation.

28. Dans la loi de transposition, C. env., art. L. 162-9. V. entre autres, pour une présentation, B. PARANCE, « À propos de la loi sur la responsabilité environnementale », *RLDC* 2008/54, n° 3176, spéc. pp. 18 et 19. V. aussi, S. CARVAL, « Un intéressant hybride : la responsabilité environnementale de la loi n° 2008-757 du 1er août 2008 », *D.* 2009, chr. 1652 et s. spéc. p. 1656, n° 12. *Adde*, M.-P. CAMPROUX-DUFFRÈNE, « Les modalités de réparation du dommage ; apports de la responsabilité environnementale », in *La responsabilité environnementale, Prévention, imputation responsabilité*, préc., pp. 113 et s.

cette segmentation temporelle entre le moment du dommage et celui où les mesures de remise en état auront pu produire effet.

À supposer qu'on la juge opportune dans son principe, la prise en compte de cette catégorie particulière ne serait pas sans soulever quelques difficultés. En première approche, ou pourrait être tenté d'intégrer la réparation compensatoire dans la nomenclature en faisant des « **pertes intermédiaires de ressources ou de services** » un chef de préjudice spécifique, mais on peut douter, à la réflexion, qu'une telle démarche soit justifiée dans la mesure où, à supposer qu'on veuille voir dans cette catégorie un chef de préjudice à part entière, il devrait alors nécessairement couvrir plusieurs autres chefs de préjudices prévus dans le projet de Nomenclature [29].

Conclusion. – Dans son rapport singulier au temps et notamment à la durée, le droit de la réparation des dommages environnementaux suscite de nombreuses questions. Parmi celles qui retiennent particulièrement l'attention, on peut relever notamment celle de savoir si la réversibilité (le caractère provisoire) de certaines atteintes doit être prise en compte pour constituer un seuil de prise en compte des préjudices environnementaux.

Un des particularismes des atteintes environnementales du point de vue de la temporalité est aussi de s'inscrire assez difficilement dans les schémas juridiques traditionnels tels que, notamment, la distinction du permanent et du temporaire qui prévaut en droit du dommage corporel. La question se pose donc de l'opportunité de transposer cette distinction en matière environnementale et la suggestion peut être faite à tout le moins de l'aménager, le cas échéant en introduisant une catégorie intermédiaire, tant il est vrai que le permanent comme le provisoire sont affectés en matière environnementale d'une relativité certaine.

L'évolutivité des situations dommageables, sans doute plus prégnante en matière environnementale qu'en d'autres domaines, conduit par ailleurs à reconsidérer l'office du juge en matière d'évaluation et peut-être à rompre avec le schéma traditionnel.

S'agissant de la réparation proprement dite, la question a été posée de l'agencement des différents types de mesures qu'appelle le préjudice environnemental dans la pluralité de ses manifestations, en termes de prévention, de cantonnement et de réparation, et l'attention doit être portée à cet égard sur la nécessité de bien dissocier ces différentes mesures, de manière à ne pas confondre (et « doublonner » le cas échéant) les chefs de préjudices y afférents).

---

29. La Nomenclature envisage ce type de préjudices au titre des coûts des mesures de réparation, lesquels englobent à la fois les coûts des mesures primaires, les coûts des mesures complémentaires et les coûts des mesures compensatoires, dans le prolongement de la loi de 2008 sur la responsabilité environnementale.

D'un point de vue plus général, et au bénéfice de l'observation selon laquelle la mise en perspective des préjudices causés à l'environnement et celle des mesures de traitement de ces préjudices sont difficilement dissociables, on peut se demander si une nomenclature des chefs de préjudices en la matière ne doit pas se doubler, si ce n'est d'une véritable nomenclature des mesures de traitement des préjudices environnementaux, du moins d'un inventaire sommaire de telles mesures [30].

30. Un genre de Nomenclatures spécifiques, taillées sur mesure à tel ou tel domaine.

Le préjudice collectif né du dommage environnemental

Laurent NEYRET
Professeur à l'Université d'Artois

SYNTHÈSE

En l'état du droit positif, les textes relatifs à la qualité pour agir en défense de l'intérêt collectif servent de prétexte à l'indemnisation du préjudice causé à l'environnement. Un prétexte source d'approximation juridique puisque des dispositions de l'ordre du droit processuel sont utilisées comme fondement de la responsabilité, de l'ordre du droit substantiel. L'enjeu de la Nomenclature est de rationaliser la notion de préjudice collectif en montrant son autonomie par rapport aux préjudices avec lesquels il est souvent confondu et en particulier le préjudice moral des personnes morales ou le préjudice causé à l'environnement en tant que tel, et d'en corriger du même coup les excès. Pour ce faire, la présente contribution met d'abord en évidence la spécificité du préjudice collectif environnemental. Il s'agit d'un préjudice de nature mixte, en ce qu'il est objectif par l'objet auquel il s'applique à savoir l'environnement, et subjectif soit par la finalité qu'il poursuit, préserver les bénéfices que l'environnement procure à l'homme, soit par la nature des mesures mises en œuvre par l'homme pour répondre au but recherché. Le préjudice collectif ainsi rationalisé, il était loisible d'ouvrir cette catégorie à une forme originale de préjudices déjà en germe dans la directive de 2004 sur la responsabilité environnementale, à savoir, les atteintes aux services écologiques. Ensuite, il est démontré que le préjudice collectif environnemental implique une sanction à portée collective, c'est-à-dire essentiellement préventive en amont du dommage, et secondairement réparatrice et sanctionnatrice en aval.

Succès jurisprudentiel du préjudice collectif environnemental. – La plupart des décisions de justice qui prennent en compte le dommage environnemental le font de manière détournée, en recourant à la notion de préjudice collectif [1], plus exactement à celle de préjudice direct ou indirect aux intérêts collectifs que les demandeurs ont pour objet de défendre et constituant une infraction aux

1. En ce sens, « Recueil de décisions relatives au dommage environnemental », présent ouvrage.

dispositions législatives relatives à la protection de la nature et de l'environnement. Une telle reconnaissance trouve sa source dans les dispositions d'ordre procédural qui octroient la qualité pour agir à des personnes morales déterminées ayant pour objet la défense et la protection de l'environnement. L'action en défense de l'intérêt collectif environnemental peut ainsi être exercée par différentes personnes morales de droit public [2], par les associations agréées de protection de l'environnement [3], les collectivités territoriales ou leurs groupements [4], ou encore par les fédérations de chasseurs [5] ou de pêcheurs [6]. Au-delà, l'action environnementale peut être le fait de syndicats professionnels dont la profession subit un préjudice collectif à la suite d'un dommage environnemental [7]. Les juges ont aussi admis la recevabilité de l'action de l'Office de l'environnement de la Corse, établissement public ayant pour missions la mise en valeur, la gestion, l'animation et la promotion du patrimoine environnemental de la Corse, en cas de dommage à l'environnement [8]. Quelle que soit leur nature, toutes ces personnes s'apparentent à des gardiens de l'environnement. Par exemple, l'arrêt rendu par la cour d'appel de Paris le 30 mars 2010 dans l'affaire Erika souligne que la marée noire a « *très sérieusement porté atteinte aux intérêts que l'association France Nature Environnement défend en contrariant les efforts que cette dernière a déployés pour la protection des espèces animales et végétales, la diversité et les équilibres écologiques* » et qu'il s'agit là d'un « *dommage direct et indirect qui lui est personnel en raison de l'atteinte à son objet social* », réparable au titre de l'article L. 142-2 du Code de l'environnement. Dans le même sens, l'arrêt affirme que la commune de Mesquer a subi un préjudice indirect eu égard à « *l'impact particulièrement négatif* » de la pollution sur « *la qualité de vie de la population de cette commune tournée vers la plaisance* » et qui mérite réparation sur le fondement de l'article L. 142-4 du Code de

2. C. env., art. L. 132-1 : l'Agence de l'environnement et de la maîtrise de l'énergie, le Conservatoire de l'espace littoral et des rivages lacustres, l'Office national de l'eau et des milieux aquatiques, les agences de l'eau, l'Office national de la chasse et de la faune sauvage, le Centre des monuments nationaux nature et de l'environnement, les chambres d'agriculture, les parcs naturels régionaux et le Centre national de la propriété forestière.

3. C. env., art. L. 142-2 ; C. urb., art. L. 160-1, L. 480-1 al. 5, art. L. 480-4 ; C. rur., art. L. 944-4 (domaine de la pêche maritime).

4. C. env., art. L. 142-4 ; C. urb., art. L. 160-1, L. 480-1 al. 6.

5. C. env., L. 421-6.

6. C. env., art. L. 437-18 : Les fédérations départementales ou interdépartementales des associations agréées de pêche et de protection du milieu aquatique, la Fédération nationale de la pêche et de la protection du milieu aquatique, la commission syndicale de la Grande Brière Mottière, les associations agréées de pêcheurs professionnels en eau douce et le Comité national de la pêche professionnelle en eau douce.

7. Pour le droit d'action général des syndicats professionnels : C. trav., art. L. 2132-3.

8. CA Aix-en-Provence, 19 janvier 2009, n° 79M2009. Plus largement : J.-M. Levanti, « Le droit d'action de la Corse en cas de préjudice écologique », *Env.* 2011, Étude 6.

l'environnement. L'importance du préjudice pour atteinte à l'intérêt collectif environnemental est aussi révélée par le montant cumulé des dommages et intérêts alloués à ce titre dans le dossier Erika et qui s'élève à plus de 31 millions d'euros, sur les 200 millions d'euros du montant total des réparations. Un tel succès jurisprudentiel du préjudice collectif né du dommage environnemental appuyé par les encouragements de la doctrine explique la place centrale du préjudice collectif au sein de la Nomenclature. Pour autant, la notion de préjudice collectif retenue dans la Nomenclature est à la fois plus large que la conception retenue en jurisprudence et plus rationnelle.

Extension du préjudice collectif environnemental par la reconnaissance de l'atteinte aux services écologiques. – La catégorie de préjudice collectif contenue dans la Nomenclature au sein des préjudices causés à l'homme est définie comme l'ensemble des « *atteintes portées à des intérêts humains dépassant la somme des intérêts individuels* ». Classiquement, la Nomenclature a intégré dans le préjudice collectif le préjudice d'atteinte à la mission de protection de l'environnement qui regroupe les « *atteintes portées aux intérêts collectifs défendus par les personnes, publiques ou privées, en charge de la défense de l'environnement sous ses différents aspects* » et qui peuvent se caractériser par l'anéantissement des efforts déployés pour accomplir leur mission. De manière plus originale, la Nomenclature a ajouté au genre que constitue le préjudice collectif, une espèce nouvelle qualifiée d'atteinte aux services écologiques et définie comme la « *diminution des bienfaits ou des bénéfices que les êtres humains retirent des éléments de l'environnement ou de leurs fonctions écologiques, au-delà et indépendamment des bénéfices individuels et clairement identifiés* ».

Raison d'être et contenu du préjudice d'atteinte aux services écologiques. – Le point de départ de la reconnaissance d'un préjudice spécifique d'atteinte aux services écologiques se trouve dans le droit positif, à savoir la directive de 2004 relative à la responsabilité environnementale et la loi française de transposition qui toutes les deux recourent expressément à la notion de « *services écologiques* » [9]. D'où le droit de la responsabilité environnementale [10] impose de prendre en compte ce type de préjudices, jusque-là absent des décisions de justice. Reste que la définition retenue par ces textes manque de clarté, en ce

9. V. notamment C. env., art. L. 161-1 4°, L. 162-4, L. 162-9.

10. V. également le « Projet de directives pour l'élaboration d'une législation nationale sur la responsabilité, l'intervention et l'indemnisation en cas de dommages causés à l'environnement par des activités dangereuses » élaboré au sein du Programme des Nations Unies pour l'Environnement : J.-C. MARTIN, « La réparation des préjudices liés au dommage environnemental en droit international », présent ouvrage.

qu'elle entend les services écologiques comme « *les fonctions assurées par une ressource naturelle au bénéfice d'une autre ressource naturelle ou du public* ». La Nomenclature a été l'occasion de clarifier le sens de la notion de services [11] en s'appuyant sur la définition la plus communément admise par les écologues et les économistes. En ce sens, le préjudice d'atteinte aux services écologiques s'entend de « *la diminution des bienfaits ou des bénéfices que les êtres humains retirent des éléments de l'environnement ou des fonctions écologiques (...)* ». Il s'agit là de reconnaître l'utilité de l'environnement pour l'homme dans toute sa plénitude. Dès lors, par souci de précision et pour coller au plus près de l'état des connaissances scientifiques du moment, la proposition de Nomenclature a affiné le préjudice d'atteinte aux services écologiques en distinguant trois formes différentes. D'abord, l'atteinte aux services de régulation correspond à l'altération de la capacité de l'environnement à réguler les processus des écosystèmes, comme la régulation du climat, des maladies ou encore de l'érosion. Ainsi, la construction d'un ensemble immobilier en zone littorale peut perturber la tendance naturelle d'érosion du sable et entraîner la disparition d'une barrière de dunes avec pour conséquence un ensablement de propriétés voisines [12]. Ensuite, l'atteinte aux services d'approvisionnement s'entend de l'altération des produits que l'environnement procure à l'homme, qu'il s'agisse des aliments, de l'eau douce, des bioénergies ou encore des produits à usage pharmaceutique. Tel est le cas de la pollution de la nappe phréatique due aux produits phytosanitaires utilisés par des agriculteurs rendant impossible le captage d'eau potable par les communes riveraines [13]. Enfin, l'atteinte aux services culturels [14] correspond à la diminution des bénéfices immatériels procurés par l'environnement, à savoir les bienfaits d'ordre spirituel, récréatif, esthétique ou bien scientifique. Par exemple, l'invasion d'algues vertes sur la plage empêche les riverains et les touristes de profiter des bains de mer, ou encore la pollution de terres sacrées pour des populations autochtones participe d'une atteinte à leur identité culturelle [15]. Les services envisagés ici ont tous une dimension collective. Ils reflètent la mesure suivant laquelle l'environnement est utile aux hommes envisagés par groupes identifiés à telle population locale ou à telle profession par exemple. Nul doute que les services écologiques comportent également une dimension individuelle, en ce que des individus tirent souvent des bénéfices de l'environnement, à l'image du producteur d'huîtres ou du promeneur. Cette dimension individuelle

---

11. Sur cette notion voir les contributions d'Isabelle DOUSSAN et de James ARONSON dans le présent ouvrage.
12. Cass. 3e civ., 12 février 1992, n° 89-19297.
13. CA Orléans, 22 mars 2010, RG 06/02672.
14. R. LAFARGUE, « Le préjudice culturel né du dommage environnemental », présent ouvrage.
15. R. LAFARGUE, art. préc. : exemple des communautés kanak de Nouvelle-Calédonie atteintes par les projets d'une usine hydro-métallurgique.

des services écologiques est moins originale que la dimension collective, ce qui explique que la Nomenclature l'ait prise en compte non pas en tant que telle mais au travers de préjudices classiques comme le préjudice économique ou le préjudice moral.

L'extension du préjudice collectif aux atteintes aux services écologiques doit s'accompagner d'un effort de rationalisation plus général pour dépasser l'actuelle fragilité de ce préjudice.

Rationalisation du préjudice collectif environnemental au profit de sa consolidation. – La notion de préjudice collectif né du dommage environnemental présente à ce jour une double fragilité.

D'une part, on assiste à une véritable dénaturation des textes relatifs à l'action collective, puisque ces textes, de nature processuelle, servent de fondement à la réparation du préjudice collectif environnemental, de nature substantielle. La Cour de cassation est même allée jusqu'à octroyer des dommages et intérêts à des associations de protection de l'environnement alors même qu'aucun dommage environnemental n'avait été constaté et que l'installation litigieuse avait été mise aux normes avant l'assignation en justice [16].

D'autre part, la jurisprudence actuelle relative au préjudice collectif environnemental est source d'insécurité à plusieurs titres. D'abord, du point de vue de l'évaluation du préjudice, elle est souvent forfaitaire et rarement motivée. Ensuite, du point de vue de la nature du préjudice collectif, on a du mal à comprendre s'il s'agit d'un préjudice autonome ou bien d'une forme de préjudice moral de nature subjective ou encore d'un préjudice objectif causé à l'environnement *per se*. Enfin, du point de vue de la réparation du préjudice collectif, l'existence d'une pluralité de défenseurs potentiels de l'intérêt collectif environnemental ne fait-il pas naître le risque d'une redondance indemnitaire source d'injustice pour le responsable ?

Fort de ces critiques et soucieux de consolider les bases du préjudice collectif environnemental propre à assurer son extension, le projet de Nomenclature est l'occasion de rationaliser ce préjudice en lui accordant une réelle autonomie par rapport aux préjudices qui lui sont périphériques (Section 1). Par ailleurs, la proposition de clefs pour une mise en œuvre raisonnée de ce poste de préjudice devrait juguler les excès actuels du préjudice collectif (Section 2).

---

16. Cass. 3e civ., 9 juin 2010, n° 09-11738 ; Cass. crim., 5 octobre 2010, n° 09-15500 ; Cass. crim., 3 mai 2011, n° 10-87679 ; Cass. 3e civ., 8 juin 2011, n° 10-15500.

SECTION 1
L'AUTONOMIE DU PRÉJUDICE COLLECTIF NÉ DU DOMMAGE ENVIRONNEMENTAL

Définition en plein et en creux. – Le préjudice collectif environnemental présent dans la Nomenclature se dédouble en deux catégories. D'une part, les atteintes aux services écologiques correspondent à « *une diminution des bienfaits ou des bénéfices que les êtres humains retirent des éléments de l'environnement ou de leurs fonctions écologiques, au-delà et indépendamment de l'altération des bénéfices individuels et clairement identifiés* ». D'autre part, les atteintes à la mission de protection de l'environnement regroupent les « *atteintes portées aux intérêts collectifs défendus par les personnes, publiques ou privées en charge de la défense de l'environnement sous ses différents aspects* ».

Indépendamment de ces définitions spéciales, le préjudice collectif né du dommage environnemental s'entend plus largement de l'atteinte portée « *à des intérêts humains dépassant la somme des intérêts individuels* » rejoignant ainsi la définition de l'intérêt collectif donnée par le *Vocabulaire juridique* Cornu qui évoque un « *intérêt commun (...) distinct des intérêts individuels* ». La compréhension de la notion englobante de préjudice collectif environnemental permettra d'appréhender simplement les différentes variétés qu'elle recouvre. Pour ce faire, il convient de mettre en perspective le préjudice collectif environnemental avec des notions voisines afin de démontrer l'autonomie d'un tel préjudice par rapport au préjudice social (§ 1), au préjudice moral (§ 2), au préjudice individuel (§ 3) et au préjudice causé à l'environnement (§ 4).

§ 1. – L'autonomie du préjudice collectif par rapport au préjudice social

Absence de confusion entre l'intérêt collectif et l'intérêt général. – La querelle est bien connue qui voit dans la défense de l'intérêt collectif par des personnes auxquelles le législateur ou le juge accorde qualité pour agir un empiétement sur les prérogatives du Ministère public, ou encore une confusion entre l'intérêt collectif et l'intérêt général. Malgré cela, il est acquis que l'intérêt altruiste ne se confond pas avec l'intérêt général puisqu'il s'agit d'un intérêt spécialisé [17] et que la défense de l'intérêt collectif n'est pas l'apanage de l'État. D'ailleurs, il n'est que de citer deux exemples pour démontrer que l'intérêt collectif environnemental ne rime pas toujours avec l'intérêt général tel que

17. G. Viney et P. Jourdain, *Les conditions de la responsabilité*, LGDJ, 3e éd. 2006, nº 303-5.

perçu par l'État à un moment donné. Dans l'affaire *Erika*, on soulignera que la demande de réparation du préjudice causé à l'environnement a été faite par plusieurs associations et par les collectivités territoriales mais pas par l'État. De plus, les juges d'appel ont reconnu explicitement la recevabilité des actions concurrentes de l'État et des collectivités territoriales pour la défense d'un territoire unique, en affirmant que « *l'intérêt de la Nation ne se confond pas avec celui de la commune, du département ou de la région, qui peuvent avoir des intérêts contradictoires en matière d'environnement. L'exemple le plus caractéristique est celui de l'implantation sur le territoire d'une commune d'une usine de traitement des déchets ou des eaux usées d'un département ou d'une communauté d'agglomérations* » [18]. On perçoit bien ici que le préjudice collectif environnemental est spécifique et ne se confond pas avec le préjudice social. En d'autres termes, « *les actions de l'État et des collectivités territoriales ne se confondant pas, le dommage causé par l'atteinte portée à leur action [en matière d'environnement] leur est propre et ne peut être assimilé à un dommage causé à la Nation tout entière* ». Cela vaut également pour les actions des associations en cas d'atteinte à l'objet social qu'elles ont pour mission de défendre et « *distinct de l'intérêt général* » [19]. Dans le même ordre d'idées, dans l'affaire de l'ourse Cannelle, le Ministère public n'a pas fait appel du jugement de relaxe du chasseur, alors que l'action des associations de protection de l'environnement sur les intérêts civils a conduit la Cour de cassation à condamner le chasseur à leur verser un montant cumulé de 10 000 euros [20].

L'autonomie du préjudice collectif environnemental par rapport au préjudice social permet de renforcer le rôle de vigie des défenseurs de la cause environnementale sous ses différents aspects, en complément du rôle dévolu à l'État. Cela permet de combler l'éventuelle inertie de l'État et également de l'assister dans la défense de l'ordre public environnemental en raison de l'implantation locale et de l'expertise spécifique des défenseurs nonétatiques de l'environnement [21]. À ce titre, il n'est pas rare que le juge le rappelle expressément, comme dans l'arrêt de la cour d'appel de Bastia du 1er décembre 2004 qui a retenu que « *l'atteinte portée, par la contravention reprochée, aux intérêts que l'office de l'environnement a pour objet de défendre, a causé à celui-ci un trouble direct et distinct du trouble social que le ministère public a mission de préserver* » [22].

---

18. CA Paris, pôle 4, 11e ch., 30 mars 2010, RG 08/02278 ; *D.* 2010, p. 2238, obs. L. NEYRET.
19. CA Paris, pôle 4, 11e ch., 30 mars 2010, préc.
20. Cass. crim., 1er juin 2010, no 09-87159, *Env.* 2011, comm. 2, L. NEYRET.
21. Cohérence européenne des recours collectifs, réponse à la consultation publique de la Commission européenne, C. PRIETO (dir.), *Société de législation comparée*, coll. Trans Europe Experts, Vol. 2, spéc. Rapport en droit de l'environnement p. 133 et s. : « *l'association est la mieux à même de porter le préjudice collectif, distinct de la somme des préjudices individuels* ».
22. CA Bastia, 1er décembre 2004, rendu dans une affaire de chasse sous marine dans une zone prohibée.

§ 2. – L'autonomie du préjudice collectif par rapport au préjudice moral

Jurisprudence : confusion fréquente entre le préjudice collectif et le préjudice moral. – On ne compte plus les demandes [23] et les décisions de justice qui confondent les notions de préjudice collectif et de préjudice moral en matière environnementale. Tel est le cas pour l'action associative exercée sur le fondement de l'article L. 142-2 du Code de l'environnement. Ici, le juge judiciaire octroie des dommages et intérêts à plusieurs associations de protection de l'environnement pour la pollution d'un ruisseau par du lisier pour « *leur préjudice moral en relation avec l'atteinte à leur objet social et aux intérêts collectifs qu'elles représentent* » [24]. Là, le juge retient qu'une marée noire « *a porté gravement atteinte à l'objet social [d'une association] et lui a donc causé un préjudice moral* » [25]. Là encore, le juge administratif condamne l'État en raison de l'illégalité d'un arrêté préfectoral fixant la liste des animaux nuisibles et les conditions de leur destruction, en considérant que l'illégalité a « *porté une atteinte directe aux intérêts collectifs que l'association requérante à pour objet de défendre, à savoir notamment la protection de la faune (...)* » [26] et en octroyant corrélativement des dommages et intérêts à l'association au titre de son « *préjudice moral* ». Le rattachement fréquent du préjudice collectif à la notion de préjudice moral ne va pourtant pas de soi.

Pour une distinction entre l'atteinte à l'intérêt collectif et l'atteinte à l'intérêt moral. – Le plus souvent, la jurisprudence rattache le préjudice collectif environnemental, en particulier l'atteinte à la mission de protection de l'environnement, au préjudice moral. Et pourtant une telle assimilation n'a rien d'évident. En premier lieu, la quasi-totalité des textes qui servent de fondement à la réparation du préjudice collectif font référence au « *préjudice direct ou indirect*

23. TGI Saint-Nazaire, 17 janvier 2012, RG 08/04388. Dans cette affaire de pollution de l'estuaire de la Loire par du pétrole, la région des Pays de la Loire demandait réparation du préjudice écologique en ces termes : « *toute atteinte au patrimoine environnemental cause un préjudice aux humains vivant sur le territoire en cause par la mise en échec des politiques environnementales conduites par les collectivités* ». Le tribunal n'a pas accueilli cette demande considérant que la région se fondait « *sur l'humain et non sur la nature et sur l'environnement au sens strict du terme* ».

24. CA Pau, 17 novembre 2009, RG 08/04394.

25. CA Paris, pôle 4, 11ᵉ ch., 30 mars 2010, préc.

26. TA Besançon, 20 mars 2008, req. 0601502, *Env.* mai 2008, p. 4. V. égal. CAA Nantes, 1ᵉʳ décembre 2009 : la cour relève que la carence fautive de l'État est à l'origine de la prolifération des algues vertes et que les associations requérantes « *ont été victimes d'une atteinte importante aux intérêts collectifs environnementaux qu'elles se sont données pour mission de défendre, constitutive d'un préjudice moral de nature à leur ouvrir un droit à réparation* ».

aux intérêts » [27], « *aux intérêts collectifs* » [28] ou encore « *au territoire* » [29] que les personnes habilitées à agir ont pour objet de défendre, sans préciser qu'il s'agit d'un intérêt de nature morale. La version des textes concernés est récente, ce qui montre la volonté consciente du législateur contemporain de ne pas assimiler intérêt collectif et intérêt moral. D'ailleurs, la seule disposition qui retient l'expression de « *préjudice aux intérêts collectifs, matériels ou moraux* » [30] est antérieure aux autres textes cités, ce qui laisse à penser que l'assimilation entre intérêts collectifs et intérêts matériels ou moraux n'est plus d'actualité. En second lieu, l'actuel flottement notionnel qui règne autour de la notion de préjudice collectif est un effet collatéral de la confusion qui règne autour de la notion de préjudice moral environnemental avec le risque d'insécurité juridique qui en découle. L'effet recherché de la Nomenclature est de dépasser cet état de confusion par un effort de définition et de rationalisation des postes de préjudices présentant une certaine proximité. Pour ce faire, la Nomenclature détache la notion de préjudice collectif de la notion de préjudice moral [31], elle l'émancipe eu égard à la différence de valeurs protégées par chacun de ces postes. Alors que le premier reflète en creux la protection de l'environnement comme « *patrimoine commun* » [32], le second s'attache, quant à lui, à la protection de l'environnement comme valeur d'agrément personnel ou de bien-être [33] individuel. Où l'on voit que l'atteinte aux services écologiques comme l'atteinte à la mission de protection de l'environnement se distinguent clairement de l'atteinte à l'image de marque et du préjudice de jouissance par la nature éminemment collective de la valeur qu'elles visent à protéger. Il s'ajoute à cela une différence de nature des intérêts juridiques concernés. La Nomenclature contribue en cela à supprimer l'empreinte négative du préjudice moral sur le préjudice collectif.

§ 3. – L'autonomie du préjudice collectif par rapport au préjudice individuel

Distinction entre défense d'un intérêt individuel et défense d'un intérêt altruiste par une personne morale. – Une autre explication de la confusion

27. C. env., art. L. 132-1.
28. C. env., art. L. 142-2, art. L. 437-18 ; C. urb., art. L. 160-1, L. 480-1 al. 5, art. L. 480-4 ; C. rur., art. L. 944-4.
29. C. env., art. L. 142-3 ; C. urb., art. L. 160-1, L. 480-1 al. 6.
30. C. env., art. L. 421-6.
31. M. Boutonnet, « La distinction préjudice économique / préjudice moral dans la Nomenclature des préjudices environnementaux », présent ouvrage.
32. C. env., art. L. 110-1.
33. G. Viney, *Les conditions de la responsabilité*, LGDJ, 2006, n° 269-1.

qui touche le préjudice collectif environnemental tient à ce que ce préjudice est porté, le plus souvent, par une personne morale. En effet, dans le cadre de son activité, la personne morale est amenée à agir en justice non seulement au titre du préjudice individuel en défense d'un intérêt propre, mais aussi au titre du préjudice collectif en défense d'un intérêt altruiste. Comme l'expriment des auteurs, « *l'intérêt individuel doit s'entendre d'un intérêt distinct de celui qui entre dans l'objet social du groupement personnalisé* » [34]. Or, en pratique, on observe une confusion entre préjudice collectif et préjudice individuel. Cela ressort notamment d'un arrêt de la cour administrative d'appel de Lyon [35] qui a octroyé des dommages et intérêts à une association de protection de l'environnement en raison de travaux conduits illégalement par une commune à l'origine de la destruction de frayères de saumons. Pour les juges, « *au regard du dommage écologique portant atteinte aux intérêts collectifs qu'elle s'est donnée pour objet de défendre, l'association justifie d'un préjudice propre dont elle est fondée à demander réparation sur le fondement de l'article L. 142-2 du Code de l'environnement* ». Avec la Nomenclature qui envisage distinctement [36] le préjudice collectif et les préjudices individuels nés du dommage environnemental, on évite une confusion des notions pour plus de transparence et de justice.

Spécificité du préjudice collectif environnemental. – La catégorie de préjudice collectif environnemental telle qu'établie par la Nomenclature s'entend d'un préjudice diffus, en ce qu'il touche soit à des services écologiques collectifs à savoir les services de régulation, des services d'approvisionnement ou encore les services culturels, soit aux actions de défense de l'environnement. Ce type de préjudice relève de la catégorie des atteintes à une grande cause [37]. Quant à sa nature, elle procède du bien-fondé de l'action. En ce sens, le préjudice collectif environnemental n'est pas collectif par la personne qui en demande réparation, même s'il s'agira le plus souvent d'une personne morale constituée d'une collectivité d'individus. Le préjudice collectif environnemental, qu'il concerne les services écologiques ou la mission de protection de l'environnement est collectif par l'objet auquel il s'applique, c'est-à-dire l'intérêt collectif environnemental. À ce titre, la doctrine majoritaire distingue clairement le préjudice individuel du préjudice collectif, en particulier pour admettre la prise en compte optimale des conséquences du dommage environnemental [38]. Un projet de réforme

34. *Ibid.*, n° 293.
35. CAA Lyon, 23 avril 2009, *Ass. Club Mouche Saumon Allier*, req. 07LY02634.
36. Sur cette distinction v. égal. M. BOUTONNET, « La distinction préjudice économique / préjudice moral dans la Nomenclature des préjudices environnementaux », préc.
37. G. VINEY et P. JOURDAIN, *op. cit.*, n° 303 : à propos de « *l'atteinte à une grande cause* ».
38. P. CATALA (dir.), *Avant projet de réforme du droit des obligations et de la prescription*, La Documentation française, 2006 : projet d'art. 1343 C. civ. : « *Est réparable tout préjudice certain consistant dans la lésion d'un intérêt licite, patrimonial ou extrapatrimonial, individuel ou collectif* ».

du droit de la responsabilité civile l'exprime explicitement en ces termes : « *L'atteinte à un intérêt collectif, telle l'atteinte à l'environnement, est réparable (...)* » [39]. Un auteur va même jusqu'à avancer que le préjudice collectif n'est pas un préjudice personnel puisqu'il dépasse la ou les personnes qui en demande(nt) réparation, mais un préjudice purement objectif [40]. Sans aller jusque-là, on pense que le préjudice collectif a une nature mixte, en ce qu'il est objectif par l'objet auquel il s'applique à savoir l'environnement, et subjectif soit par la finalité qu'il poursuit, préserver les bénéfices que l'environnement procure à l'homme, soit par la nature des mesures mises en œuvre par l'homme pour répondre au but recherché.

D'un point de vue procédural, la recevabilité de l'action pour préjudice collectif environnemental suppose que l'intérêt lésé entre dans l'objet social de la personne morale ou dans le champ de l'action d'une personne privée demandeurs à l'action. Dans l'affaire Erika, l'action de la Ligue de protection des oiseaux a ainsi été déclarée recevable eu égard à son objet statutaire qui consiste dans « *la protection des oiseaux et des écosystèmes dont ils dépendent, et en particulier, la faune et la flore qui y sont associés* », alors que des milliers d'oiseaux avaient été retrouvés mazoutés à la suite de la marée noire [41]. En revanche, dans une affaire de braconnage, les constitutions de partie civile de plusieurs sociétés de chasse ont été déclarées irrecevables dans la mesure où elles n'avaient pas prouvé que le prévenu avait chassé sur leurs territoires [42].

Quant au fond de l'action, les décideurs (juge ou régleur de sinistres) devront procéder à une distribution et à une articulation des conséquences préjudiciables entre les préjudices collectifs et les préjudices moraux individuels. Si l'on applique cette distinction à l'affaire de l'Erika, on obtient alors le schéma suivant. Au titre des préjudices moraux individuels causés à l'homme on trouve d'une part, le « *trouble de jouissance* », celui subi notamment par les commerçants pour qui la pollution de la mer a « *directement et gravement perturbé [l']existence* » et d'autre part, « *l'atteinte à la réputation et à l'image de marque* » comme « *l'image de territoire à l'écologie remarquable et encore préservée* » d'une Région. Au titre du préjudice collectif, on peut citer d'une part, l'atteinte à la mission de protection de l'environnement reconnue au profit d'une association, en ce que

---

39. F. Terré (dir.), *Pour une réforme du droit de la responsabilité civile*, Dalloz, coll. Thèmes et commentaires, 2011, art. 8.

40. Sur cette idée d'extension de la notion de préjudice objectif proposée pour les préjudices causés à l'environnement aux préjudices collectifs causés à l'homme à la suite d'un dommage environnemental : M. Boutonnet, « La distinction préjudice économique / préjudice moral dans la Nomenclature des préjudices environnementaux », préc.

41. CA Paris, pôle 4, 11e ch., 30 mars 2010, préc.

42. CA Aix-en-Provence, 13 mars 2006, n° 428/M/2006 à propos de la destruction par un braconnier de 304 chamois sans le Parc national du Mercantour et dans le Parc national des Écrins.

la « *marée noire a très sérieusement porté atteinte aux intérêts qu'[elle] défend en contrariant les efforts que cette dernière a déployés pour la protection des espèces animales et végétales, la diversité et les équilibres écologiques* », et d'autre part, l'atteinte aux services culturels [43] admise au profit d'une commune [44] en ce que « *le dommage subi au niveau de son territoire a eu, sur la qualité de vie de la population de cette commune la mer un impact particulièrement négatif qui lui a causé un préjudice indirect* ». On remarquera que la qualité du demandeur représentant une collectivité d'individus ne doit pas entraîner une disqualification des préjudices individuels traditionnels en préjudice collectif. À ce titre, dans l'affaire Erika [45], le juge appelé à réparer les préjudices sollicités par la Ligue de protection des oiseaux a clairement distingué le « *préjudice résiduel dû aux coûts importants des nombreuses actions que l'association a dû déployer (collectes d'oiseaux, surveillance, dépollution, frais de coordination...)* », de nature individuelle, du préjudice résultant de l'atteinte portée à l'objet statuaire de cette association, de nature collective.

§ 4. – L'autonomie du préjudice collectif par rapport au préjudice causé à l'environnement

Confusion jurisprudentielle entre le préjudice collectif le préjudice causé à l'environnement. – Les décisions des juges appelés à se prononcer sur les conséquences préjudiciables du dommage environnemental confondent souvent préjudice collectif et préjudice à l'environnement lui-même. À titre d'exemple, dans une affaire relative à l'action d'une commune sur le territoire de laquelle un Parc avait été détérioré par une pollution aux hydrocarbures, le tribunal de grande instance de Nanterre a retenu dans un jugement du 11 mai 2009 [46] que la commune était « *en droit de faire reconnaître l'existence d'un préjudice environnemental subi par le patrimoine naturel du Parc (...) cette atteinte portée à l'environnement lésant à l'évidence, de manière directe ou indirecte, les intérêts collectifs des administrés de la commune qu'elle a statutairement pour mission*

---

43. V. aussi, TGI Tours, 24 juillet 2008, à propos des conséquences préjudiciables de la pollution d'une rivière : « *la réparation de ces dommages ne peut pas seulement prendre en compte des éléments objectifs tels que la mortalité des poissons, le nettoyage de la rivière, le ré-empoissonnement, les actions d'information des publics, etc., mais encore, et tout autant, une dimension plus subjective, même dans son évocation collective, qui tient à la nostalgie paysagère et halieutique, à la beauté originelle du site, à l'âme d'un territoire, à l'histoire des peuples et à ce que certains philosophes et scientifiques appellent la mémoire de l'eau* ».

44. Communes de Pouliguen et de Mesquer. De même pour la commune de Mesquer.

45. CA Paris, pôle 4, 11e ch., 30 mars 2010, préc.

46. RG 06/13731 confirmé par CA Versailles, 25 novembre 2010, RG 09/04888.

de sauvegarder ». Les juges ont alors alloué à la commune 1 euro au titre du préjudice environnemental. La confusion est tout aussi prégnante dans l'arrêt du 30 mars 2010 rendu dans l'affaire Erika où les juges parisiens ont retenu « *qu'une personne [avait] subi un préjudice écologique* ».

Pour une distinction entre le préjudice collectif et le préjudice causé à l'environnement. – La Nomenclature délimite un périmètre propre aux deux postes de préjudice que sont le préjudice collectif environnemental et le préjudice causé à l'environnement. La distinction ainsi consacrée repose sur une pluralité de critères qui présentent des liens entre eux. Premièrement, ces postes de préjudices se distinguent par leur objet. D'un côté, le préjudice collectif environnemental concerne les intérêts humains, et plus spécialement l'interface [47] entre nature et culture conceptualisée au travers de la notion de « *patrimoine commun* » [48]. D'un autre côté, le préjudice causé à l'environnement a pour objet l'environnement en tant que tel et renvoie à une « *réalité écologique* » [49]. Deuxièmement, les préjudices envisagés se distinguent par la valeur qu'ils protègent en creux : au préjudice collectif, la prise en compte de la valeur instrumentale de l'environnement et au préjudice causé à l'environnement, la protection de la valeur intrinsèque de la nature [50]. Troisièmement, ces postes de préjudice se distinguent par leur nature. Alors que le préjudice collectif est « causé à l'homme » et revêt en cela une nature subjective [51], le préjudice causé à l'environnement, présente, quant à lui, une nature purement objective [52] signifiée par son autonomie par rapport aux répercussions éventuelles sur les intérêts humains. Quatrièmement, ces préjudices sont autonomes par leur différence potentielle de gravité. L'ampleur du préjudice collectif environnemental peut être sans commune mesure avec l'ampleur du préjudice à l'environnement. Par exemple, les 10 000 euros de dommages et intérêts alloués aux associations pour la mort de l'ourse Cannelle au titre de ce que la Nomenclature désigne comme l'atteinte à la mission de protection de l'environnement sont bien en deçà de l'ampleur du préjudice causé à l'environnement, non réparé et constitué par la disparition du dernier représentant de l'espèce d'ours de souche pyrénéenne. Où l'on voit

47. Pour James Aronson, les services écologiques occupent un rôle charnière entre le capital naturel et la société : « Regard d'un écologue sur la proposition de Nomenclature des préjudices environnementaux », présent ouvrage.

48. C. env., art. L. 110-1.

49. M. BOUTONNET, « Les chefs de préjudices causés à l'environnement », Guide de mise en œuvre, présent ouvrage.

50. En ce sens : « Regard d'économistes sur la proposition de Nomenclature du dommage environnemental », présent ouvrage. À noter que la Convention sur la diversité biologique de 1992 consacre dans son préambule la « *valeur intrinsèque de la diversité biologique* ».

51. Ou mixte selon le point de vue, v. *supra* I. C.

52. L. NEYRET, *Atteintes au vivant et responsabilité civile*, LGDJ, 2006, n° 581 et s.

ici que culture et nature ne coïncident pas forcément, ou encore que la valeur instrumentale de l'environnement ne coïncide pas nécessairement avec sa valeur intrinsèque [53] et qu'en se limitant à la seule réparation de l'atteinte à la valeur instrumentale, on empêche une prise en compte optimale des conséquences du dommage environnemental. Et pourtant, ce qui est considéré comme inutile aujourd'hui pourra être utile demain, à l'image d'une plante dont on découvrirait les vertus thérapeutiques dans le futur.

Certes, il existe une proximité entre le préjudice collectif environnemental sous toutes ses formes et le préjudice causé à l'environnement en tant que tel. En effet, tous les deux ont pour origine commune le dommage environnemental et participent ainsi à une prise en compte optimale des conséquences de ce dommage spécifique. Certes, une telle proximité produira des effets lors de la mise en œuvre de chacun de ces postes de préjudice avec une nécessaire articulation entre l'un et l'autre. Pour autant, leur différence d'objet, de valeur, de nature et d'ampleur justifient le choix de les distinguer dans la Nomenclature.

À présent que la spécificité du préjudice collectif né du dommage environnemental a été démontrée, il s'agit désormais de poser les jalons d'une mise en œuvre raisonnée d'un tel poste de préjudice, afin d'éviter les excès dont on est témoin actuellement, spécialement pour ce que la Nomenclature désigne sous les traits de l'atteinte à la mission de protection de l'environnement.

SECTION 2
LA MISE EN ŒUVRE DU PRÉJUDICE COLLECTIF NÉ DU DOMMAGE ENVIRONNEMENTAL

L'une des particularités de la Nomenclature proposée est de donner prise à l'application d'une diversité de régimes dont les finalités varient d'un poste de préjudice à un autre. Ainsi, par exemple, alors que le préjudice individuel économique remplit une fonction éminemment réparatrice, le préjudice collectif environnemental remplit une pluralité de fonctions selon la situation dommageable concernée (§ 1). De plus, à préjudice collectif, collectivité de défenseurs, ce qui impose d'envisager l'articulation d'actions multiples pour un préjudice unique (§ 2).

53. D'ailleurs, il n'est que de constater que les associations de protection de l'environnement choisissent comme symboles ici un panda, là un macareux, plutôt que telle araignée ou autre reptile.

§ 1. – La pluralité de fonctions du préjudice collectif

« À préjudice collectif, sanction à portée collective » : telle pourrait être la devise de mise en œuvre du préjudice d'atteinte à la mission de protection de l'environnement dont l'importance des fonctions varie selon le moment d'intervention du droit, en amont ou en aval du dommage environnemental. D'abord, au stade de la menace d'atteinte à l'environnement, la fonction première du préjudice collectif environnemental est de permettre l'intervention du droit dans un souci de prévention (A). Ensuite, en cas de survenance du dommage environnemental, ce préjudice collectif devrait servir de fondement à la réparation mais seulement à titre secondaire (B). Enfin, que l'on se situe avant ou après la réalisation du dommage environnemental, le préjudice collectif ne devrait jouer une fonction de sanction des comportements à risque pour l'environnement qu'à titre exceptionnel et dans des conditions bien déterminées (C).

A. UNE FONCTION ESSENTIELLEMENT PRÉVENTIVE

Nomenclature et prévention. – Il est des préjudices dont on ne peut prendre le risque qu'ils se réalisent et pour lesquels le droit doit tout faire pour les prévenir. Le dommage environnemental en fait partie. À ce propos, le législateur communautaire ne s'y est pas trompé, qui a inscrit la prévention d'un tel dommage au fronton de la directive 2004/35 relative à la responsabilité environnementale [54], suivi en cela par le législateur national [55] qui a créé un nouveau titre dans le Code de l'environnement intitulé « *prévention et réparation de certains dommages causés à l'environnement* ». Le préjudice collectif né du dommage environnemental dans ses différentes formes proposées par la Nomenclature doit être centré sur la prévention du dommage environnemental. La présente Nomenclature constitue donc un instrument au service de la prévention des dommages. Il s'agit là d'une originalité, si l'on compare à la Nomenclature des préjudices corporels où chaque poste de préjudice sert de fondement à la fixation d'une indemnité. Avec la Nomenclature des préjudices liés au dommage environnemental, la reconnaissance d'un poste de préjudice ne signifie pas automatiquement l'allocation de dommages et intérêts, ce qui permet de nuancer le risque d'inflation indemnitaire redouté par certains à la suite de la Nomenclature.

---

54. Dir. 2004/35 du 21 avril 2004 relative à la responsabilité environnementale en ce qui concerne la prévention et la réparation des dommages environnementaux, *JOUE* 30 avril.

55. L. n° 2008/757 du 1er août 2008 relative à la responsabilité environnementale, *JORF* 2 août.

Sanctions préventives. – Lorsqu'en amont de la réalisation d'un dommage environnemental, un décideur sera saisi sur le fondement du préjudice collectif, il pourra actionner plusieurs leviers de sanctions [56] préventives de nature différente. Ainsi, le juge des référés prescrira « *les mesures conservatoires (...) qui s'imposent (...) pour prévenir* » [57] le dommage, le préfet demandera à l'auteur de la menace de dommage environnemental de prendre les mesures de prévention adéquate [58], et à défaut « *de consigner entre les mains du comptable public une somme répondant du montant des mesures de réparation* » [59]. Le juge fera injonction à l'auteur de la menace de dommage de se mettre en conformité avec la loi sous astreinte par jour de retard, il prononcera l'interruption de l'activité à risque [60], ou encore la fermeture temporaire [61] ou définitive de l'installation [62]. La Nomenclature proposée est donc destinée à faciliter le recours aux mesures préventives par une identification plus claire des préjudices à prévenir. Cela éviterait les décisions du style de l'arrêt rendu par la cour d'appel de Paris en 2007 qui a refusé de faire cesser les travaux de construction d'un complexe industriel de traitement du nickel sur les territoires de populations kanak en Nouvelle-Calédonie malgré le risque de transformation irréversible du site, dans la mesure où « *les risques de pollution et d'atteintes à l'environnement allégués (...) pourront se produire que lors de la mise en service des installations* » [63]. Où l'on ne saurait accepter plus longtemps d'attendre qu'un risque de préjudice collectif se réalise pour en prévenir les conséquences.

En aval de la survenance d'un dommage environnemental, la fonction préventive du préjudice collectif se manifestera par l'injonction de mesures de limitation, à l'image de la décision du tribunal administratif de Châlons-en-Champagne qui a « *enjoint au préfet de la Marne de prendre toute mesure utile à l'effet d'interdire immédiatement la poursuite* » d'une rave party (Teknival) [64].

Articulation avec les autres postes de préjudice. – Les mesures de prévention prescrites à l'occasion d'une action pour préjudice collectif environnemental

---

56. L. Neyret, « Pour une théorie générale de la sanction en droit de l'environnement », *in* C. Chesnais et D. Fenouillet, *Les sanctions en droit contemporain*, vol. 1, *Recherches de tendances*, Dalloz, coll. Esprit du droit, 2012, à paraître.

57. CPC, art. 809, 849, 873 ; CJA, art. L. 521-2, à propos des mesures nécessaires à la sauvegarde d'une liberté fondamentale.

58. Dans le prolongement de l'art. L. 162-13 du Code de l'environnement.

59. C. env., art. L. 162-14.

60. C. env., art. L. 562-5 II.

61. Cass. 2e civ., 20 octobre 1976, n° 75-11636.

62. Not. C. env., art. L. 541-46, L. 542-2-2.

63. CA Paris, 2 février 2007, RG 06/21107.

64. TA Châlons-en-Champagne, ord., 29 avril 2005, *Conservatoire du patrimoine naturel, Ligue de protection des oiseaux, Fédération des conservatoires d'espaces naturels c/ Préfet de la Marne*, n° 0500828, n° 0500829, n° 0500830.

devront être articulées avec les préjudices individuels éventuellement subis par les porteurs d'un tel préjudice, afin de déterminer dans quelle mesure la prise en compte du préjudice collectif épuise les préjudices individuels.

Préjudice collectif et préjudice économique en cas de risque de dommage environnemental. – La plupart du temps, en l'absence de dommage environnemental, les préjudices individuels devraient se limiter aux coûts des mesures de prévention éventuellement engagés par le demandeur, à l'image des « *dépenses exposées [afin de] prévenir la réalisation imminente d'un dommage* » [65], ou encore des sommes liées aux « *mesures qui ont permis de maîtriser le risque d'extension de la pollution* » [66]. Il faut y ajouter les « coûts additionnels » visés par la Nomenclature, et en particulier les frais de justice [67] engagés pour permettre la mise en œuvre des mesures de prévention. Il s'agit non seulement des honoraires d'avocat mais aussi des frais de diagnostic ou d'expertise environnementale nécessaires à l'évaluation du risque.

Préjudice collectif et préjudice moral en cas de risque de dommage environnemental. – Est-ce que la prescription de mesures préventives au titre du préjudice collectif environnemental épuise les préjudices moraux occasionnés par un risque de dommage environnemental ? La réponse varie selon que le comportement illicite à l'origine du risque de dommage persiste ou a cessé au jour de l'assignation.

Soit le risque d'atteinte à l'environnement lié au manquement à la législation environnementale perdure au jour de la saisine du juge. Dans ce cas, le demandeur pourrait prétendre à la réparation de deux types de préjudices, en sus des mesures préventives prescrites : d'une part, le préjudice de jouissance, à l'image de l'association de pêcheurs dont l'activité de loisir a été troublée par la menace de pollution d'une rivière et d'autre part, le préjudice collectif dans sa dimension subjective qui correspond à l'atteinte aux efforts déployés pour accomplir la mission du demandeur [68].

Soit le risque d'atteinte à l'environnement a cessé au jour de l'assignation, auquel cas aucun préjudice, collectif ou individuel, ne serait réparable. Récemment, on a vu la Cour de cassation [69] valider l'allocation de dommages et intérêts au profit d'associations de protection de l'environnement, alors même qu'aucun

65. Cass. 1re civ., 28 novembre 2007, n° 06-19405 : concernant les travaux entrepris par une commune pour éviter la chute de rochers d'une propriété privée.

66. CA Metz, 1er juillet 2008, *SA Mosellane des Eaux c/ SAS France Transfo*.

67. En ce sens pour les frais d'avocats : v. contribution G. Gaillard.

68. Sur les modalités d'évaluation de ce préjudice v. *infra* II.A.2.

69. Cass. 3e civ., 9 juin 2010, n° 09-11738 ; Cass. crim., 5 octobre 2010, n° 09-15500 ; Cass. crim., 3 mai 2011, n° 10-87679 ; Cass. 3e civ., 8 juin 2011, n° 10-15500.

dommage environnemental n'était survenu et que le risque avait cessé avant la saisine du juge. Pour la Cour, « *l'infraction commise aux dispositions législatives et réglementaires relative à la protection de (...) l'environnement [cause] un préjudice moral indirect et [porte] atteinte aux intérêts collectifs que [les associations] avaient pour objet de défendre* » [70], étant précisé que « *la circonstance que l'infraction (...) ait cessé à la date de l'assignation [demeure] sans conséquence sur l'intérêt des associations à agir pour obtenir la réparation intégrale du préjudice subi* ». Une telle position a fait l'objet de critiques doctrinales [71], soit que l'on réparerait là « *l'angoisse fugacement éprouvée par une personne morale* » [72], soit que l'on admettrait alors un simple « *préjudice virtuel* » [73] sans consistance, autrement dit une présomption de préjudice « *aberrante* » [74]. Un auteur a même qualifié ce prétendu préjudice associatif d'« *aliments destinés à assurer la subsistance de l'association* » [75]. Indépendamment de la question du bien fondé de l'action associative, on peut considérer que si un exploitant s'est mis en conformité avec la législation environnementale avant l'introduction de l'instance, alors l'action est irrecevable à défaut d'intérêt actuel à agir [76]. La Nomenclature pourrait être l'occasion de remettre une telle jurisprudence sur le métier afin de juguler les excès de la réparation du préjudice collectif. En effet, en donnant davantage prise à la prévention des dommages environnementaux par le biais du préjudice collectif, en recentrant le préjudice moral environnemental sur sa dimension individuelle, et en admettant une prise en compte de la spécificité des coûts contentieux et précontentieux en cas de risque de dommage environnemental, la Nomenclature devrait permettre un retour à davantage d'orthodoxie juridique en matière de traitement jurisprudentiel du simple risque de dommage environnemental.

Lorsqu'il est trop tard, que le dommage environnemental s'est réalisé, il reste alors à se demander si le préjudice collectif peut toujours jouer un rôle, de l'ordre de la réparation. Si la réponse est certainement affirmative, il n'en reste pas moins que la Nomenclature participe d'un recentrage de cette fonction du préjudice collectif dans des limites raisonnables.

---

70. Cass. 3e civ.,9 juin 2010, préc.

71. G. Forest, *D.* 2011, p. 1691 ; M. Boutonnet et L. Neyret, « Préjudice moral et atteintes à l'environnement », *D.* 2010, p. 912 ; F.-G. Trébulle, *D.* 2011, p. 2698. Pour une position plus nuancée : B. Parance, *D.* 2011, p. 2635.

72. G. Forest, préc.

73. M. Boutonnet et L. Neyret, art. préc.

74. B. Grimonprez, *Env.* 2011, comm. 96.

75. C. Bloch, *La cessation de l'illicite*, Dalloz, 2008, nº 429.

76. En ce sens : CA Rouen, 31 mars 2011, RG 10/02214.

B. Une fonction secondairement réparatrice

Caractère mixte du préjudice collectif, à la fois objectif et subjectif. – Le préjudice collectif d'atteinte à la mission de protection de l'environnement présente une nature mixte. Il est objectif par l'objet auquel il s'applique, à savoir l'environnement, et subjectif soit par la finalité qu'il poursuit, c'est-à-dire préserver les bénéfices que l'environnement procure à l'homme, soit par la nature des mesures mises en œuvre par l'homme pour répondre au but recherché. Cette nature spécifique produit des effets sur les mesures de réparation susceptibles d'être prononcées en cas de préjudice collectif environnemental.

Opportunité de la réparation en nature des intérêts objectifs lésés. – Lorsque l'intérêt collectif est lésé à la suite d'un dommage environnemental, le mode de réparation à privilégier est la réparation en nature, tant le préjudice collectif est réfractaire à l'idée d'évaluation. Outre les mesures propres à faire cesser le trouble et indépendamment des mesures destinées à compenser les conséquences préjudiciables pour l'environnement en tant que tel, il s'agit de faire disparaître l'affront subi par l'intérêt collectif. Au titre des réparations à portée collective, on pense bien sûr à l'affichage [77] ou à la diffusion de la décision par voie de presse [78] ou par tout moyen de communication au public par voie électronique [79]. La portée symbolique de ce type de réparation est patente et rejoint le droit international relatif à la réparation des victimes de violations flagrantes du droit humanitaire qui prévoit que la « *satisfaction* » des victimes peut prendre la forme d'une « *divulgation complète et publique de la vérité* », d'une « *acceptation de responsabilité* » ou encore d'« *excuses publiques* » [80] ; autant de modes de réparation-expiation qui concernent des préjudices collectifs et qui pourraient être transposés en matière environnementale, par exemple en cas de préjudice culturel né du dommage environnemental [81].

Contractualisation de la réparation du préjudice collectif. – La réparation du préjudice collectif pour dommage environnemental peut être mise en œuvre

77. T. corr. Rennes, 26 juin 1992, n° 210992 : affichage pendant 30 jours à la porte de la société responsable et à la porte de la Mairie du jugement sanctionnant une société pour avoir exploité sans autorisation des décharges en zone humide.

78. Not. : C. env., art. L. 216-11. CA Agen, 17 janvier 2008, RG 07/00342 : condamnation à publier dans la presse locale la décision de condamnation d'une personne ayant réalisé des travaux dans un cours d'eau présentant un danger pour le poisson et modifiant le milieu aquatique. Il arrive que les juges refusent une telle publication en raison du temps écoulé depuis le fait dommageable : CA Rouen, 26 juin 2006, RG 05/00027.

79. Not. : C. env., art. L. 163-7, L. 216-11.

80. Résolution 60/147 des Nations Unies du 16 décembre 2005 : L. Neyret, « La réparation des préjudices aux générations futures » *in Quelle responsabilité juridique envers les générations futures ?*, J.-P. Markus (dir.), Dalloz, coll. Thèmes et commentaires, 2012.

81. R. Lafargue, art. préc.

au travers d'un contrat négocié entre le représentant de l'intérêt collectif lésé et le responsable du dommage. Cette « *négociation* » [82] pourrait avoir lieu dans le cadre de la loi de 2008 relative à la responsabilité environnementale entre le préfet et l'exploitant. L'expérience le dira. D'ores et déjà, la contractualisation de la réparation du préjudice collectif environnemental est illustrée à propos de préjudice culturel par le « Pacte pour un développement durable du Grand Sud » conclu en 2008 entre la société d'exploitation minière Goro Nickel et les représentants coutumiers du peuple kanak. Pour obtenir le droit d'extraire du nickel dans une région à haute valeur environnementale et culturelle, la société minière a pris plusieurs engagements « *dont le but est d'initier (...) un processus de développement durable et partagé* ». Concrètement, la société Goro Nickel s'est engagée à financer un programme de reboisement des zones périphériques non affectées par l'activité d'extraction, à procéder à une collecte de graines et à leur ensemencement, ou encore à construire un centre de visiteurs. Du point de vue de son application dans le temps, l'accord entre en vigueur « *à la date de la première tonne de minerai extraite* » et s'applique pour une durée de trente ans. Où l'on voit que l'efficacité de la réparation du préjudice collectif peut résulter d'une négociation entre les parties prenantes les plus proches du siège du dommage.

La prise en compte de la dimension objective du préjudice collectif environnemental n'épuise pas pour autant sa dimension subjective.

Opportunité d'une réparation pécuniaire des intérêts subjectifs lésés. – Pour être intégrale, la réparation du préjudice collectif suppose de prendre en compte la lésion des intérêts subjectifs du demandeur, et tout spécialement l'anéantissement des efforts qu'il a déployés pour accomplir sa mission. Autrement dit, la perte caractéristique d'un tel préjudice « *s'établit en gestion et non en valeur vénale* » [83] de l'environnement concerné. La réparation pécuniaire du préjudice collectif est courante, souvent forfaitaire mais de plus en plus souvent motivée *in concreto*. Par exemple, pour apprécier le montant du préjudice d'une association de protection de l'environnement au titre de l'atteinte aux intérêts collectifs qu'elle a statutairement pour mission de défendre, une cour d'appel a retenu que l'association intervenait « *de façon préventive contre les atteintes à l'environnement, [mobilisait] des bénévoles sur le terrain, [organisait] des*

---

82. G.-J. MARTIN, « La responsabilité environnementale », *in L'efficacité du droit de l'environnement – Mise en œuvre et sanctions*, O. BOSKOVIC (dir.), Dalloz, coll. Thèmes et commentaires, 2010, p. 9 et s., spéc. p. 17 et 18.

83. CA Toulouse, 26 novembre 2007, RG 2007/1134 : à propos du recours d'une association de chasse contre l'auteur d'actes de braconnage (destruction d'un chat sauvage et d'un isard), la cour d'appel a affirmé que l'association « *gère directement son patrimoine de telle sorte que sa perte s'établit en gestion et non en valeur vénale de l'animal braconné* ».

journées d'information et [publiait] par ailleurs un bulletin d'information » [84]. Dans le même sens, les juges parisiens à l'origine de l'arrêt *Erika* ont affirmé que « *toute atteinte à l'environnement (...) contrarie les efforts faits par [la collectivité territoriale] dans le cadre de ses compétences, pour améliorer le cadre de vie des habitants et celui des touristes qu'accueille sa population* » [85]. On remarquera que les mêmes juges ont qualifié ce préjudice de « *personnel* », montrant bien ici l'imbrication entre la défense de l'intérêt collectif et les intérêts subjectifs susceptibles d'être lésés en cas de dommage environnemental. Quant à l'évaluation du préjudice résultant de l'atteinte à l'objet social des associations de protection de l'environnement parties civiles dans le procès Erika, le juge vise, ici, les « *multiples efforts [de l'association] pour protéger les espèces animales et végétales, la diversité et les équilibres biologiques* », là, « *l'opiniâtreté avec laquelle elle sert son objet social* », là encore, le nombre d'adhérents et de salariés mis au service de la mission de l'association. De tels critères concernent l'évaluation du préjudice moral. Or, on a montré que le préjudice collectif méritait d'être autonome par rapport au préjudice moral. Dans ces conditions, de tels indicateurs pourraient être repris pour l'évaluation du préjudice collectif dans sa dimension subjective. Reste que d'une espèce à une autre ces indicateurs sont plus ou moins précis, en plus d'être variables. Un souci de sécurité juridique milite donc pour une rationalisation des critères d'évaluation du préjudice collectif.

Pour une rationalisation des indicateurs d'évaluation du préjudice collectif subjectif. – Pour gagner en rigueur, l'évaluation du préjudice collectif environnemental pourrait profiter des propositions avancées pour d'autres préjudices dont la consistance est, elle aussi, difficile à saisir. Cela concerne tout spécialement le préjudice économique consécutif aux actes de concurrence déloyale ou illicite [86] pour lequel il a été précisé que les instruments de mesure à utiliser étaient les indicateurs spécifiques d'activité. Il serait envisageable de proposer un instrument réglementaire destiné à faciliter la quantification du préjudice collectif environnemental dans sa dimension subjective en édictant, à l'image de ce qu'a fait la Commission européenne pour les dommages concurrentiels, « *des lignes directrices non contraignantes suggérant des méthodes d'approximation ou des règles simplifiées pour l'estimation des dommages causés* » [87]. Des indicateurs d'évaluation du préjudice collectif environnemental pourraient être classés suivant plusieurs critères. *Ratione materiae*, il s'agirait de prendre en compte l'importance

84. CA Toulouse, 3e ch., 8 septembre 2008, 07/01683 : affaire où le prévenu avait réalisé des travaux dans le lit d'un cours d'eau, à l'origine d'une modification de son débit.
85. CA Paris, pôle 4, 11e ch., 30 mars 2010, préc.
86. G. VINEY et P. JOURDAIN, *Les effets de la responsabilité*, LGDJ, 3e éd., 2011, n° 91.
87. *Ibid.*

et la nature de l'activité déployée, l'ampleur de l'engagement sur le terrain par le biais de campagnes de sensibilisation ou de préservation de l'environnement, la place dans les instances spécialisées (conseil de l'eau, conseil national de protection de la nature, conseil du bruit, conseil national des déchets, conseil national du développement durable [88]...), ou encore le nombre d'adhérents ou d'administrés. *Ratione temporae*, la consistance du préjudice collectif environnemental dans sa dimension subjective devrait être d'autant plus importante que l'action du demandeur s'est déroulée sur une longue période. Il est déjà fréquent que les juges modulent le montant des dommages et intérêts en fonction des années d'engagement de telle ou telle association [89]. *Ratione loci*, enfin, l'évaluation du préjudice collectif devrait dépendre de l'étendue géographique de l'action du demandeur, c'est-à-dire à l'échelle locale, nationale ou encore internationale.

Quoi qu'il en soit, la réparation du préjudice collectif ne devrait pas être un moyen détourné pour sanctionner des comportements attentatoires à la cause environnementale, sauf à adopter un cadre rigoureux en ce sens, à titre exceptionnel.

C. UNE FONCTION EXCEPTIONNELLEMENT SANCTIONNATRICE

L'opportunité d'une sanction en cas de faute lucrative. – Il est fréquent que sous couvert de réparation du préjudice collectif, le juge sanctionne les manquements à la législation environnementale. Cette instrumentalisation du préjudice collectif utilisé comme « *mécanisme punitif* » [90] ou peine privée [91] ressort tout spécialement de la jurisprudence récente qui admet la réparation du préjudice des associations de protection de l'environnement consécutif à la violation de la législation environnementale, en dépit de tout dommage environnemental et alors même que l'exploitant s'est mis en conformité avec la loi au jour de l'assignation [92]. Il est clair que le juge détourne alors la responsabilité civile de sa fonction première de réparation pour l'orienter, de façon clandestine, vers une fonction de sanction. Or, pour éviter les excès d'une telle évolution,

---

88. Cette mention apparaît dans CA Paris, pôle 4, 11e ch., 30 mars 2010, préc.
89. CAA Lyon, 23 avril 2009, Req. 07LY02634 : « *l'association requérante œuvre depuis de nombreuses années (...) à la reconstitution des espèces de poissons migrateurs, et en particulier du saumon atlantique* ».
90. F.-G. TRÉBULLE, *D.* 2011, p. 2698.
91. Sur les excès du préjudice moral des personnes morales : N. MOLFESSIS, « La réparation du préjudice extrapatrimonial », *in Les limites de la réparation du préjudice*, Dalloz, coll. Thèmes et commentaires, 2009, p. 394, spéc. p. 428 et s.
92. V. *supra*.

il conviendrait d'officialiser les dommages et intérêts non compensatoires en cas de préjudice collectif environnemental.

L'officialisation de ce qui s'apparente à une véritable peine privée est proposée en doctrine tout spécialement dans le domaine du dommage environnemental [93]. Cela concerne le cas de la faute lucrative [94], c'est-à-dire « *de la faute dont les conséquences profitables pour son auteur ne sont pas neutralisées par une simple réparation des dommages causés* » [95], ou bien de la faute « *très grave et délibérée* » [96]. Un tel mécanisme, qui existe déjà au Canada [97], serait assorti d'une obligation d'affectation [98] du montant des dommages et intérêts dépassant le préjudice subi, soit au Trésor public, soit à un fonds [99] vert en charge des intérêts auxquels la faute a porté préjudice. Ce principe d'affectation aurait pour mérite d'éviter un enrichissement du demandeur, d'autant plus critiquable que le nombre de porteurs d'actions pour préjudice collectif environnemental peut être important.

§ 2. – La pluralité de défenseurs de la cause environnementale

Intérêt collectif unique pour défenseurs multiples. – La défense de l'intérêt collectif environnemental n'est pas l'apanage d'une seule personne mais d'une pluralité. Pour s'en convaincre, il n'est que de constater qu'en cas de dommage environnemental, il est fréquent d'avoir une multitude de parties civiles qui

---

93. G. VINEY et P. JOURDAIN, *Les effets de la responsabilité*, préc., n° 6-7 ; P. CATALA (dir.), *Avant-projet de réforme du droit des obligations*, préc., article 1371 ; Rapport Lepage sur la gouvernance écologique, M. BOUTONNET et L. NEYRET, *Env.* avril 2008, p. 28 ; F. TERRÉ (dir.), *Pour une réforme du droit de la responsabilité civile*, Dalloz, coll. Thèmes et commentaires, 2011, article 54.

94. F. Terré, projet préc., qui évoque des « dommages et intérêts restitutoires » destinés à restituer à la victime le profit illicite retiré par l'auteur d'un délit civil.

95. G. VINEY et P. JOURDAIN, *Les effets de la responsabilité*, préc., n° 6-7.

96. *Ibid.*

97. F.-G. TRÉBULLE, « Les fonctions de la responsabilité environnementale : réparer, prévenir, punir », *in* C. CANS (dir.), *La responsabilité environnementale*, Dalloz, coll. Thèmes et commentaires, 2010, p. 17, spéc. p. 41.

98. G. VINEY et P. JOURDAIN, *Les effets de la responsabilité*, préc., n° 6-7.

99. En droit positif, il existe déjà un Fonds de garantie des risques liés à l'épandage agricole des boues d'épuration urbaines et industrielles créé en 2006 (C. ass., art. L. 425-1 et R. 424-1 à R. 424-17) chargé d'indemniser les préjudices subis par les exploitants agricoles et les propriétaires des terres agricoles et forestières dans les cas où ces termes deviendraient totalement ou partiellement impropres à la culture en raison de la réalisation d'un risque sanitaire ou de la survenance d'un dommage écologique lié à l'épandage dès lors que ce rique ou ce dommage ne pouvait pas être connu au moment de l'épandage et n'est pas assurable. Au-delà v. la proposition de loi visant à instaurer un Fonds de garantie pour les victimes d'atteintes à l'environnement, 29 septembre 2009, doc. AN n° 1941. Cette proposition est limitée aux conséquences sanitaires des atteintes à l'environnement.

invoquent l'atteinte à l'intérêt collectif qu'elles ont pour objet de défendre. À titre d'illustration, dix associations demandaient réparation de ce préjudice dans l'affaire de l'ourse Cannelle, et plus de vingt associations et collectivités territoriales dans l'affaire Erika. Or, comment ne pas percevoir ici le risque de redondance indemnitaire [100] quand les associations détiennent une compétence partagée pour la défense d'une même cause ou encore quand le découpage administratif implique un empilement de plusieurs défenseurs pour une même partie de territoire. En réalité, la difficulté peut être dépassée si l'on suit une double distinction : d'un côté, entre la recevabilité et le bien-fondé de l'action pour préjudice collectif (A) et de l'autre, entre la part objective et la part subjective de l'intérêt collectif environnemental (B).

A. La distinction entre recevabilité et bien fondé de l'action

Autonomie entre l'intérêt à agir et le droit à réparation. – Comme le soulignent des auteurs à propos de l'action associative, « *il faut distinguer entre recevabilité et bien fondé de la demande* » [101]. Si l'on ouvre les prétoires à une pluralité de défenseurs de la cause environnementale, il conviendrait ensuite de procéder à une articulation entre les différents préjudices pris en compte, afin d'éviter de réparer plusieurs fois l'intérêt collectif environnemental lésé, pourtant unique. Pour ce faire, le décideur est invité à utiliser le critère de la nature de l'intérêt lésé.

B. La distinction entre la part subjective et la part objective de l'intérêt collectif environnemental

Réparation collective pour la part objective de l'intérêt collectif lésé. – L'intérêt collectif environnemental lésé par une atteinte à l'environnement ne fait qu'un, serait-il porté par une pluralité de défenseurs. Il dépasse alors la personne du demandeur, d'où sa dimension purement objective. Dès lors, les sanctions prononcées par le juge comme la cessation d'un manquement à la législation environnementale ou encore la publication d'une décision de justice ont pour créancier l'environnement lui-même. Il n'est donc pas question que la lésion d'un intérêt objectif altruiste donne lieu à une indemnisation égoïste. C'est d'ailleurs la raison pour laquelle la proposition d'officialiser les dommages

---

100. L. Neyret, « L'affaire Erika : moteur d'évolution des responsabilités civile et pénale », *D.* 2010, p. 2238, spéc. p. 2245.

101. G. Viney et P. Jourdain, *Les conditions de la responsabilité*, LGDJ, 2006, n° 303-6.

et intérêts non compensatoires est assortie d'une obligation d'affectation au service de l'intérêt lésé. Mais, est-ce à dire pour autant que les associations, les collectivités territoriales et leurs groupements, les personnes publiques désignées comme défenseurs de l'environnement devraient être privés de tout droit à indemnisation personnelle en cas de dommage environnemental ? Certainement pas, ne serait-ce qu'en raison de la nécessité de garantir l'action du plus grand nombre au service de la cause environnementale. Or, sans motivation, pas d'action.

Le droit à indemnisation personnelle des défenseurs de l'intérêt collectif environnemental peut prendre deux formes, explicitement inscrites dans la Nomenclature.

Réparation personnelle des préjudices individuels des défenseurs de l'intérêt collectif. – D'une part, et traditionnellement, les préjudices individuels de nature morale ou économique de chaque demandeur sont susceptibles d'être réparés. Cela explique que la réparation pour atteinte à l'image de marque profite aux différentes collectivités territoriales touchées, au même titre que les coûts engagés pour prévenir, limiter ou réparer le dommage environnemental sont pris en compte pour toutes les personnes qui fournissent des justificatifs en ce sens.

Réparation personnelle pour la part subjective de l'intérêt collectif lésé. – D'autre part, les défenseurs de la cause environnementale doivent pouvoir obtenir une satisfaction personnelle soit par le biais d'une réparation en nature (publication du jugement citant l'anéantissement des efforts menés personnellement par tel ou tel demandeur), soit par le biais de dommages et intérêts pour la part subjective de l'intérêt collectif lésé par le dommage environnemental et qui varie en fonction des efforts que chacun a déployés au service du but poursuivi. Ce faisant, on encourage l'engagement des défenseurs de la cause environnementale et, du même coup, la pérennité de leurs actions. Une cour d'appel l'a bien compris qui a déclaré à propos du préjudice associatif consécutif à des travaux conduits illégalement dans un secteur protégé et à l'origine de la mortalité de saumons, que « *les droits qui sont conférés [aux associations de pêche] ne sont pas exclusifs, et ne font pas obstacle à l'exercice parallèle de demandes de réparation par des associations ayant pour objet la protection de l'environnement, et justifiant d'un préjudice propre* » [102].

102. CAA Lyon, 23 avril 2009, *Ass. Club Mouche Saumon Allier*, req. 07LY02634.

Le préjudice culturel né du dommage environnemental : par-delà nature et culture, un préjudice écologique spécifique

Régis LAFARGUE

Conseiller à la cour d'appel de Nouméa

Ancien Professeur associé à l'Université de Paris-Ouest Nanterre-La Défense et conseiller référendaire à la Cour de cassation

SYNTHÈSE

Cette contribution se rattache aux conceptions de « l'écologie culturelle » (portée par le regard croisé de géographes et de sociologues ou d'anthropologues). Elle envisage l'adaptation de l'homme à son milieu (même du point de vue physiologique) et, réciproquement, les modifications que l'homme fait subir à ce milieu. Dans cette perspective, l'homme n'est plus seigneur et maître de la nature, il n'est qu'un rouage interne : une partie de l'écosystème.

Partant du constat que le *processus d'érosion génétique s'accompagne d'un processus d'érosion culturelle*, qu'une catastrophe écologique peut fort bien induire un ethnocide, et que porter atteinte à la nature revient à porter atteinte à certaines formes d'organisation sociale, et donc à la diversité culturelle, il convient de réparer au-delà du préjudice individuel absorbé par le préjudice moral écologique (préjudice de jouissance, *pretium doloris*, atteinte à l'image de marque) les atteintes aux services culturels ou « préjudice bio-social », et les atteintes à la mission de protection de l'environnement.

« L'emprise de l'homme sur la nature est devenue telle qu'elle comporte le risque de destruction de la nature elle-même. Il est frappant de constater qu'au moment où s'accumulent et se diffusent de plus en plus les biens dits de consommation, ce sont les biens élémentaires les plus nécessaires à la vie, comme l'air et l'eau, qui commencent à faire défaut. (...) Au moment où les savants remportent leurs victoires les plus spectaculaires et les plus exaltantes pour l'esprit, apparaissent les premiers éléments d'un procès de la science. Plus que la science fondamentale dont rien ne peut arrêter le développement, c'est de la technologie qui en procède qu'il est possible d'orienter les applications et de mieux les adapter à l'homme et à son besoin de bonheur. ***Il faut créer et répandre une sorte de « morale de l'environnement »*** *imposant à l'État, aux collectivités, aux*

individus, le respect de quelques règles élémentaires faute desquelles le monde deviendrait irrespirable ».

Georges POMPIDOU [1]

« Aucune réflexion sur le devenir de la biodiversité ne peut s'abstraire d'une réflexion sur le devenir des hommes : quelle biodiversité, quelle nature, dans quel but, pour quelle évolution ? ***La dimension éthique s'impose à l'écologie »****.*

Patrick BLANDIN [2]

« S'impose l'idée que ***l'homme*** *ne s'explique pas seulement par l'économie ou par la recherche de son intérêt matériel – qui sont des approches réductrices – mais qu'il* ***est un système de valeurs****, une structure de l'esprit, une affectivité,* ***une volonté de territoire****, une quête d'idéal et d'absolu,* ***bref un ensemble culturel.*** *L'homme peut être défini comme étant une construction culturelle et affective complexe. "L'homme ne vit pas seulement de pain". Mais de quoi vit-il alors ? Ce "supplément d'âme" relève de la culture »*

Joël BONNEMAISON [3]

Ce préjudice culturel protéiforme se concentre sur la question de l'équilibre et du lien entre nature et culture, c'est-à-dire sur les rapports qu'entretient l'homme avec son environnement (créations culturelles, représentations culturelles, savoir-faire). Il s'agit alors d'un préjudice tant individuel que collectif, portant sur des éléments tant patrimoniaux, qu'extrapatrimoniaux. Il s'agit donc d'un préjudice qui transcende les catégories – c'est ce qui fait sa spécificité.

Enfin, de par ses implications dans la durée, le préjudice aux services culturels futurs envisage la question de l'atteinte à des droits futurs autant qu'à des devoirs présents (pour celui sur qui pèse l'obligation de garder, d'entretenir et de transmettre). Il traduit donc un changement de paradigme : une solidarité transgénérationnelle, mais encore une autre façon de penser la relation de l'homme à son environnement, puisque la prise en compte de l'atteinte aux services culturels recouvre tout autant l'atteinte à l'environnement qu'à la façon pour l'homme d'être au monde – en somme l'atteinte (pour l'avenir) portée à un *patrimoine bio-social transgénérationnel,* et l'atteinte (pour le présent) portée *à l'identité-même des bénéficiaires actuels de la biodiversité.*

Du sommet de Rio et la *Convention sur la diversité biologique* qui en est issue (CDB, 1992), en passant par le sommet de Johannesburg de 2002 qui

1. G. POMPIDOU, extrait d'un discours prononcé à Chicago, le 28 février 1970, Texte cité par M. AMBROISE-RENDU, *Des cancres à l'Élysée*, Éd. Jacob-Duvernet, 2007.

2. P. BLANDIN, *De la protection de la nature au pilotage de la biodiversité*, Éditions Quae (Inra), Versailles, 2009, 107 pages, spéc. p. 55 ; du même auteur : « L'écologie à la rencontre de l'éthique », *Éthique,* n° 13, « L'écologie Humanisme ou naturalisme », 1994, p. 47-53.

3. J. BONNEMAISON, *La géographie culturelle*, Éditions du CTHS, Paris, 2e éd. 2004, p. 27.

visait à réduire la perte de biodiversité à l'horizon 2010, jusqu'au lancement par les Nations Unies du *Millenium Ecosystem Assessment*, la communauté internationale n'a cessé de se préoccuper du devenir de la biodiversité comme du devenir des écosystèmes.

L'objectif intéresse au premier chef les scientifiques puisqu'il s'agit d'évaluer et d'intervenir pour le maintien de la biodiversité en vue de perpétuer à niveau égal ou d'améliorer le bien-être humain. Mais il intéresse aussi les juristes car on touche là à un point nodal : celui de la relation homme/nature. C'est cet aspect, que soulignait d'ailleurs le document émis en 1990 par le groupe de travail de *l'Union internationale pour la conservation de la nature* (l'UICN [4]) intitulé « *An Ethical Basis for Conserving Biological Diversity* », qui affirme le devoir pour chaque génération de transmettre à la suivante une biosphère intacte dans sa diversité, non seulement pour que l'humanité puisse continuer à jouir (et partager équitablement) des bienfaits de la biosphère, mais encore parce que chaque espèce a le droit d'exister. L'idée sous-jacente est que l'humanité appartient à la nature, et que le monde est en toutes choses interdépendant ; que les affaires humaines doivent être menées en harmonie et en équilibre avec la nature, et que, de ce fait, les diverses adaptations culturelles aux conditions environnementales locales doivent pouvoir prospérer. C'est ce fondement moral qui doit permettre le partage équitable et intergénérationnel des nombreuses valeurs utilitaires de la nature [5]. La conservation de la biodiversité est à la fois un enjeu éthique (la protection de la diversité du vivant participe de l'idée que toute espèce a un droit à la vie) et un enjeu économique : puisque l'un des principes de la *Convention sur la biodiversité* de 1992 est *l'accès et le partage équitable des ressources génétiques*. L'objectif de conservation de la biodiversité a même accédé au statut d'obligation juridique avec la Charte des droits fondamentaux de l'Union européenne (article 37) [6].

Si l'on se situe, à partir de ce cadre de réflexion qui emprunte à la sagesse de nombreuses sociétés préindustrielles, et qui postule que le développement

---

4. L'UICN, qui est le plus vaste réseau mondial de protection de l'environnement, rassemble plus de 1 000 gouvernements et ONG, ainsi que près de 11 000 scientifiques et experts bénévoles répartis dans 160 pays. Son siège se trouve à Gland, près de Genève, en Suisse.

5. J.A. McNelly, K.R. Miller, W.V. Reid, R.A. Mittermeier, et T.B. Werner, *Conserving the World's Biological Diversity*, IUCN, Gland, Switzerland & Washington DC, 1990.

6. Le préambule de cette Charte affirme que « *Consciente de son patrimoine spirituel et moral, l'Union se fonde sur les valeurs indivisibles et universelles de dignité humaine, de liberté, d'égalité et de solidarité ; (...) L'Union contribue à la préservation et au développement de ces valeurs communes* ***dans le respect de la diversité des cultures et des traditions des peuples de l'Europe****, ainsi que de l'identité nationale des États membres et de l'organisation de leurs pouvoirs publics au niveau national, régional et local ;* ***elle cherche à promouvoir un développement équilibré et durable*** ». *Plus concrètement, l'article 37 relatif à la protection de l'environnement, affirme : « Un niveau élevé de protection de l'environnement et l'amélioration de sa qualité doivent être intégrés dans les politiques de l'Union et assurés conformément au principe du développement durable ».*

doit rimer avec durabilité et maintien des capacités de l'environnement à fournir des services de même niveau pour les générations futures, on doit envisager la réparation de certaines conséquences préjudiciables du dommage environnemental qu'une conception classique n'admettrait pas. Le principe de solidarité qui est derrière l'idée d'accès et de partage équitable transgénérationnel des ressources, qu'offre le vivant à l'homme, interdit de raisonner par simple référence à l'atteinte portée à des biens privés, appréhendés à travers le seul prisme du droit de propriété privée.

La démarche est épistémologique. Il s'agit d'envisager un changement de paradigme, et de considérer que *le processus d'érosion génétique s'accompagne d'un processus d'érosion culturelle*, et que porter atteinte à la nature revient à porter atteinte à certaines formes d'organisation sociale, et donc à la diversité culturelle.

« Rien ne sera plus comme avant... ». Tel est le *leitmotiv* ressassé par ceux qui ont été victimes d'une atteinte grave à leur environnement. Un monde s'écroule, leur vie est là détruite à jamais ! Cela implique-t-il un préjudice réparable ? Un préjudice individuel ou collectif ? Un préjudice de jouissance, un *pretium doloris* ? En somme un préjudice moral ? Ou, plus largement, un préjudice immatériel ? Un préjudice susceptible d'être invoqué par des personnes privées plutôt que par des personnes morales ? Ou les deux à la fois ? Jusqu'où aller ? Et, au final, comment réparer ?

La réponse à ces questions est directement déterminée par le rapport qu'entretiennent les habitants-usagers à leur environnement, et par le sens donné à la notion d'environnement. Car en quoi un homme peut-il se sentir atteint dans son être si l'on considère que l'environnement n'implique pas autre chose que la simple relation qui unit un homme à des objets offerts à la satisfaction de ses besoins ou de ses envies ?

L'idée qu'il pourrait exister un préjudice « culturel » ou « civilisationnel [7] » (érosion culturelle) part du postulat que l'atteinte à un cadre naturel peut porter atteinte à la façon de vivre, à la façon d'être au monde que certains individus, ou groupes d'individus (des sociétés), peuvent avoir élaboré dans leur rapport singulier à une niche écologique. Dès lors, une atteinte (pollution) grave et aux effets irréversibles peut être, non seulement un facteur d'appauvrissement de la biodiversité par l'anéantissement d'espèces endémiques, végétales ou animales, mais encore un facteur d'anéantissement de ce qui fait la diversité de sociétés humaines particulièrement adaptées à un milieu. Cela peut se traduire par un

---

7. R. Lafargue, « Le préjudice civilisationnel pour atteinte à l'environnement. Droit au cadre naturel et réalités socioculturelles : interdépendances et interdisciplinarité », *Droit et Société*, n° 74, 1/2010, p. 151-169.

préjudice moral écologique, mais encore par *un préjudice aux services culturels ou « préjudice bio-social »* (néologisme que je conçois comme le pendant de l'atteinte à la biodiversité, puisqu'il recouvre des atteintes à des richesses, à la fois matérielles et immatérielles). Ces deux éléments – *préjudice moral écologique* et *préjudice aux services culturels (ou « préjudice bio-social »)* – sont indissociables.

Et puisque l'atteinte à l'environnement revêt plus largement l'atteinte à un « milieu » – terme qui désigne à la fois les choses et les hommes qui vivent dans leur contact et leur dépendance –, une catastrophe écologique peut fort bien induire un ethnocide (anéantissement d'une organisation sociale). En témoigne le cas des peuples premiers vivant dans la forêt amazonienne repoussés par l'avancée des défricheurs de forêts ou des *garimpeiros* (chercheurs d'or).

Ainsi, l'idée de préjudice aux services culturels (ou « préjudice bio-social ») part du postulat que la relation des diverses sociétés humaines à leur environnement est un construit culturel ; que l'important à préserver n'est ni la nature en tant que telle, ni la culture prise isolément, mais la relation de ces deux pôles (en somme la « socio-biodiversité »). Il s'agit de mettre le Droit au service d'une éthique : d'une éthique non pas seulement de la conservation de la diversité, mais du co-développement de cette diversité (à la fois du monde vivant et du social qui s'enracine en lui). Le propos rejoint les théories d'Aldo Léopold, selon lequel « *l'homme est membre d'une communauté d'entités interdépendantes, ce qui implique que l'homme respecte ses* fellowmembers, *membres avec lui d'une communauté qui doit être respectée en tant que telle* » [8]. Cet auteur, certainement très inspiré par la sagesse des sociétés animistes, met en relief comme valeurs cardinales la quête de stabilité et le respect de la complexité de la « Terre » (traduction du mot anglais « *Land* ») qui désigne non pas la terre en tant que telle (réduite à un bien), mais une globalité : à savoir, un espace peuplé par une communauté biotique dont les humains sont partie intégrante. Ainsi, selon Aldo Leopold « *une chose est juste quand elle tend à préserver l'intégrité, la stabilité et la beauté de la communauté biotique. Elle est mauvaise quand elle tend à autre chose* » [9]. C'est la même philosophie qui se dégage de l'idée que certains peuples de l'outre-mer français (Kanak, Polynésiens, notamment) se font du mot « Terre », avec en prime une dimension de sacralité, du fait qu'elle est tout autant le séjour des vivants que des morts.

Il convient donc de cesser de dissocier l'homme de la nature pour prendre en compte le préjudice aux services culturels [10]. Ainsi, le Droit doit épouser de

8. P. BLANDIN, « De la protection de la nature au pilotage de la biodiversité », *op. cit.* p. 60, citant A. LEOPOLD, *A Sand Country. Almanac and sketches here and there*, Oxford University Press, New York, 1949.

9. Cité par P. BLANDIN, *ibid.*, p. 61.

10. Ou « civilisationnel » : cf. R. LAFARGUE, « Le préjudice civilisationnel pour atteinte à l'environnement... », *op. cit.*

nouveaux paradigmes pour se mettre au service d'une éthique, éloignée des conceptions de Descartes sur l'homme seul seigneur et maître de la nature, et beaucoup plus nourrie d'une sagesse universelle extra-occidentale (Section 1). Il conviendra, ensuite, d'envisager le mode de réparation de préjudices qui peuvent revêtir la forme d'un *préjudice moral* mais aussi d'un *préjudice aux services culturels* (*préjudice bio-social)* résultant du dommage à des valeurs immatérielles (savoirs traditionnels, façon d'user d'un capital génétique et naturel qui constitue la richesse d'une société ou d'une civilisation). Ces deux variantes du préjudice culturel ont en commun de renvoyer à l'idée de biens communs, à défaut de « biens communs mondiaux », et d'appréhender la globalité d'une question en refusant de dissocier l'économique et le social, de même que le « naturel » et le « culturel » (Section 2).

SECTION 1
LE DROIT AU SERVICE D'UNE NOUVELLE ÉTHIQUE : LES RAISONS D'ENVISAGER L'EXISTENCE D'UN PRÉJUDICE CULTUREL

Il s'agit ici de dépasser la simple considération de l'environnement pour toucher à ce qui fait sens et vie en société.

Parce que la civilisation est affaire d'organisation, et notamment d'organisation des traits majeurs d'un cadre naturel donné, son objet est de créer un univers habitable, tout en exprimant une façon d'être au monde. De l'observation d'une réalité plurielle qui met en relief les interactions entre l'homme et son environnement (§ 1) émerge une problématique nouvelle : la conservation de la diversité d'un univers habitable et habité, c'est-à-dire des représentations culturelles de ce monde (§ 2).

§ 1. – L'observation d'une réalité plurielle souligne les interactions entre l'homme et son environnement

Les théoriciens de la géographie culturelle, Joël Bonnemaison, Gilles Sautter ou Augustin Berque, soulignent que si l'homme construit son environnement (A), le territoire fait l'identité de l'Homme (B).

A. L'HOMME FAISEUR DE PAYSAGES

Selon Gilles Sautter, le paysage dans certaines sociétés est encore « enchanté » c'est-à-dire sacralisé [11] ; pour Augustin Berque le « paysage » est l'« empreinte et la matrice de la culture » [12]. Rejoignant le constat fait par l'ethnologie, pour ces géographes le « paysage » (et donc l'environnement) constitue « *la structure symbolique d'un milieu, d'un espace, ses significations ».* Selon Joël Bonnemaison, *« l'homme inscrit et montre dans son paysage les valeurs qui sont les siennes. Le* géosymbole *donne sens au monde, il est éthique et métaphysique. C'est la spiritualité d'un lieu : ce que l'on appelle l'esprit du lieu »* [13].

Ces conceptions plongent leurs racines dans les théories du géographe allemand Friedrich Ratzel [14] – elles-mêmes influencées par l'idée (du philosophe Gottfried Herder) d'une *différenciation spatiale* du monde, née du rôle joué par les communautés de culture dans la construction des paysages et des espaces. Partant des théories de Ratzel, l'américain Sauer [15] affirme que l'homme humanise son espace ; qu'il en résulte une *co-histoire* des hommes et des milieux, laquelle explique la formation des paysages. Cette théorie apporte des justifications à l'idée que l'écologie doit moins se préoccuper de conserver la nature que de gérer et organiser un *co-développement* [16] *des activités humaines et de l'environnement naturel ; cet environnement que l'on dit « naturel » n'étant qu'une création de la main de l'homme.*

Pour Sauer et l'école américaine de Berkeley, l'espace est conçu comme la matrice et l'empreinte de l'identité. Des géosymboles balisent le territoire (calvaires bretons, pigeonniers dans le Sud-Ouest, tertres en Nouvelle-Calédonie...). Cet espace est influencé par des traits culturels invisibles tels que les tabous qui déterminent des modes d'occupation du territoire (bois sacrés en Afrique, parties de lagons en Océanie, montagnes en Asie). Ainsi, selon Augustin Berque, les Japonais ont créé leur paysage sur la relation du couple plaine/montagne : la plaine est le lieu de développement des activités humaines tandis que la montagne est laissée à la nature vierge [17]. Ces traits culturels visibles et invisibles

---

11. G. SAUTTER, « Le paysage comme connivence », *Hérodote*, n° 16, 1979, p. 40-67.

12. A. BERQUE, *Médiance. De milieux en paysages*, Belin, Montpellier, 1990.

13. J. BONNEMAISON, *La géographie culturelle*, Éditions du CTHS, Paris, 2e éd. 2004, 133 pp., spéc. p. 26.

14. Friedrich Ratzel (1844-1904), chef de file de l'école allemande de géographie culturelle. Il envisage la possibilité d'une part de déterminisme géographique et d'influence du milieu naturel sur les hommes et leurs cultures.

15. Carl Ortwin SAUER (1889-1975), fondateur de l'école de Berkeley.

16. P. BLANDIN, *De la protection de la nature au pilotage de la biodiversité, op. cit.*

17. A. BERQUE, *Le sauvage et l'artifice. Les Japonais devant la nature*, Gallimard, Paris, 1986 ; du même auteur, *Du geste à la cité. Formes urbaines et lien social au Japon*, Gallimard, Paris, 1993.

forment des ensembles culturels intégrés dans l'espace : dès lors il n'y a rien d'étonnant à ce que les disciples de Sauer soient à l'origine de l'*écologie culturelle.* Avec l'écologie culturelle, est envisagée l'adaptation de l'homme à son milieu (même du point de vue physiologique) et, réciproquement, les modifications que l'homme fait subir à ce milieu. Dans cette perspective, l'homme n'est plus seigneur et maître de la nature, il n'est qu'un rouage interne : une partie de l'écosystème. L'écologie culturelle ne séparant plus l'homme de la nature, elle ne l'envisage que comme une espèce naturelle parmi les autres. Dans cette conception le progrès n'est plus d'imposer la loi humaine à la nature mais de savoir s'adapter à la nature. Cette conception contient donc bien en germe l'idée de *co-développement*, et l'idée d'un Droit qui institue non seulement la vie mais qui prolonge une éthique ou une morale de l'environnement.

B. LE PAYSAGE FAISEUR D'IDENTITÉ

Si les géographes font une distinction fondamentale entre les peuples qui modèlent leur nature et ceux qui ne font que la parcourir, tels les Aborigènes, parce que pour eux tout est sacré dans leur environnement, l'ethnologie (ou l'anthropologie) qui s'intéresse non plus aux lieux en tant que tels mais au *sens des lieux*, nous montre, sur le territoire de la République, une illustration de cette proposition. En Nouvelle-Calédonie, les croyances des Kanak, le sacré, font que la terre n'est pas un bien. Elle est le legs des morts aux vivants. Elle n'appartient pas à la génération présente : elle est l'état civil des clans, leur identité, en somme l'ossature de la société kanak. Elle est inaliénable, tout simplement parce qu'il ne s'agit pas d'un bien mais d'un capital social : *« Nous ne sommes pas des hommes d'ailleurs. Nous sommes des hommes sortis de cette terre »* [18] écrivit Jean-Marie Tjibaou, pour souligner la dimension mythique de la terre, qui dans la conception kanak est vécue comme la source de vie (le respect voué à l'igname en est une illustration [19]). De même, le sénateur coutumier M. Mandaoué a défini la perception kanak de l'environnement en ces termes [20] :

---

18. J.-M. TJIBAOU, « La présence kanak », Alban Bensa, Eric Wittersheim (éd.), Odile Jacob, Paris, 1996, p 104.

19. En témoigne le propos d'Élie POINGOUNE, lorsqu'il évoque « *l'igname, symbole de l'homme* » : É. POINGOUNE, « L'identité kanak dans les faits ou être Kanak aujourd'hui », dans P. DE DECKKER et J.-Y. FABERON (éd.), *La Nouvelle-Calédonie pour l'intégration mélanésienne*, L'Harmattan, Paris, 2008, p. 152.

20. G. MANDAOUÉ, « La perception kanak de l'environnement », *Mwà Véé*, n° 63 (n° intitulé « L'espace de vie kanak »), janvier-mars 2009. Voir aussi : G. MANDAOUÉ, « Coutume et environnement : de l'appréhension à la participation », dans N. MEYER et C. DAVID (éd.), « Le droit de l'environnement en Nouvelle-Calédonie. État des lieux et perspectives », *Revue juridique de l'environnement*, numéro spécial, 2007, p. 45-48.

« J'ai parlé de "l'esprit de la terre" parce que cette notion renvoie au plus profond de notre spiritualité. Chez nous, Kanak, on n'arrive jamais dans un endroit donné comme ça. Nos ancêtres meurent mais leur esprit est toujours présent à nos côtés, il habite l'espace. Nous avons chacun nos espaces culturels et claniques, et à l'intérieur de ces espaces, les esprits de nos ancêtres sont là. Et, par conséquent, on ne peut pas débarquer comme ça dans l'espace des autres (...). Un exemple, autrefois, si tu avais besoin de bois, tu emmenais ta coutume au gardien de l'espace où tu voulais couper ce bois. Et c'est lui qui allait le couper, seul ou avec toi. Pour la pêche, c'était la même chose. N'importe qui ne pouvait pas la pratiquer et, de nos jours encore, quand tu veux du poisson, tu vas donner un tabac à ceux qui ont le pouvoir et le droit de faire la pêche, qui appartiennent aux clans que l'on appelle les clans de la mer, ceux dont le totem vit en mer... ».

Dès lors, et très logiquement, si le droit coutumier régit les hommes, c'est d'abord parce qu'il régit les *terres coutumières* [21]. La coutume n'aurait plus de raison d'être si elle ne régissait d'abord la terre qui est inaliénable (ce que réaffirme la loi organique du 19 mars 1999, article 18).

De même, des voix parmi les Kanak s'interrogent depuis 2002 sur les effets induits, tout autant sur leur culture que sur l'environnement, par deux grands projets industriels : les deux usines de retraitement du nickel l'une au Sud de la Grande-Terre, l'autre au Nord du même territoire [22]. Et bien que le droit positif reconnaisse l'inaliénabilité des terres coutumières, les responsables coutumiers kanak s'interrogent sur l'efficacité de cette « sanctuarisation » juridique de leur patrimoine foncier qui suffisait jusqu'ici à garantir la survie d'une culture originale. Car à quoi bon reconnaître des droits fonciers coutumiers *sui generis*, si la pression exercée par certaines industries polluantes met en danger les fondements naturels/environnementaux de cette culture ?

Aujourd'hui, la vraie question n'est plus seulement celle de la préservation d'un héritage foncier, mais la préservation d'un espace de vie propre à permettre la perpétuation d'un mode de vie, d'une culture.

S'agissant de l'implantation de ces grands projets industriels, les répercussions en termes de perturbations à la vie sociale (au travers de l'atteinte à l'environnement comme aux équilibres humains), sont redoutées, comme le montre l'enquête

21. R. LAFARGUE, *La coutume face à son destin. Réflexions sur la coutume judiciaire en Nouvelle-Calédonie et la résilience des ordres juridiques infra-étatiques*, LGDJ, coll. Droit et société, 2010, Paris, 400 pp., p. 211 à 248.

22. Voir le dossier : « À la rencontre de l'Océanie et de l'Occident, pour la construction d'un droit calédonien de l'environnement », *Revue juridique politique et économique de Nouvelle-Calédonie*, n° 11, 2008/1.

de M. Djama [23]. Et l'idée dominante est que le développement industriel ne sera toléré que s'il respecte la société kanak (l'entre-soi d'une vie communautaire, l'intégrité des liens claniques). La crainte des effets pervers induits par la destruction du cadre de vie tant naturel que social est omniprésente. Et surtout ces deux problématiques sont indissolublement liées. Car, comme l'exprimait M. Mandaoué : « ... *un Kanak et une société kanak sans espace pour exprimer leur culture, toutes leurs connaissances, se retrouvent privés de ce qui leur permet d'exister (...) si l'on laisse aux Kanak un foncier qui ressemble à un désert, cela revient au même que s'ils étaient dépourvus d'espace. Il faut, pour qu'un Kanak puisse perpétuer sa culture et la faire évoluer comme il l'a toujours fait, et pour l'exprimer aussi, de façon concrète, en construisant sa case, en cultivant son champ d'ignames, ses taros, ses cannes à sucre, en prélevant le dawa, la tortue, la roussette, le notou... à des périodes qui correspondent à la coutume, il faut préserver l'habitat naturel de ces cultures et de ces espèces (...) si l'on confine un Kanak dans un univers bétonné, il va survivre, mais comment va-t-il transmettre ce qui fait de lui un Kanak, ce rapport intime aux éléments et à la nature ? (...) et cette remarque est valable pour tous les peuples autochtones qui ont un lien très fort avec la terre. C'est notre identité qui s'exprime à travers ce lien...* » [24].

Ces exemples montrent bien que ce qui est en jeu relève tout simplement de la problématique de l'ethnocide (la mort d'une culture). Car dans l'atteinte à l'environnement la dimension humaine, tant individuelle que collective, est incontestable. Elle recouvre de l'avis des principaux intéressés une atteinte aux valeurs fondatrices, comme au sacré. D'un point de vue extérieur à ces sociétés, comment ne pas percevoir qu'il y a là une atteinte à un patrimoine transgénérationnel ? Une atteinte à une richesse culturelle (une société originale) comme naturelle (un pays avec un lagon classé au patrimoine mondial de l'humanité) ?

Il s'agit aussi d'une atteinte au savoir être homme dans un environnement spécifique : à ce jour se mettent en place les bases d'un régime spécifique d'accès aux ressources biologiques et aux savoirs traditionnels associés. Il s'agit certes de valoriser, mais, au préalable, de protéger les droits (une forme spécifique de « propriété » intellectuelle) relatifs aux savoirs traditionnels dans ces outre-mer français qui placent notre pays au premier rang des États dotés d'une

---

23. M. DJAMA, *Les sociétés locales face aux défis du développement économique – Province nord de Nouvelle-Calédonie*, 2007, 285 pages (non publié communiqué par l'auteur). Cet auteur cite les propos de ses interlocuteurs : « *Nous qui avons su résister à la colonisation sans perdre notre âme, serons-nous capables de résister au pouvoir d'assimilation du modèle dominant ?* », et il ajoute que le maintien du droit et de l'espace coutumier est perçu de ce point de vue, comme inséparable du « droit à la différence » (*ibid.* p. 244).

24. G. MANDAOUÉ, « La perception kanak de l'environnement », *op. cit.*, p. 22-23.

biodiversité exceptionnelle. Préserver le lien homme / nature dans toute sa dimension culturelle, c'est aussi préserver les *savoirs traditionnels* [25] sur l'utilisation de molécules nouvelles : c'est préserver pour l'avenir un patrimoine scientifique à explorer. Ainsi, on est loin de simples considérations philosophiques : lorsqu'on évoque l'humain, les préoccupations économiques ne sont jamais très loin. On perçoit bien ici que l'atteinte à l'environnement peut être une atteinte à la culture recouvrant à la fois un préjudice moral (individuel et collectif) et un dommage à un patrimoine matériel et immatériel.

Ces exemples pris dans d'autres cultures soulignent une dimension que l'on perçoit moins clairement dans nos sociétés occidentales, mais qui existe bien dans le ressenti des victimes. C'est ce que le tribunal correctionnel de Tours a exprimé dans son jugement du 24 juillet 2008 [26], lorsqu'il considère, évoquant le préjudice moral écologique, que :

« la réparation de ces dommages ne peut pas seulement prendre en compte des éléments objectifs tels que la mortalité des poissons, le nettoyage de la rivière, le ré-empoissonnement, les actions d'information des publics, etc., mais encore, et tout autant, ***une dimension plus subjective, même dans son évocation collective, qui tient à la nostalgie paysagère et halieutique, à la beauté originelle du site, à l'âme d'un territoire, à l'histoire des peuples et à ce que certains philosophes et scientifiques appellent la mémoire de l'eau*** *; que ces considérations entrent tout à fait dans les préoccupations des rédacteurs de la loi sur l'eau et de la directive 2004/35/CE du 21 avril 2004 sur la responsabilité environnementale ; que la juridiction, sur ces bases dont certaines échappent totalement à une appréhension expertale, estime être en mesure de statuer sans recourir à une mesure d'instruction qui ne ferait au surplus que prolonger injustement ce contentieux déjà trop long ;*

Attendu qu'il ne s'agira évidemment pas et par nature d'une restauration à l'identique impossible de fait historiquement, et qu'il faudra des décennies pour

---

25. Sur cette question voir : J.-P. Beurier, « Le droit de la biodiversité », *Revue juridique de l'environnement*, I-2, 1996, p. 5 s. ; J.-F. Morin, « Une réplique du sud à l'extension du droit des brevets : la biodiversité dans le régime international de la propriété intellectuelle », *Droit et Société*, 58, 2004, p. 633-656 ; Ph. Karpe, « L'illégalité du statut juridique français des savoirs traditionnels », *Revue juridique de l'environnement* 2007, p. 173-186 ; P.-A. Collot, « La protection des savoirs traditionnels, du droit international de la propriété intellectuelle au système de protection sui generis », *Droit et Cultures*, 53 (1), 2007, p. 194 ; M.-A. Hermitte, « La convention sur la diversité biologique et les droits intellectuels des peuples autochtones : une lacune française », *Revue juridique de l'environnement*, n° spécial : « Le droit de l'environnement en Nouvelle-Calédonie. État des lieux et perspectives », 2007, p. 191-213 ; G. Filoche, « Les connaissances, innovations, et pratiques traditionnelles en matière de biodiversité : un kaléidoscope juridique », *Droit et société*, 72, 2009, p. 433-456 ; R. Lafargue, *Rapport en vue de l'élaboration d'un projet de Loi du Pays relative au statut coutumier des savoirs traditionnels et à la protection des droits intellectuels autochtones*, Nouméa 9 septembre 2010, 50 pp.

26. Tribunal correctionnel de Tours, 24 juillet 2008, n° 1747 D, *MP c/ SAS Synthron*, page 10.

que l'eau et ses habitants, l'air et ses habitants et la terre en surface ou dissimulée sous les souches et les pierres s'en approchent en imitation ; qu'on est donc bien au-delà d'une perte sèche de fonctionnalité écologique ou de services écologiques pour reprendre les termes de la Direction des Études Économiques et de l'Évaluation Environnementale (D4E) du Ministère de l'Écologie dont les juridictions ont utilisé la méthode de calcul et les facteurs lui servant de base (irréversibilité, impact sur la biomasse, intérêt patrimonial des espèces) et de "reprise de sinistre" (création de radiers pour favoriser l'oxygénation, création d'habitats de pleine eau) ».

Ainsi, l'atteinte à l'environnement ne se réduit pas à une atteinte en termes qualitatifs et quantitatifs à la biodiversité, mais embrasse le « milieu » dans son ensemble : et particulièrement les formes d'expression de la vie humaine au contact de la nature qui l'entoure. Ceci recouvre la culture – croyances et représentations du monde – comme les « savoirs traditionnels » (le capital intellectuel) élaborés au contact d'un environnement donné, et permet donc d'envisager la possibilité d'un préjudice aux services culturels (ou « préjudice biosocial »).

§ 2. – Une problématique nouvelle née de cette réalité observable : la conservation de la diversité d'un univers habitable et habité, et de ses traductions culturelles

Notre société, si l'on se place du point de vue des scientifiques, est passée de la simple conservation (ou protection) de la nature, au pilotage de la biodiversité qui considère qu'il faut envisager non pas la fixité mais la dynamique d'un co-développement des activités humaines et d'un environnement naturel. En d'autres termes, préoccupons-nous moins de créer des réserves que de re-naturaliser certains sites en partant du constat que la nature est largement un *artefact* humain : une nature de seconde main remodelée par l'homme. Elle n'en doit pas, pour autant, cesser de fournir le même service écologique ou un service écologique de même niveau aux générations futures. Le Droit ne peut ignorer ce changement de paradigme que résume à lui seul le titre de l'ouvrage du professeur Patrick Blandin (*De la protection de la nature au pilotage de la biodiversité*). Il doit même en tirer toutes les conséquences.

En outre, le Sommet de Rio de 1992 a reconnu le rôle joué par les populations dans l'environnement, notamment le rôle des peuples premiers ou autochtones : ne serait-ce qu'au titre de leurs connaissances traditionnelles. Mais en même temps il ne leur est pas donné de statut particulier. Les populations de la forêt amazonienne ont-elles un statut qui en fasse les gardiennes de leur environnement ? La réponse est négative. Et si le Parc national de Guyane a été créé, il n'a pas été mis au service des populations : il a même été créé dans l'ignorance des revendications des Amérindiens de Guyane auxquels il n'a pas été reconnu de droits fonciers ni un rôle de gardiens de la forêt.

Ceci montre l'interaction qui existe entre les Droits de l'homme et les Droits à l'environnement. La violence environnementale (les atteintes à l'environnement) atteint par ricochet les populations. C'est une violence faite aux hommes.

Néanmoins, des textes soulignent la responsabilité des populations dans la protection de ce patrimoine : ainsi, l'article 33 de la loi d'orientation pour l'outre-mer du 13 décembre 2000 [27] affirme, certes sur le mode de l'incantation, que : *« l'État et les collectivités locales encouragent le respect, la protection et le maintien des connaissances, innovations et pratiques des communautés autochtones et locales fondées sur leurs modes de vie traditionnels et qui contribuent à la conservation du milieu naturel et l'usage durable de la diversité biologique »*.

De la même façon, la Convention sur la diversité biologique (CDB, 1992), affirme que *« chaque partie contractante (...) respecte, préserve et maintient les connaissances, innovations et pratiques des communautés autochtones et locales qui incarnent des modes de vie traditionnels présentant un intérêt pour la conservation et l'utilisation durable de la diversité biologique et en favorise l'application sur une plus grande échelle, avec l'accord et la participation des dépositaires de ces connaissances, innovations et pratiques et encourage le partage équitable des avantages découlant de l'utilisation de ces connaissances, innovations et pratiques »* (CDB art. 8 j). La même convention met à charge de l'État l'obligation de protéger et encourager *« l'usage coutumier des ressources biologiques conformément aux pratiques culturelles compatibles avec les impératifs de leur conservation ou de leur utilisation durable »* (CDB, art. 10 c).

Enfin, ces deux précédents textes partagent la même inspiration que la *Convention sur la protection et la promotion de la diversité des expressions culturelles* qui – opérant en quelque sorte la synthèse entre diversité culturelle et développement durable, d'une part, et environnement et droits de l'homme, d'autre part – affirme dans son préambule : *« consciente que la diversité culturelle constitue un patrimoine commun de l'humanité (...) qu'elle est donc un ressort fondamental du développement durable des communautés, des peuples et des nations (...) célébrant l'importance de la diversité culturelle pour la pleine réalisation des droits de l'homme et des libertés fondamentales (...) Considérant que la culture*

27. Loi n° 2000-1207 du 13 décembre 2000 d'orientation pour l'outre-mer, *JORF*, 14 décembre 2000, pp. 19760 et s, spéc. p. 19767.

prend diverses formes dans le temps et dans l'espace et que cette diversité s'incarne dans l'originalité et la pluralité des identités ainsi que dans les expressions culturelles des peuples et des sociétés qui constituent l'humanité. Reconnaissant l'importance des savoirs traditionnels en tant que source de richesse immatérielle et matérielle*, et en particulier des systèmes de connaissances des peuples autochtones, et leur contribution positive au développement durable, ainsi que la nécessité d'assurer leur protection et promotion de façon adéquate...* » [28].

Non seulement, ces textes soulignent l'interrelation entre érosion génétique et érosion culturelle, mais ils investissent les communautés locales ou autochtones d'une mission de dépositaire et de gardien d'un patrimoine culturel (les savoirs traditionnels) qui ne se conçoit qu'en relation avec un habitat donné. Atteindre leur patrimoine naturel c'est atteindre leur savoir, lequel ne se conçoit que dans cette relation singulière. Perturber cette relation, c'est anéantir ce savoir qui est un capital culturel indispensable au développement de connaissances scientifiques directement mobilisables pour la recherche et l'industrie pharmaceutique. Poser la question de l'atteinte au cadre de vie, revient à poser celle de la survie des cultures et des peuples qui vivent en symbiose avec cette nature. La même prise de conscience, qui s'exprime dans le Sommet de Rio de 1992 et la CDB, a conduit à la *Déclaration sur les droits des peuples autochtones*, adoptée le 13 septembre 2007 par l'assemblée générale des Nations Unies [29].

À rechercher des connexions entre la dimension identitaire et humaine, et le droit à l'environnement, on pense évidemment à la notion de respect de la dignité humaine envisagée d'un point de vue tant individuel que collectif. Il s'agit certes d'une extension du principe de respect de la dignité humaine qui s'entend habituellement de l'irréductible humain, en ce que cet irréductible se verrait étendu à l'éthique du respect de l'environnement. Une fois de plus, ignorer l'environnement est une manière plus ou moins détournée d'ignorer et de bafouer l'homme. Aussi, au-delà de la définition de la dignité humaine en Droit positif, dont on nous dit qu'elle est déjà très floue, des raisons militent en faveur d'une conception de la dignité en Droit prospectif qui lui donne plus de consistance et par voie de conséquence qui, tout en élargissant son périmètre, permette d'en dessiner des limites plus précises. Au cœur de cette conception de la dignité humaine se situe le concept d'identité (individuelle et collective) : ce qui définit l'homme et sa façon d'être au monde, ici et ailleurs.

---

28. Décret n° 2007-376 du 20 mars 2007 portant publication de la convention sur la protection de la diversité des expressions culturelles, adoptée le 20 octobre 2005 à Paris, *JORF* 22 mars 2007.

29. La Déclaration confirme le droit des peuples autochtones à disposer d'eux-mêmes et reconnaît leur droit à la subsistance ainsi que leurs droits à leurs terres, territoires et ressources. Elle affirme leur droit à garder une identité distincte et à poursuivre leur développement économique et social conformément à leur propre vision des choses.
Voir : http://www.un.org/esa/socdev/unpfii/fr/drip.html.

Car comment ne pas concevoir que chacun puisse avoir le droit à un contrôle minimal de ce qui détermine sa destinée et ses conditions de vie ou de survie, c'est-à-dire des conditions indispensables à sa vie biologique mais aussi sociale et culturelle (c'est en cela que la dimension collective est incontournable) – en un mot le respect de ce qui fonde son identité ? N'est-ce pas là un minimum à attendre du concept de droit au respect de la dignité humaine ?

Il s'agit, plus concrètement, de veiller à respecter ce en quoi tout un chacun – même au travers d'un ancrage collectif – place de l'importance. Le contraire reviendrait à dénier les valeurs de l'autre, et au final à anéantir ces droits de l'individu (pas nécessairement individuels) que toute civilisation prétend promouvoir.

Il s'agit de sanctionner un droit au développement durable. Et comment le sanctionner, sinon en reconnaissant à nos contemporains le droit d'agir en réparation moins pour eux-mêmes que pour autrui : pour sanctionner les préjudices causés aux générations futures ? C'est l'idée qui sous-tend la *Charte Mondiale pour la nature* adoptée le 28 octobre 1982 par l'assemblée générale des Nations Unies, laquelle affirme que l'homme fait partie de la nature qui a façonné la diversité des formes d'expression du social (des civilisations).

Une fois déconstruits les paradigmes qui fondent nos normes et principes les mieux ancrés, il faut envisager la question du comment réparer. C'est-à-dire déterminer quels préjudices mettre sous l'appellation de préjudice culturel.

SECTION 2
LA RÉPARATION DU PRÉJUDICE CULTUREL OU LA PRISE EN COMPTE PAR LE DROIT DU REGARD SUR LA NATURE ENTRE ESTHÉTISME ET UTILITARISME

Si l'on tient pour acquis que l'atteinte au « milieu » forme un tout et qu'il en résulte un préjudice réparable, s'agira-t-il d'un préjudice individuel ou collectif ? D'un préjudice moral (préjudice de jouissance, *pretium doloris*) ? Ou plus largement d'un préjudice immatériel ? D'un préjudice susceptible d'être invoqué par des personnes privées plutôt que par des personnes morales ? Ou les deux à la fois ?

Le préjudice aux services culturels apparaît comme un préjudice tout autant collectif qu'individuel. C'est un préjudice collectif, en ce qu'il résulte d'atteintes portées à des intérêts humains dépassant la simple somme des intérêts individuels lésés. Mais ce peut être, aussi, un préjudice individuel : en ce qu'il s'accompagne pour chaque individu concerné d'un préjudice moral (préjudice de jouissance...).

Ce peut être dans le contexte de certaines sociétés ultra-marines une atteinte à un droit subjectif : à une sorte de droit de la personnalité (du groupe) pour les clans kanak ou polynésiens [30]– puisque toucher à l'environnement c'est souvent toucher à des sites sacrés pour une famille (aux ancêtres).

En ce cas, il est essentiellement extrapatrimonial en ce qu'il touche à l'identité, mais aussi patrimonial puisque ces sites peuvent être exploités par ceux qui invoquent un droit exclusif sur eux. Ainsi, dans tout le Pacifique, la zone maritime comprise entre le littoral et la barrière de corail, voire au-delà [31], est une réserve vivrière pour les « clans de la mer » qui revendiquent leurs droits sur une tenure marine. C'est l'enjeu économique qui conditionne leur survie culturelle. Mais c'est aussi un lieu qui est le réceptacle de l'âme des morts : d'où un intérêt extrapatrimonial à défendre.

Cette dimension extrapatrimoniale semble moins marquée dans l'hémisphère nord, mais elle n'est pas absente et prend d'autres formes : atteinte à un intérêt esthétique, scientifique, récréatif. Elle traduit l'idée que la propriété ne résume pas tout et que le fait d'être un usager implique aussi des droits dignes d'intérêt et un préjudice. Car il y a tous ces biens qui constituent un *patrimoine commun transgénérationnel*, un patrimoine qui dépasse le cadre étriqué du droit de propriété. La mer n'est à personne. Mais elle est, à la fois, une ressource et un élément identitaire pour beaucoup de personnes. Le tribunal de Tours pour

30. Ce qui suppose au préalable de reconnaître la personnalité juridique à ces entités claniques ou familiales, ainsi que vient de le faire la cour d'appel de Nouméa concernant le clan kanak : CA Nouméa, 22 août 2011, RG 10-731 et 10-732.

31. L'anthropologue, Mme TEULIÈRES-PRESTON souligne que dans le Pacifique *« la mer est perçue comme de la terre recouverte d'eau. Exactement comme pour la tenure foncière, le système de tenure marine est caractérisé par deux principaux types de droits, inextricablement liés à la parenté : les droits des "propriétaires" (les gestionnaires responsables du territoire vis-à-vis du groupe et des esprits du lieu) qui contrôlent l'accès et l'utilisation des ressources et les droits des "usagers" de ces ressources »*. M.-H. TEULIÈRES-PRESTON, « Tenure marine coutumière en Papouasie Nouvelle-Guinée », dans (collectif) *Approches autour de culture et nature dans le Pacifique Sud*, Actes du XIIIe colloque CORAIL, Nouméa, 2003, p. 85-97, spéc. p. 86. En pratique, aujourd'hui lorsque certains chercheurs de l'Ifremer veulent procéder à des prélèvements dans les zones marines, ils ne le font qu'avec l'autorisation préalable des clans de la mer concernés. De même, lors de la création de la réserve Merlet (zone marine située au large de Prony au sud de la Grande-terre) un document écrit a constaté l'accord (et donc les droits) du clan « gardien », lequel a conservé le droit d'aller pêcher dans cette réserve marine. Ces exemples montrent que la pratique des acteurs de terrain reconnaît d'ores et déjà la tenure marine, et confirment la justesse du propos du Grand chef de l'Ile de Maré, M. NAISSELINE : *« En Nouvelle-Calédonie [...] tout le monde sait qu'avant 1867 des clans kanak (les "si célé" en Nengoné, les "këpuunô" en paicî) se considéraient déjà comme les "propriétaires" ou "gardiens" aussi bien de la zone littorale que de la mer côtière et des récifs »* (Extrait d'un document de travail inédit, intitulé « Domaine public maritime et coutume indigène » remis par son auteur rencontré à Nouméa en avril 2010). Voir plus généralement : *La coutume face à son destin..., op. cit.*

caractériser le préjudice évoque une « nostalgie paysagère ». Le terme est évocateur mais peu précis à la fois : le *spleen* a-t-il un prix ? L'amour et l'affection ont aussi un prix : c'est *le préjudice moral.*

Mais cela peut-il suffire ? Car dans ce domaine, il ne s'agit pas que de réparer des sentiments meurtris. La réparation du préjudice culturel devrait aller au-delà, pour transcender les générations en permettant à la génération présente d'agir pour la protection des droits des générations futures, et conduire à envisager le prix du legs à la fois patrimonial et extrapatrimonial laissé par les générations antérieures, et la souffrance de voir un monde qui s'écroule. C'est le prix de l'identité, des conditions de vie perturbées, des potentialités perdues. C'est le prix de la vie tout simplement, voire d'un certain type de vie.

Parmi les divers postes que peut recouvrir le préjudice culturel, il en est de relativement ou de totalement inédits : tel que le *pretium doloris* comme élément d'un préjudice moral écologique, ou l'atteinte *aux services culturels* (ou préjudice « *bio-social* ») lequel ne s'apprécie que dans la durée (c'est une atteinte au droit à un développement durable ou aux droits des générations futures). À côté de ces nouveautés existent des postes de préjudice classiques. C'est la raison pour laquelle plutôt que de nous concentrer sur les seuls postes de préjudice les plus atypiques, il nous est apparu préférable de distinguer : le préjudice culturel individuel (A) et le préjudice culturel collectif (B).

§ 1. – Le préjudice culturel individuel : le *préjudice moral « écologique »*, un préjudice culturel individuel, protéiforme

Le préjudice moral écologique répare des atteintes à des droits individuels, susceptibles d'être invoqués tant par des personnes physiques que des personnes morales. Il recouvre trois postes : le *pretium doloris* (A), le préjudice de jouissance (B), l'atteinte à l'image de marque (C).

A. Le *pretium doloris*

Le *pretium doloris* permet de réparer l'atteinte portée au lien intime entretenu par tout individu avec son environnement. Il renvoie à l'idée de souffrance liée à une « empreinte physique » indélébile, à un « prix de la douleur » traduisant la relation fusionnelle de l'homme à un environnement qui fait partie de son identité – l'homme éprouvant une souffrance née du sentiment d'une identité bafouée ou perdue (en quelque sorte l'homme se sentant « orphelin » de la nature).

C'est le préjudice qu'évoquent les communautés kanak de la Nouvelle-Calédonie dans le cadre du contentieux relatif au projet d'usine hydro-métallurgique Goro-Nickel. Comme le souligne leur conseil, Me Bouquet Elkaïm [32], les plaignants invoquaient clairement l'idée "d'empreinte physique" et de "prix de la douleur", traduisant dans un contexte socioculturel bien particulier il est vrai, la relation fusionnelle de l'homme à son environnement qui n'est pas que naturel – une dimension de sacralité étant incontestablement présente sous ces latitudes.

Mais ce qui pourrait apparaître circonscrit à des cultures extra-occidentales se retrouve aussi sous nos latitudes, en Europe. M. Bouquet Elkaïm souligne que même les victimes de pollutions (comme dans le dossier de l'Erika), ou des riverains de projets industriels implantés dans des sites naturels, disent éprouver un préjudice moral – plus précisément un *pretium doloris.*

Ce préjudice ne se limite pas à un simple trouble de jouissance. Il n'est pas limité à un trouble dans l'utilisation du site considéré. Il est une souffrance éprouvée comme une forme de compassion forte et perturbante, née d'un sentiment de gâchis face à une nature violée, un capital esthétique dilapidé, un monument naturel à jamais perdu, voire le sentiment d'une identité personnelle et collective violée et anéantie. Il s'agit incontestablement de réparer une « douleur ».

Il s'agit donc bien d'un préjudice moral apprécié de manière subjective, au cas par cas, bien distinct du préjudice objectif que serait un « préjudice écologique pur » analysé comme le préjudice objectif que l'on peut mesurer au coût de remplacement ou à la valeur du patrimoine environnemental détruit ou dégradé.

Ce préjudice moral doit pouvoir être invoqué, aussi bien, par les individus que par les collectivités – dès lors, dans ce dernier cas, que le demandeur à l'action, qui peut être une personne représentant une collectivité d'individus (telle une personne morale), invoque un préjudice individuel.

B. Le préjudice de jouissance

Le *pretium doloris* [33] qui peut résulter pour les individus du spectacle de la destruction des biotopes, de la perte de confiance dans les qualités du milieu environnant, peut s'accompagner d'un trouble de jouissance.

---

32. Avocat à la Cour, inscrit au barreau de Rennes, auditionné par le groupe de travail.

33. Selon A. Ruda González, *El daño ecológico puro, responsabilidad civil por el deterioro del medio ambiente*, Thèse Université de Gerona, 2006 : « *Il existe un préjudice moral vu comme la peine de voir l'environnement abîmé ou détruit. On inclut ici le préjudice indirect ou par ricochet* ».

– le préjudice moral écologique peut être de deux sortes :

– un préjudice collectif : il se rapproche du préjudice d'agrément où certaines personnes subissent les conséquences de la dégradation de l'environnement ;

On en trouve une illustration dans un arrêt de la Cour d'appel de Toulouse en date du 2 décembre 2008 [34]. Il s'agissait d'un dépôt d'ordures, la cour d'appel retient un « préjudice environnemental » subi par les habitants de la commune en raison de la pollution *visuelle* et toxique. On en trouve un autre exemple à propos de l'abattage non autorisé d'arbres qui crée un « préjudice environnemental » pour les utilisateurs du chemin de randonnée attenant [35]. De même, la cour d'appel de Caen [36] a retenu un préjudice environnemental du fait que les voisins d'un dépôt d'ordures se trouvent privés du cadre champêtre qui était autrefois le leur.

C. L'ATTEINTE À L'IMAGE DE MARQUE

L'atteinte à l'image de marque relève aussi d'un préjudice moral. Il est de nature individuelle en ce qu'il affecte une personne (si nos exemples ne concernent que des personnes morales, ils n'en demeurent pas moins un préjudice individuel). C'est de l'atteinte à l'image de marque dont il s'agit lorsqu'une commune propriétaire d'espaces verts qui font son renom voit son parc atteint par une pollution [37], ou lorsqu'une commune balnéaire, en l'espèce celle de Port la Nouvelle, est victime d'écoulements de produits chimiques dans ses espaces de baignade [38]. Dans les deux hypothèses, l'image de marque de la commune est atteinte.

§ 2. – Le préjudice culturel collectif : un préjudice multiforme pour l'essentiel inédit

À côté de la réparation d'un *préjudice moral* qui recouvre principalement des préjudices individuels (pour l'essentiel car les atteintes à la mission de protection de l'environnement qui font l'objet du 2. *infra* sont bien un préjudice moral mais cette fois collectif), il faut envisager de réparer un préjudice collectif : l'*atteinte aux services culturels* conçu à la fois comme un préjudice « biosocial », et « transgénérationnel », et l'atteinte à la mission de protection de l'environnement.

– préjudice culturel : ces conséquences sont d'autant plus désastreuses qu'il s'agit d'une communauté utilisant ces ressources à des fins culturelles. On peut notamment penser à toutes les communautés indigènes des pays développés (Aborigènes en Australie, Kanak en Nouvelle-Calédonie).

34. RG n° 08/00932.
35. CA Caen, 7 avril 2008, RG n° 07/00640.
36. CA Caen, 19 décembre 2007, RG n° 07/00076.
37. TGI Nanterre, 11 mai 2009, *Commune de Vanves c/ Vidal*.
38. TGI Narbonne, 4 octobre 2007.

Il s'agit de préjudices à la fois transversaux et transgénérationnels qui (recouvrant à la fois le préjudice bio-social et l'atteinte à la mission de protection de l'environnement) s'attachent à sanctionner le passager clandestin qui porte atteinte à la pérennité de la biodiversité, conçue comme un héritage collectif à la fois naturel et culturel.

Ainsi, le préjudice culturel collectif recouvre une hypothèse inédite : les atteintes aux services culturels ou préjudice « bio-social » (A), et un type de préjudice plus classique : les atteintes à la mission de protection de l'environnement (B). Ces définitions de nouveaux préjudices réparables débouchent sur le constat du nécessaire élargissement de la définition de l'intérêt à agir (C).

A. Les atteintes aux services culturels ou *préjudice bio-social*

Ce type de préjudice (atteinte aux services culturels ou « préjudice bio-social ») vise à réparer l'atteinte portée au lien entre nature et culture c'est-à-dire aux rapports qu'entretient l'homme avec son environnement (créations culturelles, représentations culturelles, savoir-faire). Il s'agit alors d'un préjudice collectif à caractère patrimonial ou extrapatrimonial, sans pour autant pouvoir se réduire à un préjudice moral. Enfin, son prolongement dans le temps, le préjudice aux services culturels futurs, est une atteinte à des droits futurs autant qu'à des devoirs présents (pour celui sur qui pèse l'obligation de garder, d'entretenir et de transmettre).

L'*atteinte aux services culturels* est donc, tout à la fois, un préjudice transversal (d'où son qualificatif de « bio-social »), et transgénérationnel.

1) Un préjudice bio-social : un préjudice à des éléments matériels et immatériels

Ce préjudice transcende les catégories. Il porte sur des éléments tant matériels qu'immatériels. Il est tout autant individuel que collectif. Car il naît de l'atteinte à un lien entre l'homme et l'environnement et entre culture et nature – un lien en termes de représentations (création culturelle), de savoir-faire et de connaissances acquis au contact de la nature, tels les « savoirs traditionnels » des peuples autochtones qu'évoque la *Convention sur la diversité biologique* de 1992 (articles 8 (j) et 10 c), ou encore la *Convention pour la sauvegarde du patrimoine culturel immatériel* de 2003, par laquelle la France a pris l'engagement de respecter le « *patrimoine culturel immatériel* » des communautés, des groupes et des individus concernés (article 1), conçu comme un ensemble de « *pratiques, représentations, expressions, connaissances et savoir-faire [...] que les communautés, les groupes [...] reconnaissent comme faisant partie de leur patrimoine culturel. Ce patrimoine culturel immatériel, transmis de génération en génération, recréé en permanence par les communautés et groupes en fonction de leur milieu, de leur interaction avec la nature [...], leur procure un sentiment d'identité [...]* » (article 2).

Comme cela a été longuement développé plus haut, il y a tout un patrimoine culturel lié à la connaissance d'une flore spécifique. Ce sont ces savoirs que cherchent à protéger les conventions internationales précitées qui insistent sur le rôle joué en ce domaine par les populations autochtones (Convention sur la diversité biologique, 1992 ; Convention de l'Unesco pour la sauvegarde du patrimoine culturel immatériel de 2003 ; Convention sur la protection et la promotion de la diversité des expressions culturelles, 2005 ; Déclaration sur les droits des peuples autochtones, 2007).

L'atteinte à l'environnement est une atteinte : à un patrimoine culturel ; à des savoirs utiliser ; à des savoir-faire. C'est là un préjudice subjectif, autant individuel que collectif.

Surtout, il convient de s'interroger sur un préjudice que l'homme contemporain prendrait à son compte au titre d'une solidarité à l'égard des générations futures : en envisageant la réparation de l'atteinte portée au droit à un égal accès aux ressources génétiques (dans le présent) et à un développement durable (dans le futur). À savoir, les deux faces (actuelle et future) d'une même atteinte. C'est cette atteinte aux services culturels, que je qualifie de *préjudice bio-social*, qui évoque un préjudice essentiellement transgénérationnel. Car ce *préjudice bio-social* apparaît moins comme un préjudice actuel que comme un préjudice futur. C'est un préjudice subi par les gardiens d'une nature et d'une mémoire liée à celle-ci. C'est donc une atteinte qui frappera les générations futures qui ne pourront se voir léguer ces savoirs (atteinte au patrimoine immatériel qu'évoque la convention précitée de 2003).

2) Un préjudice transgénérationnel : la sanction de l'atteinte à un service culturel / écologique (« bio-culturel ») durable

Puisqu'il s'agit d'une atteinte aux liens entre une société et son environnement, il concerne aussi les droits des générations futures à un « développement durable » [39] : il s'agit de sanctionner l'atteinte au droit à un service culturel / écologique (« bio-culturel ») durable [40].

---

39. Sur cette problématique récente, voir : J. C. TREMMEL (éd.), *Handbook of Intergenerational Justice*, Edward Elgar Publishing Ltd, Cheltenham (UK), 2006 ; J. C. TREMMEL (éd.), *A Theory of Intergenerational Justice*, Earthscan, London, 2009 ; W. BECKERMAN & J. PASEK, *Justice, Posterity and the Environment*, Oxford University Press, 2001 ; Les actes du colloque « Quelle responsabilité juridique envers les générations futures ? », Saint Quentin-en-Yvelines/Poitiers, 10-13 décembre 2010 (à paraître aux éditions Dalloz).

40. I. DOUSSAN, « Les services écologiques », *in* C. CANS (dir.), *La responsabilité environnementale : Prévention, imputation, réparation*, Dalloz, coll. Thèmes et commentaires, 2003, pp. 125-141.

En 1923, le professeur Louis Mangin écrivait « *la nature a besoin de protection, et c'est* (notre) *rôle de chercher à concilier sa sauvegarde avec les transformations économiques qui s'imposent, de suggérer les mesures nécessaires pour empêcher les égoïsmes individuels ou collectifs de dilapider un patrimoine de beauté qui appartient à tous. Mais nous n'intervenons pas seulement pour la satisfaction de l'esthétique, nous voulons aussi dénoncer et enrayer la destruction désastreuse, même au point de vue pratique, d'incalculables richesses dont l'exploitation prudente devrait assurer la perpétuité* » [41]. Dans ce propos, l'esthétisme et l'utilitarisme constituaient un tout indissociable. Faisant écho à ce qui précède, le texte fondateur de l'*Union internationale pour la protection de la nature* (UIPN, ancêtre de l'UICN) adopté le 5 octobre 1948 lors de la conférence de Fontainebleau, ne se limite pas à envisager l'exploitation des ressources renouvelables. Il se préoccupe aussi de protéger un patrimoine esthétique, les beautés naturelles, à des fins notamment *spirituelles*. D'ailleurs, à l'occasion d'un des discours d'ouverture de cette conférence, le biologiste anglais Julian Huxley notait que *« le but de la vie n'est pas uniquement de vivre ; l'un de ses buts, c'est le plaisir, y compris le plaisir intellectuel ; le plaisir de la beauté ; le plaisir d'une nature non souillée, dans une attirante campagne »* [42].

Et puisque la nature n'est pas qu'un prestataire de services pour l'homme actuel, mais une ressource à préserver pour les générations futures (même dans une perspective de co-développement), la nature a besoin moins de « possesseurs » que de « gardiens » vigilants sur l'usage qui peut en être fait et les stratégies à développer pour le maintien d'un même niveau de service – à défaut d'assurer une complète identité de service dans le temps.

Ceci rejoint l'idée que les possesseurs actuels ne sont que des passeurs/gardiens d'un patrimoine laissé par les ancêtres à destination des générations futures. Cela se traduit dans le principe d'inaliénabilité des terres (dans le Pacifique Sud) ; mais encore dans le statut de fidéicommis reconnu au Pérou aux communautés indiennes sur leurs « savoirs traditionnels » [43] ou dans l'accord passé en

41. L. MANGIN, « Discours de clôture », in R. DE CLERMONT et al., *Premier congrès international pour la protection de la nature, faune, flore, sites et monuments naturels* (Paris, 31 mai – 2 juin 1923). Rapports, vœux, réalisations. Société nationale d'acclimatation de France, Ligue française pour la protection des oiseaux, Société pour la protection des paysages de France, 1925, Paris, p. 316 à 322.

42. Cité par P. BLANDIN, *op. cit.*, p. 16.

43. Loi péruvienne 27811 du 24 juillet 2002, relative aux droits sur les savoirs traditionnels, article 12 : exemple cité par G. FILOCHE, *op. cit.*, p. 439 : *« D'après l'article 12 de la loi péruvienne de 2002, les droits sur les savoirs traditionnels sont inaliénables et imprescriptibles car ils font partie du patrimoine culturel des autochtones. La communauté détient le savoir en tant que fidéicommis pour ses membres actuels ainsi que pour les membres issus des générations futures, ce qui implique que ce droit est détenu à perpétuité »*.

Nouvelle-Calédonie entre l'autorité coutumière et l'industriel lors de la création du site de Goro-Nickel (l'usine hydro-métallurgique du Sud) [44]. On retrouve la même idée dans l'affirmation des droits des populations indigènes sur leurs savoirs traditionnels, tels qu'ils résultent de la Constitution de la Bolivie de 2009 (articles 30, II, 9° à 11°, et 42, II, notamment [45]), mais encore de la Constitution de l'Équateur de 2008. Cette dernière, outre les droits sur les « savoirs traditionnels au profit des populations autochtones » (article 57, 12° notamment), consacre un chapitre VII aux « Droits de la nature », et donne mandat à tous les citoyens d'agir pour mettre en œuvre et défendre le droit de la nature à être restaurée et protégée (articles 71 et 72) [46].

Ces exemples étrangers récents, qui soulignent la fonction de gardien de la nature qui incombe aux sociétés humaines, répondent à une demande forte portée par la dimension culturelle.

Ils soulignent la nécessité d'envisager un préjudice spécifique : le préjudice éprouvé par ceux qui n'ont pas seulement des droits (un droit d'usage de

---

44. Le « *Protocole d'accord portant Pacte pour un développement durable du Grand Sud* », signé entre les chefferies du sud et la société de droit brésilien, Vale Inco, qui exploite le site Goro-Nickel. Cet accord comporte notamment la création d'un « *Comité consultatif coutumier environnemental (CCCE)* », associant les représentants des populations autochtones, et conçu comme « *un intermédiaire permettant une discussion permanente entre Goro-Nickel et les populations voisines de son projet. Il permettra de garantir la participation des instances coutumières au suivi environnemental du projet, ainsi que la prise en compte du savoir et des connaissances traditionnels Kanak* ».

45. Constitución Política de Bolivia, 2009, chapitre 4 « Droits des nations et des populations indigènes », art. 30, II, 9 à 11 : « *Artículo 30. I. Es nación y pueblo indígena originario campesino toda la colectividad humana que comparta identidad cultural, idioma, tradición histórica, instituciones, territorialidad y cosmovisión, cuya existencia es anterior a la invasión colonial española.*
II. En el marco de la unidad del Estado y de acuerdo con esta Constitución las naciones y pueblos indígena originario campesinos gozan de los siguientes derechos : (...)
9. A que sus saberes y conocimientos tradicionales, su medicina tradicional, sus idiomas, sus rituales y sus símbolos y vestimentas sean valorados, respetados y promocionados.
10. A vivir en un medio ambiente sano, con manejo y aprovechamiento adecuado de los ecosistemas.
11. A la propiedad intelectual colectiva de sus saberes, ciencias y conocimientos, así como a su valoración, uso, promoción y desarrollo ».

46. « *Art. 71. – La naturaleza o Pacha Mama, donde se reproduce y realiza la vida, tiene derecho a que se respete integralmente su existencia y el mantenimiento y regeneración de sus ciclos vitales, estructura, funciones y procesos evolutivos.*
Toda persona, comunidad, pueblo o nacionalidad podrá exigir a la autoridad pública el cumplimiento de los derechos de la naturaleza. *Para aplicar e interpretar estos derechos se observaran los principios establecidos en la Constitución, en lo que proceda.*
El Estado incentivará a las personas naturales y jurídicas, y a los colectivos, para que protejan la naturaleza, y promoverá el respeto a todos los elementos que forman un ecosistema. »
« *Art. 72.* – ***La naturaleza tiene derecho a la restauración. Esta restauración será independiente de la obligación que tienen el Estado y las personas naturales o jurídicas de indemnizar a los individuos y colectivos que dependan de los sistemas naturales afectados.***
En los casos de impacto ambiental grave o permanente, incluidos los ocasionados por la explotación de los recursos naturales no renovables, el Estado establecerá los mecanismos más eficaces para

la biodiversité), mais qui mettent eux-mêmes l'accent sur leurs devoirs – et singulièrement, le devoir de transmettre intact un patrimoine qui fonde une identité. Le préjudice éprouvé par ceux qui se trouvent empêchés de remplir cette fonction sociale de « gardien » : ce préjudice relève encore du *préjudice bio-social.* Car au-delà du préjudice moral (éprouvé notamment par les dépositaires actuels de ces savoirs qui ne pourront les transmettre), il s'agit d'une atteinte à un capital matériel et immatériel, subie par les générations futures et portant sur les connaissances et savoir-faire liés à tout ce que la nature fournit comme service à l'homme.

Dans le cas spécifique des sociétés extra-européennes la spécificité de cette atteinte est une évidence : c'est une atteinte (un outrage) à la généalogie du clan, à la mémoire des ancêtres, au Totem, à la terre-mère...

Mais peut-être ne faut-il pas non plus restreindre ce type de préjudice au seul cadre des sociétés non occidentales, en envisageant des *dommages-intérêts punitifs, réparant en fait une perte de chance.*

B. Les atteintes à la mission de protection de l'environnement

Le préjudice moral écologique qui peut intéresser les particuliers comme rappelé *supra* (§ 1), intéresse tout autant l'association qui voit anéantis ses efforts passés pour protéger un écosystème, comme ce fut le cas de « l'office de l'environnement de la Corse » qui a vu détruits ses efforts de protection d'une zone marine polluée par des rejets d'hydrocarbures.

De même peut exister un préjudice moral né de l'atteinte aux intérêts que défend une association de protection de la nature (voir en sus des exemples cités plus haut : CA Bordeaux, 10 avril 2009, *Scea Château Walton c/ Sepanso*). Dans ce cas c'est la finalité même de l'association qui se trouve atteinte et contrariée par l'acte de pollution.

D'ores et déjà les juridictions civiles indemnisent le *pretium doloris* sous la forme de la réparation des préjudices moraux écologiques, visant, en ce qui concerne des associations : « *le préjudice moral direct ou indirect causé aux intérêts collectifs qu'elles ont pour objet de défendre* » [47] ou encore le « *préjudice*

---

alcanzar la restauración, y adoptará las medidas adecuadas para eliminar o mitigar las consecuencias ambientales nocivas. »

47. TGI Paris, 16 janvier 2008.

moral direct personnel en liaison avec le but et l'objet de ses activités »[48]. Les juridictions pénales vont dans le même sens[49].

Cette approche se vérifie notamment dans la réparation des conséquences d'une pollution de la mer par des hydrocarbures : s'agissant du *préjudice moral de l'association dont les intérêts sont atteints, son objet étant la protection des milieux naturels*[50] ; du *préjudice moral des communes dont les plages ont été souillées*[51] ; du *préjudice moral d'une association de protection des milieux marins*[52].

Ce préjudice moral « écologique » est donc, d'ores et déjà, consacré par le Droit. Certes, ce sont généralement des associations qui agissent, mais elles le font en tant que relais d'individualités affectées personnellement dans leur rapport à l'environnement et mues par le désir d'obtenir la réparation d'un préjudice profondément intime et personnel. Le confirment les affaires de marées noires ou d'autres types de pollutions ou destructions de l'environnement. Les réactions de la société civile sont d'une intensité constante.

C. L'INTERACTION ENTRE DÉFINITION DU PRÉJUDICE ET INTÉRÊT À AGIR : LE NÉCESSAIRE ÉLARGISSEMENT DE LA DÉFINITION DE L'INTÉRÊT À AGIR

Au regard de tout ce qui précède, l'utilité du bien pour l'homme ne peut constituer le seul critère de l'intérêt à agir. Cette utilité étant classiquement appréciée à l'aune du droit d'exploiter.

Il faut apprécier le préjudice au regard de principes éthiques : la vision éthique d'une nature qui aurait aussi le droit de se perpétuer, moins pour elle-même que pour le partage équitable du même service ou d'un service écologique de même niveau au profit des générations futures.

Le critère de l'utilité ne permet d'envisager que l'hypothèse d'un agent qui voit ses droits atteints, et qui peut quantifier le préjudice qui en découle.

---

48. Cass. 1re civ, 16 novembre 1982, *Bull. civ.* 1982, I, n° 331, *RJE* 1984, p. 225, note J.-C. HALLOUIN.
49. Cass. crim., 20 février 2001, n° 00/82655 *(élevage porcin)* ; CA Pau, 17 mars 2005, n° 00/400632 *(rapaces de nuit)* ; CA Aix-en-Provence, 13 mars 2006, arrêt n° 328/M/2006 *(abattage de chamois)*.
50. CA Rennes, 26 octobre 2006, n° 06/00757.
51. CA Rennes, 18 avril 2006, n° 05/01063.
52. CA Rennes, 23 mars 2006, n° 05/01913 ; voir encore : T. corr. Brest, 8 mars 2005, n° 04/000779.

Le critère de l'éthique, plus souple et englobant, permet à celui sur qui pèse l'obligation de transmettre un patrimoine collectif, moins pour lui-même que pour les autres, d'intervenir en agissant comme une sorte de gérant d'affaire, ou fidéicommis au profit des générations futures.

Celui-là pourrait alors invoquer un préjudice moral pour lui-même : né du sentiment de n'avoir pu protéger un bien commun qu'il désespère de léguer aux générations futures. Ce préjudice résulterait du constat et du sentiment de son propre échec à remplir une fonction sociale de la plus haute importance pour la survie et la perpétuation d'une généalogie, d'un mythe... Ainsi pourrait-il se prévaloir d'un préjudice spécifique lié à la conscience qu'il aura jusqu'à sa mort d'avoir échoué à protéger : on est ici dans le registre du préjudice moral écologique ; mais il ne faut pas oublier l'autre face qui est l'atteinte à des biens immatériels.

Enfin, on peut aussi envisager le cas du préjudice lié au fait que l'individu s'était abstenu, contre ce que lui dictait son propre intérêt égoïste, de consommer ou de détruire lui-même à son seul profit, ce qu'un autre aura ensuite détruit. Il s'agit là de faire payer à l'autre le prix de l'inutilité de sa propre abstention. Ce sont des *dommages-intérêts punitifs, réparant en fait une perte de chance de conserver l'usage/le bénéfice de la biodiversité.*

Le *free rider* (le dilapidateur ou le passager clandestin) doit pouvoir, pour un bien commun, payer le prix de l'abstention supportée par l'usager respectueux et parcimonieux. Il s'agit de rétablir l'équilibre et de sanctionner le non-respect d'une éthique élémentaire dans l'accès aux ressources génétiques en sanctionnant ce qui est contraire à un principe commun à tous les instruments internationaux récents en ce domaine : *le principe d'un accès et d'un partage équitable de la valorisation des ressources biologiques. Ce principe de « bioéquité »* [53] *conduit à sanctionner le dommage né de l'accaparement par un seul, des biens qui pour appartenir à personne, mais qui étant au service direct ou indirect de tous, sont au final des biens collectifs.*

C'est la seule façon de corriger l'impunité qui engendre les abus dénoncés par Jehan de Malafosse :

« *Dans notre ancien droit, un principe fort simple régissait les usages forestiers. L'usage était limité aux besoins de l'usager et à la possibilité de la forêt. C'est une règle de bon sens.*

53. M.-A. HERMITTE, « Souveraineté, peuples autochtones : le partage équitable des ressources et des connaissances », in (collectif), *La bioéquité, batailles autour du partage du vivant*, Autrement, 2009, p. 115 à 135.

Mais la chose du monde la mieux partagée brille parfois par son absence au pays de Descartes. Le chasseur, qui est devenu un tireur, « fait un tableau ». Le pêcheur, plus modestement, mais dans le même esprit, « fait un panier ». Et il en va de même de toutes les autres formes de cueillette ou de ramassage. Qu'il s'agisse de crevettes ou d'étrilles, de champignons ou de simples... Tout fait nombre ! La dynamique de nos droits individuels est telle que la liberté de ramasser ou de cueillir ne s'arrête que devant le panier des autres. À ce compte-là, le droit des autres à la nature n'est plus un frein et encore moins un obstacle, c'est un stimulant » [54].

Notre droit a fini par ne plus pouvoir concevoir autre chose que le système du droit de propriété exclusif. Ne gagnerait-on pas à renouer parfois avec des règles qui évoquent un « usage concerté du milieu naturel » ainsi que le soulignait Jehan de Malafosse [55] ? C'est ce que traduisait, autrefois, la gestion des « communaux », en imposant des limites aux droits qu'implique la propriété ou l'usage de certains biens ou ressources qui intéressent un patrimoine commun.

Admettre un tel préjudice né de la conjonction d'une abstention de l'un et d'un abus commis par l'autre qui ruine les effets positifs de cette abstention, reviendrait à donner du sens au principe posé par l'article 1er de la loi de 1976 sur la protection de la nature : « *Tout citoyen est responsable de la nature qui l'entoure* ». Si ces mots ont un sens, ils imposent non seulement un devoir de vigilance et de modération dirigé contre ses propres abus (c'est un devoir éthique au sens strict), mais encore une action pour faire respecter la même sobriété aux autres (c'est un principe de morale pure qui ne demande qu'à advenir en règle de Droit).

Plus généralement, pour en terminer avec la critique que se sont attirés les « communaux », les écologistes de marché ne manqueront pas d'objecter que le modèle des « communaux » est un contre-exemple rimant avec une mauvaise gestion de la ressource [56]. Cependant, il n'est pas toujours vérifié que ce qui est commun à un grand nombre de personnes fasse nécessairement l'objet de soins moins attentifs de la part de chacun. Ce qui est vrai dans le cas de nos sociétés industrialisées – chaque usager, ainsi que le souligne J. de Malafosse, ayant tendance à user sans vergogne de la ressource commune sans égard pour sa perpétuation – ne se retrouve pas ailleurs pour des raisons culturelles. Outre-mer encore, en certains lieux, le patrimoine transgénérationnel est un bien commun que tous respectent : mis à part les orpailleurs et les aventuriers venus

---

54. J. DE MALAFOSSE, « La propriété gardienne de la nature », in *Études en l'honneur de Jacques Flour*, Répertoire du Notariat Defrénois, 1979, p. 335 à 349, spéc. p. 347.
55. *Op. cit.*
56. C'est ce que G. Hardin qualifie de « tragédie des communaux » : G. HARDIN, « The tragedy of commons », in G. HARDIN et J. BADEN (eds), *Managing the commons*, San Francisco, 1977.

faire fortune en se comportant comme les passagers clandestins (*free riders*) dont parle G. Hardin, qui profitent, détruisent et polluent sans limites au nom d'une rentabilité économique (la leur), oublieuse du reste de l'humanité. On ne peut poser comme axiome et universaliser le comportement prédateur qui caractérise certains, dans notre société, où polluer est une façon insidieuse de s'approprier et déposséder l'autre de tout ce qu'il a et, parfois même, de tout ce qu'il est [57].

CONCLUSION : L'ENJEU EST DE PARVENIR À METTRE LE DROIT AU SERVICE D'UNE ÉTHIQUE DE LA DIVERSITÉ DU VIVANT ET DU CULTUREL

Au terme de ces réflexions, le préjudice aux services culturels né de l'atteinte à l'environnement apparaît comme un préjudice spécifique en ce qu'il renvoie moins à des droits qu'à des devoirs (devoir de protéger et de transmettre). Car l'*écocide* (appelé aussi *biocide*) peut se doubler d'un *ethnocide*, et l'atteinte massive à l'environnement d'un crime contre l'humanité.

Ce préjudice culturel est un préjudice tant individuel (un *préjudice moral « écologique »* qui recouvre : un *pretium doloris*, un préjudice de jouissance et une atteinte à l'image de marque) qu'un préjudice collectif (un préjudice lié à l'atteinte aux services culturels ou préjudice bio-social et un préjudice lié à l'atteinte à la mission de protection de l'environnement).

Le caractère protéiforme du préjudice culturel rend assez délicat son classement dans les catégories classiques, car ce préjudice s'appréhende autant, sinon plus, sous l'angle des devoirs, et sous l'angle des solidarités transgénérationnelles, que sous l'angle des droits subjectifs (tant individuels que collectifs).

C'est la raison pour laquelle, à défaut de trouver de réponse « réparatrice » satisfaisante, reste toujours le recours possible à une justice « restaurative » du type de celle pratiquée en cas d'atteintes graves aux droits humains : à l'image du processus mis en œuvre par la *Commission vérité réconciliation* en Afrique du Sud à l'issue de la période d'apartheid. Une réparation symbolique ou rituelle peut remplir la même fonction qu'une réparation par équivalent impossible à mettre en œuvre ou réductrice.

---

57. P.-Y. LE MEUR, « La terre en Nouvelle-Calédonie : pollution, appartenance et propriété intellectuelle » (inédit), communiqué par l'auteur qui renvoie à l'idée de la terre comme propriété intellectuelle – une idée développée par M. STRATHERN, « Land: intangible or tangible property? », in T. CHESTERS (éd.), *Land Rights. The Oxford Amnesty Lectures 2005*, Oxford University Press, Oxford, 2009, p. 13-38.

L'important est de ne pas chercher à uniformiser les réponses. Il s'agit d'envisager un Droit adaptable aux contextes : non pas tant un Droit des « pays » qu'un Droit « des environnements » et « des biotopes », en ayant toujours en mémoire que l'utilité de l'environnement s'apprécie nécessairement en fonction d'un intérêt direct ou indirect pour l'homme. C'est l'homme qui demeure la mesure de tout, à plus forte raison dans ces très nombreuses civilisations qui ignorent notre distinction, si typiquement occidentale, entre les deux notions de nature et de culture.

Il est vain de faire de grandes déclarations sur la protection de la nature en ne sanctionnant les atteintes à celle-ci que sous la forme notamment de contraventions (délai de prescription : un an), là où il devrait y avoir, dans la perspective d'une solidarité intergénérationnelle, une imprescriptibilité – au moins pour les atteintes irréversibles : puisque ce n'est qu'en se situant dans le futur et en procédant à un bilan rétrospectif que l'on pourrait apprécier la réelle irréversibilité du dommage causé. Sans avoir besoin de changer de paradigme, si l'on répugne à admettre les droits de la nature, et si l'on tient à rester dans la perspective de la protection des seuls droits des humains au travers de la protection de l'environnement, une étape pourrait être franchie si le Droit positif intégrait l'idée de devoirs à l'égard des générations futures [58]. On aboutirait à partir de cette perspective à un résultat non pas identique mais, au moins, approchant des objectifs poursuivis par l'idée de protéger la nature pour elle-même. Le détour par les droits des générations futures pourrait être une étape intermédiaire, ou un compromis acceptable entre les conceptions actuelles et celles défendues par Christopher Stone [59] – lequel a inspiré les tenants de la personnalité juridique reconnue à des éléments naturels – voire celles qui voudraient reconnaître la personnalité juridique à la nature tout entière, ainsi que le fait la Constitution équatorienne de 2008.

Plus généralement, à défaut de parvenir à instaurer par la voie de l'indemnisation-sanction de véritables moyens de modérer l'appétit destructeur du *free rider*, la solution serait de pousser jusque dans leurs limites extrêmes les logiques de l'écologie de marché – qui définit le droit de propriété comme le meilleur garant

58. R. LAFARGUE, « Une perspective anthropologique. Les obligations transgénérationnelles dans les sociétés du "passage" », in J.-P. MARKUS (dir.), *Quelle responsabilité envers les générations futures ?*, Dalloz, coll. Thèmes et commentaires, 2012, p. 33.

59. C.D. STONE, « Should trees have standing? Toward legal rights for natural objects », *Southern California Law Review*, 1972 ; du même auteur : *Should Trees have Standing? And Other Essays on Law, Morals and the Environment*, Oceana Publications, 1996 ; V. DAVID (centre IRD de Nouméa), « Le monde est-il enfin Stone ? La lente consécration des droits de la nature » (inédit) qui cite C. Stone: "*I am quite seriously proposing that we give legal rights to forests, oceans, rivers and other so-called "natural objects" in the environment – indeed, to the natural environment as a whole.* »

de la protection d'un capital naturel qu'aucun propriétaire n'a intérêt à détruire. En ce cas, la solution serait de reconnaître des « gardiens » aux forêts d'Amazonie et du Gabon : des Amérindiens et Aluku ou des Pygmées titulaires de droits d'usage, certes collectivement. Devenus gardiens de la forêt, ils ne la surexploiteraient pas. Les clans de la mer en Nouvelle-Calédonie (propriétaires coutumiers du lagon) font déjà de même avec leurs droits fonciers/maritimes en interdisant toute exploitation commerciale destructrice, et de fait en sanctuarisant des zones entières. Dans ce cas pour garantir la forêt guyanaise, point n'est besoin d'un parc : il suffirait de reconnaître des droits exclusifs (de nature coutumière) aux possesseurs immémoriaux [60]. Ce serait faire de « la propriété (ou de ses équivalents) la gardienne de la nature », quelque peu dans le sens où l'entendait J. de Malafosse [61], ou de mettre « le droit coutumier au service du développement durable » [62].

Au-delà des théories de l'écologie politique qui sont toutes filles de notre temps, c'est dans la construction culturelle (les mythes qui gouvernent les comportements et les consciences) qu'il faut rechercher l'explication – la seule probablement – du respect de la nature chez certains et, au contraire, de l'attitude fondamentalement prédatrice des autres [63]. Il y a là une raison sérieuse pour justifier le maintien et le recours aux *usages locaux* (le droit coutumier de certains peuples d'outre-mer) contre un droit uniforme qui ignore si souvent la contrainte environnementale.

---

60. L'une n'est pas inconciliable avec l'autre de ces deux solutions.

61. J. DE MALAFOSSE, *op. cit.*, p. 336 *: « ... autant le concept de la propriété est sujet à critique lorsqu'il favorise la spéculation, autant il peut apparaître, dans certains cas, comme* ***un élément modérateur dans la course à la destruction du milieu naturel engagée par nos civilisations****. La plupart des auteurs, (...) utilisent l'argument écologique en guise d'ultima ratio pour dénoncer les inconvénients de la propriété. (...) On peut se demander, au contraire, si on ne risque pas de tomber de Charybde en Scylla en privilégiant, sous une autre dénomination, une néo-propriété de type dynamique comme la "propriété culturale". Bien plus, on constate que des usages anodins de la nature comme le ramassage, la cueillette ou la promenade, peuvent constituer une menace pour le milieu naturel, Le danger résulte d'un usage intensif sans souci notamment des époques où la nature est particulièrement fragile.* ***C'est le nombre qui fait le nuisible.*** *(...) L'utilisation du milieu naturel est d'autant plus anarchique que la propriété s'efface bien souvent devant des usages locaux* ».

62. G. FILOCHE, « Le droit coutumier au service du développement durable ? Enjeux et problèmes de l'articulation et de l'hybridation des normativités autochtones et étatiques », in C. EBERHARD (dir.), *Traduire nos responsabilité planétaires. Recomposer nos paysages juridiques*, Bruylant, coll. Bibliothèque de l'Académie européenne de théorie du droit, Bruxelles, 2008, p. 269-287.

63. C'est d'ailleurs ce que relève François Ost qui, revenant sur le mythe fondateur de la « tragédie des communaux », souligne qu'*« il faut introduire une dimension qui échappe totalement à nos "écologistes de marché" : la régulation symbolique des communautés d'usagers partageant une culture, des traditions et des valeurs qui induisent précisément la complémentarité des usages par la modération des prélèvements (...) elle fait appel (...) à d'autres formes de rationalité que celle qui repose sur la maximisation du profit individuel » :* F. OST, *La nature hors la loi. L'écologie à l'épreuve du droit*, La Découverte/Poche, Paris, 1995, 2003, p. 141.

Outre-mer comme dans de nombreux pays émergents, le préjudice culturel né de l'atteinte à l'environnement confine dans ses implications extrêmes à l'ethnocide. Comment réparer cela ? Mais surtout pourquoi ne pas réparer cela ? Les réfugiés climatiques de demain n'auront-ils aucun recours ?

Ne pas envisager le prix de l'ethnocide dans ces collectivités d'outre-mer ou dans certains pays du tiers-monde – c'est-à-dire le prix d'un trouble tel aux conditions de vie, induit par l'atteinte à l'environnement, à l'heure où l'on se préoccupe de partager avec certains de ces peuples, pour le développement de notre science, ce qu'ils ont appris du contact avec leur « nature », revient à leur dire : donnez-nous tout ce que vous savez et disparaissez si possible sans bruit, sans nous culpabiliser davantage. C'est bafouer les principes énoncés en 2007 dans la *Charte des Droits des Peuples Autochtones*.

De même, ne pas envisager le préjudice culturel/civilisationnel dans nos sociétés occidentales revient à ignorer tout ce que l'on affirme sur le thème de la dignité.

Ensuite, le Droit ne peut feindre d'ignorer cette réalité que la nature est le socle de toute création humaine et donc de toute société : du droit à consommer jusqu'à celui de jouir de la simple esthétique d'un paysage. En 1949, le professeur Théodore Monod déclarait sans détours que *« si l'homme est ce qu'il prétend être, autre chose qu'un tube digestif, il devra savoir reconnaître que si la nature a ses "ressources" elle a aussi, patrimoine non moins précieux, ses beautés »* [64].

En somme, le développement durable a besoin de stratégies, mais il a aussi un prix. Et s'il a un prix, il doit donner lieu à réparation quand des atteintes sont portées à ces objectifs. C'est pour nous une évidence ; un sentiment que partageait David A. Munro en 1980 : « *l'humanité (...) doit accepter la réalité de la limitation de ses ressources et de la capacité de charge des écosystèmes, et tenir compte des générations futures (...). Deux traits caractérisent notre temps. Le premier est la capacité illimitée des êtres humains de créer et de construire, assortie du pouvoir tout aussi grand de détruire et d'anéantir (...). Le second est* la mondialisation de l'action, *avec pour corollaire la* mondialisation de la responsabilité... » [65].

À l'évidence la beauté ne suffira pas à sauver le monde. Et tout ce qui précède demeurera de pieuses paroles, tant que nul ne pourra agir en conséquence et à

64. Th. MONOD, « Conservation des ressources naturelles en Afrique noire française et éducation », in UIPN (éd.), *Conférence technique internationale pour la protection de la nature* (Lake Success, 22-29 août 1949), Procès-verbaux et rapports, Unesco, Paris, Bruxelles, 1950, p. 242-251.

65. Cité par : M. KASSAS, M.K. TOLBA et J.H. LOUDON, « Avant-propos », in UICN, PNUE et WWF, *Stratégie mondiale de la conservation. La conservation des ressources vivantes au service du développement durable*, UICN, Gland, Suisse, I, 1980.

tous niveaux : agir en responsabilité pour contribuer à imposer une autorégulation ou une abstention vertueuse fondée sur rien d'autre qu'un principe de responsabilité. Preuve s'il en est de l'importance que revêt la fonction instituante du Droit, et l'intérêt d'une nomenclature pour envisager toutes les facettes du préjudice réparable, fonctionnant comme un rappel à l'interdit (puisque l'éthique ne peut y suffire) : un avertissement lancé aux *free riders,* d'ici et d'ailleurs.

Nouméa, le 17 novembre 2011

La distinction préjudice économique / préjudice moral dans la Nomenclature des préjudices environnementaux

Mathilde BOUTONNET

Maître de conférences, Chaire CNRS droit de l'environnement
Université d'Aix-Marseille III (CERIC)

SYNTHÈSE

La distinction préjudice économique / préjudice moral est bien connue du droit de la responsabilité civile. Elle est intimement liée à l'exigence de caractère personnel de l'intérêt à agir autant que du préjudice : la victime subissant le préjudice est une personne, celle-là même qui en demande réparation. La Nomenclature proposée n'accorde pas la place centrale à cette distinction. Persistant s'agissant des préjudices individuels, elle est écartée en cas de préjudices causés à l'environnement et de préjudices collectifs causés à l'homme en raison de la dissociation existant entre « qui subit le préjudice » et « qui en demande réparation ».

Droit de la responsabilité civile. – La distinction entre le préjudice économique et le préjudice moral est bien connue en droit de la responsabilité civile [1]. Elle y est au cœur même si la terminologie varie d'un manuel à un autre. Certains préféreront opposer les dommages patrimoniaux aux dommages extrapatrimoniaux en y fondant le dommage corporel, d'autres y ajouteront le dommage corporel à côté du dommage « matériel » et « moral » [2], pendant que d'autres encore préféreront apprécier ces différents dommages patrimoniaux et extrapatrimoniaux sous le prisme des atteintes aux biens et à la personne [3].

Nomenclature. – D'emblée la Nomenclature des préjudices liés au dommage environnemental contraste avec cette distinction. En effet, lorsque l'on observe

1. Elle se rapproche de la distinction « préjudices purement économiques »/« préjudices non exclusivement économiques », P. JOURDAIN et G. VINEY, *Traité de droit civil, Les conditions de la responsabilité*, LGDJ, 2006, p. 30 s.
2. F. TERRÉ, Ph. SIMLER et Y LEQUETTE, *Droit civil, Les obligations*, Dalloz, 9e éd., 2010, p. 697.
3. M. FABRE-MAGNAN, *Droit des obligations, 2. Responsabilité civile et quasi-contrats*, PUF, Thémis droit, 2010, p. 111 s.

de plus près la typologie des préjudices, on peut noter que la distinction entre le préjudice économique et le préjudice moral n'en est plus le cœur. Plus que d'être fondue à l'intérieur d'une distinction qui lui serait supérieure, elle y tient une place plus réduite puisqu'elle ne concerne que les préjudices causés à l'homme, dans la catégorie des préjudices individuels. Certes, cela ne remet pas en cause son importance car, sur le plan quantitatif, nul doute que la réparation des préjudices individuels liés aux dommages environnementaux, c'est-à-dire ceux atteignant les intérêts proprement individuels, sont aujourd'hui majoritairement invoqués par les victimes. Il suffit pour s'en convaincre de rappeler le succès de l'action en responsabilité fondée sur la théorie du trouble de voisinage, qui aboutit bien souvent, au-delà de la cessation du trouble, à indemniser la victime de ce qu'elle a subi moralement et matériellement. Toutefois, cela montre que, sur le plan quantitatif autant que qualitatif, il existe d'autres préjudices ni économiques, ni moraux, qui sont déjà ou devraient être réparés.

Distinction inhérente à la conception traditionnelle du préjudice. – Cela n'étonne pas si l'on rappelle que la distinction préjudice économique / préjudice moral est intimement liée à l'exigence de caractère personnel du préjudice, résultant elle-même d'une conception traditionnellement subjective du préjudice en droit de la responsabilité civile. Comme le rappellent certains auteurs [4], « *il est courant d'affirmer qu'un dommage ne peut donner lieu à l'application des principes de la responsabilité civile que s'il est personnel, ce qui signifie que c'est en principe la personne à laquelle le fait dommageable a porté préjudice – et elle seule – qui peut en demander réparation* ». Et de préciser que « le droit de la responsabilité civile n'appréhende actuellement les phénomènes nuisibles qu'à travers leurs répercussions sur les personnes ». Autrement dit, de par son caractère personnel, le préjudice à réparer est celui subi par la victime qui elle-même est le demandeur à l'action. Se cache ici toute l'influence, dès la recevabilité, de la nécessité de prouver l'existence d'un intérêt à agir personnel, c'est-à-dire qui lèse l'intérêt du demandeur [5]. Or, la distinction entre le préjudice économique et le préjudice moral permet d'attester aussi bien de l'intérêt que du caractère personnel. Elle « personnalise », en amont, l'intérêt à agir, et en aval, le préjudice : en tant que personne, le demandeur-victime, ne peut que souffrir de conséquences économiques et morales, touchant à « son » patrimoine et « ses » sentiments.

Distinction nuancée dans une conception renouvelée du préjudice. – La Nomenclature des préjudices liés au dommage environnemental se détache de

4. P. Jourdain et G. Viney, ouvrage préc., n° 288.
5. V. article 31 du Code de procédure civile.

l'exigence du caractère personnel de l'intérêt autant que du préjudice. Non pas que celui-ci soit absent de la caractérisation de certains préjudices qui peuvent en effet être subis par une personne qui s'avère celle qui en demande la réparation. C'est le cas d'un préjudice économique résultant de la perte de gains d'un commerçant due à une marée noire. Subi par une personne physique, celle-ci en demandera réparation au titre de son intérêt à agir personnel et du caractère personnel de son préjudice. Mais la Nomenclature opère une extension de la typologie des préjudices réparables en faisant le choix de raisonner à partir des conséquences préjudiciables elles-mêmes et non de la personne qui subit le préjudice et en demande réparation. Elle privilégie l'atteinte aux intérêts protégés par le droit et laisse de côté l'atteinte aux intérêts personnels. La question n'est donc plus de savoir quel est le préjudice subi par telle personne et si ce préjudice lui est personnel pour en obtenir réparation, mais si tel fait a des conséquences préjudiciables au titre de la lésion de certains intérêts. Que le préjudice soit également personnel ne constitue, dans ce contexte, qu'un élément superfétatoire.

Le but de cette contribution est alors de justifier de cette indifférence pour accepter, lors de la mise en œuvre de la Nomenclature, le fait que la distinction préjudice économique / préjudice moral y tient une place moins importante. – Exclue en cas de préjudices causés à l'environnement (Section 1), elle est également réduite en cas de préjudices causés à l'homme (Section 2).

SECTION 1
LA DISTINCTION « PRÉJUDICE ÉCONOMIQUE / PRÉJUDICE MORAL » EXCLUE DE LA TYPOLOGIE DES PRÉJUDICES CAUSÉS À L'ENVIRONNEMENT

Ouverte à la lésion des intérêts protégés par le droit, la Nomenclature offre une reconnaissance à tout un ensemble de préjudices résultant des dommages environnementaux indifférents au préjudice économique autant que moral. Il en est ainsi du préjudice causé à l'environnement. Reconnue (§ 1), son autonomie doit alors être mise en œuvre sans tenir compte de la distinction préjudice économique / préjudice moral (§ 2).

§ 1. – La reconnaissance de l'autonomie du préjudice causé à l'environnement

Préjudice causé à l'environnement. – La Nomenclature envisage, parmi les conséquences juridiques liées à un dommage environnemental, le préjudice causé à l'environnement défini comme « *l'ensemble des atteintes causées aux écosystèmes dans leur composition, leurs structures et/ou leur fonctionnement* ». Il s'agit donc d'un préjudice original en raison de la victime qui le subit : causé à l'environnement, il est subi par l'environnement. Or, l'environnement n'est pas une personne, ni dans les faits, ni en droit. Il en résulte que, de manière générale, le préjudice causé à l'environnement ne peut théoriquement constituer un préjudice personnel et, de manière plus particulière, le préjudice ne peut être ni moral, ni économique : l'environnement, en tant que victime, n'est pas atteint dans son patrimoine et dans ses sentiments. **Reconnaître le préjudice causé à l'environnement implique donc de reconnaître son caractère non personnel et, avec lui, son caractère non économique et non moral**. Il s'agit donc d'un préjudice objectif, autonome car indépendant des conséquences patrimoniales et extrapatrimoniales subies par une personne.

Reconnaissance jurisprudentielle implicite. – Cette autonomie est le reflet d'une reconnaissance à la fois implicite et explicite opérée par certains juges judiciaires.

Concernant la reconnaissance implicite, il faut rappeler que, bien souvent, le préjudice causé à l'environnement a été masqué par la distinction préjudice économique / préjudice moral [6]. Dans le premier cas, en accordant réparation aux victimes demandant réparation des préjudices résultant du coût de la réparation en nature, le juge laisse deviner un autre préjudice : celui subi par l'environnement. Celui-ci, non juridique, reste de l'ordre du fait. Vecteur de préjudice personnel, il en résulte des conséquences économiques dont la réparation peut pourtant être bénéfique à l'environnement en cas de remise en état. Ainsi, derrière l'existence et la réparation du préjudice économique sommeille un préjudice causé à l'environnement. Dans le second cas, le raisonnement se renforce. En accordant des dommages-intérêts au titre du préjudice moral lié à une atteinte à l'environnement, le juge offre, depuis quelques années, une certaine place au préjudice causé à l'environnement en ce que la justification du préjudice moral autant que le montant de la réparation paraissent y être intimement liés.

De cette tendance jurisprudentielle, il se dégage une reconnaissance implicite du préjudice causé à l'environnement qui demande à être clarifiée tant certaines incohérences peuvent lui nuire. Il est vrai que, en limitant la réparation des préjudices aux conséquences économiques et morales, le préjudice causé à l'environnement ne peut être appréhendé pour ce qu'il est : un préjudice subi par l'environnement et non par la personne de manière économique et morale. D'où une plus franche reconnaissance opérée par certains juges du fond.

---

6. L. Neyret, « La réparation des atteintes à l'environnement par le juge judiciaire », *D.* 2008, chron. p. 170.

Reconnaissance jurisprudentielle explicite. – Du côté de la reconnaissance explicite, tout commence avec une tendance jurisprudentielle qui, en admettant la réparation du préjudice résultant d'une atteinte à l'environnement ne le nomme pas pour autant préjudice économique et moral. Ici, un arrêt du 13 janvier 2006 rendu par la cour d'appel de Bordeaux admet la réparation d'un « *préjudice subi par le milieu aquatique* » [7] ; là un jugement du 29 mai 2001 rendu par le tribunal correctionnel de Libourne reconnaît la réparation d'un préjudice résidant dans le fait que le milieu naturel a subi une incontestable dégradation [8] et un arrêt du 21 juin 2004 de la cour d'appel de Caen admet la réparation d'un préjudice halieutique, la qualité de l'eau ne pouvant « *qu'être très néfaste voire incompatible avec la vie du poisson* » [9]. Ignorant la distinction « préjudice économique / préjudice moral », cette jurisprudence laissait présager une évolution plus explicite. Celle-ci a eu lieu le 16 janvier 2008 à l'occasion de l'affaire de l'Erika. Le TGI de Paris affirme que « *les associations peuvent demander réparation, non seulement du préjudice matériel et du préjudice moral, directs ou indirects, causés aux intérêts collectifs qu'elles ont pour objet de défendre, mais aussi de celui résultant de l'atteinte portée à l'environnement, qui lèse de manière directe ou indirecte ces mêmes intérêts qu'elles ont statutairement pour mission de sauvegarder* » [10]. Y sont clairement distingués les préjudices traditionnels d'ordre matériel et moral et le préjudice résultant de l'atteinte portée à l'environnement, à savoir le préjudice causé à l'environnement. Ce dernier apparaît autonome, ni matériel et ni moral. Confirmant cette analyse, la cour d'appel de Paris, le 30 mars 2010 [11], nomme cette fois explicitement ce préjudice comme « préjudice écologique », « préjudice écologique pur », préjudice environnemental » ou « préjudice pour atteinte à l'environnement ». Elle donne corps à son autonomie en le détachant clairement de l'exigence de caractère personnel. Elle affirme en effet que les préjudices patrimoniaux et extrapatrimoniaux font partie des « préjudices subjectifs » en ce qu'ils sont subis par des « sujets de droit » (p. 427) alors que le préjudice écologique relève du « préjudice objectif » (p. 427) en ce qu'il concerne une « atteinte sans répercussion sur un intérêt humain particulier » ou une atteinte à un intérêt que « le droit protège » (v. l'arrêt p. 431).

---

7. CA Bordeaux, 13 janv. 2006.
8. T. corr. Libourne, 29 mai 2001, n° 00-01.0957.
9. CA Caen, 21 juin 2004, *SARL d'exploitation de la laiterie du col Bayard c/ Fédération des Hautes-Alpes pour la pêche*.
10. TGI Paris, 16 janvier 2009, V. L. NEYRET, « Naufrage de l'Erika, Vers un droit commun de la réparation des atteintes à l'environnement », *D.* 2008, chron. p. 170 ; M. BOUTONNET, « 2007-2008 : l'année de la responsabilité civile environnementale », *RLDC* 2008/48, n° 2941 ; *JCP G* 2008, I, 126, note K. LE COUVIOUR ; *JCP G*, II, 2009 10053, note B. PARANCE ; *AJDA* 2008, p. 934, note A. VAN LANG.
11. N° 08.02278, *MP c/ Total SA et a.*

Autrement dit, comme l'avait proposé un auteur dans sa thèse, le préjudice causé à l'environnement ne peut être personnel car il n'est pas subi par une personne [12]. Il résulte avant tout de la lésion des intérêts. Et *a fortiori*, il doit être distingué du préjudice appréhendant les conséquences subies par la personne d'ordre matériel et moral.

C'est en ce sens que la Nomenclature reconnaît le préjudice causé à l'environnement. Autonome, il opère une évolution conceptuelle de la notion de préjudice : tourné vers la notion d'intérêts protégés, il s'ouvre à la possibilité d'obtenir réparation des conséquences plus objectives, en dehors de celles atteignant les sujets de droit, victime-demandeur. Reste bien sûr, pour celui qui aurait à établir l'existence d'un préjudice causé à l'environnement, à mettre en œuvre cette autonomie sans égard pour la distinction préjudice économique-préjudice moral.

- *Le préjudice causé à l'environnement désigne « l'ensemble des atteintes causées aux écosystèmes dans leur composition, leurs structures et/ou leur fonctionnement ».*
- *Il résulte d'une atteinte aux intérêts environnementaux protégés par le droit et non aux intérêts humains.*
- *Conceptuellement, il est donc autonome au regard des préjudices personnels, économiques et moraux.*

§ 2. – La mise en œuvre de l'autonomie du préjudice causé à l'environnement

De l'autonomie à la mise en œuvre. – Reconnaître le préjudice causé à l'environnement est une chose. Mettre en œuvre cette autonomie est autre chose. Ce préjudice doit être apprécié, évalué et réparé pour ce qu'il est : un préjudice causé à l'environnement, ni économique-ni moral. C'est en ce sens que va la Nomenclature lorsqu'elle prend soin de le définir, s'inspirant ici de l'arrêt *Erika* qui, après avoir rappelé l'autonomie de ce préjudice, indique qu'il s'entend d'« *une atteinte aux intérêts actifs environnementaux non marchands* » ou de « *toute atteinte non négligeable à l'environnement naturel, à savoir, notamment, à l'air, l'atmosphère, l'eau, les sols, les terres, les paysages, les sites naturels, la biodiversité et l'interaction entre ces éléments, qui est sans répercussions*

12. Thèse de L. NEYRET, *Responsabilité civile et atteintes au vivant*, préface C. THIBIERGE, LGDJ, 2005.

sur un intérêt humain particulier mais affecte un intérêt collectif légitime »[13]. Pourtant, lorsque l'on regarde de plus près la jurisprudence, on s'aperçoit que cette reconnaissance théorique n'a toujours pas été accompagnée de mise en œuvre pratique. Ne parvenant pas à s'éloigner de la distinction traditionnelle préjudice économique / préjudice moral, les juges saisissent davantage les conséquences économiques et morales du dommage environnemental que le préjudice causé à l'environnement lui-même au moment de sa détermination autant que de sa réparation.

Assimilation du préjudice causé à l'environnement au préjudice économique ou moral. – On peut noter, **d'une part, une assimilation du préjudice causé à l'environnement et du préjudice économique, malgré la reconnaissance de l'autonomie du premier**. C'est ce qui émane d'un jugement rendu par le TGI de Tours le 24 juillet 2008. Le juge y constate l'importance de la pollution, à savoir que les dommages se sont « *étendus avec décélération sur environ 12 km du cours d'eau la Brenne, rare rivière du département classée en première catégorie, concernant à la fois le milieu aquatique* (eau, berges, flore, fond, rives) *et les espèces* (poissons, dont certains très rares comme la truite fario ou la lamproie, mais aussi insectes et divers invertébrés) ». Il prend soin de détailler les différents postes de réparation de « *ces dommages* » tout en s'appuyant sur la directive communautaire sur la responsabilité environnementale, laissant alors penser qu'il s'agit bien de préjudices causés à l'environnement en tant que tels. S'agissant de la réparation, il conclut à l'impossible restauration à l'identique en raison de l'ampleur de la pollution et de son degré d'irréversibilité. Et pourtant, si l'on observe la solution de plus près, le TGI de Tours en déduit l'existence « d'un préjudice économique ». Après avoir décrit l'ampleur du préjudice causé à l'environnement, celui-ci est assimilé à un préjudice économique.

L'assimilation concerne, d'autre part, le préjudice moral. – Ceci se manifeste clairement dans l'arrêt *Erika* rendu par la cour d'appel de Paris le 30 mars 2010. À l'instar du jugement du 16 janvier 2008, la cour d'appel a officialisé le préjudice causé à l'environnement. Sa reconnaissance est d'autant plus forte que l'arrêt admet sa réparation en faveur de plusieurs parties civiles[14]. Et au sujet de la réparation du préjudice écologique invoquée par la LPO, il le décrit explicitement comme l'« *atteinte portée à la préservation du milieu naturel, dans toute la complexité de ses composantes (...) distincte de celle portée aux intérêts patrimoniaux et extrapatrimoniaux* ». Pourtant, au moment de fixer le

13. P. 427 de l'arrêt.

14. La réparation est admise non plus seulement en faveur de la Ligue de Protection des oiseaux (LPO) et du département du Morbihan, mais aussi de l'association Robin des Bois (p. 437), de certaines communes (p. 450) et des régions (p. 461 s.).

montant de la réparation, le préjudice causé à l'environnement redevient un préjudice appréhendé à travers ses répercussions sur la personne l'invoquant. À plusieurs reprises, le juge entend réparer le « *préjudice écologique pur subi* » par une partie civile [15], « *son préjudice écologique* » [16], « *personnellement subi* » [17] ou le « *préjudice écologique personnel* » [18]. Ce préjudice causé à l'environnement de nature « *personnel* » constitue plus particulièrement un préjudice moral, celui-ci trouvant ses raisons d'être dans « *l'interaction permanente de l'homme avec la nature* ». « *De cette interdépendance* », il découle que « *toute atteinte non négligeable au milieu naturel constitue une agression pour la collectivité des hommes qui vivent en interaction avec lui* » ou une atteinte à l'« *animus societatis* » [19]. L'assimilation est frappante lorsque le juge affirme que ce préjudice doit être « *évalué (...) comme le préjudice moral, qui est en quelque sorte le prix du découragement qu'elle a subi* » [20].

Évaluation symbolique du préjudice causé à l'environnement. – Et lorsque le juge se décide enfin à réparer le préjudice causé à l'environnement pour ce qu'il est, il ne lui offre aucune réparation autonome. Tantôt, il le reconnaît mais ne lui accorde qu'une réparation symbolique qui contraste avec l'évaluation des préjudices économiques et moraux [21]. Tantôt, il le reconnaît tout en imposant une réparation globale pour « tous préjudices confondus » [22]. Dans les deux cas, on en retient que le préjudice causé à l'environnement est difficilement dissociable des préjudices économique et moral subi par la personne.

La difficulté sous-jacente. – Reste que cette tendance jurisprudentielle conduisant à réparer le préjudice causé à l'environnement par le biais de ses conséquences économiques et morales suscite la critique : le préjudice causé à l'environnement ne peut tout à la fois désigner celui qui est subi par l'environnement et celui qui est subi par la personne à travers ses conséquences patrimoniales et extrapatrimoniales. Il s'agit de deux préjudices différents. Pourquoi alors gommer cette dualité ? La réponse se trouve dans une difficulté conceptuelle de taille, celle de la discordance entre la qualité de victime et celle de demandeur en justice, ou encore du substantiel et du processuel. Alors que, substantiellement, le préjudice reconnu comme autonome et indépendant des préjudices économiques

15. P. 436.
16. P. 438
17. P. 450.
18. P. 458.
19. P. 428.
20. P. 438.
21. V. TGI Nanterre, 11 mai 2009, *Commune de Vanves c/ Y. Vidal*, commentaire *Environnement* juillet 2009, p. 24, M. BOUTONNET.
22. CA Bourges, 6 mai 2010.

et moraux est subi par une victime non humaine n'ayant pas la personnalité juridique, l'environnement, processuellement, le demandeur en justice en revendiquant la réparation est une personne, sujet de droit, en l'occurrence une personne morale de droit privé ou de droit public. D'où la tendance, pour justifier de la recevabilité autant que du bien-fondé de la demande, à rapprocher le préjudice causé à l'environnement de celui subi par la personne en demandant réparation par la voie de la personnalisation et de la caractérisation économique ou morale. Confronté au fait que le préjudice reconnu en droit n'est pas celui subi par le demandeur, ou encore que celui qui bénéficie d'un intérêt à agir personnel n'est pas la victime, le juge transforme le préjudice causé à l'environnement en préjudice moral ou économique subi par le demandeur aussi bien lors de sa détermination que lors de sa réparation.

La difficulté à dépasser. – Or, au-delà de la confusion conceptuelle, c'est le principe de réparation intégrale qui est bafoué : tous les préjudices ne sont pas réparés, puisque le préjudice causé à l'environnement est finalement mis de côté ; et certains préjudices sont réparés doublement ou inopportunément. Doublement, il en est ainsi lorsque le préjudice moral est réparé à travers le préjudice causé à l'environnement alors qu'il a déjà été réparé au regard de l'atteinte à l'objet social d'une association de protection de l'environnement [23]. Inopportunément, c'est le cas si, bien que le dommage environnemental n'entraîne aucunes conséquences économiques et morales, le demandeur, de par son intérêt à agir, obtient réparation de tous préjudices confondus sans que l'on sache s'il existe véritablement des préjudices moraux et économiques distincts du préjudice causé à l'environnement. La difficulté doit alors être dépassée. À ce titre, pour mettre en œuvre le préjudice causé à l'environnement, de manière autonome, sans se préoccuper de ses conséquences économiques et morales pour le demandeur, il est nécessaire d'assumer la distorsion entre « qui subit le préjudice » et « qui bénéficie d'un intérêt à agir ». Ce n'est qu'en acceptant le fait qu'un demandeur en justice peut demander réparation d'un préjudice qu'il n'a pas subi que la confusion conceptuelle sera dépassée en pratique.

Détermination et réparation du préjudice. – Guidée par la Nomenclature, cette distorsion pourrait être assumée au moment aussi bien de la détermination que de la réparation du préjudice causé à l'environnement.

En premier lieu, au moment de la détermination du préjudice. Il s'agit d'accepter que le préjudice démontré dans toute sa consistance et sa complexité, à travers les différents chefs de préjudices envisagés, n'est pas celui subi par la

23. Pour l'arrêt *Erika*, v. aussi le cas des personnes morales de droit public qui obtiennent également réparation de l'atteinte à l'intégrité de leur patrimoine.

personne en demandant réparation. Pour le déterminer, c'est-à-dire apprécier son existence autant que son importance en termes d'évaluation, il sera alors nécessaire de l'appréhender en tant que tel et non à travers la personne en demandant réparation, c'est-à-dire à travers ses intérêts économiques et moraux. Cela devrait passer par une véritable évaluation destinée à n'apprécier que la consistance de ce préjudice et non les conséquences économiques et morales du dommage environnemental pour le demandeur [24].

En second lieu, la Nomenclature pourrait permettre d'éviter que le préjudice causé à l'environnement ne se confonde avec le préjudice économique et moral au moment de sa réparation. Il s'agit cette fois de pousser la logique de la discordance entre la qualité de victime et la qualité de demandeur lors de la détermination des mesures de réparation jusqu'au bout : les mesures décidées par le juge doivent être adéquates au préjudice subi par l'environnement et destinée à le réparer et non à réparer un préjudice subi par le demandeur à l'action qu'il soit économique ou moral. Que celles-ci prennent la forme de remise en état ou de dommages-intérêts, il ne faut pas s'y tromper : dans les deux cas, elles devraient être tournées vers la réparation du préjudice causé à l'environnement, victime, et non vers la réparation d'un préjudice économique ou moral subi par le demandeur, qui peut par ailleurs exister.

Questions de politique juridique. – Dans tous les cas, la mise en œuvre rigoureuse de l'autonomie du préjudice causé à l'environnement, exclusive des conséquences économiques et morales éventuellement invoquées par le demandeur, ne pourra faire l'économie des questions de politique juridique suivantes :

- **d'abord, à qui accorder un intérêt à agir pour demander réparation d'un préjudice non personnel, ni économique-ni moral ?** Si aujourd'hui il s'agit d'associations, de certaines personnes morales de droit privé et de droit public, en particulier les associations de protection de l'environnement, rien n'empêche d'ouvrir le débat quant à l'opportunité de limiter ou étendre l'intérêt à agir. À ce titre, l'environnement pourrait-il également bénéficier d'un intérêt à agir pour demander réparation de son propre préjudice ? Cette réflexion relative à l'opportunité d'offrir directement la personnalité juridique à l'environnement, au même titre que cela a été fait pour les personnes morales [25], ne peut être écartée car, sujet de droit, l'environnement bénéficierait de la possibilité d'agir en justice et, du même coup, un retour

24. Sur ce point, note sous l'arrêt *Erika* 30 mars 2010, *Environnement* 2010/7, p. 13.
25. C.D. Stone, « Should trees have standing? », *Southern california law review* 1972, vol. 45, n° 2, p. 450 ; M.A. Hermitte, « Pour un statut juridique de la diversité biologique », *RFAP* 1990, p. 33.

à la personnalisation du préjudice, voire de l'appréciation patrimoniale et extrapatrimoniale du préjudice, serait envisageable.

Puis, quelle forme de réparation serait plus à même d'éviter toute confusion entre le préjudice causé à l'environnement et les préjudices économiques et moraux éventuellement subis par le demandeur ? Pour certains juges, le préjudice causé à l'environnement est « réparable par équivalent monétaire » [26]. Or, versée au demandeur en justice, cette forme de réparation peut être assimilée à son propre préjudice économique ou moral éventuellement invoqué ou/et subi. Et si le demandeur ne les affecte pas à la réparation du préjudice causé à l'environnement, *in fine*, celle-ci n'aura pas lieu. La question est donc de savoir si la réparation en nature ne serait pas davantage à même de respecter la nature ni économique-ni morale du préjudice causé à l'environnement.

À défaut, en cas de réparation monétaire, une dernière question devrait, enfin, être posée : à qui accorder les dommages-intérêts ? Aujourd'hui, le demandeur à l'action reçoit dans son patrimoine les dommages-intérêts censés compenser le préjudice causé à l'environnement. Mais puisque le droit français reconnaît la libre disposition des dommages-intérêts, il peut ne pas les affecter à la réparation du préjudice pour lequel il a pourtant un intérêt à agir spécial [27]. On peut alors se demander si, à l'avenir, cette règle ne devrait pas être réservée aux préjudices économiques et moraux en ce que, protectrice des intérêts de la victime-demandeur à l'action, elle n'a plus de raisons d'être en cas de discordance victime/demandeur. Cela nécessiterait d'admettre clairement que, versés au demandeur à l'action, les dommages-intérêts ne sont pas destinés à compenser son éventuel préjudice économique et moral mais un préjudice qu'il ne subit pas, ni économique-ni moral : s'opérerait une distinction entre « à qui/et pour qui accorder la réparation ? ». On le voit, l'enjeu n'est pas seulement de mettre en évidence le fait que, conceptuellement, le préjudice causé à l'environnement n'est pas un préjudice économique ou moral, mais aussi d'aboutir à ce que, pratiquement, ce préjudice ne se confonde pas avec le préjudice économique et moral subi ou invoqué par le demandeur.

- *Le préjudice causé à l'environnement n'est pas le préjudice économique ou/et moral éventuellement subi par le demandeur.*
- *Lors de sa mise en œuvre, il faut accepter la discordance entre la qualité de victime et celle de demandeur.*

26. V. arrêt *Erika,* 30 mars 2010.

27. Sur ces critiques, M. BOUTONNET, *Environnement* 2010/7, p. 10 ; L. NEYRET, « Naufrage de l'Erika, Vers un droit commun de la réparation des atteintes à l'environnement », *D.* 2008, chron. p. 2681.

– *La détermination et la réparation du préjudice causé à l'environnement doivent être exclusives des conséquences économiques et morales éventuellement subies par le demandeur à l'action et adéquates à l'autonomie du préjudice.*

Un même souci de clarification invite à prendre acte de la place réduite de la distinction « préjudice économique / préjudice moral » dans la typologie des préjudices causés à l'homme.

SECTION 2
La distinction « préjudice économique / préjudice moral » réduite dans la typologie des préjudices causés à l'homme

Le dommage environnemental, dans l'ordre des faits, produit également des conséquences touchant aux intérêts humains. Dans ce cas, le préjudice réside dans la lésion des intérêts humains protégés par le droit. D'où, dans la Nomenclature, à côté du préjudice causé à l'environnement, le préjudice causé à l'homme, entendu comme le reflet des intérêts humains de manière générale. Or, alors que la distinction « préjudice économique / préjudice moral » resurgit lorsque le dommage environnemental entraîne des conséquences individuelles (§ 1), ce n'est pas le cas lorsqu'il crée des conséquences collectives (§ 2).

§ 1. – La distinction retrouvée en cas de préjudices individuels

Définition. – La Nomenclature définit les préjudices individuels causés à l'homme comme « *les atteintes portées aux intérêts proprement individuels, d'ordre économique et moral qui affectent des victimes individualisées et déterminées* ». Autrement dit, pendant des préjudices collectifs, les préjudices individuels s'infèrent des conséquences « humaines » produites par le dommage environnemental dans leur singularité. Ils résultent de la lésion des intérêts humains qui concernent l'homme dans toute sa spécificité, en lui-même, ou encore la lésion des intérêts humains proprement individuels.

Retour de la distinction préjudice économique / préjudice moral. – Au regard de cette définition, il n'est pas surprenant de constater que la distinction préjudice économique / préjudice moral retrouve sa place traditionnelle. En effet, la Nomenclature envisage les préjudices à partir des conséquences produites par une situation de fait dommageable. Or, parmi ces conséquences, se trouvent les conséquences humaines touchant l'homme dans ses intérêts protégés par le droit. Et au regard de ce qu'est l'homme, ses propres intérêts sont classés suivant la *summa divisio* habituelle : les intérêts patrimoniaux et extrapatrimoniaux. D'où le fait que lorsque le dommage environnemental crée des conséquences économiques et morales pour l'homme, il l'atteint personnellement à travers ses intérêts patrimoniaux et extrapatrimoniaux.

Préjudice personnel ? – Du même coup, le caractère personnel du préjudice autant que de l'intérêt à agir se retrouvent. La condition substantielle de préjudice personnel retrouve la condition processuelle d'intérêt personnel à agir. Les conséquences économiques et morales créées par la situation environnementale dommageable lèsent les intérêts de l'homme compris dans sa singularité, individuellement. L'homme est la victime qui subit le préjudice. En tant que personne juridique, il peut demander réparation de son propre préjudice. Une cohérence en ressort : le préjudice est subi par une victime/personne qui est de ce fait demandeur à l'action. Du point de vue processuel, l'individu va se transformer en demandeur démontrant un intérêt à agir personnel, pendant que du point de vue substantiel, les conséquences économiques et morales se transforment en préjudice personnel subi par une victime bénéficiant de la personnalité juridique. La victime et le demandeur ne font qu'un et, de ce fait, les difficultés liées à la réparation elles-mêmes s'estompent : les dommages-intérêts versés peuvent sans difficulté être accordés à la personne qui subit le préjudice.

Reste que le caractère personnel n'est pas le fondement de la typologie des préjudices individuels. Il s'agit encore de partir des conséquences du dommage environnemental et non pas de la victime demandant leur réparation lors de l'action en responsabilité, bien que les conséquences économiques et morales s'avèrent coïncider effectivement avec celles subies par la personne en demandant la réparation, demandeur et victime à la fois.

Originalité. – D'emblée, il n'y a aucune originalité dans cette typologie des préjudices individuels. En effet, d'un côté, le dommage environnemental n'est qu'un vecteur de préjudices d'ordre économique et moral. On se retrouve face à une situation classique invitant à vérifier, à l'aune de ce qui est bien connu du droit de la responsabilité civile, quels sont les préjudices économiques et moraux réparables. Mais d'un autre côté, cette typologie mérite d'être expliquée pour deux raisons : d'une part, le dommage environnemental constitue un véritable laboratoire des catégories affinées de préjudices d'ordre économique et moral. La situation dommageable est susceptible de créer de multiples préjudices aux conséquences individuelles qui méritent d'être cernées et définies. Par ailleurs, le dommage environnemental entraîne aussi des préjudices collectifs touchant aux intérêts humains. Il est alors nécessaire, par la mise en évidence des préjudices individuels, de bien les distinguer des préjudices ayant une dimension collective. Dans les deux cas, c'est le principe de réparation intégrale qui est en jeu : tout réparer sans risquer le doublon et ne pas réparer ce qui n'est pas préjudiciable. De ce fait, la rigueur impose d'apporter des précisions quant aux deux grandes catégories de préjudices, à savoir les préjudices économiques et moraux.

Exemple concret. – Pour bien comprendre l'étendue des conséquences économiques et morales créées par une situation dommageable, il est possible de partir d'un exemple concret, inspiré de différentes espèces ayant été jugées [28]. Supposons qu'une exploitation industrielle déverse, lors de son activité, des produits chimiques dans une rivière. La qualité de l'eau de cette rivière est source d'une diversité d'intérêts : les voisins habitant les alentours de cette rivière tiennent à sa qualité qui a une incidence sur la valeur de leurs biens ; des pêcheurs viennent y exercer leur loisir ou leur activité professionnelle pendant que des fédérations de pêcheurs l'organisent par le biais de l'adhésion et de la gestion écologique de la rivière ; des restaurateurs se sont installés à proximité pour profiter pleinement du potentiel économique. Il en est de même de certains commerçants qui vendent des équipements de pêche. Certains agriculteurs utilisent l'eau de la rivière pour exploiter leurs champs alors que des éleveurs s'en servent pour permettre l'abreuvement du bétail. Une entreprise exploite directement l'eau de la rivière pour la transformer en eau potable qui alimentera la population d'une ville voisine. La même ville voisine est attachée à cette belle rivière qui lui offre une réputation de qualité et explique l'importance du tourisme dans la région. Enfin, certaines associations de protection de l'environnement ayant pour objet la préservation du milieu aquatique, de sa faune et flore, sont elles aussi attachées à la qualité de la rivière, leur mission étant de veiller à sa protection.

Préjudices économiques. – De cet exemple, il ressort de multiples conséquences économiques produites par le dommage environnemental. La question est la suivante : au regard des différents intérêts envisagés, quelles peuvent être les conséquences économiques dommageables ? Il apparaît, au regard de la situation des personnes vivant de la qualité de la rivière, que les intérêts individuels liés au profit réalisé par le biais de la qualité de la rivière vont être atteints, tant celui-ci sera altéré, ralenti, voire stoppé ou que les gains espérés ne pourront avoir lieu. Il apparaît aussi, au regard de la situation des personnes possédant

---

28. Nous nous inspirons ici de l'affaire de l'Erika (CA Paris 30 mars 2010 préc.), de la pollution d'une rivière jugée par le TGI de Tours (24 juillet 2008 préc.) et de la pollution d'un lac jugée par le TGI de Narbonne (10 octobre 2007 préc.).

un patrimoine immobilier, que les intérêts individuels liés aux biens seront atteints tant il sera possible que leur valeur vénale se détériore. Il apparaît enfin, au regard cette fois de la situation des personnes s'impliquant concrètement dans la protection de la rivière, que leurs intérêts économiques peuvent être atteints en raison des coûts exposés et à venir pour à la fois prévenir la menace imminente du dommage environnemental, le limiter ou le réparer.

La Nomenclature. – En cohérence avec cette situation dommageable pratique, la Nomenclature envisage trois types de préjudices : le préjudice résidant dans les « *coûts exposés et à venir résultant des préjudices causés à l'environnement* » dans tous leurs aspects, « *l'atteinte aux biens* » et « *les pertes de profits et de gains espérés* ». En cela, elle définit tout à la fois largement et précisément les atteintes aux intérêts économiques et offre à une grande diversité de victimes la possibilité d'invoquer la réparation de certains préjudices, que ce soit des personnes physiques ou morales. Par ailleurs, reflétant le droit positif, elle s'inspire de la jurisprudence qui s'emploie déjà à distinguer les mesures de prévention des mesures de réparation [29], de la loi qui a déjà prévu, dans le régime de police administrative issu de la loi du 1er août 2008, les trois formes de réparation envisagées (primaire/complémentaire/compensatoire) [30] et de la doctrine qui propose de reconnaître le préjudice s'inférant des coûts engagés pour prévenir ou limiter un dommage à venir [31].

- *Le dommage environnemental peut entraîner des conséquences économiques pour l'homme.*
- *Elles manifestent une atteinte à ses intérêts individuels d'ordre patrimonial.*
- *La diversité des conséquences économiques se reflète dans les trois types de préjudices envisagés par la Nomenclature : les « coûts exposés et à venir résultant des préjudices causés à l'environnement », « l'atteinte aux biens » et « les pertes de profits et de gains espérés ».*

Les préjudices moraux. – Quant aux conséquences morales produites par le dommage environnemental, elles s'avèrent également multiples. Le dommage environnemental peut notamment empêcher certaines personnes de profiter du cadre de vie dans lequel elles habitent, d'effectuer leur activité professionnelle ou extraprofessionnelle, tels leurs loisirs. Différents intérêts individuels peuvent ainsi être atteints en lien avec la jouissance qu'apporte la qualité de la nature en termes de plaisir, d'agrément et de qualité de vie y compris professionnelle. Par ailleurs, le dommage environnemental, en écornant l'image de certaines

---

29. V. le coût des mesures de prévention, Par exemple, 1re civ., 28 nov. 2007, v. *RDI* 2088, p. 191, note F.-G. TRÉBULLE. J.-V. BOREL, étude *RDI* 2007. 313.
30. Loi préc. Art. L. 162-6 et s.
31. Proposition de l'art. 1344 C. civ.

personnes jouissant d'une bonne réputation environnementale, peut atteindre leurs propres intérêts liés à la préservation de cette réputation. De multiples intérêts peuvent alors être atteints : les uns résidant dans la simple possibilité de vivre de manière agréable, les autres allant jusqu'à la possibilité de profiter de son activité ou encore de jouir d'une image de qualité environnementale.

La Nomenclature. – En accord avec cette situation pratique et inspirée du droit positif, la Nomenclature envisage deux types de préjudices moraux : le préjudice de jouissance et l'atteinte à l'image.

Préjudice de jouissance. – Elle fait, en premier lieu, une place au **préjudice de jouissance** défini comme une « *atteinte conduisant une personne à vivre ou à exercer une activité dans des conditions environnementales dégradées par rapport à la situation antérieure au dommage* ». Cette définition précise et globale entraîne deux conséquences : d'une part, la jouissance peut s'entendre largement en ce qu'elle est liée à « *la vie dans certaines conditions environnementales* ». Il s'agit d'user de l'environnement en jeu, de récolter ses fruits, d'y accéder mais aussi d'en profiter, en termes de loisir, d'activité professionnelle ou non, ou en termes de simple existence vue alors de manière plus platonique. D'autre part, le préjudice de jouissance peut être subi par de multiples personnes : les particuliers qui ne peuvent user de l'environnement dégradé pour s'y promener, pour y pêcher ou s'y baigner, selon les cas ; les fédérations ou associations qui ne peuvent exercer correctement leur activité de protection de l'environnement car l'atteinte environnementale la met à mal ; les communes, départements ou régions qui ne peuvent plus user de certains de leurs territoires pour y organiser des manifestations culturelles ou autres.

Affinement du préjudice de jouissance. – Tous ces exemples montrent que la définition du préjudice de jouissance est ouverte car les intérêts liés à cette jouissance sont multiples. S'il fallait le dédoubler, il serait d'ores et déjà possible de distinguer selon le type de jouissance : à côté de l'atteinte à la jouissance liée aux conditions d'existence d'une personne, ou encore au cadre de vie, que l'on pourrait nommer « **le préjudice d'agrément environnemental** », se trouverait la **jouissance liée aux activités de la personne**, celui-ci pouvant recouvrer d'un côté les activités de loisir, telle la baignade et la pêche, de l'autre côté, les activités professionnelles, telle la mission de protection de l'environnement pour les personnes concernées. Concernant celle-ci, sa reconnaissance présente un double intérêt : de manière générale, elle permet de préciser la situation originale des personnes ayant pour mission de protéger l'environnement. On pense ici aux fédérations de pêches ou de chasse et aux associations de protection de l'environnement. Les premières ont comme principale mission de gérer et d'organiser l'activité de pêche et chasse. Elles veillent à la qualité de l'environnement. À ce titre, elles peuvent subir un préjudice de jouissance en ce qu'il leur est impossible d'effectuer correctement leur activité. Les secondes ont pour mission de protéger l'environnement, largement ou plus particulièrement. Le dommage environnemental contrevient à l'exercice de sa mission, celle-ci ayant pu être effectuée, et donc mise à mal, ou devant être effectuée en redoublant d'efforts. Il s'agit ici d'un préjudice moral de dimension individuel en ce qu'il touche un intérêt propre de la personne morale, celui-ci lié à ce pourquoi elle existe, sa « *raison d'être finalisée et consacrée dans ses statuts* », à savoir exercer une activité tournée vers la protection de l'environnement.

Droit positif. – Cette dichotomie entre préjudice de jouissance tournée vers l'agrément et préjudice de jouissance tournée vers l'activité trouve des traces dans la jurisprudence judiciaire. En ce sens, l'arrêt *Erika* a admis que la pollution ait pu « *gravement perturber l'existence* » d'un commerçant exerçant une activité en lien avec la mer et « *le cadre de vie* » de pêcheurs à pieds [32]. Plus particulièrement, il admet l'indemnisation des conséquences morales liées à la privation d'usage et jouissance en termes d'atteinte aux sentiments, soit parce la catastrophe les a « *affectées moralement* », soit en raison de leur « *souffrance morale* ». De son côté, la cour d'appel de Versailles, récemment, n'a pas hésité à reconnaître le préjudice de jouissance d'une commune qui réside dans « l'*indisponibilité* » de « *son bien* » ou encore dans « *la gêne ... dans l'exercice de sa propriété* » en ce qu'elle y organisait des manifestations [33]. Enfin, la cour d'appel de Bourges a reconnu, à la suite de la pollution d'une rivière, le préjudice moral subi par une fédération de pêche résultant de ses raisons d'être, à savoir la gestion de l'activité de pêche [34]. Le droit positif semble ainsi se soucier aussi bien du cadre de vie que de l'activité professionnelle et extraprofessionnelle.

Atteinte à l'image. – En second lieu, la Nomenclature fait une place au préjudice pour « atteinte à l'image de marque ou à la réputation » qu'elle définit comme « *la dégradation de l'image de marque ou de la réputation d'une personne attachée à la qualité environnementale d'un territoire, d'une activité ou d'un produit* ». Là encore, la définition s'avère suffisamment large et précise pour englober différentes situations. D'une part, l'image de marque ou la réputation est une notion assez ouverte en ce qu'elle est en prise avec des éléments scientifiquement établis, qui fondent la réputation, autant qu'avec des idées reçues, qui construisent une réputation. Mais surtout, l'image ou la réputation ne peut être appréciée que par le biais du regard porté par le sujet. Il est donc impossible d'établir par avance les critères de l'image de marque ou de réputation. D'autre part, elle peut concerner différents intérêts à voir préserver une image,

32. P. 427.
33. V. CA Versailles, 25 nov. 2010, préc.
34. V. CA Bourges, 6 mai 2010, préc.

ces derniers étant intimement reliés aux personnes dont l'existence ou l'activité en dépend.

Affinement du préjudice d'atteinte à l'image. – D'où l'on voit, à travers la définition un affinement possible en faveur de trois types de postes de préjudices : l'image ou la réputation d'un territoire, touchant l'intérêt des commune, département ou région, qui, dans les yeux du public, évoque une qualité environnementale ; l'image d'une activité, qu'elle soit professionnelle ou non, qui elle aussi reflète la qualité environnementale. On pense ici, non seulement, à l'image de l'activité des paludiers qui pourrait être atteinte et nuire à leur réputation si à la suite d'une marée noire, leurs bassins sont pollués, mais aussi à l'image de l'activité d'un parc naturel lorsque celui-ci a pour mission de gérer correctement un territoire qui, par sa dégradation, pourrait voir sa réputation ternie ; l'image d'un produit enfin : nul doute que les produits de la mer subissant une marée noire souffriraient d'un manque de réputation écologique et que leurs producteurs pourraient souffrir d'un préjudice moral.

Droit positif. – À l'instar des préjudices économiques, les préjudices moraux évoqués possèdent des sources jurisprudentielles. Bien sûr, l'arrêt *Erika* s'avère ici un véritable laboratoire d'affinement des préjudices moraux de type individuels. Comme en première instance, il reconnaît le « *préjudice d'image* » [35] qui, en l'espèce, résulte du fait que le déversement d'hydrocarbures atteint par contrecoup l'image des collectivités locales et territoriales ainsi que certaines sociétés possédant une activité en lien avec la qualité de la nature. Plus particulièrement montrant la malléabilité de ce préjudice, le juge justifie sa réparation en relevant que certaines parties civiles bénéficient d'une « *image de marque de station balnéaire* » [36] parfois « *internationalement réputée* » [37], « *auprès des touristes* » [38], liée à l'existence « *d'un centre de thalassothérapie* » [39] ou d'un port de pêche [40], « *associée* » à une « *image de vent, d'air pur et vivifiant* » [41], etc. Et il confirme l'existence d'un préjudice moral pour les sociétés de production mytilicole dont l'activité est associée à une image environnementale [42]. Dans les deux cas, on voit bien l'ambivalence de l'image, reflet à la fois de ce que pense le public et de la réalité [43]. Par ailleurs, le TGI de Narbonne a indemnisé,

35. P. 442.
36. P. 442.
37. P. 453.
38. P. 443.
39. P. 446.
40. P. 449.
41. P. 456.
42. P. 466.
43. P. 443.

non seulement, l'atteinte à l'image subie par une commune, après avoir rappelé que cette commune était une station balnéaire qui battait pavillon bleu comme gage de qualité des eaux de baignade et de protection de l'écosystème [44], mais aussi, de manière originale, l'atteinte à l'image subie par le parc naturel régional, celui-ci étant chargé de sauvegarder et de gérer au mieux le patrimoine.

Ainsi faut-il retenir que l'ensemble des préjudices moraux et économiques envisagés trouvent des racines jurisprudentielles qui permettent de les concrétiser en se tournant davantage vers la personne qui le subit, celle-ci étant aussi diverse que le sont les conséquences préjudiciables du dommage environnemental. Il en découle une adéquation entre le préjudice et l'intérêt à agir, la personne demandant réparation étant celle qui subit le préjudice. Cela contraste avec les conséquences plus collectives produites par le dommage environnemental qui ne peuvent être rattachées à la personne et invitent à écarter la distinction préjudice économique / préjudice moral.

- *Le préjudice moral résultant d'un dommage environnemental recouvre la lésion de différents intérêts individuels liés à la jouissance et à l'image ou réputation.*
- *Le préjudice de jouissance recouvre la jouissance liée à l'agrément et/ou à l'activité à la fois professionnelle et extraprofessionnelle.*
- *Le préjudice pour atteinte à l'image englobe toutes les images liées à la qualité environnementale d'un territoire, d'une activité ou d'un produit.*
- *Dans les deux cas, les intérêts individuels lésés d'ordre moral peuvent être revendiqués par la personne les subissant, c'est-à-dire celle ayant un intérêt à la jouissance ou à la qualité environnementale d'une image ou réputation.*
- *La distinction préjudice économique/préjudice moral a alors toute sa raison d'être.*

§ 2. – La distinction écartée en cas de préjudices collectifs

Définition. – La Nomenclature reconnaît, en tant que préjudices causés à l'homme et résultant d'un dommage environnemental, les préjudices collectifs, c'est-à-dire « *les atteintes portées à des intérêts humains dépassant la somme des intérêts individuels et qui affectent les bénéfices collectifs procurés par l'environnement ou qui nuisent à la défense de l'environnement sous ses différents aspects* ». Le préjudice collectif se définit donc par opposition au préjudice individuel et en lui-même. Par opposition au préjudice individuel car, si ce

44. Jugement préc.

dernier réside dans l'atteinte à des intérêts humains proprement individuels – touchant l'homme dans ses propres intérêts –, le préjudice collectif le dépasse pour englober plus largement les intérêts de tous, sans égard à la spécificité de chacun. L'intérêt humain non plus compris individuellement, mais collectivement, s'entend alors de manière qualitative et non quantitative : il ne s'agit pas de sonder le préjudice collectif à travers le regroupement des intérêts individuels, mais de le découvrir à travers la détermination des intérêts humains propres à satisfaire l'ensemble de la collectivité des hommes. En lui-même car le préjudice collectif reflète la dimension collective du dommage environnemental, l'environnement étant ici vu à travers son rapport à l'homme, dans la relation d'interdépendance qui relie l'homme à la nature. De ce fait, la Nomenclature envisage deux types de préjudices collectifs : ceux résultant d'une atteinte aux services écologiques et ceux résultant d'une atteinte à la défense de l'environnement. Et dans les deux cas, la qualification de préjudice s'écarte de la distinction « préjudice économique / préjudice moral ».

Un préjudice collectif ni économique-ni moral. – Là encore, pour cerner la nature du préjudice collectif, le raisonnement doit partir des conséquences préjudiciables elles-mêmes. Le dommage environnemental produit des conséquences multiples pour l'homme. Celles-ci peuvent concerner, au-delà de l'individu isolé ou regroupé, les intérêts de l'ensemble de la collectivité. Cette collectivité est abstraite et ne se comprend qu'à travers l'émanation des intérêts qu'elle sous-tend pour le bien de tous. Et parmi ses intérêts se trouvent ceux en lien avec l'environnement, des services collectifs qu'ils offrent à la nécessité de sa protection.

Certes, on pourrait objecter que la collectivité subit elle-même le préjudice : son préjudice devenant personnel, il en résulterait une possible appréciation de ses propres intérêts économiques ou moraux. Toutefois, ce serait se méprendre sur son statut juridique : la collectivité ne bénéficie pas de la personnalité juridique et ne peut alors souffrir d'un dommage personnel. De même, on pourrait objecter que la collectivité étant l'émanation des intérêts de tous, le préjudice collectif pourrait se retrouver dans l'ensemble des préjudices individuels. Surgirait alors une personnalisation du préjudice collectif et, avec elle, une possible caractérisation des préjudices d'ordre économique et moral. Le préjudice serait collectif tout en ayant des incidences personnelles. Mais ce serait confondre la dimension collective et la dimension individuelle des conséquences produites par le dommage environnemental. Et en opérant une personnalisation du préjudice collectif, le raisonnement aboutirait à nier le préjudice collectif car seules les conséquences individuelles produites par le dommage environnemental seraient réparées et non les conséquences exclusivement ou également collectives. Ainsi, de par sa dimension collective, le préjudice collectif apparaît autonome, indépendant des conséquences économiques et morales pouvant être revendiquées par les personnes les subissant spécifiquement ou massivement.

La difficulté. – Au même titre que le préjudice causé à l'environnement, admettre l'autonomie du préjudice pour atteinte aux intérêts collectifs, ne va pas de soi. Là encore, de par la dissociation existant entre la victime qui subit le préjudice et le demandeur qui invoque sa réparation, la confusion conceptuelle est tentante. Rappelons en effet que, puisque les intérêts humains qualitativement collectifs ne touchent pas une personne, le droit ne peut traditionnellement permettre leur réparation en cas d'atteinte. La défense des intérêts collectifs humains, d'ordre qualitatif, est alors exceptionnellement confiée à des personnes morales. C'est en ce sens que le législateur a accordé un droit d'agir aux associations de protection de l'environnement. L'article L. 142-2 du Code de l'environnement prévoit que « *Les associations agréées mentionnées à l'article L. 141-2 peuvent exercer les droits reconnus à la partie civile en ce qui concerne les faits portant un préjudice direct ou indirect aux intérêts collectifs qu'elles ont pour objet de défendre et constituant une infraction aux dispositions législatives relatives à la protection de la nature et de l'environnement, à l'amélioration du cadre de vie, à la protection de l'eau, de l'air, des sols, des sites et paysages, à l'urbanisme, ou ayant pour objet la lutte contre les pollutions et les nuisances, la sûreté nucléaire et la radioprotection, les pratiques commerciales et les publicités trompeuses ou de nature à induire en erreur quand ces pratiques et publicités comportent des indications environnementales ainsi qu'aux textes pris pour leur application* ». On en retient que, techniquement, les associations ont un droit d'agir pour demander réparation d'un préjudice qu'elles ne subissent pas. Il y a dissociation entre « qui subit le préjudice » et « qui en demande réparation » : l'atteinte concerne les intérêts collectifs eux-mêmes, alors que l'action en justice est exercée par une personne morale. La disposition ne dit pas autre chose lorsqu'elle vise « un préjudice » – et non pas « son préjudice – « aux intérêts collectifs » qu'elle défend. Il s'agit alors d'agir pour réparer une atteinte aux intérêts uniquement défendus par l'association et non pas aux intérêts de l'association.

Or, gommant cette dissociation, bon nombre de juges « personnalisent » le préjudice collectif pour retrouver toute la cohérence entre le processuel et le bien-fondé, influencée par l'exigence de préjudice et intérêt personnel. La personne ayant le droit d'agir en justice pour défendre les intérêts collectifs liés à l'environnement se retrouve artificiellement être celle qui subit le préjudice : tel juge évoquera le préjudice « personnel » de l'association [45], tel autre n'hésitera

45. Cass. crim., 30 oct. 2007, n° 06-87581.

pas à le qualifier de « préjudice moral indirect » [46], laissant alors penser que si le préjudice concerne avant tout les intérêts collectifs, il concerne également les intérêts extrapatrimoniaux de l'association. D'où un retour faussé à la distinction préjudice économique / préjudice moral.

Clarification nécessaire. – Pourtant, la confusion n'est pas sans danger : en réparant le préjudice moral à travers le préjudice collectif, c'est le principe de réparation intégrale qui ressort fragilisé. D'un côté, le préjudice collectif n'est pas réparé, d'un autre côté, le préjudice moral est faussement réparé. La clarification conceptuelle s'avère alors nécessaire. Pour ce faire, il est impératif de dissocier le préjudice de l'intérêt à agir ou, dit autrement, la lésion des intérêts, le bien-fondé du processuel, ou encore la qualité de victime de celle de demandeur à l'action : substantiellement, le préjudice concerne l'atteinte aux intérêts collectifs eux-mêmes et, processuellement, il peut être réparé par une personne ne le subissant pas. C'est en ce sens que, pratiquement, pourraient être mis en œuvre les préjudices pour atteintes aux services écologiques et à la protection de l'environnement.

- *Le dommage environnemental peut produire des conséquences qualitativement collectives.*
- *Il s'agit des conséquences affectant le bien de tous dans son rapport avec l'environnement.*
- *Le préjudice collectif est autonome en ce qu'il n'est pas subi par une personne.*
- *Il n'est alors ni économique ni moral.*

Atteintes aux services écologiques. – Concernant le préjudice en cas d'atteintes aux services écologiques, la Nomenclature l'entend comme celles qui « *correspondent à une diminution des bienfaits ou des bénéfices que les êtres humains retirent des éléments de l'environnement ou de leurs fonctions écologiques, au-delà et indépendamment de l'altération des bénéfices individuels et clairement identifiés liée au dommage environnemental* ». Autrement dit, il s'agit de prendre acte de l'importance de la valeur environnementale pour l'homme en termes concrets de services : ce que les éléments naturels et leurs fonctions apportent pour l'homme. De ce fait, la Nomenclature dessine trois types d'atteintes possibles en raison de l'identification de ces services : atteintes aux services de régulation, atteintes aux services d'approvisionnement, atteintes aux services culturels. La nature procurant pour l'homme trois intérêts collectifs, la régulation/l'approvisionnement/la culture, ces trois intérêts collectifs méritent une protection que lui apporte la qualification de préjudice en cas d'atteintes.

46. Not. Cass. 3e civ., 8 juin 2011, n° 10-15500.

Inspiration. – La reconnaissance de ce préjudice pour atteintes aux services trouve avant tout une impulsion dans la réalité scientifique, économique et sociale, certaines études rappelant et invitant à officialiser l'importance des services procurés par la nature par le biais de leur évaluation monétaire. Contribue au bien-être de l'homme, les services doivent être valorisés. Le *Millenium Assesment* a en particulier listé plusieurs services tels que les « services d'auto-entretien », non directement utilisés par l'homme mais qui conditionnent le bon fonctionnement des écosystèmes (recyclage des nutriments, production primaire) ; les « services d'approvisionnement » (ou de prélèvement), qui conduisent à des biens appropriables (aliments, matériaux et fibres, eau douce, bioénergies) ; les « services de régulation », c'est-à-dire la capacité à moduler dans un sens favorable à l'homme des phénomènes comme le climat, l'occurrence et l'ampleur des maladies ou différents aspects du cycle de l'eau (crues, étiages, qualité physico-chimique) et, enfin, les « services culturels », à savoir l'utilisation des écosystèmes à des fins récréatives, esthétiques et spirituelles.

Par ailleurs, la reconnaissance de l'atteinte aux services prend également acte de son émergence en droit positif. On notera que la loi du 1er août 2008 transposant la directive communautaire « responsabilité environnementale » met déjà en évidence l'importance du lien entre la nature et l'homme à travers la notion de service qu'elle définit largement comme « *les fonctions assurées par une ressource naturelle au bénéfice d'une autre ressource naturelle ou du public* » (point 13). Quant à l'arrêt *Erika*, il indemnise le préjudice moral pour atteinte aux intérêts collectifs des consommateurs, demandé par l'association UFC de Brest, au regard de « *l'ampleur de la pollution* » qui a privé les consommateurs dont elle défend les intérêts collectifs, « *des services fournis par la mer* ». Les services bénéficient ici d'une dimension collective, bien que catégorielle. Plus largement, il tend à faire une place à la notion de service collectif lorsqu'il apprécie le préjudice invoqué par les collectivités territoriales, eu égard au rapport que l'homme entretient avec la nature, en précisant que « *la collectivité des habitants* » a « *subi, comme tous les autres habitants des territoires touchés par la marée noire, une véritable agression, particulièrement traumatisante et un trouble grave dans son bien-être, étroitement lié au sentiment d'harmonie avec la nature* ». C'est par là reconnaître le bien-être, dans toute sa globalité, que la nature procure à l'homme.

Difficultés. – Tout comme le préjudice causé à l'environnement, le préjudice causé aux services mérite d'être mis en œuvre pour ce qu'il est, à savoir un préjudice résultant d'une atteinte aux services et non un préjudice subi par une personne. Cela signifie qu'il est essentiel de ne pas le réduire au préjudice économique et moral. Or le préjudice causé aux services pourrait facilement glisser vers le préjudice individuel de nature économique ou moral en raison de son ambivalence. En effet, si l'environnement procure des services pour tous, il les procure aussi pour chacun individuellement : telle personne utilise l'eau pour son activité, telle autre en jouit pour ses loisirs. Autrement dit, le dommage environnemental atteint des services comprenant une dimension tout à la fois collective et individuelle. Collective car, en atteignant les services eux-mêmes, le dommage environnemental lèse les intérêts de tous, pour leurs bienfaits collectifs. Individuelle car, en atteignant les services, le dommage environnemental lèse les intérêts proprement individuels, à savoir économiques et moraux, tant ils peuvent offrir des bienfaits d'ordre patrimonial et extrapatrimonial pour l'homme spécifiquement. La mise en œuvre du préjudice pour atteinte aux services demande alors à accepter cette dualité, le service constituant le lien indissociable entre l'environnement et l'homme dans ses intérêts à la fois collectifs et individuels. Et pour ce faire, il sera nécessaire en amont de distinguer les deux types de préjudices : l'atteinte aux services dans sa dimension collective, constitutive en soi de préjudices collectifs/l'atteinte aux services dans sa dimension individuelle, vecteur de préjudices individuels. Et en aval, lors de leur réparation, devrait être clairement distinguées les mesures de réparation propres à réparer le préjudice aux services des mesures de réparation propres à compenser les préjudices économiques et moraux. Si dans le premier cas, le demandeur-non victime se verra allouer une réparation non personnelle et donc éventuellement à affecter, dans le second cas, il pourra bénéficier des mesures de réparation.

- *Le préjudice pour atteinte aux services trouve ses raisons d'être dans la reconnaissance de l'importance actuelle des services que procure l'environnement pour la vie de l'homme.*
- *Sa reconnaissance puise des racines dans le discours scientifique et contient des traces en droit positif.*
- *Son originalité réside dans sa dimension collective, de par l'atteinte aux services eux-mêmes, et individuelle, de par l'atteinte aux intérêts économique et moral qui peut s'ensuivre.*

Atteinte à la mission de protection de l'environnement. – La Nomenclature offre aussi une place au préjudice pour atteinte à la mission de protection de l'environnement défini comme « *les atteintes portées aux intérêts collectifs défendus par les personnes, publiques ou privées, en charge de la défense de l'environnement sous ses différents aspects* ». Pour le comprendre, il faut rappeler que la protection de l'environnement relève des intérêts collectifs, la collectivité ayant un intérêt à voir protéger l'environnement. C'est bien ce qui émane des grands principes environnementaux. On retrouve ici l'idée d'interdépendance de la nature et de l'homme conduisant à la nécessité de protéger l'environnement pour le bien de tous. L'assise juridique ne fait ici aucun doute. Selon l'article L. 110-1 du Code de l'environnement, « *Les espaces, ressources et milieux* *naturels, les sites et paysages, la qualité de l'air, les espèces animales et végétales, la diversité et les équilibres biologiques auxquels ils participent font partie du patrimoine commun de la nation* ». Et selon son paragraphe II « *Leur protection, leur mise en valeur, leur restauration, leur remise en état et leur gestion sont d'intérêt général et concourent à l'objectif de développement durable qui vise à satisfaire les besoins de développement et la santé des générations présentes sans compromettre la capacité des générations futures à répondre aux leurs* ». Le lien indissociable entre la protection de l'environnement et les intérêts humains compris collectivement est ici explicite. Quant à la Charte de l'environnement, elle va également en ce sens lorsqu'elle affirme que « *l'environnement est le patrimoine commun de l'humanité* » ou que la « *préservation de l'environnement doit être recherchée au même titre que les autres intérêts fondamentaux de la nation* » et qu'elle crée des droits et devoirs environnementaux en faveur de la protection de l'environnement. On en déduit que l'atteinte à la mission de protection de l'environnement a une dimension collective en ce qu'elle lèse les intérêts de tous à voir s'effectuer la protection de l'environnement.

Préjudice collectif ni économique-ni moral. – De par sa dimension collective, le préjudice pour atteinte à la mission de protection de l'environnement n'est ni économique-ni moral. Il s'agit d'un préjudice en soi et non d'un préjudice à travers la personne. Ceci doit être accepté pour éviter toute confusion, et par conséquent toute méconnaissance du principe de réparation intégrale, lors de sa mise en œuvre. Deux difficultés doivent être dépassées : celle liée à la distinction du substantiel et du processuel et celle liée à la dimension plus individuelle de l'atteinte à l'exercice de la mission.

Dissociation du préjudice et de l'intérêt à agir. – Premièrement, reconnu de manière autonome, le préjudice pour atteinte à la mission demande certes à distinguer la personne qui en demande réparation de la victime qui le subit. La définition retenue va en ce sens car elle précise que ce préjudice vise les intérêts collectifs « *défendus par certaines personnes* ». Il faut rappeler que, outre les associations de protection de l'environnement, d'autres personnes morales de droit privé et public, ont en charge la défense de l'environnement.On pense ici aux parcs naturels, à l'ADEME ou aux collectivités locales et territoriales, S'agissant de ces dernières, l'article L. 142-4 du Code de l'environnement vise la réparation du préjudice direct ou indirect « au territoire » sur lequel les collectivités territoriales exercent leurs compétences. Autrement dit, la mission de protection de l'environnement est aujourd'hui confiée à certaines personnes morales, ce qui permet de justifier le fait qu'elles possèdent un intérêt à agir pour demander réparation d'un préjudice qu'elles ne subissent pas. Toutefois, le lien entre les intérêts collectifs et la compétence accordée à certaines personnes ne peut être ignoré. En effet, la mission de protection de l'environnement, relevant de l'intérêt collectif, ne se comprend qu'au regard des compétences accordées à certaines personnes, en particulier par le biais des statuts lorsqu'il s'agit d'une association. L'objet social d'une association indique l'étendue de la mission de protection de l'environnement effectuée pour le bien de tous. Du même coup, la défense des intérêts collectifs effectuée par certaines personnes permet, non seulement de déterminer le préjudice pour atteinte à la mission en délimitant la mission, mais aussi de vérifier que cette personne a bien un intérêt à agir pour demander réparation de ce préjudice. Les statuts ou les compétences désignant la mission de protection de l'environnement constituent un élément d'appréciation du préjudice autant que de l'intérêt à agir. C'est bien cette ambivalence qui se manifeste dans l'arrêt *Erika* qui, après avoir admis une réparation en faveur des collectivités territoriales pour « *atteinte à l'intégrité du patrimoine naturel* » [47] ajoute que ces personnes morales ont justement « *vocation* », de par leurs moyens et structures, à « *maintenir le bien-être de leurs habitants* ». D'où l'on voit que la mission de l'environnement se comprend à travers les intérêts protégés par des personnes compétentes mais pour le bien de tous.

Préjudice collectif ou individuel ? – Deuxièmement, le préjudice pour atteinte à la mission de protection de l'environnement ne devra pas être confondu avec le préjudice individuel revendiqué par certaines personnes morales exerçant une activité de protection de l'environnement. D'un côté, le dommage environnemental peut entraîner des préjudices de jouissance pour certaines personnes morales liés à l'intérêt d'exercer son activité. À la suite du dommage environnemental, il leur est impossible d'exercer correctement leur activité. L'intérêt lésé est ici proprement individuel bien qu'intimement relié à la mission qui justifie le fait qu'elles existent. D'un autre côté, c'est la mission elle-même qui est lésée, celle qui est exercée dans un but collectif et qui se découvre à travers les statuts ou compétences. L'intérêt lésé est plus largement collectif. Autrement dit, deux préjudices doivent être clairement distingués : le préjudice de dimension individuelle résidant dans l'atteinte à *l'exercice de l'activité* elle-même de protection de l'environnement *conduit par une personne* et le préjudice de dimension collective résidant dans l'atteinte *à la mission* elle-même de protection de l'environnement *exercée pour le bien de tous*. Dans le premier cas, le préjudice est individuel car il concerne la **raison d'être de la personne**, à savoir exercer une activité, sans se soucier de la dimension collective de la mission. Dans le second cas, le préjudice est collectif car il concerne la **raison d'être de la mission**, à savoir défendre l'environnement pour le bien de tous, sans se soucier de la dimension individuelle de l'exercice. De ce fait, au moment de la réparation des préjudices liés au dommage environnemental, il semble important de veiller

47. P. 449.

à réparer séparément, s'ils existent, les deux types de préjudices découverts à travers les statuts et compétences des personnes, seul le préjudice individuel étant invoqué par la personne le subissant. La compensation monétaire du préjudice moral de jouissance accordée au demandeur-victime devrait être alors rigoureusement distincte d'une réparation monétaire versée au demandeur-non victime et, par conséquent, affectée à la mission de protection de l'environnement.

- *Le préjudice pour atteinte à la mission de protection de l'environnement se découvre à travers la mission de protection de l'environnement exercée par certaines personnes morales.*
- *L'atteinte à la mission est un préjudice collectif car la mission a une vocation collective.*
- *Elle ne se confond par avec l'atteinte à l'exercice de la mission, c'est-à-dire le préjudice de jouissance dans l'exercice d'une activité de protection de l'environnement.*
- *La mission de protection de l'environnement se trouve à l'interface de deux types de préjudice : un préjudice individuel en raison de l'exercice de la mission/un préjudice collectif en raison de la finalité de la mission.*

CONCLUSION

On en conclut que, subrepticement, une grande différence existe entre les préjudices écartant la distinction « préjudice économique / préjudice moral » et ceux la conservant. Seuls les premiers, de par la non-coïncidence entre le statut de victime et demandeur, invitent à poser les questions de politique juridique suivantes au regard du droit positif et prospectif : qui peut aujourd'hui demander réparation ? Qui le devrait demain ? Quelles mesures de réparation sont ou devraient être accordées ? À qui et pour qui ? Selon quelles modalités ?

La spécificité des frais d'avocat en cas de dommage environnemental

Gaylord GAILLARD
Docteur en Droit
Avocat au Barreau de Paris

SYNTHÈSE

Les dispositions procédurales dédiées à la prise en charge des frais d'avocats dans le cadre d'une action en justice ne permettent pas une prise en compte optimale de ces frais lorsqu'ils sont engagés à l'occasion d'une action environnementale. En effet, il est courant que les victimes qui agissent en cas de dommage ou de risque de dommage environnemental gardent à leur charge une partie des frais qu'elles ont ainsi exposés. Une telle situation constitue un obstacle au droit à l'accès au juge et vient contredire le principe de réparation intégrale. La proposition de Nomenclature du dommage environnemental a inclus explicitement les honoraires d'avocats au sein de la catégorie des « coûts additionnels » afin de garantir une juste défense des droits des victimes du dommage environnemental.

Le droit du dommage environnemental est une matière technique qui nécessite bien souvent l'intervention d'avocats spécialisés ou du moins d'avocats appelés à investir un nombre d'heures conséquent pour une défense optimale des droits des demandeurs. En cas d'action en justice, il est rare que la partie gagnante soit intégralement remboursée des frais d'avocats qu'elle a engagés. Or le caractère potentiellement considérable de tels honoraires, ajouté au caractère bénévole ou non professionnel de nombreux demandeurs comme les associations de protection de l'environnement, constitue une atteinte à l'égalité des armes. Certes, la loi prévoit un dispositif qui permet de faire supporter à la partie succombante les frais d'avocats engagés par la partie gagnante. Pour autant, ce système est imparfait puisque, la plupart du temps, la victime n'obtient pas le remboursement intégral des frais réellement engagés. Conscients de cette réalité et soucieux de garantir aux victimes de dommage environnemental un droit d'accès équitable aux prétoires, les auteurs de la Nomenclature ont souhaité faire une place spécifique aux honoraires d'avocats. L'objet de la présente contribution est de montrer d'abord les raisons d'une telle prise en compte (Section 1), pour envisager ensuite comment les frais d'avocats sont pris en compte de manière spécifique en dehors de la Nomenclature (Section 2), avant d'expliciter enfin, leur appréhension par la Nomenclature du dommage environnemental (Section 3).

SECTION 1
LA SPÉCIFICITÉ DES FRAIS D'AVOCATS

Le juge a la liberté d'attribuer pour des raisons d'équité ou en fonction de la situation économique de chacune des parties, une somme au titre des frais irrépétibles ou non compris dans les dépens, destinée à couvrir les frais d'avocats engagés. Cette somme sera versée par la partie perdante ou celle tenue aux dépens au profit de l'autre partie. Un tel dispositif qui existe devant chaque juridiction, est énoncé par un article bien connu des praticiens du droit : l'article 700 du Code de procédure civile [1]. On le retrouve en matière pénale à l'article 475-1 du Code de procédure pénale [2] et en matière administrative à l'article L. 761-1 du Code de justice administrative [3].

Ces dispositions *a priori* assez simples suscitent en réalité certaines difficultés qui s'expliquent par l'approche différente que chacun peut se faire de ces textes. En effet, chaque partie détermine librement le montant qu'elle réclame au titre de ces dispositions. Ainsi, l'avocat fixe la somme en fonction de la procédure et du montant ordinairement alloué par la juridiction concernée. En raison de la confidentialité qui existe dans la relation avec le client, la plupart des avocats ne transmettent pas leurs notes d'honoraires. Par ailleurs, au nom du principe d'indépendance et de la confidentialité, l'avocat estime que le juge n'a pas à connaître les honoraires facturés à son client.

---

1. Art. 700 CPC : « *dans toutes les instances, le juge condamne la partie tenue aux dépens ou, à défaut, la partie perdante, à payer à l'autre partie la somme qu'il détermine, au titre des frais exposés et non compris dans les dépens. Le juge tient compte de l'équité ou de la situation économique de la partie condamnée. Il peut, même d'office, pour des raisons tirées des mêmes considérations, dire qu'il n'y a pas lieu à cette condamnation* ».

2. Art. 475-1 CPP : « *Le tribunal condamne l'auteur de l'infraction à payer à la partie civile la somme qu'il détermine, au titre des frais non payés par l'État et exposés par celle-ci. Le tribunal tient compte de l'équité ou de la situation économique de la partie condamnée. Il peut, même d'office, pour des raisons tirées des mêmes considérations, dire qu'il n'y a pas lieu à cette condamnation* ».

3. Art. L. 761-1 CJA : « *Dans toutes les instances, le juge condamne la partie tenue aux dépens ou, à défaut, la partie perdante, à payer à l'autre partie la somme qu'il détermine, au titre des frais exposés et non compris dans les dépens. Le juge tient compte de l'équité ou de la situation économique de la partie condamnée. Il peut, même d'office, pour des raisons tirées des mêmes considérations, dire qu'il n'y a pas lieu à cette condamnation* ».

De son côté, le juge qui ne dispose pas des notes d'honoraires et qui ne connaît pas nécessairement les charges liées au suivi d'un dossier et à la gestion d'un cabinet d'avocats, a tendance à retenir un montant plus ou moins forfaitaire en fonction de la procédure, de sa complexité ou de sa durée. Bien souvent, la somme retenue par le juge ne correspond pas à la somme réellement dépensée par le client. Pourtant cette somme demandée ne vise pas à obtenir une indemnisation supplémentaire mais vise seulement à obtenir le remboursement de sommes payées par les parties pour faire valoir leurs droits en justice.

Ces considérations générales se vérifient en cas de dommage environnemental, dont les victimes devraient pouvoir obtenir intégralement le remboursement des frais d'avocats qu'elles ont engagés, en application du principe « pollueur payeur ».

L'absence de clarté quant au montant des frais engagés aboutit alors à un effet pervers : l'avocat pourra avoir tendance à gonfler le montant demandé au titre des frais irrépétibles tout en sachant que le juge diminuera la somme pour essayer de compenser. De même, il n'est pas rare que les plaideurs détournent quelque peu la finalité des dispositions prévues à l'article 700 du Code de procédure civile afin de l'utiliser à titre de sanction. En effet, il se peut, notamment en matière de référés où l'allocation de dommages-intérêts se heurte souvent à une contestation sérieuse, que le montant sollicité au titre de l'article 700 du Code de procédure civile soit augmenté afin d'obtenir indirectement la condamnation de la partie adverse à des dommages-intérêts.

Dans le même sens, certaines parties tentent d'utiliser l'article 700 du Code de procédure civile comme un moyen d'obtenir une sanction pour une procédure qu'elles jugeraient abusive ou excessive en sollicitant une somme importante sur le fondement de l'article 700 du Code de procédure civile.

S'agissant des associations de protection de l'environnement, leur rapport aux articles 700 du Code de procédure civile et 475-1 du Code de procédure pénale peut varier suivant que leur action est fondée sur la simple violation de la législation environnementale ou sur la survenance d'un dommage environnemental. D'une part, en l'absence de toute atteinte à l'environnement mais en cas de violation d'une norme, les associations de protection de l'environnement peuvent être tentées de gonfler le montant demandé au titre du préjudice moral afin de compenser la « perte » liée au montant de l'article 475-1 du Code de procédure pénale. Inversement, pour combler une estimation faible du préjudice moral par le juge, ces associations pourraient être tentées de gonfler le montant réclamé au titre de l'article 700 du Code de procédure civile. D'autre part, en cas de dommage environnemental, la procédure judiciaire peut être longue et coûteuse. À titre d'exemple, la gestion du procès de l'Erika a déjà duré plus de dix années, avec de nombreuses heures consacrées par les avocats au suivi du dossier et à la défense des clients sur des questions juridiquement pointues. En première instance, les condamnations au titre de l'article 475-1 du Code de procédure pénale étaient très faibles sans proportion avec les frais réellement supportés par les victimes. Les départements et les régions se vont vu attribuer 50 000 euros chacun. Les communes pour leur part ont reçu la somme de 1 500 euros chacune. De telles sommes ne recouvrent certainement pas les honoraires d'avocats réellement dus pour un procès aussi long.

C'est pourquoi, conscients de ces difficultés, les juges d'appel ont accordé des sommes beaucoup plus importantes au titre de l'article 475-1 du Code de procédure pénale en retenant qu'« *il serait inéquitable que les parties civiles qui ont dû, pendant parfois dix années, engager des frais importants pour la défense de leurs intérêts conservent à leur charge l'intégralité de ces derniers* ». Une telle motivation spécifique explique que les régions aient reçu entre 500 000 euros et 600 000 euros, les départements 300 000 euros et les communes entre 20 000 et 50 000 euros. De telles sommes sont davantage en concordance avec les frais réellement exposés au cours des dix années de procédure, mais un tel niveau est exceptionnel et ne se retrouve pas dans d'autres affaires.

Accorder au titre des frais irrépétibles une somme très en deçà des coûts réellement exposés peut conduire une victime d'un dommage environnemental à renoncer à agir en justice. En effet, si l'indemnisation accordée dans ce cas est minime et si les frais d'avocats ne sont pas intégralement mis à la charge de l'auteur de la pollution, la victime aura au final engagé des dépenses qui resteront à sa charge et hésitera donc à initier une procédure longue, coûteuse et au résultat nécessairement incertain.

SECTION 2
LA SPÉCIFICITÉ DES FRAIS D'AVOCATS EN DEHORS DE LA NOMENCLATURE DU DOMMAGE ENVIRONNEMENTAL

Cette problématique des frais d'avocats s'est retrouvée lors de l'élaboration de la Nomenclature Dintilhac sur l'indemnisation du préjudice corporel, à l'occasion de laquelle la question de leur intégration au titre des frais divers s'est posée. Alors qu'un premier rapport sur l'indemnisation du dommage corporel établi en 2003 était favorable à intégrer dans le poste « frais divers » les honoraires d'avocats [4], la Nomenclature Dintilhac les a quant à elle finalement exclu expressément de cette catégorie.

4. Y. LAMBERT-FAIVRE (dir.), Conseil National d'Aide aux Victimes, juin 2003, p. 20 : « *Les honoraires d'avocats : ces frais pèsent lourdement sur la victime, notamment par la pratique des « honoraires de résultat » qui amputent l'indemnisation de la victime du pourcentage fixé (souvent 10 %, voire 15 % et plus) sur le montant de l'indemnisation. À l'évidence, il s'agit de dépenses*

En matière de dommage environnemental, la directive du 21 avril 2004 sur la responsabilité environnementale en ce qui concerne la prévention et la réparation des dommages environnementaux prévoit en son article 8 que : « *L'exploitant supporte les coûts des actions de prévention et de réparation entreprises en application de la présente directive* ». *Au sens de la présente directive ces coûts se définissent comme étant : « les coûts justifiés par la nécessité d'assurer une mise en œuvre correcte et effective de la présente directive, y compris le coût de l'évaluation des dommages environnementaux, de la menace imminente de tels dommages, les options en matière d'action, ainsi que les frais administratifs, judiciaires et d'exécution, les coûts de collecte des données et les autres frais généraux, et les coûts de la surveillance et du suivi* ». Dès lors, une prise en compte au titre des coûts additionnels des frais judiciaires y compris les frais d'avocats est conforme à la directive de 2004.

Dans le domaine spécifique des pollutions par hydrocarbures, le manuel des demandes d'indemnisation du Fonds international d'indemnisation pour les dommages dus à la pollution par les hydrocarbures (FIPOL) prévoit à l'article 1.4.12 : « *Les demandeurs souhaitent parfois recourir à des conseillers pour se faire aider dans la présentation de leurs demandes d'indemnisation. Des indemnités sont versées au titre du coût raisonnable des services rendus par les conseillers pour la présentation de demandes relevant des Conventions. On détermine si ces coûts sont indemnisables lorsque la demande d'indemnisation pertinente est examinée. On prend en compte le besoin du demandeur de faire appel à un conseiller, l'utilité et la qualité des services rendus par le conseiller, le temps raisonnablement requis pour assurer ce type de services et le tarif habituel appliqué dans le pays en cause pour ce genre de travail* ». L'emploi du terme générique de « conseiller » par le manuel des demandes d'indemnisation du FIPOL, n'exclut pas le recours à un avocat. Ainsi, même si cela ne recouvre pas la majorité des cas, le demandeur pourrait solliciter une indemnité pour le recours à un avocat qui peut être le conseiller qui l'a aidé à présenter sa demande d'indemnisation.

SECTION 3
LA SPÉCIFICITÉ DES FRAIS D'AVOCATS AU SEIN DE LA NOMENCLATURE DU DOMMAGE ENVIRONNEMENTAL

La proposition de Nomenclature des préjudices liés au dommage environnemental intègre les honoraires d'avocats au sein de la catégorie plus large des

---

qui sont une conséquence de l'accident et qui doivent être prises en compte dans le calcul de l'indemnisation ».

« coûts additionnels » (§ 1). Une telle prise en compte spécifique mérite d'être articulée avec les mécanismes habituels d'indemnisation des frais de justice (§ 2).

§ 1. – Le principe de la prise en compte des frais d'avocats au titre des coûts additionnels

Au regard de ce qui vient d'être précédemment exposé, *exclure expressément du poste* « coûts additionnels » les honoraires d'avocats, à l'image de ce qu'ont fait les rédacteurs de la Nomenclature Dintilhac, n'aurait pas garanti une réparation intégrale du préjudice subi par la victime d'un dommage environnemental et limité d'autant le droit d'accès au juge. Une telle exclusion entraînerait les mêmes dérives et les mêmes inconvénients que ceux actuellement rencontrés en matière de prise en charge des frais irrépétibles. De telles considérations justifient que les auteurs de la Nomenclature du dommage environnemental aient inclus les honoraires d'avocats au titre des « coûts additionnels » entendus comme les « *coûts rendus nécessaires pour mettre en œuvre les mesures de prévention, de limitation, de réparation ou de suivi du dommage environnemental* ».

Une telle proposition rejoint le mécanisme retenu par le manuel des demandes d'indemnisation du FIPOL. Un tel mécanisme qui entraînerait cependant une sorte de contrôle du « coût » du conseiller n'est cependant sans doute pas intégralement transposable pour les frais d'avocats. En effet, l'article 1.4.12 du manuel prévoit la prise en compte de « *l'utilité et la qualité des services rendus par le conseiller, le temps raisonnablement requis pour assurer ce type de services et le tarif habituel appliqué dans le pays en cause pour ce genre de travail* ». Or, il n'est pas sûr que les avocats acceptent qu'un juge dispose d'un certain contrôle sur le montant de leurs honoraires. De même la fixation des honoraires est libre de sorte qu'il existe de très fortes disparités entre les honoraires pratiqués par les différents avocats en France. Dès lors, il sera extrêmement compliqué de fixer une norme des honoraires d'avocats d'autant que ce montant variera d'une procédure à l'autre en fonction des circonstances d'espèce.

De plus, alors qu'il n'existe aucun contrôle des juges de cassation sur le montant accordé au titre des frais irrépétibles, en conférant aux juges du fond un pouvoir d'appréciation sur le montant retenu à ce titre, les Hautes Juridictions (Conseil d'État et Cour de cassation) pourraient alors exercer un certain contrôle.

En raison du principe de la réparation intégrale, les juges du fond devraient motiver leur décision s'ils décident de ne pas accorder l'intégralité du montant demandé au titre des coûts additionnels. Une telle justification pourrait, dans certains cas, s'avérer difficile et entraînerait une multiplication des recours en contestation relative au montant de l'indemnisation accordée au titre des coûts additionnels, ce qui n'est évidemment pas souhaitable. Il importe donc d'envisager les conditions d'une mise en œuvre optimale des frais d'avocats.

§ 2. – La mise en œuvre des frais d'avocats

L'intégration des frais d'avocats au sein de la catégorie des « coûts additionnels » prévus par la Nomenclature du dommage environnemental requiert d'envisager l'articulation de ce poste de préjudice avec les dispositions procédurales dédiées à la prise en compte des frais irrépétibles. À ce titre, deux cas de figure méritent d'être distingués.

Dans un premier cas, le demandeur peut décider de ne pas intégrer les honoraires d'avocats dans le poste « coûts additionnels » et solliciter alors, comme c'est le cas actuellement pour tout contentieux, une somme au titre des frais irrépétibles avec le risque de voir cette demande discrétionnairement rejetée par le juge ou fortement diminuée.

Dans un second cas, le demandeur peut intégrer les honoraires d'avocats au sein des « coûts additionnels » en transmettant les justificatifs de ces frais, ce qui n'empêcherait cependant pas le juge d'exercer un certain contrôle sur le montant qu'il accorde à ce titre au regard du temps passé et de la complexité de l'affaire. Mais dans ce cas, aucune demande ne pourrait être faite au titre des frais irrépétibles puisque par hypothèse, tous les frais seraient alors inclus dans les « coûts additionnels ». L'inverse conduirait sinon à une double indemnisation. Le juge pouvant par ailleurs, si une telle demande était néanmoins présentée, décider qu'il n'y a pas lieu à condamnation à ce titre, dans la mesure où les frais d'avocats auront été pris en compte par ailleurs. Les textes organisant la prise en charge des frais irrépétibles prévoient en effet que le juge peut « *dire qu'il n'y a pas lieu à cette condamnation* ». Il convient d'ajouter qu'en intégrant les frais d'avocats dans la rubrique des « coûts additionnels » on évite de faire dépendre leur prise en charge de l'issue du litige, alors que les sommes allouées au titre des frais irrépétibles sont en principe accordées à la partie « gagnante ». Or, il se peut qu'un demandeur n'obtienne pas gain de cause mais que son action soit recevable et légitime de sorte que les frais qu'il a supportés devraient néanmoins être pris en charge par l'auteur du dommage environnemental.

Ainsi, en intégrant de manière explicite les honoraires d'avocats dans la Nomenclature du dommage environnemental, le juge, invité à articuler les postes de préjudices de la Nomenclature entre eux, pourra décider que la réparation intégrale de ces honoraires épuise le préjudice collectif notamment porté devant le juge par des associations de protection de l'environnement. Ainsi, une juste réparation des honoraires d'avocats participerait à une limitation de l'indemnisation d'autres préjudices aujourd'hui utilisés comme des catégories fourre-tout à l'image du préjudice moral ou du préjudice collectif [5] d'atteinte à la mission de protection de l'environnement. En effet, si l'action d'une association a permis de mettre fin à une infraction à la législation environnementale sans qu'aucun dommage ne soit survenu, il serait équitable que l'association obtienne une indemnisation intégrale des frais d'avocats engagés, mais que des dommages et intérêts seulement symboliques soient alloués au titre de la lésion de l'intérêt collectif.

5. Dans le même sens, L. NEYRET, « Le préjudice collectif né du dommage environnemental », présent ouvrage.

La réparation des préjudices liés au dommage environnemental

Béatrice PARANCE

Professeur à l'Université Paris 8 Vincennes-Saint-Denis

Membre du Laboratoire de droit médical et de la santé (EA n° 1581)

SYNTHÈSE

La réparation des préjudices liés à un dommage environnemental soulève de très nombreuses difficultés conceptuelles et de mise en œuvre de la réparation. Il apparaît alors une grande spécificité tant de la définition des mesures de réparation des préjudices liés au dommage environnemental que de sa mise en œuvre. Le chemin parcouru dans le sens d'un renforcement de cette réparation par le droit spécial et par le droit commun de la responsabilité est déjà important. Mais il n'est pas achevé et nécessite encore de nombreuses évolutions afin de gommer les divers paradoxes de cette réparation vers une promotion de la réparation en nature qui passera sans doute par une affectation des sommes allouées au titre de cette réparation.

La vocation première de la Nomenclature des préjudices liés au dommage environnemental est d'identifier et de délimiter les différents préjudices nés à l'occasion d'un dommage environnemental. La nécessité d'un tel effort de classification et de cohérence est née de la singularité de ces types de préjudices, singularité qui explique qu'à l'origine, certains aient pu penser qu'ils n'étaient pas susceptibles d'entrer sur la scène juridique et d'être réparés [1]. La présente contribution s'attachera à étudier la réparation de ces préjudices une fois qu'ils ont été reconnus et identifiés [2]. Or la nature très singulière des préjudices liés à un dommage environnemental se révèle aussi dans leurs modes de réparation qui doivent s'adapter et répondre à des besoins spécifiques.

De manière plus générale, la réparation des préjudices liés à un dommage environnemental soulève de profondes difficultés qui obligent à repenser la

1. M. DESPAX, *La pollution des eaux et ses problèmes juridiques*, Litec, 1968.
2. Cf. Contribution de M. BOUTONNET, « Guide de mise en œuvre de la preuve du préjudice causé à l'environnement », présent ouvrage.

manière traditionnelle d'appréhender cette question. Classiquement, la réparation est la fonction première et principale de la responsabilité civile et signifie que la victime devra être replacée dans la situation antérieure à la production du dommage. On parle alors de réparation en nature. Dans l'hypothèse où une telle remise en état ne serait pas réalisable, la réparation s'effectuera sous forme de l'allocation de dommages et intérêts qui viendront alors compenser le préjudice subi par la victime ; la réparation est dite alors par équivalent.

Ces règles classiques de la réparation sont bouleversées en matière de préjudices liés au dommage environnemental. Tout d'abord, ce sont les préjudices liés au dommage environnemental qui semblent s'opposer eux-mêmes à leur réparation en raison de la difficulté qu'il y a à mesurer l'étendue de l'atteinte portée aux ressources naturelles et de l'incertitude scientifique qui entoure leur mesure. Une fois cette première muraille dépassée, une autre difficulté réside dans l'appréhension du dynamisme propre de la nature et dans l'appréciation de sa faculté d'auto-régénération [3]. Quel besoin de mettre en œuvre des mesures de réparation dès lors que le temps fera seul son œuvre et que l'environnement se restaurera peu à peu ? Cet autre rempart s'ouvre alors sur une nouvelle faille qui est justement la place du temps dans la réparation des préjudices causés à l'environnement. L'échelle du temps se déroule comme un éventail où viennent prendre place les préjudices qui seront réparés rapidement, ceux qui nécessiteront une longue période et enfin ceux qui ne pourront jamais être réparés et sont donc irréversibles, comme par exemple la disparition d'une espèce protégée. L'influence du temps [4] sur la réparation des préjudices liés à un dommage environnemental est considérable et constitue un facteur de complexification de la question. De plus, d'autres difficultés résident dans le choix des acteurs de cette réparation : entre les mains de qui réparer le préjudice causé à la nature puisque la nature n'est pas revêtue du masque (*personae*) de la personnalité juridique, quelle est l'étendue des pouvoirs qu'il convient d'offrir au juge en matière de réparation de ces types de préjudices ? Ensuite, les auteurs des préjudices liés à un dommage environnemental sont souvent des entreprises et ces acteurs économiques ont besoin plus que tout autre de prévisibilité au regard des sanctions qu'ils encourent. Et là encore, les nombreuses incertitudes qui entourent la réparation de ces préjudices heurtent ce légitime besoin d'anticipation. Enfin, une difficulté presque substantielle de la réparation de ces préjudices réside dans leur évaluation et dans la distinction qu'il convient de faire entre la réparation des préjudices causés à l'environnement et celle des préjudices causés à l'homme. Plus particulièrement, il existe des risques importants de collusion entre la réparation des

3. G. VINEY, « Le préjudice écologique », *Resp. civ. et assur.* mai 1998, n° spéc., p. 6.

4. P. BRUN, « La temporalité et les préjudices liés au dommage environnemental », présent ouvrage.

préjudices causés à l'environnement et celle des préjudices causés à l'homme, de nature collective.

Ainsi, ces quelques réflexions préliminaires mettent en lumière les nombreuses difficultés soulevées par la réparation des préjudices liés au dommage environnemental. Ces difficultés se rencontrent tant lors de la définition des mesures de réparation que lors de leur mise en œuvre. Il conviendra alors de s'attacher à la spécificité de la définition des mesures de réparation des préjudices liés au dommage environnemental (Section 1) ainsi qu'à la spécificité de la mise en œuvre de ces mesures de réparation (Section 2).

SECTION 1
LA SPÉCIFICITÉ DE LA DÉFINITION DES MESURES DE RÉPARATION DES PRÉJUDICES LIÉS AU DOMMAGE ENVIRONNEMENTAL

Après avoir présenté les approches légales et jurisprudentielles des mesures de réparation des préjudices liés au dommage environnemental (§ 1), il sera légitime de s'interroger sur l'existence d'une hiérarchie entre ces diverses mesures de réparation, hiérarchie adaptée à la spécificité de ces préjudices (§ 2).

§ 1. – Les approches légales et jurisprudentielles des mesures de réparation

Les mesures de réparation des préjudices liés au dommage environnemental diffèrent selon que l'on se situe sur le terrain du droit commun de la responsabilité civile ou sur le terrain du droit spécial instauré par la loi du 1er août 2008 [5].

Cette loi de transposition de la directive 2004/35/CE du 21 avril 2004 sur la responsabilité environnementale en ce qui concerne la prévention et la réparation des dommages environnementaux instaure un régime de police administrative qui crée à la charge de l'exploitant responsable d'un dommage écologique l'obligation de le réparer, sous le contrôle de l'autorité administrative. Cette loi

5. L. n° 2008-757, 1er août 2008, *JO* 2 août 2008, F. G TRÉBULLE, « La loi du 1er août 2008 relative à la responsabilité environnementale et le droit privé », *BDEI* 2008/748 ; B. PARANCE, « À propos de la loi relative à la responsabilité environnementale », *RLDC* 2008/3176 ; Ph. BILLET, « Clés de lecture du nouveau régime de responsabilité environnementale », *JCP* E 2009, n° 1661, p. 33.

retient exclusivement le principe d'une réparation en nature selon trois modalités différentes, s'étant inspirée du *Oil Polution Act* américain. La réparation primaire désigne toute mesure permettant le rétablissement proprement dit des ressources naturelles dans leur état initial, y compris la réparation par régénération naturelle. En cas d'échec ou d'impossibilité d'une réparation primaire, une réparation complémentaire sera mise en œuvre « *afin de fournir un niveau de ressources naturelles ou de services comparables à celui qui aurait été fourni si le site avait été rétabli dans son état initial* ». Ces mesures peuvent éventuellement être réalisées sur un autre site, en tenant compte des intérêts des populations concernées par le dommage. Par exemple, si le dommage atteint une population d'oiseaux protégés en affectant gravement leur site de reproduction, la réparation complémentaire pourra consister en l'aménagement d'un autre site sur lequel les oiseaux pourront résider et se reproduire en paix. Enfin, les mesures compensatoires viennent compenser les pertes intermédiaires de ressources naturelles et de services écologiques survenant entre le dommage et la date à laquelle la réparation primaire ou complémentaire a produit son effet. Il est précisé qu'elles ne peuvent pas prendre une forme pécuniaire, ce qui est conforme à l'objectif de la loi de la réparation des dommages causés à la nature elle-même.

Ainsi, le droit spécial a fait le choix d'une réparation exclusivement en nature exécutée par l'exploitant responsable du préjudice causé à l'environnement d'après le choix exercé par l'autorité administrative compétente entre les diverses mesures de réparation possibles.

Sur le terrain du droit commun de la responsabilité civile, les mesures de réparation des préjudices causés à l'environnement sont beaucoup plus fantaisistes et manquent encore de rigueur. Comme il a été maintes fois exposé, les tribunaux n'osaient pas à l'origine réparer directement le préjudice causé à l'environnement. Ils dissimulaient cette réparation derrière le paravent de la réparation du préjudice moral subi par les associations de protection de l'environnement [6]. Ainsi, en 1982, dans l'affaire emblématique du *balbuzard-pêcheur*, la Cour de cassation avait admis que la destruction de ce rapace avait causé à l'association de protection des oiseaux « *un préjudice moral direct personnel en liaison avec le but et l'objet de ses activités* » [7]. Ce n'est que peu à peu, avec beaucoup de retenue, que les juges judiciaires en sont venus à émanciper le préjudice causé à l'environnement du préjudice moral, faisant référence au préjudice biologique [8], au

6. L. Neyret, « La réparation des atteintes à l'environnement par le juge judiciaire », *D.* 2008, p. 170 ; M. Boutonnet, « L'arrêt Erika, vers la réparation intégrale des préjudices résultant des atteintes à l'environnement », *Environnement et développement durable*, juill. 2010, ét. 14.

7. Cass. 1re civ. 16 nov. 1982,

8. T. corr. Brest, 4 nov. 1988, nº 2463/88 : destruction des poissons d'une rivière polluée par un collecteur de drainage qui cause à une association de protection de la qualité de l'eau de Bretagne un préjudice direct et certain, notamment « sur le plan biologique ».

préjudice subi par le milieu aquatique [9], au préjudice environnemental subi par le patrimoine naturel [10]. Dans l'ensemble de ces décisions, la réparation est exclusivement sous forme pécuniaire, par l'allocation de dommages et intérêts.

De plus, les juges n'ont que très peu justifié la méthode d'évaluation de ces préjudices. Les premières décisions allouaient des sommes d'argent en se contentant de dire que ces préjudices présentaient une gravité certaine. Les premiers critères d'évaluation du préjudice sont apparus dans l'affaire Erika où le tribunal correctionnel de Paris avait calculé le préjudice subi par l'association la Ligue de Protection des Oiseaux (LPO) en se référant au nombre d'individus décimés et au prix de réintroduction d'un oiseau dans son milieu naturel. La cour d'appel de Paris a poursuivi et systématisé cet effort de définition et d'évaluation puisque non seulement, elle a défini le préjudice causé à l'environnement mais elle a tenté de justifier le montant des sommes allouées au regard de certains critères. Après avoir rappelé les différentes méthodes d'évaluation proposées par certaines parties ou utilisées par le passé, elle décide d'évaluer le préjudice causé à l'environnement subi par chacune des parties civiles en tenant compte de divers paramètres : – « *pour les communes et quand elles en disposaient, de la surface d'estran touchée, de l'importance de la marée noire sur les lieux, telle qu'elle ressort du dossier, de leur vocation maritime et de leur population ; – pour les autres collectivités territoriales, à l'importance de la pollution subie de leurs rivages, de l'orientation plus ou moins maritime de leur activité et de leur population ; – pour les associations, au nombre d'adhérents quand elles en disposaient, de leur notoriété et de la spécificité de leur action, pour apprécier l'atteinte portée à leur animus societatis, cette partie d'elles-mêmes qui est leur raison d'être* ».

Cependant, il apparaît immédiatement que l'évaluation du préjudice s'effectue en contemplation de la personne qui en demande la réparation et non en contemplation de l'atteinte portée à la nature, ce qui est paradoxal. De plus, cette décision fait apparaître de nombreuses incohérences si on lit ses conclusions à travers la grille de lecture de la Nomenclature. Alors même que la cour venait de définir le préjudice écologique comme celui « *résultant d'une atteinte aux actifs environnementaux non marchands, réparable par équivalent monétaire* », c'est-à-dire de manière objective, elle le reteinte immédiatement de subjectivisme afin de justifier l'allocation de dommages et intérêts pour sa réparation entre

9. CA Bordeaux 13 janv. 2006, n° 05/00567 qui condamne ceux qui avaient réalisé des travaux dans le lit d'un cours d'eau, provoquant son assèchement, à indemniser plusieurs associations au titre « du préjudice subi par la flore et les invertébrés du milieu aquatique » et du « préjudice subi par le milieu aquatique ».

10. TGI Narbonne, 4 oct. 2007, *Environnement* févr. 2008, ét. 2, « La reconnaissance du préjudice environnemental », M. BOUTONNET.

les mains de collectivités territoriales ou d'associations de protection de l'environnement. Elle retient ainsi que « *les collectivités territoriales ayant pour finalité ultime le mieux-être de la collectivité de ses habitants, (...) toute atteinte à l'environnement préjudicie directement au bien-être que la collectivité territoriale tente d'apporter à l'ensemble de ses habitants mais contrarie également les efforts faits par elle dans le cadre de ses compétences pour améliorer leur cadre de vie, en quoi ce préjudice lui est personnel et ne peut être assimilé à un dommage causé à la Nation tout entière* » [11]. Plus loin, dans les réparations qu'elle alloue à l'association Robin des Bois, il apparaît qu'il y a une confusion totale entre le préjudice moral évalué à 50 000 euros et qui résulte du fait que « *la marée noire, qui a souillé une superficie particulièrement importante de la mer et du rivage, a contrarié considérablement les objectifs de cette association qui est, notamment, de participer à la protection de l'environnement et des espèces menacées et à la sauvegarde des milieux naturels* », et le préjudice écologique subi par l'association qui résulte lui du fait que « *la communauté de ses membres, très impliquée dans l'action menée pour la préservation de la nature, avec laquelle elle se veut en symbiose, a perdu, avec la souillure de la mer, une partie de son* animus societatis *et d'une certaine façon une partie d'elle-même* ». La cour se sent obligée de préciser que « *le dommage ainsi causé à Robin des Bois doit être évalué à 50 000 euros, comme le préjudice moral, qui est en quelque sorte le prix du découragement qu'elle a subi, et avec lequel cependant il ne se confond pas* » !

Si l'on place cet arrêt dans la perspective des catégories retenues par la Nomenclature, il apparaît alors une confusion entre la réparation des préjudices causés à l'environnement et la réparation des préjudices causés à l'homme, de nature collective, tels les atteintes aux services écologiques. Ces incohérences mettent en lumière la difficulté qu'ont les juges à octroyer une réparation pécuniaire des préjudices causés à l'environnement entre les mains des parties civiles.

Après ce panorama des différentes mesures de réparation tant dans le droit spécial que dans le droit commun, il convient d'envisager s'il existe une hiérarchie entre ces différentes formes de mesures de réparation.

§ 2. – L'existence d'une hiérarchie entre les diverses mesures de réparation et les critères de choix

La question de l'existence d'une hiérarchie entre les différentes formes de réparation rejaillit immédiatement sur celle de la difficulté qu'il y a parfois à les distinguer.

11. Page 430 de l'arrêt.

En matière de réparation des préjudices causés à l'environnement, le principe est clairement celui d'une prévalence de la réparation en nature qui permet elle seule de véritablement rétablir la nature dans la situation antérieure.

En ce sens, le Livre blanc sur la responsabilité environnementale qu'a présenté la Commission des communautés européennes le 9 février 2000 expose sa faveur pour la réparation en nature sur tous autres modes de réparation : « *Il devrait être obligatoire d'affecter de manière effective les dommages et intérêts ou les compensations versées par le pollueur à la dépollution ou à la réhabilitation, tant en cas de dommages causés à la biodiversité que de contamination d'un site. S'il n'est pas possible de réparer les dommages ou si cette réparation n'est que partiellement possible pour des raisons techniques ou économiques (du point de vue coûts-avantages), la compensation représentant la valeur des dommages non réparés devrait être affectée à des projets comparables visant à réhabiliter ou à valoriser des ressources naturelles protégées. La définition des projets comparables par les autorités compétentes devrait se fonder sur une analyse complète des bénéfices obtenus en termes d'investissements* ».

Le droit spécial a clairement pris parti pour cette forme de réparation puisqu'il a catégoriquement exclu toute réparation monétaire. En revanche, selon le droit commun de la responsabilité, les juges utilisent essentiellement la réparation monétaire, que ce soit pour les préjudices causés à l'homme, qui présentent pour leur part peu de spécificité, mais aussi pour la réparation des préjudices causés à l'environnement, ce qui ne permet qu'imparfaitement d'atteindre la finalité recherchée comme il sera envisagé plus loin.

Mais au-delà de cet aspect hiérarchique, il apparaît en pratique qu'il est bien souvent difficile de distinguer la réparation des préjudices causés à l'environnement et celle des préjudices causés à l'homme, de nature collective ou individuelle. L'arrêt de la Cour d'appel de Paris du 30 mars 2010 dans l'affaire Erika a mis à jour cette difficulté qui se répercute immédiatement sur les méthodes d'évaluation de ces préjudices si difficiles à distinguer. En effet, le risque est grand que l'évaluation d'un préjudice causé à l'environnement se fasse en prenant en considération non le coût de l'atteinte à la nature elle-même, si difficile à évaluer car la nature n'a pas de prix, mais en considération des coûts des différentes mesures de prévention, de limitation et de réparation mises en œuvre par des associations de protection de l'environnement ou par des collectivités territoriales [12]. Ainsi, dans l'arrêt *Erika*, la cour d'appel de Paris juge que « *pour évaluer la mesure de compensation pécuniaire qui sera allouée à la LPO (ligue de protection des oiseaux) en réparation de son préjudice écologique pur, la*

12. M.-P. CAMPROUX-DUFFRÉNE, « L'évaluation du préjudice écologique par le juge judiciaire », *Droit de l'environnement*, oct. 2010, p. 334.

cour doit tenir compte du coût des mesures raisonnables de réparation que l'objet de cette association pourrait la conduire à mettre en œuvre ». La cour se livre alors à une évaluation tenant compte du nombre d'oiseaux de chaque espèce maritime victime de la marée noire, de la capacité des espèces d'oiseaux à compenser leur perte ou de leur difficulté en raison de leur caractère rare, du fait que pour être le plus efficaces possibles, les mesures de réparation doivent être précédées d'études de suivi temporel des oiseaux maritimes et de réintroduction des espèces disparues ou gravement menacées, pour en conclure que la compensation du préjudice écologique pur est de 300 000 euros. Cette confusion fait apparaître l'inaptitude de la réparation pécuniaire à réparer légitimement les préjudices causés à l'environnement qui ne devraient recevoir qu'une réparation en nature. Ces paradoxes et confusions qui traversent la réparation des préjudices liés au dommage environnemental se perpétuent dans la mise en œuvre de cette réparation.

SECTION 2
La spécificité de la mise en œuvre de la réparation des préjudices liés à un dommage environnemental

La mise en œuvre de la réparation des préjudices liés à un dommage environnemental trouve sa spécificité dans la pluralité des demandeurs à la réparation et la nécessité d'une affectation de la réparation à la nature.

§ 1. – Les difficultés nées de la pluralité des demandeurs à la réparation

Sur ce point encore, il convient de distinguer le droit spécial du droit commun de la responsabilité civile. Selon le droit spécial, le demandeur à la réparation, ou plus exactement l'ordonnateur de la réparation sera l'autorité administrative compétente qui, selon le décret du 23 avril 2009, est le préfet. C'est lui qui devra prendre l'initiative de demander à l'exploitant responsable de mettre en œuvre les mesures de prévention ou de réparation nécessaires. Cependant, conscient du travail quotidien de grande qualité que mènent les associations de protection de l'environnement, le législateur et le pouvoir réglementaire leur ont donné d'importants pouvoirs pour alerter le préfet sur l'existence d'une menace ou d'un préjudice causé à l'environnement et même pour proposer de prendre en charge les mesures nécessaires dans certaines circonstances [13]. D'une part, l'article R. 162-3 du Code de l'environnement prévoit que les associations de protection de l'environnement mentionnées à l'article L. 142-1 ainsi que toute personne directement concernée ou risquant de l'être par un dommage ou une menace imminente de dommage peuvent informer le préfet sur l'existence d'un tel risque de dommage si elles disposent d'éléments sérieux. D'autre part, l'article L. 162-15 du Code de l'environnement dispose qu'en cas d'urgence et lorsque l'exploitant tenu de prévenir ou de réparer les dommages ne peut être immédiatement identifié, les collectivités territoriales ou leurs groupements, les établissements publics, les groupements d'intérêt public, les associations de protection de l'environnement, les syndicats professionnels, les fondations, les propriétaires de biens affectés par les dommages ou leurs associations peuvent proposer à l'autorité compétente de réaliser eux-mêmes des mesures de prévention ou de réparation conformes aux objectifs de la loi. Cependant, c'est toujours l'autorité administrative qui est compétente pour décider des mesures de réparation nécessaires, lesquelles seront réalisées soit directement par l'exploitant, soit par un tiers à la charge de l'exploitant.

Sur le terrain du droit commun de la responsabilité civile, les choses se présentent de manière toute différente puisqu'il n'existe pas d'autorité centrale ayant le pouvoir de représenter la nature dans les actions qui seront menées en réparation des préjudices causés à l'environnement. L'action est donc essentiellement entre les mains des associations de protection de l'environnement et des collectivités territoriales. Cependant, comme il a été envisagé, l'affaire Erika fait apparaître les difficultés des juges à distinguer clairement la réparation des préjudices personnels subis par ces personnes et la réparation du préjudice causé à l'environnement, dont l'évaluation se fait en contemplation des caractères propres du demandeur à l'action. Cette difficulté à délimiter avec précision les contours du préjudice qu'il répare explique le risque très important de redondance indemnitaire qui est délicat à concilier avec le grand principe de la responsabilité civile de la réparation intégrale [14]. La superposition des champs d'action des collectivités territoriales qui exercent des compétences concurrentes sur des territoires géographiques identiques, et celui des associations qui défendent toutes la protection de l'environnement conduit nécessairement à une superposition de préjudices subjectifs dont la réparation recouvre en réalité celle d'un préjudice

13. B. PARANCE, « L'action des associations de protection de l'environnement et des collectivités territoriales dans la responsabilité environnementale », *Environnement* juin 2009, dossier spéc., ét. 4, p. 21.

14. L. NEYRET, « L'affaire Erika : moteur d'évolution des responsabilités civile et pénale », *D.* 2010, p. 2238, spéc. p. 2245.

causé à l'environnement unique. Comment les juges pourront-ils opérer la répartition de la réparation entre ces différents acteurs qui demandent la réparation d'une seule et même chose ?

Afin de surmonter cet obstacle, il a été proposé par un auteur [15] de considérer que tout préjudice causé à l'environnement serait une atteinte portée au droit subjectif de chacun à vivre dans un environnement sain. Cette extension des acteurs potentiels en réparation du préjudice causé à l'environnement serait contrebalancée par la limitation de la réparation à une réparation en nature, écartant alors tout risque de redondance indemnitaire. Toutefois, cette approche ne nous paraît pas convaincante en ce qu'elle procède d'une subjectivisation excessive du préjudice causé à l'environnement qui ne paraît pas conforme à la réalité.

Plus sûrement, il serait souhaitable de voir émerger en France une autorité de régulation [16] dont la fonction serait de centraliser la gestion de la réparation des préjudices causés à l'environnement afin de permettre la meilleure gestion possible de ces réparations et une réelle affectation des sommes allouées à cette fin. Sans doute serait-il possible que nous nous inspirions des *trustees* américains qui sont attachés à cette cause. Dans cette attente, il serait d'ores et déjà souhaitable que le système judiciaire autorise le juge à prononcer une affectation des sommes allouées à la réparation en nature du préjudice causé à l'environnement.

§ 2. – La possibilité d'une affection de la réparation du préjudice écologique et l'étendue des pouvoirs du juge

Dès 1998, Georges Wiederkehr avait dénoncé la difficulté soulevée par l'absence d'affectation des fonds recueillis à titre de dommages et intérêts par les associations et la liberté qu'elles avaient d'en user selon leur souhait, créant ainsi le risque que « *ces sommes servent en définitive plus à faire vivre l'association qu'à faire revivre la nature* » [17]. C'est pourquoi il faudrait admettre que la spécificité de la réparation des préjudices causés à l'environnement justifie la liberté du juge de prononcer une telle affectation. Cependant, cette affectation ne serait pas nécessairement la panacée car il n'est pas certain que le juge ait toutes les armes nécessaires pour choisir les mesures de réparation idoines. On

15. V. REBEYROL, *L'affirmation d'un droit à l'environnement et la réparation des dommages environnementaux*, préf. G. VINEY, Defrénois, 2009.

16. G. J. MARTIN et B. PARANCE (dir.), *La régulation environnementale*, LGDJ, à paraître 2012.

17. G. WIEDERKEHR, « Dommage écologique et responsabilité civile », in *Les hommes et l'environnement, Hommage à Alexandre Kiss*, éd. Frison-Roche, 1998, p. 513.

peut alors envisager deux possibilités. Soit le juge recourrait à une expertise d'écologues afin de déterminer et de chiffrer les mesures de réparation en nature les plus adéquates, soit on pourrait imaginer une collaboration entre l'autorité judiciaire et l'autorité administrative chargée de décider des mesures de réparation selon le droit spécial à laquelle le juge judiciaire déléguerait le choix et la gestion des mesures de réparation. Ainsi, cette collaboration entre le pouvoir judiciaire et l'autorité administrative permettrait un rapprochement des modes de réparation selon les deux chemins, le spécial et le commun, et le développement d'une réelle compétence de l'autorité administrative qui centraliserait de la sorte toutes les réparations des préjudices causés à l'environnement.

On pourrait aussi envisager l'ouverture de nouvelles voies de réparation, telle l'idée défendue par le Livre vert de la Commission européenne du 28 mars 2007 sur les instruments fondés sur le marché en faveur de l'environnement qui évoque la possibilité de transformer les responsabilités environnementales en titres négociables. Lorsqu'à la suite d'un dommage environnemental, la réparation primaire n'est plus possible ou n'est pas suffisante à réparer l'entier dommage, l'exploitant doit opérer la réparation sous la forme d'une compensation. C'est alors qu'interviendraient les titres environnementaux de conservation [18] que l'exploitant responsable pourra acquérir en forme de réparation. La Caisse des dépôts et consignations s'est d'ailleurs lancée dans une première expérience en 2009 en créant une filiale ayant vocation à développer des projets de conservation de certains écosystèmes, lesquels seraient négociés sous forme de titres que pourraient acquérir soit des exploitants responsables débiteurs d'une réparation par compensation, soit des opérateurs qui doivent compenser les nuisances environnementales induites par les projets qu'ils réalisent.

Il sera alors nécessaire de dépasser l'absence de fongibilité entre les objets de la réparation par compensation, ce qui pose la question de l'équivalence entre les écosystèmes et de la valeur de la biodiversité [19]. Pour décider que la perte de tel écosystème sera compensée par la conservation et l'exploitation de tel autre, il faut se livrer à une appréciation de ces différents écosystèmes et à un jugement d'équivalence entre eux. C'est l'objet de travaux de grande ampleur tels le programme onusien de « L'évaluation des écosystèmes pour le millénaire » [20] dont la vocation est de répertorier les différents écosystèmes en considération de leurs qualités propres afin de dégager des informations scientifiques

18. Dénomination donnée par Monsieur F.-G. TRÉBULLE qui les opposent aux titres environnementaux quantitatifs, art. préc.

19. M.-P. CAMPROUX-DUFFRÈNE, « Les unités de biodiversité, questions de principe et problèmes de mise en œuvre », *RJE* n° spécial 2008, p. 87 ; « La création d'un marché d'unité de biodiversité est-elle possible ? », *RJE* 2009, p. 69 ; G. J. MARTIN, « Le marché d'unités de biodiversité : questions de mise en œuvre », *RJE* n° spécial 2008, p. 95.

20. *Millenium Assessment.*

sur les conséquences des changements qui les atteignent. Le Centre d'analyse stratégique en France a lui-même rendu un rapport relatif à « L'approche économique de la biodiversité et des services liés aux écosystèmes », le rapport Chevassus-au-Louis [21], qui conclut à l'utilité de tels instruments dans la mesure où ils seraient utilisés avec la prudence qui s'impose. Si l'on manque encore beaucoup de recul sur les conséquences de l'utilisation de ces instruments et de leurs potentiels effets pervers, ils ne doivent pas pour autant être d'emblée rejetés et leur développement présente un intérêt certain dans la perspective de la réparation des préjudices causés à l'environnement.

21. B. CHEVASSUS-AU-LOUIS (dir.), « Approche économique de la biodiversité et des services liés aux écosystèmes, Contribution à la décision publique », CAS, Paris, avril 2009 : http://www.strategie.gouv.fr

Approche assurantielle de la Nomenclature des préjudices environnementaux

Anne PÉLISSIER

Professeur à l'Université Montpellier I

Directeur du Master II Droit des assurances

SYNTHÈSE

Offrir une solution de gestion du risque environnemental est une préoccupation des assureurs, conscients des importantes perspectives de développement du marché environnemental. Toutefois, les incertitudes pesant sur la délimitation de ce risque rendent malaisé l'établissement d'un produit assurantiel attractif. La Nomenclature des préjudices liés au dommage environnemental leur offre un outil de rationalisation des connaissances relatives aux conséquences du dommage environnemental, commun aux différents acteurs, leur permettant d'affiner les garanties proposées aux assurés. Au-delà, en autorisant une lecture différente de la réparation en matière environnementale, la Nomenclature peut inciter les assureurs français à imaginer une nouvelle façon de saisir le risque environnemental et de construire de nouveaux types de garanties, à l'instar de certains pays étrangers.

« Contenir autant que faire se peut le périmètre de ces nouvelles responsabilités dans le domaine de l'assurable », telle est la volonté affirmée de la Fédération Française des Sociétés d'Assurances (FFSA) à l'égard du risque environnemental [1]. L'intérêt des assureurs pour les préoccupations environnementales n'est d'ailleurs pas récent. Dès 1977, un groupement d'assureurs et de réassureurs, le Garpol, devenu en 1989 Assurpol, fut créé afin de mettre en place une action spécialement dédiée au risque environnemental. En outre, les assureurs se montrent particulièrement attentifs à l'évolution de la législation en la matière, comme en témoigne un rapport de la FFSA du 11 juin 2009 sur le thème « Assurance et Environnement ». Face à l'importance et à la rapide évolution du risque environnemental, les assureurs sont conscients qu'ils sont en mesure de fournir une réponse. Certes, l'assurance traditionnelle ne constitue pas l'unique

1. Réponse de la FFSA au questionnaire pour une nomenclature des préjudices réparables en cas d'atteinte à l'environnement, 13 novembre 2009.

outil de gestion de ce risque. Elle intervient notamment aux côtés des garanties financières, des captives d'assurance, des provisions. Mais en proposant l'externalisation du risque environnemental vers l'entreprise d'assurance et en le gérant sur la base de la loi de mutualisation, l'assurance est susceptible d'offrir une solution simple et sécurisante qui, de surcroît, offre une réactivité particulièrement opportune face à l'urgence inhérente à la gestion du risque environnemental [2]. Le marché américain ne s'y est pas trompé puisque le risque environnemental est géré à 70 % par le recours à l'assurance traditionnelle pour seulement 30 % dédiés à des mécanismes alternatifs.

Pour autant, cette détermination des assureurs à prendre place dans le marché de la gestion du risque environnemental se heurte au respect des impératifs qui conditionnent l'équilibre de l'opération d'assurance. Le risque encouru par un assuré ne peut être garanti que parce que le poids de sa réalisation est reporté sur la mutualité des assurés. Cette opération repose sur une anticipation des sinistres, inenvisageable sans une bonne connaissance du risque. Or, en matière environnementale, la définition du risque n'est qu'incertitudes [3] : incertitudes sur les fondements de la responsabilité (responsabilité environnementale issue de la loi du 1er août 2008, responsabilité de droit commun adaptée par la jurisprudence à la matière environnementale [4], textes spéciaux relatifs aux installations classées, aux déchets...), incertitudes sur les personnes admises à agir en réparation (en particulier avec l'action ouverte aux collectivités territoriales par l'article L. 142-4 du Code de l'environnement), incertitudes sur les modalités de la réparation (en nature sur le fondement de la loi de 2008, en nature ou par équivalent pour la responsabilité de droit commun) et surtout, en ce qui nous concerne, incertitudes sur la nature et l'étendue du dommage réparable. Confronté à la réalité de la configuration de ce risque, l'assureur peine à en fournir une couverture en adéquation avec sa volonté de conquête du marché environnemental. Dans ce contexte, l'offre de garantie ne peut être que prudente, donc partielle, préjudiciant ainsi à l'attractivité du produit assurantiel. Alors que, parallèlement, le besoin

---

2. Dans sa réponse au questionnaire pour une nomenclature des préjudices réparables en cas d'atteinte à l'environnement du 23 novembre 2009, Assurpol relève qu'une part très importante de son intervention s'effectue sur la base de frais d'urgence.

3. A. PELISSIER, « L'assureur bioacteur », *Bulletin Droit de l'Environnement* 2009, p. 54 et s.

4. En particulier, les avancées constatées dans l'affaire de l'Erika : TGI Paris, 16 janv. 2008, *JCP* 2008, II, 10053, note B. PARANCE ; *D.* 2008, chron. 2681, obs. L. NEYRET ; *RLDC* avr. 2008, 21, obs. M. BOUTONNET ; *AJDA* 2008, 934, note A. VAN LANG ; *RSC* 2008, 344, note J.-H. ROBERT. *Adde* M. BOUTONNET et L. NEYRET, « Préjudice moral et atteinte à l'environnement », *D.* 2010, 912. Paris, 30 mars 2010, *D.* 2010, p. 967 ; *JCP* 2010, 432, obs. K. LE COUVIOUR. *Adde* M. BOUTONNET, « La classification des catégories de préjudices à l'épreuve de l'arrêt Erika », *RLDC* 2010, p. 73 ; « L'arrêt Erika, vers la réparation intégrale des préjudices résultant des atteintes à l'environnement ? », *Rev. Environ.* 2010, étude 14 ; L. NEYRET, « L'affaire Erika : moteur d'évolution des responsabilités civiles et pénales », *D.* 2010, p. 2238.

de sécurité et donc la demande de garantie en matière environnementale devrait s'accroître. Jusqu'aux récentes évolutions de la législation et de la jurisprudence, les exploitants d'activités dangereuses étaient presque exclusivement concernés. Désormais, la plupart des PME, quel que soit leur domaine d'activités, s'ouvrent aux préoccupations environnementales. Les assureurs ont conscience qu'ils ne sauraient leur proposer de solution sans œuvrer à la délimitation du risque environnemental.

C'est à cet égard que la Nomenclature révèle son utilité dans le domaine de l'assurance. En contribuant à lever les incertitudes relatives aux préjudices liés au dommage environnemental, la Nomenclature favorise l'appréhension du risque environnemental. Toutefois, son ambition doit être circonscrite à l'égard de l'ensemble des préoccupations formulées par les assureurs (Section 1). Il n'y a que dans cette stricte mesure qu'il sera possible d'envisager son apport pour l'évolution des garanties assurantielles (Section 2).

SECTION 1
La réponse de la Nomenclature aux préoccupations des assureurs

Afin d'éviter un effet déceptif, il convient de préciser que la Nomenclature n'apporte pas de réponses à tous les problèmes rencontrés par les assureurs dans la gestion du risque environnemental. La Nomenclature ne s'intéresse qu'à un versant de la difficulté, celui des préjudices liés au dommage environnemental. Partant, elle n'a pas pour objet de rationaliser l'ensemble de la matière. Il est alors indispensable de déterminer avec précision son domaine d'intervention, par une approche négative, tout d'abord, en écartant les points sur lesquels elle n'a pas vocation à intervenir (§ 1), par une approche positive, ensuite, en dévoilant ce qu'elle propose (§ 2).

§ 1. – Ce que la Nomenclature ne règle pas

Concentrée sur l'appréhension des préjudices liés au dommage environnemental, la Nomenclature n'a pas vocation à approfondir les autres conditions de la responsabilité, ni les modalités de la réparation.

Ainsi, *en amont de la réparation*, la responsabilité en matière environnementale suscite un important problème d'articulation entre les différents fondements susceptibles de conduire à une indemnisation. Entre la responsabilité environnementale, régime de police administrative relevant de la loi du 1er août 2008, et la responsabilité civile environnementale, régime de responsabilité de droit commun adapté par la jurisprudence, la frontière est souvent délicate à tracer. Il s'agit là d'un souci majeur des assureurs dont les polices sont actuellement construites sur cette distinction en proposant une garantie responsabilité environnementale (RE) et une garantie responsabilité civile atteinte à l'environnement (RCAE) [5]. Leur crainte est qu'un enchevêtrement des deux régimes de responsabilité conduise à une double indemnisation. Ce sentiment est accru du fait de la consécration d'une action en réparation ouverte aux collectivités territoriales et à leurs groupements par la loi de 2008, introduite à l'article L. 142-4 du Code de l'environnement, au terme duquel *« Les collectivités territoriales et leurs groupements peuvent exercer les droits reconnus à la partie civile en ce qui concerne les faits portant un préjudice direct ou indirect au territoire sur lequel ils exercent leurs compétences et constituant une infraction aux dispositions législatives relatives à la protection de la nature et de l'environnement ainsi qu'aux textes pris pour leur application »*, qui semble pouvoir être menée de manière concurrente à la procédure fondée sur la loi de 2008.

Cette question du fondement de la réparation est primordiale puisqu'elle permet de déterminer les conditions de l'action en réparation. S'agira-t-il d'une responsabilité pour faute ou sans faute, une exigence de gravité du dommage sera-t-elle imposée, de quelle façon s'appréciera la causalité ?... À ces questions se mêlent celles des recours contributifs susceptibles d'être exercés à l'encontre des différents responsables. La Nomenclature n'a pas, *a priori*, vocation à apporter de réponse à ces interrogations. Toutefois, nous verrons qu'indirectement, elle pourra y contribuer [6].

En aval de la réparation, les assureurs s'inquiètent de l'affectation des indemnités versées et leurs attentes sont légitimes. Si l'on s'entend sur l'importance d'indemniser les préjudices liés au dommage environnemental, encore faut-il que les sommes ainsi acquises à la cause environnementale la servent finalement. Or, en matière de responsabilité civile, le juge n'a aucun pouvoir d'affectation, il prononce une réparation par équivalent, sans pouvoir contrôler l'affectation de ces sommes. Une fois encore, si cette préoccupation mériterait de trouver un écho favorable en législation, la Nomenclature n'a pas à en connaître. Reste alors à révéler son domaine d'intervention.

---

5. *Cf. infra* II. A.
6. *Cf. infra*.

§ 2. – Ce que la Nomenclature propose

S'il fallait résumer en un mot ce que propose la Nomenclature, il faudrait choisir un terme d'action, donc un verbe, le verbe rationaliser. La Nomenclature est un outil de rationalisation des normes juridiques et extra-juridiques relatives aux conséquences du dommage environnemental. Ce travail passe par le choix d'une terminologie cohérente, propice à une lecture différente du risque environnemental.

Cela peut sembler bien peu de dire que la Nomenclature a pour ambition d'apporter *une terminologie cohérente* en matière d'atteintes à l'environnement. En réalité, l'intérêt est plus notable qu'il n'y paraît, il est même fondamental. Le principal écueil à la compréhension des préjudices liés aux atteintes à l'environnement résulte du fait que l'ensemble des acteurs concernés ne parlent pas la même langue. S'agit-il de dommage ou de préjudice ? Que se cache-t-il derrière l'expression trompeuse de préjudice écologique ? Doit-on opposer les préjudices collectifs aux préjudices individuels ?... Tant que des réponses n'auront pas été apportées à ces questions, il sera impossible de faire avancer la réparation en matière environnementale. Le groupe de travail s'est longuement interrogé et la Nomenclature qu'il propose fournit une grille de lecture commune. Tout d'abord, le dommage, c'est-à-dire l'atteinte à l'environnement, et les préjudices qui en résultent, c'est-à-dire la lésion de différents intérêts, y sont clairement distingués. Ensuite, le partage est réalisé en fonction de la nature des intérêts lésés, environnementaux ou humains, selon que l'objet de l'atteinte à réparer est la nature ou l'homme. Enfin, à l'intérieur de ces deux grandes catégories, chaque poste de préjudice fait l'objet d'une définition afin de fixer les termes de son appréhension.

À court terme, la Nomenclature autorise une lecture coordonnée des préjudices découlant des dommages environnementaux entre toutes les personnes appelées à en connaître : collectivités territoriales, associations de protection de la nature, exploitants d'activités potentiellement polluantes, juges, avocats, experts, assureurs... Lorsque l'un des postes de préjudice appellera une indemnisation, la référence à la Nomenclature permettra d'obtenir une image claire de l'objet de la réparation.

À moyen terme, un suivi de l'évolution des préjudices causés à l'environnement pourra s'organiser sur la base de la Nomenclature. Elle est en effet assez précise pour qu'un traitement statistique puisse intervenir mais aussi suffisamment ouverte pour absorber les évolutions. À ces égards, deux craintes, notamment évoquées par les assureurs, sont à dissiper. La première concerne l'éventuelle « barémisation » des préjudices. Le fait de disposer d'un outil autorisant les statistiques, ne présuppose pas la prédétermination de l'évaluation. Les statistiques ne doivent être conçues que comme un observatoire tendant à une meilleure prévisibilité de ces préjudices. De plus, la crainte d'un barème d'indemnisation octroyant une valeur à la biodiversité doit être tempérée dans la mesure où la réparation pécuniaire des préjudices causés à l'environnement n'interviendrait qu'en cas de préjudices résiduels à la suite de la couverture des coûts de réparation primaire, complémentaire et compensatoire, ou d'impossible compensation. La seconde concerne le risque inflationniste qu'une liste des postes de préjudices serait susceptible d'engendrer. On pourrait craindre, en effet, qu'une liste trop détaillée favorise un accroissement excessif des demandes et du montant des indemnisations. Le groupe de travail a mesuré cette potentialité et a retenu une nomenclature calquée sur le droit positif, c'est-à-dire en fonction de la maturité actuelle des préjudices liés aux dommages environnementaux, sans chercher à préjuger des évolutions ultérieures, lesquelles, si elles doivent intervenir, devraient pouvoir s'intégrer à la trame proposée.

Au-delà d'une terminologie cohérente, la Nomenclature a le mérite d'offrir *une lecture différente* de la réparation en matière environnementale, sous l'angle de l'atteinte portée et non sous celui de son auteur. L'atteinte à l'environnement fait naître l'impératif d'indemnisation. La Nomenclature permet de situer l'objet de l'indemnisation en répondant à la question « que doit-on indemniser ? », qu'il s'agisse de l'environnement lui-même ou d'un individu personne physique ou morale. Elle ne s'intéresse pas à la question de savoir « qui doit indemniser ? », autrement dit à la détermination du sujet passif de l'indemnisation. À l'instar du modèle donné en matière d'accident de la circulation, le principe de l'indemnisation est présupposé et la Nomenclature se présente comme un moyen permettant d'y accéder. C'est l'inverse d'un raisonnement en termes de responsabilité où l'on recherche un responsable afin de déterminer si les conditions sont réunies pour accéder à l'indemnisation.

En matière d'assurance, le raisonnement est à mi-chemin entre les deux conceptions décrites. L'assureur se focalise sur le sujet actif de l'indemnisation ; il se demande qui doit être indemnisé. S'il s'agit de l'assuré, atteint dans son patrimoine, il sera couvert par une assurance dommages aux biens ou par une assurance responsabilité environnementale. S'il s'agit d'un tiers victime du fait de l'assuré, l'assuré sera couvert par une assurance responsabilité civile en cas d'atteinte à l'environnement. Cette appréhension du risque environnemental se heurte aux ambiguïtés de l'articulation entre le régime de responsabilité issu de la loi du 1er août 2008 et la responsabilité civile de droit commun. La Nomenclature pourrait, à cet égard, conduire à une réflexion renouvelée. Partant du principe que l'atteinte à l'environnement doit être indemnisée, l'assureur d'un exploitant pourrait admettre par principe sa garantie, dès la constatation de l'atteinte. La nature de préjudice invoqué permettrait de déterminer la nature de la responsabilité engagée et d'envisager les recours éventuels.

Reprenons un exemple suggéré par Assurpol [7], celui de « *l'exploitation d'un site et de la survenance d'un fait fortuit à l'origine d'une perte de confinement d'une cuve et d'une fuite de produits polluants. Le produit va rejoindre un cours d'eau à proximité du site, s'infiltrer dans le sol et poursuivre « sa route » dans le sol à l'extérieur du site, puis rejoindre la nappe phréatique et éventuellement endommager des espèces et habitats protégés soit directement, soit par l'intermédiaire des eaux de surface* ». En raisonnant sous l'angle du sujet actif de l'indemnisation, Assurpol perçoit dans cet événement une atteinte à l'environnement susceptible de mettre en jeu la garantie RCAE et la garantie frais de dépollution du site de l'assuré, et des dommages causés à l'environnement sur la base desquels la responsabilité environnementale peut être mise en œuvre par le préfet pour les dommages aux sols, eaux, espèces et habitats naturels protégés. Dans cette configuration, un risque de double indemnisation est présent puisque des associations de défense de l'environnement pourront demander réparation pour des atteintes aux intérêts environnementaux tandis que les mêmes intérêts seront protégés par la responsabilité issue de la loi du 1er août 2008. En raisonnant sous l'angle de l'objet de l'indemnisation, le fait de pollution pourra déclencher la procédure préfectorale, à l'origine pour l'assuré du paiement de mesures de prévention, de limitation et de réparation destinées à compenser les conséquences du dommage environnemental. L'assureur garantira ces dépenses mais on peut considérer, sur le plan des principes, qu'à l'égard de ce dommage environnemental, il n'aura plus à intervenir puisque la mise en jeu de la responsabilité environnementale a vocation à assurer la réparation intégrale des préjudices causés à l'environnement (même si l'on sait qu'en pratique il s'agit souvent de préjudices irréparables). En effet, la dette de réparation à l'égard desdits préjudices est alors éteinte. Une exclusion pourrait d'ailleurs le prévoir dans la police afin de se prémunir contre d'éventuels errements jurisprudentiels. Dans l'hypothèse où le fait de pollution ne déclencherait pas la procédure préfectorale, notamment parce que le seuil de gravité requis n'est pas atteint, l'assureur garantira les atteintes aux biens de l'assuré et les atteintes invoquées par les tiers seront couvertes au titre de la responsabilité d'application subsidiaire et garantie dans les termes du contrat d'assurance.

En définitive, les difficultés d'articulation pourraient être résolues en délaissant la recherche du périmètre de chacun des régimes de responsabilité et en se focalisant sur la nature du préjudice invoqué. L'approche serait en quelque sorte chronologique. Les mesures de police administratives intervenant nécessairement

7. Réponse précitée.

avant l'action en réparation de droit commun, leur existence conditionnerait la légitimité de l'intérêt à agir en réparation sur le fondement de la responsabilité civile.

Nul doute que ce nouvel angle de lecture offert par la Nomenclature est de nature à favoriser l'évolution des garanties.

SECTION 2
L'APPORT DE LA NOMENCLATURE AUX GARANTIES OFFERTES PAR LES ASSUREURS

Par sa contribution à la connaissance du risque environnemental, la Nomenclature permet de concourir à une amélioration des garanties existantes (§ 1) et il n'est pas exclu qu'elle aille jusqu'à permettre leur rénovation (§ 2).

§ 1. – Amélioration des garanties

Actuellement, dans les contrats d'assurance dédiés aux risques environnementaux, les garanties proposées peuvent être de trois ordres :

– une garantie Responsabilité civile atteinte à l'environnement couvrant les dommages corporels, matériels et immatériels subis par des tiers du fait d'une atteinte à l'environnement incombant à l'assuré, fonctionnant sur une base « réclamation » avec reprise illimitée du passé inconnu et garantie subséquente de cinq ans. La garantie est ainsi mise en jeu lorsque la réclamation intervient en cours de contrat ou dans les cinq ans suivant son extinction, pour un fait générateur pouvant exister mais étant inconnu avant la conclusion du contrat ou intervenant après la conclusion du contrat.

Jusqu'en 2011, étaient exclus de cette garantie *« les dommages subis par les éléments naturels, biens ou choses qui n'appartiennent à personne et dont l'usage est commun à tous ainsi que les préjudices d'ordre esthétique et d'agrément qui s'y rattachent »* [8], c'est-à-dire, selon l'expression retenue en responsabilité civile de droit commun, le préjudice écologique. Or, en 2011, cette exclusion a été supprimée de certaines propositions de réassurance et d'assurance, de façon à intégrer dans la garantie RCAE, le préjudice écologique défini comme le

8. *Assurance et environnement*, rapport de la FFSA du 11 juin 2009, p. 46.

« préjudice spécifique affectant un intérêt collectif légitime, distinct du dommage matériel et du préjudice moral ou économique et, résultant d'une atteinte à l'atmosphère, à l'eau, aux sols, aux paysages, aux sites naturels, à la biodiversité et à l'interaction entre ces éléments », définition très proche de celle retenue par la Cour d'appel de Paris dans l'arrêt du 30 mars 2010 concernant l'affaire *Erika* [9].

Dans le cas où l'exclusion du préjudice écologique subsisterait dans certaines polices, on peut observer que cette exclusion peut être contournée. En effet, lorsque la responsabilité environnementale d'un exploitant est mise en jeu sur la base de la loi du 1er août 2008, l'article L. 162-22 du Code de l'environnement offre à l'exploitant (et par subrogation à son assureur) un recours contre le tiers responsable pour l'indemnisation des mesures de prévention ou de réparation qu'il aura engagées. L'exploitant demandera donc la réparation d'un préjudice économique ayant pour origine la réparation d'un élément naturel. Si le tiers responsable est couvert par une assurance garantie Responsabilité civile générale, l'assureur devra sa garantie pour la réparation du préjudice patrimonial subi par l'exploitant sans que l'exclusion des préjudices causés à l'environnement puisse jouer. *« Il appert, qu'au travers du recours d'un exploitant dont la responsabilité environnementale aurait été mise en jeu, les contrats Responsabilité civile générale sont amenés à prendre en charge, indirectement, le préjudice écologique »* [10].

- une garantie Responsabilité environnementale couvrant les pertes pécuniaires correspondant aux frais de prévention et de réparation des dommages environnementaux incombant à l'assuré sur demande du préfet (loi de 2008) ;
- une garantie Frais de dépollution des sols et des eaux engagés dans l'enceinte des sites de l'assuré et/ou à l'extérieur en l'absence de réclamation de tiers, sur injonction des pouvoirs publics ou en accord avec l'assureur et une garantie Frais de dépollution des biens mobiliers et des biens immobiliers engagés dans l'enceinte de l'assuré.

Ces deux dernières garanties fonctionnant sur une base « première constatation vérifiable », supposant que la mise en jeu de la garantie se réalise lors de cette première constatation pourvu qu'elle ait lieu pendant la période de validité de la garantie ou dans les cinq ans suivant son extinction.

À l'évidence, la présentation de l'étendue de la garantie n'a pas le mérite de la simplicité. Qu'il s'agisse de la terminologie disparate employée (dommages corporels, matériels et immatériels, préjudice écologique, pertes pécuniaires, frais de dépollution), de la présentation en fonction du fondement de la réparation

9. Préc.
10. *Assurance et environnement*, rapport préc. p. 45.

ou de la différence des bases déclenchant l'indemnisation, tout concourt à obscurcir la délimitation de la garantie proposée à l'assuré.

Par référence à la Nomenclature, et en restant prudent, actuellement les assureurs garantissent avec certitude au sein des préjudices causés à l'homme, les préjudices individuels matériels, économiques et corporels. Un éclaircissement serait nécessaire sur la garantie des préjudices moraux tant au niveau des préjudices individuels que des préjudices collectifs. La catégorie des dommages immatériels qui serait appelée à les recevoir propose une définition perturbatrice à cet égard. Dès lors, soit on considère qu'elle accueille les préjudices moraux, qui le seraient alors sans distinction entre les préjudices individuels et collectifs, soit qu'elle les rejette et ce sera le cas tant au niveau individuel que collectif. En ce qui concerne les préjudices causés à l'environnement, la récente garantie du préjudice écologique appuie l'incohérence du droit commun de la responsabilité qui consiste à admettre le principe de ces préjudices causés à l'environnement mais à accorder leur réparation au profit des associations de défense de l'environnement (article L. 142-2 du Code de l'environnement) ou des collectivités territoriales (article L. 142-4 du même code) au titre de la lésion d'intérêts collectifs.

En somme, si le doute relatif à la garantie des préjudices moraux est levé en faveur de leur réception dans la garantie d'assurance, la totalité des préjudices découlant d'un dommage causé à l'environnement peut trouver une solution assurantielle.

Cette démonstration permet de mettre en évidence le fait que les préjudices causés à l'environnement ne sont pas, en eux-mêmes, inassurables. Que leur prise en charge découle de la mise en jeu de la responsabilité environnementale (loi de 2008) appelant leur traitement comme des préjudices économiques ou de la responsabilité de droit commun permettant de réparer le préjudice écologique, c'est en définitive l'atteinte à l'environnement qui est indemnisée.

On perçoit, qu'en somme, ce que craignent les assureurs à l'égard des préjudices causés à l'environnement, ce n'est pas tant de garantir leur réparation que les perspectives d'évolution de la responsabilité civile de droit commun en la matière. L'appréhension des garanties d'assurance en termes de préjudices et non plus de fait générateur permet de contourner cet écueil et offre, en outre, l'avantage d'une présentation simple et claire, bénéfique à la relation entretenue entre l'assureur et son assuré. Les assureurs pourraient ainsi construire des garanties reposant sur la distinction des préjudices environnementaux entre ceux causés à l'homme recevant un traitement classique et ceux causés à l'environnement recevant un traitement approprié, sans que la distinction Responsabilité civile atteintes à l'environnement, responsabilité environnementale et frais de dépollution ne vienne obscurcir la compréhension du profane en matière de risque environnemental. C'est ce changement de présentation qui pourrait, d'ailleurs, conduire à une rénovation des garanties.

§ 2. – Rénovation des garanties

L'approche en termes de préjudices liés au dommage environnemental proposée par la Nomenclature peut permettre un changement de paradigme pour les assureurs. Sur le modèle de certains contrats, existant aux Pays-Bas, la police pourrait être construite non plus en fonction du fondement de la responsabilité mais en fonction de la nature du préjudice.

Aux Pays-Bas, une police dite « pollution intégrée » [11] couvre les dommages de nature environnementale survenus sur le site de l'assuré et chez les tiers dès lors que l'origine du sinistre a pris naissance sur le site de l'assuré, sans que la notion de responsabilité de l'assuré n'intervienne dans la garantie.

Partant de l'observation que les frais causés par un dommage environnemental sont susceptibles d'être garantis, on peut imaginer *écarter le recours à la responsabilité civile*. Une police pourrait garantir les frais de décontamination et de remise en état liés à une atteinte à l'environnement survenue sur le site de l'assuré et sur le site de ses voisins, sans que ces derniers n'aient à mettre en jeu la responsabilité civile de l'assuré.

Transposé au schéma français, les assureurs pourraient ainsi proposer une garantie atteinte à l'environnement fonctionnant sur une base « première constatation », débarrassée du fardeau de l'aléa de l'évolution de la responsabilité civile et qui ne leur fermerait pas la voie des recours contre les tiers responsables.

Susciter de la sorte la réflexion sur une assurance environnementale débarrassée de toutes difficultés d'articulation entre les différents fondements de responsabilité constituerait l'une des perspectives majeures et inattendues de la Nomenclature dans le domaine assurantiel.

---

11. I. D'ARCHIMBAUD, « Les assurances du risque d'atteintes à l'environnement », *Lamy Assurances* 2010, n° 2083 et 2099.

Recueil de décisions relatives au dommage environnemental

Gaylord GAILLARD
Docteur en droit
Avocat au barreau de Paris

Laurent NEYRET
Professeur à l'Université d'Artois

PRÉSENTATION : Laurent NEYRET

Pendant longtemps, la jurisprudence relative au dommage environnemental était peu fournie. Les décisions de justice en la matière se comptaient sur les doigts d'une main, que l'on songe essentiellement à l'arrêt de la Cour de cassation du 16 novembre 1982 qui a reconnu le préjudice moral d'une association pour la destruction d'un balbuzard-pêcheur par un chasseur ou encore au jugement du tribunal de grande instance de Bastia du 4 juillet 1985 ayant admis le préjudice économique des pêcheurs corses et l'atteinte à l'image touristique des départements de la Corse à la suite de la pollution de la Méditerranée par les boues rouges déversées par la société Montedison. Avec un contentieux aussi réduit, l'attention portée au dommage environnemental ne pouvait être que limitée.

Avec l'entrée dans le XXIe siècle, la jurisprudence du dommage environnemental a connu une croissance considérable. Le premier constat en ce sens a été fait à l'occasion des travaux du groupe de travail sur la réparation des atteintes à l'environnement mis en place auprès de la Cour de cassation en 2006 [1] qui a pu récolter [2] un nombre conséquent de décisions des juges du fond favorables à une réparation optimale des conséquences préjudiciables du dommage environnemental. Les travaux de la présente Nomenclature ont permis d'approfondir l'étude de cette tendance jurisprudentielle en faveur du dommage environnemental. Un recensement quasi exhaustif des décisions des cours d'appel accordant

1. G. J. MARTIN, « La réparation des atteintes à l'environnement », *in Les limites de la réparation du préjudice*, Dalloz, coll. Thèmes et commentaires, 2009, p. 359.

2. Sur l'analyse de ces décisions : L. NEYRET, « La réparation des atteintes à l'environnement par le juge judiciaire », *D.* 2008, p. 170.

une indemnisation en cas d'atteinte à l'environnement a été rendu possible grâce à l'accès à la base de données Jurica mis à disposition par le Service de Documentation et des Études et du Rapport de la Cour de cassation. Le présent recueil est l'occasion de présenter un choix d'une centaine de décisions caractéristiques de la diversité du contentieux rencontré de janvier 2006 à janvier 2012. Les recherches effectuées au sein des bases de données du Conseil d'État ont été moins fructueuses.

La lecture de ce recueil de décisions consacré au dommage environnemental permet de faire plusieurs observations. D'abord, l'augmentation du nombre de décisions relatives au dommage environnemental depuis la fin des années 2000 est telle que ce contentieux est en passe de devenir un contentieux de masse. Ensuite, la prise en compte du dommage environnemental est essentiellement le fait du juge judiciaire, rappelant s'il en était besoin, que le juge judiciaire est le juge de toutes les réparations, y compris des préjudices les plus pointus. Plus spécialement, la construction d'un droit prétorien du dommage environnemental est essentiellement le fait du juge pénal appelé à se prononcer sur les intérêts civils, dans la mesure où les demandeurs, bien souvent des associations de protection de l'environnement, profitent alors du moindre coût des frais de procédure. Enfin, le droit du dommage environnemental est marqué du sceau de la diversité à plusieurs points de vue : diversité des domaines concernés – de la pollution des eaux, à la destruction d'espèces protégées en passant par les marées noires, ou les incendies de forêt – ; diversité des enjeux économiques – de l'euro symbolique alloué en cas de simple violation de la législation environnementale sans atteinte à l'environnement aux 200 millions d'euros dans l'affaire de l'Erika [3] ; diversité des demandeurs – de l'association de protection de l'environnement aux collectivités territoriales, en passant par les fédérations de chasse, de pêche ou encore les simples particuliers –, diversité de modes d'identification des préjudices – de manière lacunaire tous postes de préjudices confondus ou de manière rigoureuse avec un souci d'affinement des préjudices réparables, en distinguant les préjudices subjectifs portés à l'homme et les préjudices objectifs causés à l'environnement. Cette diversité est naturelle. La proposition d'une Nomenclature des préjudices résultant d'un dommage environnemental devrait cependant aider à harmoniser les approches et à donner plus de cohérence au corpus que jour après jour les tribunaux élaborent.

3. Nous adressons de sincères remerciements aux membres de la Clinique du droit de l'environnement de l'Université de Versailles Saint-Quentin qui ont contribué à l'identification des différents postes de préjudices et de leur évaluation dans l'arrêt rendu par la cour d'appel de Paris le 30 mars 2010 (Erika) : Coralie Bracon Martagex, Paul Buffel, Camille Drahi, Hakim Gali, Caroline Guerra, Loan Lu-Minh, Emeline Matisse, Elodie Perreira, Fabien Pinard, Julia Rivière, Marjolaine Rouxel, Noémie Saffray.

Recueil de décisions relatives au dommage environnemental

JURIDICTION	FAITS	DÉCISION
TGI SAINT-NAZAIRE 17 janvier 2012 RG 08/04388	Déversement accidentel de 500 m^3 de fioul lourd dans l'estuaire de la Loire à la suite de la rupture d'un tuyau d'approvisionnement d'un navire au sein de la raffinerie de Donges exploitée par la société Total. 250 km de côtes ont été touchées. Action de 24 parties civiles.	**MOTIVATION :** Au pénal, culpabilité de Total pour délit de pollution en raison d'une « *double imprudence et négligence de la raffinerie en ce que, d'une part, il y a eu un défaut d'entretien des canalisations litigieuses, et, d'autre part, un défaut de moyens techniques permettant aux consolistes de détecter immédiatement la baisse de pression* ». Au civil, « *la réparation des préjudices matériels, économiques et moraux ne pose pas de difficulté dès lors que le tribunal dispose des éléments propres à pouvoir les chiffrer* ». Le préjudice matériel : « *est lié aux activités de dépollution, lequel s'entend des frais de remise en état, tels les frais liés au nettoyage des sites, au sauvetage de la faune sauvage ou à la restauration des infrastructures ou encore les atteintes à l'outil de travail* ». Le préjudice économique : « *s'entend de l'ensemble des pertes de revenus et des gains manqués tels les pertes de marchés, les manques à gagner ou les pertes de chiffres d'affaires* » résultant de la pollution. Le préjudice moral : « *recouvre aussi bien le trouble de jouissance que l'atteinte à la réputation, à l'image de marque et à des valeurs fondant l'identité de la victime* ». « *Il appartient aux parties civiles pour les 3 postes de démontrer l'existence d'un préjudice causé directement par l'infraction et de justifier d'un préjudice personnel distinct du préjudice collectif – tant au plan matériel, économique et moral – dans les termes de l'article 2 du Code de procédure pénale* ». Le préjudice écologique : « *parmi les 21 parties civiles jugées recevables à solliciter l'indemnisation de leur préjudice, 15 demandent la réparation d'un préjudice écologique, indépendant des préjudices matériels, économiques et moraux.* *Attendu que* ***la loi du 1er août 2008 est applicable à la présente affaire*** *puisque la pollution est intervenue le 16 mars 2008 et s'applique aux faits survenus après le 30 avril 2007. Attendu que l'article L. 142-4 du Code de l'environnement dispose que les collectivités territoriales et leurs groupements peuvent exercer les droits reconnus à la partie civile en ce qui concerne les faits portant un préjudice direct ou indirect au territoire sur lequel ils*

		exercent leurs compétences (...). Que ***les demandes des associations au titre de la réparation pécuniaire d'un préjudice écologique seront donc déclarées irrecevables en application de la loi du 1er août 2008****, étant précisé que les autres demandes indemnitaires relevant des règles classiques de la responsabilité civile seront examinées.* *Attendu que les seules parties civiles recevables à solliciter la réparation d'un préjudice écologique sont donc : le Conseil général de Vendée, le Conseil régional des Pays de la Loire, la Mairie de la Plaine sur mer. Attendu qu'****il appartient auxdites collectivités de démontrer en quoi elles ont souffert d'un préjudice direct ou indirect relatif à une atteinte à la nature et à l'environnement****. Attendu qu'à part la Région des Pays de la Loire qui a motivé sa demande, aucune des autres parties civiles ne dit mot sur ce point précis (...) ».* La Région des Pays de la Loire fait valoir que : « *l'atteinte à la valorisation écologique des territoires cause un dommage moral manifesté par la perturbation grave et persistante au bien-être des populations (...). L'attachement des habitants des régions littorales à la mer et à la zone côtière apparaît comme un socle identitaire que les collectivités territoriales ont pour mission de sauvegarder. Toute atteinte au patrimoine environnemental cause un préjudice aux humains vivant sur les territoires en cause par la mise en échec des politiques environnementales conduites par les collectivités. L'intégrité du patrimoine naturel et écologique de la Région des Pays de la Loire est une condition de l'équilibre des relations entre l'homme et la nature. La lésion du patrimoine naturel affecte l'intégrité psychologique des humains (...). Toute atteinte à cet équilibre affecte la pérennité du milieu naturel de l'homme générant un profond sentiment d'angoisse et de détresse. La crainte d'un élément naturel hostile est une cause de souffrance sociale, une détresse, selon l'expression de S. Freud (...). Ce préjudice moral est distinct de sa conception classique qui l'indemnise au travers d'une atteinte à la réputation et à l'image de marque. Tandis que la seconde approche n'appréhende qu'une vision extérieure de la victime, la première vise à exprimer le sentiment propre de la victime. Pour mieux comprendre cette distinction, on se référera aux concepts d'honneur et de considération de la diffamation de la loi du 29 juillet 1881 sur la liberté de la presse selon [laquelle] l'honneur est fondé sur la conception personnelle que l'on en a, la considération sur l'estime que les autres ont de soi* ».

		Pour le tribunal : l'argumentation de la Région des Pays de la Loire « ***se fonde sur l'humain et non sur la nature et sur l'environnement au sens strict du terme*** ». En conséquence, « ***aucune des collectivités territoriales ne fait la démonstration de l'atteinte directe ou indirecte aux territoires*** *sur lequel elle exerce sa compétence puisque* ***tous les sites ont été dépollués et le prix réglé par la société Total*** ». **MONTANT :** – Délit de pollution : 300 000 € d'amende. • **ANPER TOS :** – rejet de la demande au titre du préjudice écologique ; – préjudice moral : 20 000 € ; – article 475-1 du Code de procédure pénale : 3 000 €. • **Fédération départementale des chasseurs de Loire atlantique :** – rejet de la demande au titre du préjudice écologique ; – préjudice moral : 10 000 €; – article 475-1 du Code de procédure pénale : 3 000 €. • **Amis des collectifs marée noire :** – rejet de la demande au titre du préjudice écologique ; – préjudice moral : 15 000 € ; – article 475-1 du Code de procédure pénale : 3 000 €. • **Conseil général de Vendée :** – rejet de la demande au titre du préjudice écologique et atteinte à l'image ; – préjudice moral : 50 000 € ; – article 475-1 du Code de procédure pénale : 10 000 €. • **Conseil régional des Pays de la Loire :** – rejet de la demande au titre du préjudice écologique et atteinte à l'image ; – préjudice moral : 50 000 € ; – article 475-1 du Code de procédure pénale : 15 000 €. • **Fondation pour la protection des habitats :** – dommages et intérêts : 1 500 € ; – article 475-1 du Code de procédure pénale : 2 500 €. • **Bretagne vivante :** – rejet de la demande au titre du préjudice écologique ; – préjudice matériel : 7 500 € ; – préjudice moral : 20 000 € ;

		– article 475-1 du Code de procédure pénale : 3 000 €. • **Eaux et rivières de Bretagne :** – préjudice moral : 20 000 € ; – article 475-1 du Code de procédure pénale : 3 000 €. • **SOS Loire Vivante** – rejet de la demande au titre du préjudice écologique ; – préjudice moral : 20 000 € ; – article 475-1 du Code de procédure pénale : 3 000 €. • **L.P.O. :** – rejet de la demande au titre du préjudice écologique ; – préjudice matériel : 15 205,83 € ; – préjudice moral : 20 000 € ; – article 475-1 du Code de procédure pénale : 3 000 €. • **Club Mouche Saumon Allier :** – rejet de la demande au titre du préjudice écologique ; – préjudice moral : 4 000 € ; – article 475-1 du Code de procédure pénale : 3 000 €. • **Monsieur M. :** Irrecevable en toutes ses demandes. • **SARL Bageal** – préjudice économique : 20 000 € ; – préjudice moral : 10 000 € ; – article 475-1 du Code de procédure pénale : 2 000 €. • **Confédération maritime :** Irrecevable. • **Syndicat intercommunal des chasseurs de gibier d'eau :** – rejet de la demande au titre du préjudice écologique ; – préjudice matériel : 800 € ; – préjudice moral : 10 000 € ; – article 475-1 du Code de procédure pénale : 3 000 €. • **Mairie de la Plaine sur mer** – rejet de la demande au titre du préjudice écologique, atteinte à l'image ; – préjudice matériel : 2 206,58 € ; – préjudice moral : 20 000 €.

<table>
<tr>
<td></td>
<td></td>
<td>• Association Nature environnement :
– rejet de la demande au titre du préjudice écologique ;
– préjudice moral : 20 000 € ;
– article 475-1 du Code de procédure pénale : 3 000 €.
• Association Écologie sans frontière :
– rejet de la demande au titre du préjudice écologique ;
– préjudice moral : 20 000 € ;
– article 475-1 du Code de procédure pénale : 3 000 €.
• Association Surfrider foundation europe :
– préjudice moral : 20 000 € ;
– article 475-1 du Code de procédure pénale : 1 500 €.
• Commune de l'Île d'Yeu :
– préjudice matériel : 970 €
– préjudice moral : 5 000 €
– article 475-1 du Code de procédure pénale : 3 000 €
• Association Nature environnement :
– rejet de la demande au titre du préjudice écologique ;
– préjudice moral : 20 000 € ;
– article 475-1 du Code de procédure pénale : 3 000 €.
• Association Robin des bois :
– rejet de la demande au titre du préjudice écologique ;
– préjudice moral : 10 000 €.
• France Nature Environnement :
– préjudice moral : 20 000 € ;
– article 475-1 du Code de procédure pénale : 1 000 €.
• Association Natur'Action :
– rejet de la demande au titre du préjudice écologique ;
– préjudice matériel : 5 000 € ;
– préjudice moral : 15 000 €.
• Monsieur B. :
Irrecevable.</td>
</tr>
</table>

CA PARIS 20 septembre 2011 RG 10/03144	Pollution d'un terrain à la suite de travaux de préparation à la construction d'un programme immobilier sur le site d'une ancienne fonderie, liée à la découverte de réservoirs d'hydrocarbures enterrés et non gazés.	MONTANT : **Préjudice directement lié à la dépollution du terrain :** 1 065 573 € pour les dépenses directement liées à la dépollution du terrain. Exclusion de l'indemnisation des travaux d'élimination et de transport des terres polluées après la démolition des bâtiments, ce dommage étant étranger à la pollution d'origine. **Préjudices liés à l'arrêt et à l'abandon du chantier et à la perte du marché de construction :** Réparation du préjudice né des dépenses consécutives à l'arrêt du chantier de la première tranche de travaux, dû à pollution : 296 843 €. Le programme de constructions initialement conçu a été abandonné, non pas à la suite de la découverte et du traitement de la pollution, mais en raison du classement du terrain en zone inondable et au motif que, partant, l'abandon du chantier est dépourvu de lien direct avec les vices affectant le terrain et les fautes commises. **Préjudice lié à la perte sur le foncier :** La société La S. est en droit d'obtenir l'indemnisation de la perte financière due au financement du foncier pendant la période d'interruption du chantier, elle-même provoquée par la nécessité de dépolluer les lieux, à l'exclusion de la perte de constructibilité de la partie inondable du terrain : 255 994 €.
CA CHAMBÉRY 30 juin 2011 RG 10/01078	Aménagement dans le parc national de la Vanoise d'une piste dédiée aux véhicules 4x4 avec création de fossés empiétant sur une zone humide et à l'origine de la destruction d'une centaine de pieds de l'espèce de *cirses faux helenium*, espèce végétale protégée.	**MOTIVATION :** Culpabilité pour destruction de l'habitat d'une espèce végétale protégée non cultivée et pour destruction de végétal non cultivé appartenant à une espèce protégée. **MONTANT :** 1 000 € de dommages et intérêts à la Fédération Rhône-Alpes de protection de la Nature pour le préjudice résultant directement des agissements coupables du prévenu.

CA VERSAILLES **30 juin 2011** **RG 10/00082**	Abattage et élagage par une Commune sans droit ni titre.	MONTANT : **Préjudice matériel :** – perte de la commercialisation de 2 stères de bois : 20 € ; – remise en état de la haie le long du chemin : 375 € ; – remplacement par 3 arbres de 5 à 6 mètres : 1 736,59 €. **Préjudice moral :** Il résulte des photos versées aux débats que l'opération d'abattage et d'élagage réalisée par la commune a porté atteinte à l'environnement végétal existant autour de leur propriété en le rendant plus clairsemé et que la disparition d'arbres de haute futaie a éclairci, pour plusieurs années, la vue sur leur maison, laquelle se trouve en contrebas. Montant du préjudice : 2 000 €.
CA PAU **6 juin 2011** **RG 11/2657**	Apport important et continu de matières organiques dans la rivière témoignant non d'une pollution ponctuelle mais d'un rejet continu dont l'odeur était acide et repoussante. Présence de cadavres de truites, goujons, loches et vairons au fond du cours d'eau, le creusement du fond de la rivière à l'aplomb de la buse correspondant au rejet d'eaux pluviales et des eaux de lavage des camions.	**MOTIVATION :** *« Le préjudice matériel détaillé et justifié par la fédération (...) consiste d'une part dans le préjudice de jouissance de l'ensemble des pêcheurs qui se voient privés d'une population qui aurait existé en l'absence de pollutions, d'autre part dans les dépenses d'investissement nécessaires pour parvenir au repeuplement de la rivière.* *Ce préjudice, réel et certain, est subi par la fédération dont les missions consistent en la défense des intérêts collectifs des pêcheurs, la surveillance et la reconstitution du peuplement du milieu aquatique.* *Les calculs faits pour parvenir à l'évaluation de ce préjudice sont justifiés et la somme allouée en réparation par le premier juge de 7 196 € est confirmée.* *Le préjudice moral dont il est demandé réparation, est lui aussi réel et certain. La fédération, dans la défense des intérêts collectifs des pêcheurs, a dû développer une activité importante pour maintenir un milieu naturel aquatique sain qui a été mis à mal par les pollutions dont s'agit ».*

	Asphyxie de la zone de ponte (...) et le dépérissement d'une importante fraction de la nourriture des poissons. Recours de la fédération des Pyrénées Atlantiques pour la pêche et la protection du milieu aquatique pour obtenir indemnisation des dommages causés.	**MONTANT :** – 7 196 € en réparation de son préjudice matériel ; – 1 500 € en réparation de son préjudice moral ; – 1 200 € en application de l'article 700 du Code de procédure civile pour les frais engagés en première instance et 1 500 € pour les frais engagés devant la cour.
CA AIX-EN-PROVENCE 12 mai 2011 RG 11/00276	Non-respect d'un arrêté préfectoral interdisant au constructeur d'une centrale solaire de réaliser des travaux de défrichement et de terrassement pendant la période de reproduction des oiseaux.	Demande de cessation des travaux en référé non fondée dans la mesure où les seuls travaux susceptibles de détruire les espèces et habitats protégées étaient achevés au jour de l'assignation en référé.
CA ROUEN 31 mars 2011 RG 10/02214	Inspection d'installations classées réalisée par la Direction Régionale de L'Industrie, de La Recherche et de L'Environnement (DRIRE) sur le parc de stockage des hydrocarbures liquides d'une Société. La DRIRE a constaté la non-conformité des cuvettes de rétention de ces bacs de stockage et a dressé un rapport et un procès-verbal. Rejet de l'action exercée par les associations France Nature Environnement et Écologie pour le Havre.	**MOTIVATION :** *« Attendu que la qualité des associations France Nature Environnement et Écologie pour le Havre à poursuivre la réparation de préjudices causés par des infractions à la réglementation relative à l'environnement n'est pas discutée ; que l'absence de poursuites administratives ou judiciaires ne ferme pas le droit pour ces associations de réclamer réparation des préjudices entrant dans leur objet statutaire et dans les prévisions de l'article L. 142-2 du Code de l'environnement ;* *Mais attendu qu'est en discussion la recevabilité de leur demande de réparation d'un préjudice moral dès lors que les infractions constatées n'ont pas donné lieu à une pollution effective ou à un accident mais seulement à un risque et qu'elles ont cessé à la date de l'introduction de leur demande ;* *Attendu qu'en effet, au jour de l'introduction de la demande en justice, soit le 15 juin 2009, les deux associations France Nature Environnement et Écologie pour le Havre ne peuvent justifier d'un intérêt actuel à agir en réparation du préjudice invoqué puisque l'infraction avait cessé à cette date à la suite des mises en conformité demandées et dûment réalisées ; qu'ainsi, au jour de l'introduction de sa demande, les deux associations n'avaient plus d'intérêt à agir à l'encontre de la Société Esso Raffinage S.A.F. ; que leur action doit être déclarée irrecevable ».*

CA RENNES **4 janvier 2011** **RG 09/06394**	Naufrage du pétrolier Prestige au large de la Galice le 13 novembre 2002 à l'origine d'une pollution par hydrocarbures étendue à de nombreuses zones du littoral en Espagne, en France, au Portugal.	**MOTIVATION :** **Perte de chiffre d'affaires de l'armateur de plusieurs chalutiers français durant l'année 2003** : Rejet de la demande d'indemnisation liée à la faible quantité d'anchois, la baisse de la population de cette espèce ayant commencé avant le naufrage est donc nullement en relation avec la pollution engendrée par le naufrage du Prestige. **MONTANT :** Indemnisation des dommages matériels invoqués : 6 000 €.
CA VERSAILLES **25 novembre 2010** **RG 09/04888**	Pollution par hydrocarbures du Parc de la commune de Vanves à l'origine de la disparition de toute forme de vie végétale et animale dans les bassins du parc.	**MONTANT :** **– Remboursement des travaux effectués pour supprimer la pollution du parc** : 675 406 €. **– Indemnisation du préjudice de jouissance** : Considérant que la pollution a été à l'origine d'une gêne pour la commune de Vanves dans l'exercice de sa propriété du Lac ; qu'en réparation, il devra lui être versé indépendamment du coût de la dépollution, pour l'indisponibilité de son bien, la somme de 10 000 €. **– Dédommagement pour perte d'image** : Ce droit n'est pas caractérisé comme préjudice particulier par rapport au trouble de jouissance. Rejet. **– Indemnisation au titre du préjudice écologique pur** : Pour ce préjudice, il est demandé la réparation des dommages causés à la nature (flore, faune) qui se trouvaient sur les lieux atteints par la pollution. Considérant que la commune, en tant qu'émanation du choix des habitants, défend leur intérêt collectif à la protection de l'environnement territorial de la Commune ; qu'il y a lieu de confirmer le jugement qui a accordé un euro au titre de ce préjudice à la commune de Vanves. **– Demande de publication** : Refus : considérant que la commune sollicite la publication de l'arrêt ; que le préjudice reste une atteinte locale ponctuelle ; que les indemnisations accordées sont une réparation suffisante en dédommagement de l'atteinte portée aux intérêts de la commune.

CA MONTPELLIER 23 septembre 2010 RG 10/00127	Construction sans autorisation d'une cabane avec socle en béton de 8 m de long sur 5,9 m de large, sur un site classé.	**MOTIVATION :** Préjudice subi du fait de l'atteinte portée au site classé et, par voie de conséquence, à la commune elle-même, évalué à 1 €.
CA ROUEN 25 août 2010 RG 09/00726	Recours des associations Écologie pour le Havre et France Nature Environnement contre une société prévenue d'avoir exploité une installation classée pour la protection de l'environnement soumise à autorisation, sans satisfaire aux prescriptions générales fixées par le ministre des installations classées ou par l'arrêté préfectoral d'autorisation l'adaptant aux circonstances locales.	**MOTIVATION :** « *Le Tribunal a fait une exacte appréciation de la recevabilité de la constitution de partie civile des associations France Nature Environnement et Écologie pour le Havre. Ces deux associations étaient déclarées depuis cinq ans à la date des faits et ont pour objet la sauvegarde des intérêts visés à l'article L. 511-1 du Code de l'environnement ; les dispositions de l'article L. 142-2 dudit code les autorisent donc à exercer l'action civile pour les faits qui portent un préjudice direct ou indirect aux intérêts collectifs qu'elles ont pour objet de défendre et constituant une infraction aux dispositions législatives ayant pour objet la lutte contre les pollutions et les nuisances, ce qui est le cas en l'espèce.* *Le jugement déféré sera donc confirmé de ce chef.* *Sur le quantum des dommages et intérêts, la Cour relève que si l'atteinte aux intérêts collectifs que les deux associations ont pour objet de défendre n'exige pas de constater un dommage effectif, avéré, aux éléments du milieu naturel et si le principe de l'indemnisation se trouve établie par le seul risque que fait courir pour l'environnement la non-conformité fautive des installations, il demeure que l'appréciation de l'indemnisation doit tenir compte du fait qu'il s'agit d'un préjudice moral indirect* ». **MONTANT :** 2 000 €, à titre de dommages et intérêts pour chacune des parties civiles ; 1 000 € sur le fondement des dispositions de l'article 475-1 du Code de procédure pénale.
CA AMIENS 23 juin 2010 RG 10/00320	Destruction de rapace appartenant à une espèce protégée.	**MOTIVATION :** La réalité du préjudice éprouvé par les deux associations n'est pas contestable, les deux prévenus, membres d'une société locale de chasse ayant recherché de façon organisée, par l'emploi d'un système de piégeage, à détruire en connaissance de cause des espèces protégées de rapaces, à la sauvegarde desquelles les parties civiles justifient se consacrer, œuvrant à leur niveau au respect de la biodiversité, telle que définie et protégée par la loi et les règlements.

		MONTANT : La Cour estime disposer des éléments suffisants d'appréciation pour fixer le montant des dommages et intérêts devant être alloués à chacune des deux associations parties civiles, à la somme de 3 000 €.
CA CHAMBÉRY **10 juin 2010** **RG 09/00965**	Acte de braconnage de nuit.	**MOTIVATION :** *« Les infractions à la législation sur la chasse visées à la prévention, qui concernent l'abattage illicite du chevreuil retrouvé dans son véhicule, sont en conséquence caractérisées en tous leurs éléments constitutifs ».* [...] *« Le tribunal a considéré à juste titre que l'action de la fédération départementale des chasseurs de Savoie était recevable par application des dispositions de l'article L. 421-6 du Code de l'environnement, et a fait une juste appréciation du préjudice direct porté aux intérêts collectifs qu'elle représente.* *Les agissements coupables du prévenu ont en outre porté un préjudice direct ou indirect, justement apprécié par le tribunal, aux intérêts collectifs de l'ACCA de Montvalezan qui a pour but d'organiser sur son territoire l'exercice rationnel de la chasse pour ses membres et la protection du gibier, de la FRAPNA qui a pour objet la protection de la nature et de l'environnement dans le département de la Savoie, et de l'Association pour la protection des animaux sauvages qui a pour objet d'agir pour la protection de la faune et de la flore, la réhabilitation des animaux sauvages et la conservation du patrimoine naturel en général.* *L'association Vivre en Tarentaise qui a pour but de préserver et d'améliorer la qualité de vie en Tarentaise notamment par la protection des sites, des milieux naturels et de la faune a interjeté appel des dispositions civiles du jugement qui l'ont déclarée irrecevable en son action. Au vu des statuts versés aux débats, elle peut exercer les droits reconnus à la partie civile en ce qui concerne les faits portant un préjudice direct ou indirect aux intérêts collectifs qu'elle a pour objet de défendre ».*

		MONTANT : Condamne le prévenu à payer : – à l'Association Vivre en Tarentaise la somme de 400 € pour à titre de dommages-intérêts ainsi que la somme de 150 € au titre de l'article 475-1 du Code de procédure pénale ; – à la FRAPNA la somme de 400 € à titre de dommages-intérêts ainsi que la somme de 150 € au titre de l'article 475-1 du Code de procédure pénale ; – à la Fédération Départementale des Chasseurs de Savoie la somme de 500 € à titre de dommages-intérêts ainsi que la somme de 300 € au titre de l'article 475-1 du Code de procédure pénale ; – à payer à l'ACCA de Montvalezan la somme de 500 € à titre de dommages-intérêts ainsi que la somme de 300 € au titre de l'article 475-1 du Code de procédure pénale ; – à payer à l'Association pour la Protection des Animaux Sauvages la somme de 400 € à titre de dommages-intérêts ainsi que la somme de 150 € au titre de l'article 475-1 du Code de procédure pénale.
CA AIX-EN-PROVENCE 20 mai 2010 RG 2010/329	Exploitation non conforme d'une ICPE : insuffisance de l'étanchéité de la zone de nettoyage des wagons citernes, stockage hors bennes étanches de déchets gras et de boues, non-transmission d'études d'impact dans les délais impartis.	La condamnation à un euro symbolique par le premier juge était bien en rapport avec la faible gravité du préjudice. Si l'association France Nature Environnement a un rôle reconnu par les pouvoirs publics au titre de la protection de l'environnement, son action doit être ciblée et réservée aux cas qui justifient son intervention.
CA BOURGES 6 mai 2010 RG 10/00182	Vidange illicite d'un étang à l'origine de la pollution d'un cours d'eau (apport de vase, colmatage du fond du lit) abritant une espèce protégée, en l'espèce l'écrevisse à pattes blanches qui a des exigences très élevées en ce qui concerne la qualité physico-chimique des eaux et la qualité de son habitat.	**MOTIVATION :** Les écrevisses à pattes blanches qui présentent des exigences écologiques très fortes et multiples ont souffert du développement de boues, dans leurs zones de vie, ces bouleversements ayant entraîné une certaine mortalité sans que l'on puisse affirmer cependant avec certitude que la présence de boues soit à l'origine de leur extinction. **MONTANT :** Le préjudice subi par la Fédération de l'Indre pour la pêche et la protection du milieu aquatique et par la Fédération du Cher pour la pêche et la protection du milieu aquatique sera exactement évaluée en allouant à chacune des Fédérations la somme de 4 500 € à titre de dommages et intérêts toutes causes de préjudice confondues.

CA PARIS **5 mai 2010** **RG 08/23666**	Infraction d'exploitation non conforme d'une ICPE pour dépassements importants des normes de rejet autorisées dans l'eau de certains polluants et non-transmission à la DRIRE du bilan annuel des consommations d'eau, du bilan mensuel de consommation de solvants et des mesures d'auto-surveillance des rejets aqueux et atmosphériques.	**MOTIVATION :** Les manquements constatés portent atteinte aux intérêts collectifs de l'association qu'elle a pour objet de défendre aussi bien en luttant contre toutes les formes de pollutions et de nuisances qu'en prévenant celles-ci, ce qui caractérise son préjudice moral, même si la société a effectivement pris des mesures de mise en conformité ultérieurement. **MONTANT :** Le préjudice en résultant pour l'association FNE est évalué à la somme de 1 000 euros.
CA TOULOUSE **28 avril 2010** **RG 09/00322**	À la suite d'une importante surmortalité dans les ruchers du Gers et de la Haute-Garonne, une enquête administrative du Service Régional de la Protection des Végétaux (S.R.P.V.) a été diligentée auprès des agriculteurs de la zone concernée. L'enquête a mis en évidence que certains agriculteurs s'étaient au préalable approvisionnés auprès d'associations qui assuraient respectivement la distribution et le conseil dans l'utilisation des produits phytosanitaires et que ces associations détenaient, en vue de leur vente, de nombreux produits ne bénéficiant pas d'autorisation de mise sur le marché (AMM) en France ; il était également mis en évidence que certains produits étaient classés comme toxiques. Des associations se constituent parties civiles.	• Motivation identique sur les constitutions de partie civile de France Nature Environnement de l'Union Midi-Pyrénées Nature Environnement (UNIMATE) et de Nature Comminges : **MOTIVATION :** *« Le tribunal a considéré que [l'association] était bien fondée, en application de l'article L. 142-2 du Code de l'environnement à demander réparation du préjudice causé à l'intérêt collectif qu'elle défend tenant à la protection et à la conservation des espaces et ressources naturels et notamment des espèces animales et végétales, à la lutte contre les pollutions et les nuisances et la sauvegarde de ses intérêts dans le domaine de l'environnement, découlant de la violation des dispositions relatives à la mise sur le marché et à l'usage des produits phytosanitaires autorisés à la condition notamment qu'ils n'aient pas d'effet nocif direct ou indirect sur la santé animale ou sur les eaux souterraines ni d'influence inacceptable sur l'environnement ;* **que le préjudice subi correspond à la mise en échec de son activité** *qui tend à faire appliquer les mesures de prévention des risques par la mise sur le marché de produits sans AMM ou en violation d'une décision de retrait ; qu'elle justifie de son activité en ce domaine ».* • Sur la constitution de partie civile d'Eaux et Rivières de Bretagne : **MOTIVATION :** *« Le tribunal a considéré que l'association Eaux et Rivières de Bretagne est recevable, en application de l'article L. 142-2 du Code de l'environnement, à demander réparation du préjudice causé à l'intérêt collectif qu'elle défend consistant notamment à promouvoir le respect de l'eau et des cours d'eau, à contribuer à l'amélioration de la gestion des eaux, de*

		protéger la faune et la flore des milieux aquatiques, de participer à la lutte contre la pollution des eaux de ces milieux au moyen de l'application des lois relatives à la protection de l'environnement ; qu'elle justifie de son activité en ce domaine. Le tribunal a considéré que les infractions commises par M. X dont l'activité de distribution se situe en Bretagne a porté atteinte à cet intérêt ». • Sur la constitution de partie civile de La Sauvegarde de l'Anjou : **MOTIVATION :** *« Le tribunal a considéré que la Sauvegarde de l'Anjou est bien fondée, en application de l'article L. 142-2 du Code de l'environnement à demander réparation du préjudice causé à l'intérêt collectif qu'elle défend consistant notamment à défendre les milieux naturels, à lutter contre les pollutions et nuisances de toute nature et pour moyens l'application des normes et textes nationaux et internationaux relatifs à la protection de la nature et de l'environnement et à la santé publique, le tout concernant le département de Maine-et-Loire ; qu'elle justifie de son activité en ce domaine ».* • Sur la constitution de partie civile de Vienne Nature : **MOTIVATION :** *« Le tribunal a considéré qu'elle est recevable, en application de l'article L. 142-2 du Code de l'environnement à demander réparation du préjudice causé à l'intérêt collectif qu'elle défend consistant notamment à protéger, restaurer et conserver les espaces, ressources, milieux et habitats naturels, les espèces animales et végétales et exerce cette action sur le territoire du département de la Vienne ; qu'elle justifie de son activité en ce domaine et que les infractions commises par M. X et M. Y dont l'activité de distribution se situe dans sa zone d'activité a porté atteinte à cet intérêt ».* • Sur la constitution de partie civile de l'Union Nationale de l'Apiculture Française : **MOTIVATION :** *« Le tribunal a considéré qu'elle est bien fondée, en application de l'article L. 411-1 devenu L. 2132-3 du Code du travail, à demander réparation du préjudice causé à l'intérêt collectif de ses membres ; que si la présente procédure a exclu la partie de l'information relative à la recherche*

		des causes de la surmortalité des abeilles constatée en 2002 dans les ruchers du Gers et de la Haute-Garonne, il justifie du préjudice résultant de la violation des dispositions relatives à la mise sur le marché et à l'usage des produits phytosanitaires, ayant notamment pour objet la protection de la faune apicole, ainsi que le relève dans ses considérants la directive 97/57 du 22 septembre 1997, et auparavant celle 91/414 du 15 juillet 1991, et qu'y fait référence l'arrêté du 27 mai 1998 pris en application, notamment sa disposition figurant à l'Annexe III, B, 2.5.2.3. refusant l'autorisation en cas d'exposition potentielle des abeilles communes, si les quotients de danger d'exposition des abeilles par contact ou par voie orale sont supérieurs à un certain ratio, en sorte que l'AMM ne peut être accordée si l'innocuité du produit à l'égard des abeilles n'a pas été établie. Le tribunal a considéré que les infractions commises par les prévenus ont indirectement porté atteinte aux intérêts qu'ils défendent et notamment à leur outil de travail ». • Sur la constitution de partie civile du Syndicat d'apiculture Méridional : **MOTIVATION :** *« Le tribunal a considéré qu'il est bien fondé, en application de l'article L. 411-1 devenu L. 2132-3 du Code du travail, à demander réparation du préjudice causé à l'intérêt collectif de ses membres et bien fondé pour les mêmes raisons que celles exposées ci-dessus ; que les infractions commises par les prévenus ont indirectement porté atteinte aux intérêts qu'ils défendent et notamment à leur outil de travail ».* • Sur la constitution de partie civile du Syndicat des apiculteurs professionnels de Midi-Pyrénées : **MOTIVATION :** *« Le tribunal a considéré que le syndicat est bien fondé, en application de l'article L. 411-1 devenu L. 2132-3 du Code du travail, à demander réparation du préjudice causé à l'intérêt collectif de ses membres ; que les infractions commises par les prévenus ont indirectement porté atteinte aux intérêts qu'ils défendent et notamment à leur outil de travail dans sa zone d'activité ».*

		• Sur la constitution de partie civile du Syndicat des producteurs de miel de France : **MOTIVATION :** *« Le tribunal a considéré que le syndicat des Producteurs de Miel de France est bien fondé, en application de l'article L. 411-1 devenu L. 2132-3 du Code du travail, à demander réparation du préjudice causé à l'intérêt collectif de ses membres ».* **MONTANT :** FNE, Eaux et Rivières de Bretagne, La Sauvegarde de l'Anjou et Vienne Nature ont obtenu la somme de 1 000 € au titre des dommages et intérêts venant réparer le préjudice subi et 200 € au titre de l'indemnité due sur le fondement de l'article 475-1 du Code de procédure pénale. Les autres associations ou syndicats ont obtenu la somme de 500 € au titre des dommages et intérêts venant réparer le préjudice subi et 500 € le montant de l'indemnité due sur le fondement de l'article 475-1 du Code de procédure pénale que devront supporter chacun des prévenus.
CA PARIS **30 mars 2010** **RG 08/02278**	Naufrage de l'Erika.	**MOTIVATION :** **D'UNE MANIÈRE GÉNÉRALE :** **I. Le préjudice écologique pur** La Cour rappelle que, résultant de la pollution, les dommages causés par le déversement des hydrocarbures sont à l'origine d'un certain nombre de préjudices qu'il appartient à la cour, tenue de réparer aussi exactement que possible l'équilibre qu'ils ont détruit en replaçant les victimes dans l'état dans lequel elles se seraient trouvées si l'acte dommageable ne s'était pas produit, d'identifier et de caractériser. Sont alors indemnisés les **préjudices patrimoniaux et extrapatrimoniaux** subis par les sujets de droit justifiant de leur qualité pour agir et démontrant que le préjudice dont ils demandent réparation est certain, direct et personnel. Au titre de ces **préjudices subjectifs**, trois postes peuvent être distingués : – le **préjudice matériel** lié aux activités de dépollution, lequel s'entend des frais de remise en état, tels les frais liés au nettoyage des sites, au sauvetage de la faune sauvage ou à la restauration des infrastructures ou encore les atteintes à l'outil de travail ;

		– le **préjudice économique** résultant de la pollution, lequel s'entend de l'ensemble des pertes de revenus et des gains manqués, tels les pertes de marchés, les manques à gagner ou les pertes de chiffre d'affaires ; – le **préjudice moral** résultant de la pollution qui recouvre aussi bien le trouble de jouissance que l'atteinte à la réputation, à l'image de marque et à des valeurs fondant l'identité de la victime. Au titre du **préjudice objectif** : La Cour, en conformité avec les premiers juges, accorde l'indemnisation du **« préjudice écologique »** résultant d'une « **atteinte aux actifs environnementaux non marchands, réparable par équivalent monétaire ».** **Ce préjudice objectif, autonome**, s'entend de toute **atteinte non négligeable** à l'environnement naturel, à savoir, notamment : l'air, l'atmosphère, l'eau, les sols, les terres, les paysages, les sites naturels, la biodiversité et l'interaction entre ces éléments, qui est **sans répercussion sur un intérêt humain particulier mais qui affecte un intérêt collectif légitime**. La Cour fait valoir que ce préjudice avait déjà été **reconnu implicitement** à travers : – **Un arrêt *Lopez Ostra* du 9 décembre 1994 rendu par la Cour européenne des Droits de l'homme** Elle reconnaît expressément à des éléments de la nature une valeur patrimoniale et a considéré que l'atteinte qui peut leur être portée est source de préjudice réparable. Elle a ainsi jugé, se fondant sur l'article 8 de la CEDH et à propos de la puanteur d'une station d'épuration proche d'une habitation, que *« Il va pourtant de soi que les atteintes graves à l'environnement peuvent affecter le bien-être d'une personne et la priver de la jouissance de son domicile de manière à nuire à sa vie privée et familiale ».* – **La Convention européenne du paysage de Florence du 20 octobre 2000** Elle vient souligner dans son préambule que *« le paysage participe de manière importante à l'intérêt général, sur les plans culturel, écologique, environnemental et social »* et qu'il *« constitue une ressource favorable à l'activité économique »*, qu'il *« concourt à l'élaboration des cultures locales et [...] représente une composante fondamentale du patrimoine culturel et naturel de l'Europe, contribuant à l'épanouissement des êtres humains »*, qu'il est

		« partout un élément important de la qualité de vie des populations : dans les milieux urbains et dans les campagnes, dans les territoires dégradés comme dans ceux de grande qualité, dans les espaces remarquables comme dans ceux du quotidien » et qu'il *« constitue un élément essentiel du bien-être individuel et social, et que sa protection, sa gestion et son aménagement impliquent des droits et des responsabilités pour chacun »*. **– L'article L. 110-1 du Code de l'environnement issu de la loi du 27 février 2002** Il a qualifié de « patrimoine » *« les espaces, ressources et milieux naturels, les sites et paysages, la qualité de l'air, les espèces animales et végétales, la diversité et les équilibres biologiques auxquels ils participent »*, ajoutant qu'il est celui de la Nation. **– L'article premier de la loi du 1er août 2008** Il a institué un **principe de réparation**. Mais cette disposition de la loi n'est **pas applicable** à la présente procédure, puisque dans le titre VI précité du Code de l'environnement est inséré un article L. 161-5 qui dispose que ce même titre n'est pas applicable lorsque le fait générateur est survenu avant le 30 avril 2007. La Cour montre ainsi la **reconnaissance d'un préjudice écologique « pur »** en droit français. Selon la Cour, toute cette évolution traduit une prise de conscience que l'habitude de simplifier les prémisses d'un raisonnement pour le faciliter, a **conduit à considérer l'homme isolément de son milieu naturel, à négliger l'interaction permanente de l'homme avec la nature et à oublier que la nature fait partie de l'homme, comme il en fait partie.** Il découle de cette interdépendance que **toute atteinte non négligeable au milieu naturel constitue une agression pour la collectivité des hommes qui vivent en interaction avec lui** et que cette agression doit trouver sa réparation. C'est ainsi que le déversement de la cargaison de l'Erika à compter du 23 décembre 1999 est venu porter atteinte, de manière directe ou indirecte, à un intérêt collectif.

II. L'intérêt à agir

La Cour a dû rechercher l'intérêt à agir en réparation pour chaque partie civile, aux termes de l'article 2 du Code de procédure civile, *« l'action civile en réparation du dommage causé par (...) un délit (...) appartient* à *tous ceux qui ont personnellement souffert du dommage direct causé par l'infraction »*.

En ce qui concerne la **recevabilité de l'action** au titre du préjudice objectif que constitue **le préjudice écologique « pur »**.

La Cour reconnaît que le droit d'agir pour défendre cet intérêt collectif peut légitimement être revendiqué par l'État, en sa qualité de défenseur des intérêts de la Nation et au travers de l'action du parquet, il peut l'être aussi par les collectivités territoriales.

En application de l'article L. 142-4, il est établi que *« Les communes, les départements et les régions concourent avec l'État à l'administration et à l'aménagement du territoire, au développement économique, social, sanitaire, culturel et scientifique, ainsi qu'à la protection de l'environnement, à la lutte contre l'effet de serre par la maîtrise et l'utilisation rationnelle de l'énergie, et à l'amélioration du cadre de vie »*.

Il ne saurait mieux dire que **la finalité ultime d'une collectivité territoriale, c'est le mieux-être de la collectivité de ses habitants**.

La Cour reconnaît ainsi, **l'intérêt à agir des régions** au motif que celles-ci ont pour mission de coordonner sur leur territoire les actions de développement économique des collectivités territoriales et de leurs groupements (art. L. 1511-1 du Code général des collectivités territoriales). Or, « **le développement économique est intimement lié à une bonne gestion des ressources de l'écosystème** ».

Pour les **départements**, l'article L. 142-1 du Code de l'urbanisme disposait, dans sa rédaction applicable lors du naufrage de l'Erika : *« Afin de préserver la qualité des sites, des paysages, des milieux naturels et d'assurer la sauvegarde des habitats naturels selon les principes posés* à *l'article L. 110, le département est compétent pour élaborer et mettre en œuvre une politique de protection, de gestion et d'ouverture au public des espaces naturels sensibles, boisés ou non (...) »*. **Ils avaient donc une habilitation spéciale pour la protection de la nature.**

		Quant aux **communes**, elles élaboraient un plan local d'urbanisme (à l'époque plan d'occupation des sols) qui devait notamment, en prenant en compte la préservation de la qualité des paysages et la maîtrise de leur évolution, identifier et localiser les éléments de paysage et délimiter les sites et secteurs à protéger ou à mettre en valeur pour des motifs d'ordre esthétique, historique ou écologique et définir, le cas échéant, les prescriptions de nature à assurer leur protection. Elles ont donc **une compétence particulière dans la protection des secteurs écologiquement sensibles.** La Cour reconnaît que toute atteinte à l'environnement non seulement **préjudicie directement** au bien-être que la collectivité territoriale tente d'apporter à l'ensemble de ses habitants, mais elle contrarie également les efforts faits par elle, dans le cadre de ses compétences, pour améliorer leur cadre de vie (et celui des touristes qu'accueille sa population). Ce préjudice lui est **personnel**, car l'intérêt de la Nation ne se confond pas avec celui de la commune, du département ou de la région, qui peuvent avoir des intérêts contradictoires en matière d'environnement. De plus, en application de l'article L. 142-2 applicable aux instances en cours, les **collectivités territoriales** et leurs groupements ont la possibilité **d'exercer les droits reconnus à la partie civile** en ce qui concerne les faits portant **un préjudice direct ou indirect au territoire sur lequel elles exercent leur compétence**. Et cela sous certaines conditions, c'est-à-dire du fait de l'atteinte à l'environnement qui lèse de manière directe ou indirecte les intérêts collectifs qu'elles ont statutairement pour mission de sauvegarder. Il n'est **pas nécessaire** que **les collectivités territoriales** disposent d'une **compétence spéciale en matière d'environnement** leur conférant une responsabilité particulière pour la protection, la gestion et la conservation d'un territoire pourdemander réparation des atteintes à l'environnement causées sur ce territoire par l'infraction, condition nécessaire pour leur reconnaître un préjudice direct. Il résulte de ce qui précède que les parties civiles sont recevables à poursuivre la réparation d'un préjudice portant atteinte à un intérêt collectif que le droit protège.

		III. La réparation de ce préjudice La Cour ne saurait méconnaître le **principe de la réparation intégrale** du préjudice au seul motif que l'appréciation de l'atteinte à l'environnement et l'évaluation de son indemnisation n'est déterminée par **aucune législation** permettant de **déterminer clairement les modes d'évaluation** de ce préjudice ou qu'il n'existe pas d'inventaire préalable à la catastrophe. La Cour met en avant la **difficulté d'apprécier** le préjudice écologique « pur » qui est d'autant plus grande que la nature n'a pas fait l'objet d'un inventaire préalable à la catastrophe de l'Erika et que **les éléments de comparaison manquent en partie.** Eu égard aux multiples approches proposées et aux éléments soumis à son appréciation dans le contexte particulier de cette pollution par des hydrocarbures particulièrement nocifs, **la cour retiendra,** afin de parvenir à **une juste évaluation monétaire du préjudice environnemental** subi par chacune des parties civiles, divers paramètres tenant : – pour **les communes** et quand elles en disposaient, de la surface d'estran touchée, de l'importance de la marée noire sur les lieux, telle qu'elle ressort du dossier, de leur **vocation maritime** et de leur **population** ; – pour **les autres communes**, elle a procédé par comparaison avec celles pour lesquelles elle disposait de tous ces renseignements ; – pour les **autres collectivités territoriales**, à **l'importance de la pollution** subie par leurs rivages, de l'orientation plus ou moins **maritime** de leur **activité** et de leur **population** ; – pour **les associations**, au **nombre d'adhérents** quand elle en disposait, de la **notoriété** et la **spécificité** de leur action, pour apprécier l'atteinte portée à leur ***« animus societatis »***, cette partie d'elles-mêmes qui est leur raison d'être. **PLUS SPÉCIFIQUEMENT** • **L'association France Nature Environnement** La cour observe que cette marée noire a très sérieusement portée atteinte aux intérêts que cette association défend en contrariant les efforts que cette dernière a déployés pour la protection des espèces animales et végétales, la

		diversité et les équilibres écologique. La cour a pu constater un **dommage direct et indirect, qui lui était personnel et distinct de l'atteinte à l'intérêt général défendu par le ministère public.** Ainsi, eu égard à l'importance de la marée noire et de l'activité déployée par cette association qui siège au conseil de l'eau, au conseil national de protection de la nature, au conseil du bruit, au conseil national des déchets, au conseil national du développement durable, etc., qui coordonne des campagnes nationales de sensibilisation à la préservation de la nature et édite plusieurs revues, estime qu'elle a subi un **préjudice moral**. • **L'association pour la protection des animaux sauvages dite ASPAS** Compte tenu de l'importance et de la nature de l'activité de l'association et relevant que cette dernière a subi un important **préjudice moral** à raison d'une sévère atteinte portée à son propre objet social, distinct de l'intérêt général. • **L'association Eaux et rivières de Bretagne** Compte tenu de l'importance et de la nature de son activité (laquelle est déployée au travers d'une soixantaine d'associations locales) ainsi que des moyens financiers dont elle dispose, et relevant que l'importance de la marée noire a gravement contrarié la réalisation de son objet social et lui a causé un **préjudice moral**. • **L'association Greenpeace** Eu égard à l'opiniâtreté avec laquelle elle sert son objet social et à l'ampleur de la marée noire qui a sérieusement entravé ses efforts en ce sens, il apparaît à la cour que son **préjudice moral** a été insuffisamment apprécié. • **L'association Les Amis des Chemins de Rondes 56** La cour d'appel décide de reconnaître **le préjudice moral** de l'association qui, du fait de sa notoriété locale a été sérieusement contrariée dans la poursuite de son objet social. • **Association World Wildlife Fund (WWF)** Cette association a une notoriété internationale et nationale. Aussi l'ampleur de la marée noire a contrarié sérieusement les efforts qu'elle a déployés pour lutter contre la pollution, conformément à son objet social.

		• **L'association Ligue pour la Protection des Oiseaux (LPO)** La cour reconnaît que la LPO, association qui défend très activement et inlassablement la cause des oiseaux, a subi par suite de l'anéantissement d'une partie de ses efforts, de la disparition d'espèces qu'elle tentait de protéger des effets d'un comportement humain trop souvent irresponsable et prodigue de la nature, **un préjudice moral.** Elle lui reconnaît un **préjudice matériel résiduel** dû aux coûts importants des nombreuses actions que l'association a dû déployer (collectes d'oiseaux, surveillance, dépollution, frais de coordination...). Ce préjudice n'a pas été indemnisé par le FIPOL, la juridiction saisie ayant considéré que seul le préjudice matériel non compensé par des dons devait être indemnisé par cet organisme. L'atteinte portée à la préservation du milieu naturel, dans toute la complexité de ses composantes, est distincte de celle portée aux intérêts patrimoniaux et extrapatrimoniaux des sujets de droit. Elle a touché, en l'espèce, les oiseaux marins dans tous les aspects de leur vie, intérêt collectif que la LPO s'est donnée pour mission de protéger. Atteinte dans son *« animus societatis »* qui compose et caractérise sa personnalité propre. Elle a subi un préjudice personnel et son intérêt à agir est par conséquent établi. **Le préjudice écologique « pur »** consécutif à cette atteinte ne peut faire l'objet de mesures de réparation. Elle ne peut faire l'objet que d'une mesure de compensation pécuniaire en tenant compte du **coût des mesures raisonnables de réparation que l'objet de cette association** pourrait la conduire à mettre en œuvre, c'est-à-dire : du nombre d'oiseaux de chaque espèce victimes de la marée noire, mais aussi de la capacité de la nature à se régénérer et, en l'occurrence, de la capacité des espèces d'oiseaux relativement communes à compenser par reproduction leurs pertes accidentelles et, à l'inverse, de la difficulté à rétablir des populations d'oiseaux plus rares ou dont les capacités d'adaptations sont moins grandes, compte tenu encore de la nécessité, pour que les mesures de réparations soient les plus efficaces possibles, de mener des études sur le suivi temporel des oiseaux marins et d'étudier la réintroduction des espèces disparues ou gravement menacées.

		• **L'association Mouvement National de Lutte pour l'Environnement** Appréciation aux vues des circonstances et des éléments que l'association avait fournis sur son activité et la condamnation solidaire des prévenus tiers à la transaction conclue. • **Association Environnement 56** Eu égard à l'atteinte manifeste que la pollution engendrée par le naufrage de l'Erika a portée à son objet social, et lui causant un **préjudice moral** qui a été justement apprécié au vu des circonstances et des éléments qu'elle avait fournis sur son activité et la condamnation solidaire des prévenus tiers à la transaction conclue, le jugement est donc confirmé. • **Association Confédération de la Consommation du Logement et du Cadre de Vie, dite CLCV** La marée noire engendrée par le naufrage de l'Erika a porté atteinte à l'objet même de cette association qui a vu ses efforts, tant dans le domaine de la protection de la nature, que dans celui de la protection des consommateurs, gravement compromis. Elle a donc **intérêt à agir**. Eu égard à la notoriété de cette association dans les deux domaines de protection de la nature et celle des consommateurs, ainsi qu'aux efforts qui sont les siens pour réaliser son objet et à l'atteinte qui lui a été portée, la cour d'appel reconnaît qu'elle a subi un **préjudice moral.** • **Association Robin des Bois** Au titre que la marée noire, qui a souillé une superficie particulièrement importante de la mer et du rivage, a contrarié considérablement les objectifs de cette association. Elle est également reconnue pour son action pour la protection de l'environnement marin. Au titre que la communauté de ses membres, très impliquée dans l'action menée pour la préservation de la nature, avec laquelle elle se veut en symbiose, a perdu, avec la souillure de la mer, une partie de son *« animus societatis »* et, d'une certaine façon, une partie d'elle-même et a ainsi subi un **préjudice écologique**.

		Ce préjudice, qui lui est personnel, doit être réparé. Cependant, la cour n'a que le pouvoir de prononcer une condamnation pécuniaire, laissant à ceux qui en bénéficient le soin d'en disposer comme ils l'entendent. **Le préjudice** causé à cette association est **sans rapport avec le coût d'une étude destinée à étudier les effets à long terme de la pollution sur l'écosystème**, même si cette étude, du ressort des pouvoirs publics, peut être jugée nécessaire. La cour considère, au vu des éléments fournis sur l'importance de cette association, que le dommage ainsi causé à Robin des Bois **doit être évalué comme le préjudice moral** à **50 000 €,** qui est en quelque sorte le « prix du découragement », qu'elle a subi, avec lequel cependant il ne se confond pas. • **Union Fédérale des Consommateurs Que Choisir Saint-Brieuc et Environs** Au vu de l'ampleur de la pollution et du préjudice qui en est résulté pour les consommateurs, qui consomment aussi les services fournis par la mer et ses produits, cette association a subi un **préjudice moral**. • **Union Fédérale des Consommateurs de Brest** Au vu de l'ampleur de la pollution et du préjudice qui en est résulté pour les consommateurs du Finistère, qui le sont aussi des services fournis par la mer et de ses produits, l'association a subi un **préjudice moral**. Au regard de sa qualité d'association de protection de l'environnement et compte tenu de l'atteinte portée à la qualité de vie de la collectivité de ses membres par l'atteinte à l'environnement qu'a constituée la pollution, elle a également subi un **préjudice écologique**. **MONTANT :** – France Nature Environnement : 70 000 €. – L'association Pour la protection des animaux sauvages dite ASPAS : 30 000 €. – L'association Eaux et rivières de Bretagne : 30 000 €. – Greenpeace : 50 000 €.

		– L'association Les Amis des Chemins de Rondes : 5 000 €. – WWF : 50 000 €. – LPO : 303 167 € (préjudice matériel) ; 100 000 € (préjudice moral) et 300 000 € (dommages purement écologiques). – L'association de Mouvement National de Lutte pour l'Environnement : 5 000 €. – Association Environnement 56 : 10 000 €. – Association Confédération de la Consommation du Logement et du Cadre de Vie : 15 000 €. – Association Robin des Bois : 50 000 € (préjudice moral) ; 50 000 € (dommages purement écologiques). – Union Fédérale des Consommateurs Que Choisir Saint-Brieuc et Environs : 5 000 €. – Union Fédérale des Consommateurs de Brest : 5 000 € (préjudice moral) ; 20 000 € (dommages purement écologiques). – Syndicat Confédération Paysanne 44 : 271 700,20 € (préjudice matériel) ; 100 000 € (préjudice moral). – Syndicat Mixte de Protection du Littoral Breton (VIGIPOL) : 300 000 €. – Commune de la Barbâtre : 300 000 €. – Commune de Beauvoir-sur-Mer : 300 000 €. – Commune de Bouin : 300 000 €. – Commune de Château-d'Olonne : 4 575,08 € (préjudice matériel) ; 300 000 € (préjudice moral). – Commune de Hoëdic : 300 000 €. – Commune de Jard-sur-Mer : 300 000 €. – Commune de Noirmoutier : 300 000 €. – Commune de Notre-Dame-de-Monts : 300 000 €. – Commune de Saint-Gildas-de-Rhuys : 300 000 €. – Commune de Sarzeau : 300 000 €. – Commune de Batz-sur-Mer : 121 843 € (préjudice matériel) ; 500 000 € (préjudice moral) et 250 000 € (dommages purement écologiques).

		– Commune de La Bernerie-en-Retz : 196 925,40 € (préjudice matériel) ; 850 000 € (préjudice moral) et 350 000 € (dommages purement écologiques). – Commune de La Plaine-sur-Mer : 38 055,72 € (préjudice matériel) ; 850 000 € (préjudice moral) ; et 200 000 € (dommages purement écologiques). – Commune du Pouliguen : 13 539,54 € (préjudice matériel) ; 500 000 € (préjudice moral) ; 100 000 € (dommages purement écologiques). – Commune de Mesquer : 65 558,65 € (préjudice matériel) ; 500 000 € (préjudice moral) et 150 000 € (dommages purement écologiques). – Commune de Pornic : 5 588,45 € (préjudice matériel) ; 500 000 € (préjudice moral) et 120 000 € (dommages purement écologiques). – Commune de Préfailles : 5 076,37 € (préjudice matériel) ; 500 000 € (préjudice moral) et 120 000 € (dommages purement écologiques). – Commune de Saint-Brévin-les-Pins : 26 155,94 € (préjudice matériel) ; 500 000 € (préjudice moral) et 500 000 € (dommages purement écologiques). – Commune de Saint-Michel-Chef-Chef : 87 661 € (préjudice matériel) ; 500 000 € (préjudice moral) et 150 000 € (dommages purement écologiques). – Commune de Saint-Hilaire-de-Riez 32 526 € (préjudice matériel) ; 300 000 € (préjudice moral) et 250 000 € (dommages purement écologiques). – Commune de Pornichet : 500 000 € (préjudice moral). – Commune de Ploëmeur : 1 897,05 € (préjudice matériel) et 300 000 € (préjudice moral). – Commune de Saint-Nazaire : 500 000 € (préjudice moral) ; 150 000 € (dommages purement écologiques). – Commune de la Turballe : 100 000 €. – Commune de Quiberon : 73 863,53 € (préjudice matériel) ; 300 000 € (préjudice moral). – Commune de l'Île d'Houat : 300 000 € (préjudice moral) ; 500 000 € (dommages purement écologiques). – Commune de Plouhinec : 23 828,41 € (préjudice matériel) ; 300 000 € (préjudice moral). – Commune de Saint-Pierre-de-Quiberon : 300 000 € (préjudice moral). – Commune du Croisic : 390 691,86 € (préjudice matériel) ; 300 000 € (préjudice moral).

		– Commune de Penestin : 300 000 € (préjudice moral). – Commune de Guérande : 1 000 000 € (préjudice moral). – Commune de La Baule : 1 500 000 € (préjudice moral). – Commune de Piriac-sur-mer : 500 000 € (préjudice moral). – Commune de Moutiers-en-Retz : 500 000 € (préjudice moral). – Commune Talmont-Ste-Hilaire : 300 000 € (préjudice moral). – Conseil général de Vendée : 99 299,50 € (préjudice matériel) ; 1 000 000 € (préjudice moral). – Conseil général du Finistère : 3 312,70 € (préjudice matériel) ; 10 000 000 € (préjudice moral). – Conseil général du Morbihan : 1 27 571,94 € (préjudice matériel) ; 1 000 000 € (préjudice moral) ; 1 015 066,60 € (dommages purement écologiques). – Conseil général des pays de la Loire : 1 730 098,10 € (préjudice matériel) ; 3 000 000 € (préjudice moral). – Conseil régional de Poitou-Charentes : 1 000 000 € (préjudice moral) ; 1 000 000 € (dommages purement écologiques). – Conseil régional de Bretagne : 3 000 000 € (préjudice moral) ; 3 000 000 € (dommages purement écologiques). – SARL ACITA : 6 768,00 €. – M. C. : 9 814,96 €. – le GIE CAMA YEU : 15 000€. – SARL L'Huîtrier pie : 10 000 €. – l'agence maritime Alain Malardé : 55 000 €. – M. M. : 10 000 €. – Mme Le D. : 1 500 €. – M. l'Agent Judiciaire du Trésor : 153 808 690,17 €.

CA AMIENS 23 mars 2010 RG 09/01234	Recours des associations Vie et paysages et France Nature Environnement suite à un procès-verbal d'inspection de la DRIRE qui a constaté divers manquements, une installation au Code de l'environnement ou aux prescriptions administratives assortissant son autorisation d'exploiter.	**MOTIVATION :** La cour relève que *« l'abondance des manquements reprochés, par le risque qu'ils entraînaient de pollutions et notamment de pollutions occultes, non quantifiables eu égard à l'absence de tenue des indicateurs que cet établissement avait pour mission de surveiller, témoigne d'une attention insuffisante aux problèmes environnementaux, inquiétante, compte tenu de l'activité de cette société, de sorte que ces manquements constituent en soi une atteinte aux intérêts collectifs défendus par ces actions et leur occasionne donc un préjudice dont elles doivent être indemnisées. Compte tenu toutefois de l'absence de pollution avérée et quantifiée, il conviendra de fixer avec davantage de mesure qu'elles le réclament et que l'ont évalué les premiers juges, les indemnités qui leur seront allouées. Eu égard à ces considérations, il apparaît qu'une indemnité de 1 000 € à partager entre elles, constituera la juste réparation de leur préjudice ».* **MONTANT :** 1 000 € par association.
CA ORLÉANS 22 mars 2010 RG 06/02672	Pollution du puits de captage d'eau de communes par un produit phytosanitaire utilisé par deux maraîchers.	Indemnisation des dépenses exposées pour pallier les effets de la pollution tout en assurant une alimentation en eau potable de la population : 56 991 € au titre du préjudice matériel. Le préjudice écologique n'est pas démontré.
Cass 3e civ. 17 mars 2010 n° 08-18552	Recours des paludiers de Guérande et de la coopérative agricole Les Salines de Guérande suite au naufrage de l'Erika au titre du préjudice commercial, de l'atteinte à l'image de marque et des surcoûts dus à la pollution.	• **Rejet de la demande au titre du préjudice commercial :** **MOTIVATION :** *« Mais attendu qu'ayant relevé que la SCA soutenait avoir subi un "préjudice commercial lié à l'absence de production de sel en 2000 et à la nécessité corrélative d'exploiter son stock pour satisfaire à sa clientèle en contingentant les ventes", et constaté que lors de la survenance de la marée noire la SCA disposait d'un stock de sel correspondant à trois années de production, qu'il n'y avait jamais eu progression constante des ventes qui étaient toujours restées voisines d'une moyenne de 9 347 tonnes par an, alors qu'elles étaient passées à 10 175 tonnes en 2000, que la SCA aurait pu faire face à la demande jusqu'en 2001 si ce n'est 2002 sans avoir besoin de contingenter ses ventes, et que ce n'est qu'en 2005 qu'une perte de chance de vendre aurait pu survenir, la cour d'appel, qui n'était pas tenue de suivre les parties dans le détail de leur argumentation et qui a souverainement*

<table>
<tr><td></td><td></td><td>
retenu, sans procéder par simple affirmation, que la constitution de stocks dans un souci de prudence n'avait pas pu viser le seul aléa météorologique mais que d'autres aléas, notamment d'ordre écologique ou commercial avaient été nécessairement pris en compte, procédant d'une saine application du principe de précaution, a pu en déduire, abstraction faite d'un motif erroné mais surabondant relatif à une prise de risque, non pas que la SCA aurait dû limiter son préjudice dans l'intérêt du responsable de l'accident mais que la décision prise par la coopérative en septembre 2001 de contingenter ses ventes pour éviter une rupture des stocks était prématurée et ne s'imposait pas économiquement, de sorte que la baisse des ventes dans les années ayant suivi le sinistre n'était pas la conséquence de ce dernier mais résultait de cette décision de gestion ».
• Rejet de la demande au titre des frais de communication :
MOTIVATION : « Attendu qu'ayant souverainement retenu que les frais de communication engagés par la SCA dans les mois qui avaient suivi le naufrage de l'Erika étaient destinés à accompagner la mesure de contingentement des ventes, la cour d'appel, qui a effectué la recherche prétendument omise, a pu déduire de ce seul motif que ces frais accessoires à un contingentement inutile et sans lien avec le naufrage, devaient être rejetés ».
• Concernant la demande liée aux surcoûts :
MOTIVATION : « Attendu que pour rejeter la demande de la SCA au titre des surcoûts, l'arrêt retient que les frais de communication engagés par celle-ci sont accessoires au contingentement, qu'ils sont directement liés à l'influence excessive des médias et non au sinistre, et qu'ils recouvrent des frais de communication qui sont normalement engagés chaque année par la coopérative ;
Qu'en statuant ainsi, alors que les surcoûts dont la SCA demandait l'indemnisation consistaient en des frais de matériel et de surveillance exposés pour empêcher la pollution d'entrer dans les salines et prévenir toute pollution, la cour d'appel, qui a modifié les termes du litige, a violé l'article susvisé [art. 4 Code de procédure civile] ».
</td></tr>
</table>

Cass 3e civ. **15 mars 2010** **nº 09-70538**	Un accident avait, en 1973, pollué le sol du site sur lequel était exploitée une ICPE. À la cessation de l'exploitation, en 1992, le terrain fut restitué à ses propriétaires sans que la société locataire n'ait réalisé de travaux de dépollution. Ce terrain fut ensuite vendu à un promoteur qui entreprit la construction d'immeubles d'habitation avant de les vendre en l'état futur d'achèvement à une SCI. L'ensemble fit l'objet d'une ultime cession en 2004. Parallèlement l'autorité administrative – en 1998 – avait mis en demeure la société exploitante d'accomplir les travaux de dépollution rendus nécessaires par l'accident de 1973. S'estimant victime d'un préjudice financier et d'image, le propriétaire du terrain assigna la société ayant cause de l'ancien exploitant sur le fondement de l'article 1382 du Code civil.	**Admission du préjudice financier et d'image :** **MOTIVATION :** *« Attendu que, pour rejeter les demandes de la société SOFI, l'arrêt retient que les modalités de dépollution définies par l'arrêté préfectoral du 30 octobre 2007, dont le caractère définitif n'était pas contesté, s'étaient imposées en dernier lieu à la société Shell direct et que les travaux prescrits par cet arrêté avaient été effectués par cette dernière société ;* *Qu'en statuant ainsi, alors qu'elle avait constaté que la société Copitherm avait cessé son exploitation en 1992 et sans rechercher, comme il le lui était demandé, si le dernier exploitant n'avait pas commis une faute pour n'avoir pas remis le site dans un état tel qu'il ne s'y manifeste aucun des dangers ou inconvénients mentionnés à l'article 1er de la loi du 19 juillet 1976, la cour d'appel n'a pas donné de base légale à sa décision » ;*
TGI BASTIA **17 février 2010** **RG 09/005601**	Destructions de biens d'autrui par l'effet d'un incendie. Action de l'Office de l'Environnement de la Corse.	• **Rejet de la demande au titre du préjudice moral :** *« S'agissant du préjudice moral résultant de l'atteinte au patrimoine naturel, force est de constater qu'il est permis de s'interroger sur le cumul des deux notions ;* *Qu'en effet soit il y a eu atteinte au patrimoine naturel et le préjudice doit être indemnisé à ce titre, soit il n'y a pas eu une telle atteinte indemnisable et l'on comprend mal la réalité de ce préjudice moral ; que dans ces conditions ce poste sera rejeté ».* • **Rejet de la demande au titre de l'atteinte à l'image de marque** *« S'agissant de la demande au titre de l'atteinte à l'image de marque de la collectivité territoriale de Corse, ce préjudice ne saurait être retenu dans*

		la mesure où une collectivité territoriale n'a pas spécialement d'image de marque susceptible d'être protégée et monnayée ».
CAA MARSEILLE 15 janvier 2010 n° 07MA00898	Le TA de Nîmes a annulé le permis de construire d'un parc éolien de 8 aérogénérateurs délivré par le préfet. Recours du pétitionnaire.	**Rejet du recours.** **MOTIVATION :** *« Considérant en premier lieu, qu'eu égard à la portée de ses statuts, qui lui confère notamment vocation générale à défendre la qualité environnementale et paysagère de l'espace naturel et architectural du plateau de l'Aubrac, l'association dispose d'un intérêt lui donnant qualité pour contester l'autorisation d'implanter un parc éolien situé en altitude sur les contreforts sud de ce plateau, eu égard à l'unité géographique d'ensemble de ce site ; [...] ; Considérant qu'aux termes de l'article R. 111-21 du Code de l'urbanisme dans sa rédaction alors applicable, le permis de construire peut être refusé ou n'être accordé que sous réserve de l'observation de prescriptions spéciales si les constructions, par leur situation, leur architecture, leurs dimensions ou l'aspect extérieur des bâtiments ou ouvrages à édifier ou à modifier, sont de nature à porter atteinte au caractère ou à l'intérêt des lieux avoisinants, aux sites, aux paysages naturels ou urbains ainsi qu'à la conservation des perspectives monumentales.* *Considérant, en premier lieu, que pour l'application de ces dispositions, il convient de mesurer l'impact réel d'un projet de construction sur son environnement proche et lointain, au regard notamment des caractéristiques naturelles majeures préexistantes, confrontées à la nature et l'aspect du projet de construction ; que la seule circonstance que le terrain d'implantation soit situé dans une zone naturelle ne faisant l'objet d'aucune protection à raison de la réglementation nationale ou de dispositions internationales ne permet pas de considérer que, par principe, il ne peut être retenu d'atteinte à de tels lieux ; qu'ainsi la circonstance que le projet doit être implanté sur des terrains situés en limite de la zone du plateau de l'Aubrac répertoriée à l'inventaire Natura 2000 et à proximité de zones naturelles classées pour leur intérêt faunistique et floristique ne suffit pas à dénier à ces lieux tout intérêt au sens des dispositions de l'article R. 111-21 précité ;* *Considérant, en deuxième lieu, qu'il ressort des pièces du dossier que le projet objet du permis de construire consiste en l'implantation de huit aérogé-*

		nérateurs au lieudit les Abouriades sur le territoire de la commune de Trélans ; que le site retenu, même s'il est localisé sur les contreforts du plateau de l'Aubrac, s'inscrit dans la continuité de cet ensemble plus vaste, qui présente une unité paysagère marquée par une succession de vastes étendues planes, très peu altérée par l'activité humaine, et pour lequel, en raison de ces caractéristiques naturelle remarquables, il existe un intérêt touristique important, comme en atteste le nombre d'itinéraires pédestres très fréquentés de grandes randonnées, aménagés pour la traversée ou la découverte de ces espaces, et dont certains sont limitrophes de l'aire d'implantation retenue ; que l'édification sur une ligne de plus d'un kilomètre de huit aérogénérateurs, d'une hauteur de plus de 50 mètres constitue ainsi une rupture notable dans les perspectives de ce paysage et altère la qualité des lieux avoisinants le projet ; […] ; la société Trelans Lozère Énergie n'est pas fondée à se plaindre de ce que par le jugement attaqué, le tribunal administratif de Nîmes a annulé le permis de construire que lui avait délivré le préfet de Lozère ».
CA MONTPELLIER 7 janvier 2010 RG 09/01206	Non-respect par une entreprise pétrolière d'un arrêté de mise en demeure d'avoir à respecter des prescriptions techniques déterminées, en l'occurrence l'implantation non conforme de canalisations alimentant les cuves de réservoir d'hydrocarbures.	**MOTIVATION :** Réparation du préjudice résultant pour l'association FNE de l'infraction sur le seul fondement de l'atteinte ainsi portée aux intérêts collectifs qu'elle a statutairement mission de défendre. Sur l'évaluation du préjudice, il convient d'observer que l'association FNE participe activement aux débats publics sur les risques industriels et naturels, notamment auprès du conseil d'administration de l'Institut national des risques industriels, de l'Agence nationale de sécurité sanitaire environnementale, de la Commission sites et sols pollués et de l'Agence de l'environnement et de la maîtrise de l'énergie, ainsi qu'à de multiples travaux (comité national de l'eau, comités de bassin des agences de l'eau) et colloques (assises nationales des déchets de La Baule) et que les agissements de la société prévenue contrarient directement ces actions en faveur de l'environnement, son refus de se conformer à la réglementation en vigueur et à l'arrêté préfectoral de mise en demeure ayant porté atteinte aux efforts déployés par la partie civile pour assurer la qualité de l'environnement. **MONTANT :** Évaluation de ce préjudice à la somme de 5 000 €.

CA LIMOGES 10 décembre 2009 RG 09/00026	La société ALVEA, qui exploite depuis 2001 des dépôts de produits pétroliers, a fait l'objet le 26 février 2006 d'une inspection de ses installations par les services de la DRIRE exerçant en qualité d'inspecteur des installations classées, laquelle a donné lieu à un rapport en date du 2 mars 2006 ; ce rapport a mis en évidence des non-conformités aux prescriptions techniques fixées par l'arrêté préfectoral du 16 août 1994 relatif à la prévention des sols et des eaux et à la prévention des risques d'incendie, d'explosion et à la limitation de leurs effets. Recours de deux associations de protection de la nature.	**Recours des associations jugé recevable et bien fondé :** **MOTIVATION :** « *Or attendu que ces faits sont constitutifs des contraventions aux articles R. 512-28, R. 512-41 et R. 514-4 du Code de l'environnement ; que la condition liée à la commission d'infractions est acquise ; qu'il importe peu en effet que les infractions soient prescrites pénalement ou n'aient pas fait l'objet de poursuites pénales ou administratives ; qu'il ressort en effet des dispositions de l'article 4 du Code de procédure pénale que l'action civile peut être exercée séparément de l'action publique et qu'elle se prescrit selon les règles du Code de procédure civile, étant observé que, en l'espèce, les infractions ont été constatées le 28 février 2006 et que l'action engagée par les associations a été introduite selon assignation devant le tribunal d'instance de Saint-Yrieix du 28 septembre 2007, soit dans le délai de la prescription civile ;* *Et attendu que la société ALVEA ne peut utilement contester l'existence d'une atteinte aux intérêts collectifs des membres des deux associations en cause dès lors que l'une et l'autre ont pour objet la lutte contre les pollutions et nuisances, plus précisément, en ce qui concerne l'association Sources et Rivières du Limousin, la lutte contre la pollution des eaux, qui englobe la lutte contre la pollution des sous-sols ; que la DRIRE a, à cet égard, clairement mis en évidence dans son rapport du 2 mars 2006 les conséquences environnementales des infractions qu'elles relevaient, stigmatisant les effets d'une infiltration accidentelle du site par infiltration, notamment en ces termes : "les non-conformités constatées à l'occasion de cette inspection sont importantes et peuvent avoir des conséquences graves en cas d'accident, une pollution accidentelle du site par infiltration figure parmi les préoccupations de l'inspection car l'exploitant n'a pris aucune disposition pour garantir l'étanchéité des cuvettes de rétention et la résistance à l'effet vague" ; qu'ainsi, dès lors que la réglementation sur les sites classés a notamment pour objet d'éviter toute pollution accidentelle, le non-respect des dispositions de l'arrêté préfectoral, en ce qu'il est de nature à créer un risque de pollution majeure pour l'environnement, et notamment pour les eaux et les sols, porte nécessairement atteinte aux intérêts collectifs des membres des associations œuvrant en vue de sa défense ;*

		Attendu en conséquence que la qualité à agir des associations France Nature Environnement et Sources et Rivières du Limousin au regard des dispositions de l'article L. 142-1 du Code de l'environnement est acquise ; *Attendu par ailleurs qu'une action en justice en vue d'obtenir réparation d'un préjudice procède d'un intérêt légitime à agir ; que l'intérêt à agir doit certes être né et actuel ; que c'est à tort toutefois, en l'espèce, que le tribunal a considéré que les associations ne justifiaient pas d'un préjudice actuel dans la mesure où les infractions avaient cessé à la date de l'assignation que le préjudice subsiste en effet tant qu'il n'a pas été indemnisé ; que la circonstance que l'infraction qui en est à l'origine ait cessé à la date de l'assignation, qui peut éventuellement influer sur la sanction pénale en cas de poursuites du ministère public, demeure sans conséquence sur l'indemnisation, laquelle a pour objet la réparation intégrale du préjudice subi ; qu'il s'ensuit que la mise en conformité des matériels, qui met fin aux infractions, n'exclut nullement l'intérêt à agir ;* *Attendu en définitive que le jugement sera réformé en ce que l'action des associations a été déclarée irrecevable ;* *Attendu, au fond, que c'est à bon droit que les associations appelantes sollicitent l'indemnisation de leur préjudice moral ; que la seule atteinte, par la commission d'une ou plusieurs infractions, aux intérêts collectifs définis par les statuts des associations de protection de l'environnement suffit en effet à caractériser le préjudice moral indirect de ces dernières, que les dispositions spécifiques de l'article L. 142-2 du Code de l'environnement, dérogatoires au droit commun de la responsabilité civile quasi délictuelle, permettent de réparer ;* *Et attendu, sur le montant de l'indemnisation, que le préjudice moral subi doit s'apprécier en fonction notamment de l'implication des associations concernées dans la défense des intérêts compris dans leur objet social ; que les associations appelantes justifient de la part active qu'est la leur dans la mise en œuvre des mesures tendant à la protection de l'environnement ».*

		MONTANT : *« eu égard à cet élément et à la gravité et la durée des défauts de conformité des installations en cause, la société ALVEA sera condamnée à leur payer, à chacune d'elle, une somme, à titre de dommages et intérêts, que la Cour estime devoir fixer à 1 500 € ».*
CA PARIS **3 décembre 2009** **RG 07/15149**	Non respect de l'arrêté préfectoral de mise en demeure d'un exploitant de se conformer au droit des ICPE, à propos de la présence de fûts endommagés ou contenants des produits périmés. Recours de l'association FNE.	**MOTIVATION :** *« Considérant que les violations relevées, s'agissant de produits inflammables toxiques ou très toxiques sur site classé portent atteintes aux intérêts visés par l'article L. 511-1 du Code de l'environnement comme le souligne expressément l'arrêté préfectoral et font courir un risque à l'environnement et à sa protection, spécialement à la qualité des eaux, des sols et sous-sols dont la protection constitue l'objet de l'association ; Que ces violations ont ainsi porté atteinte aux intérêts collectifs qu'elle défend et aux efforts qu'elle entreprend pour la sauvegarde de l'environnement, ce qui caractérise son préjudice moral ».* **MONTANT :** 5 000 €.
CAA NANTES **1er décembre 2009, Ministère de l'Écologie c/ Assoc. Halte aux marées vertes**	Prolifération des algues vertes sur les côtes bretonnes. Recours contre l'État de quatre associations.	**MOTIVATION :** La Cour considère que l'État a fait preuve d'une double « carence fautive », dans l'insuffisante application tant du droit communautaire que de la réglementation des installations classées aux exploitations agricoles d'élevages. Jugeant établi le lien de causalité entre cette faute et la prolifération des algues vertes, la Cour relève que les associations requérantes *« ont été victimes d'une atteinte importante aux intérêts collectifs environnementaux qu'elles se sont données pour mission de défendre, constitutive d'un préjudice moral de nature à leur ouvrir droit à réparation ».* **MONTANT :** 24 000 € à verser à quatre associations.
CA POITIERS **25 novembre 2009** **RG 07/03668**	Demande de démolition de bâtiments d'élevage avicole par le propriétaire voisin qui prétend que la présence de l'exploitation avicole entraîne à son préjudice des troubles olfactifs, environnementaux et esthétiques, il allègue également le trouble anormal de voisinage.	**MOTIVATION :** *« Aucun élément versé aux débats ne fait état de nuisances olfactives subies sur les propriétés du département, et générées par l'élevage de canards. Il n'est pas établi que l'activité entraîne une dégradation quelconque de la flore ou de la faune présentes dans le bois des Jarries ou autour des rives du Petit-Lay ».*

CA PAU **17 novembre 2009** **RG 08/04394**	Une importante pollution a été constatée dans un ruisseau. L'origine de la pollution est attribuée à un mauvais fonctionnement des installations d'un élevage de porcs.	**FONDEMENT :** art. L. 210-1, L. 110-1 et L. 430-1 du Code de l'environnement. **MOTIVATION :** *« s'il est possible d'admettre les prétentions de l'Association et de la Fédération de pêche en ce qui concerne la réparation de leur préjudice moral en relation avec l'atteinte à leur objet social et aux intérêts collectifs qu'elles représentent,... il convient en revanche de les débouter de leurs demandes tendant à la réparation d'un préjudice matériel en relation avec la perte de poissons ».* **MONTANT PAR POSTE :** 1 500 € au titre du préjudice moral.
CA PARIS **13 novembre 2009** **RG 08/04923** **Rendu après cassation (Cass. crim.,** **15 avril 2008** **n° 07-85025)**	La société EDF a été définitivement condamnée pour délit de pollution des eaux à la suite d'une fuite d'hydrocarbures provenant d'une canalisation alimentant en fuel la centrale électrique de Miquelon en août 2003. Recours du propriétaire d'un terrain situé à proximité estimant que son terrain a été pollué invoquant que des travaux de dépollution importants incluant la démolition des infrastructures en place et leur reconstruction à l'identique après dépollution sont nécessaires à la remise en état.	**MOTIVATION :** *« Considérant que la partie civile produit un rapport de diagnostic environnemental réalisé à sa demande par la société ARCADIS ayant pour objet de qualifier et de quantifier les impacts des sols par les hydrocarbures.* *Que l'examen de ce rapport fait apparaître que sur les sept prélèvements de sol réalisés en sept points de la zone d'étude, les analyses réalisées dans un laboratoire agréé ont permis de caractériser un impact en hydrocarbures au niveau de trois des sondages réalisés avec pour deux d'entre eux une concentration en hydrocarbures supérieure aux seuils fixés par l'arrêté ministériel en date du 15 mars 2006.* *Qu'au vu de ce qui précède le lien de causalité entre ce diagnostic et la fuite d'hydrocarbures intervenue en 2003 ne peut être sérieusement contesté.* *Que dès lors, la société EDF sera tenue à la réparation des dommages provoqués sur le terrain de M. X tels que mis en évidence par le diagnostic environnemental de la société ARCADIS ».* **MONTANT :** 200 000 € et mise à la charge d'EDF des frais du diagnostic environnemental (8 300 €).
CA RIOM **28 octobre 2009** **RG 08/01730**	Rejet de substances bitumineuses dans un cours d'eau via le réseau pluvial provoquant une réduction de la richesse en invertébrés (diversité et quantité), source de nourriture	**FONDEMENT :** art. L. 432-2, L. 141-2 et L. 142-2 du Code de l'environnement. **MOTIVATION :** *« Attendu que le rapport de constatations du Conseil Supérieur de la Pêche relatif aux vérifications effectuées le 4 octobre 2005 souligne que l'impact de la pollution est flagrant de l'aplomb du barrage en bottes*

	essentielle pour la faune piscicole et les autres organismes du milieu aquatique et acteurs principaux de l'auto-épuration de l'eau.	*de paille jusqu'à la confluence du ruisseau avec l'Allagnon ; qu'en aval l'impact sur les poissons et sur les invertébrés aquatiques a été retenu en raison de leur présence en très faible quantité et de la présence en quantité d'organismes morts alors qu'en amont la diversité existe et qu'aucun organisme mort n'a été découvert ; que la gravité de la pollution est à mesurer à l'aune du délai de reconstitution complète d'un peuplement piscicole après pollution accidentelle et à partir du recrutement naturel qui est au minimum de trois ans ;* *qu'en l'espèce, les trois infractions suivantes ont été retenues par le Conseil Supérieur de la Pêche* *– pollution par rejet en eau douce ou pisciculture de substance nuisible au poisson ou à sa valeur alimentaire,* *– déversement par personne morale de substance nuisible dans les eaux souterraines, superficielles ou de la mer,* *– non déclaration d'incident ou d'accident dans une installation ou lors d'une activité soumise à la loi sur l'eau.* *Attendu que s'agissant de la seconde pollution, l'association Club Mouche Saumon Allier se prévaut du rapport établi le 27 septembre 2006 par le Conseil Supérieur de la Pêche qui a constaté le rejet de substances bitumineuses dans le cours d'eau le Bournatel via le réseau pluvial ; qu'il ressort de ce document que de 16 h 20 à 17 h 20 l'eau est restée trouble, de couleur marron, le fond du ruisseau au droit du rejet de l'eau pluviale étant colmaté par un dépôt caoutchouteux et noirâtre et l'eau présentant une odeur de bitume et des irisations en surface similaires à celles rencontrées lors de pollutions en hydrocarbures ; que l'eau contenait également des particules noires en suspension ; que le rejet du bitume a provoqué une réduction de la richesse en invertébrés (diversité et quantité), source de nourriture essentielle pour la faune piscicole et les autres organismes du milieu aquatique et acteurs principaux de l'auto-épuration de l'eau ;* *– que le Conseil Supérieur de la Pêche indiquait que le délit de pollution était caractérisé au sens de ses éléments matériels ;*

		Attendu qu'en conséquence, au vu de ces considérations, l'intérêt à agir de l'association Club Mouche Saumon Allier est incontestable aussi bien en raison du premier que du second sinistre ». **MONTANT PAR POSTE :** 3 500 € au titre de dommages-intérêts.
CA LYON 19 octobre 2009 RG 08/01978	Circulation avec un véhicule à moteur (quad) en dehors des voies classées dans le domaine public routier de l'État, des départements, des communes, des chemins ruraux et des voies privées ouvertes la circulation publique, en circulant notamment sur la partie non immergée du lit du fleuve la Loire, sablonneuse et recouverte de galets, cette zone étant susceptible d'être recouverte par les hautes eaux du fleuve et classée comme appartenant au domaine public fluvial.	**FONDEMENT :** art. L. 362-1 du Code de l'environnement. Condamnation au paiement de l'amende pénale.
CA PAU 10 septembre 2009 RG 08/00559	Affaire de l'ours Cannelle.	**FONDEMENT :** art. L. 411-2 du Code de l'environnement. **MOTIVATION :** *« La réalisation de l'infraction de destruction d'espèce protégée n'est pas véritablement contestée par Monsieur M. qui a reconnu spontanément et explicitement, au cours de l'information, avoir volontairement tiré avec son fusil sur l'ourse Cannelle. Il s'agit bien d'un délit intentionnel dont tous les éléments constitutifs apparaissent réunis : René M... a tiré une balle mortelle sur l'ourse Cannelle et il savait parfaitement, en tant que chasseur, les conséquences d'un tir de cette nature qui a été fait à une distance, semble-t-il, assez proche, même si les experts n'ont pas pu la déterminer avec précision. Le fait qu'il ait, selon ses déclarations, tiré de façon instinctive et au jugé alors qu'il était poursuivi par l'animal, n'enlève rien au caractère volontaire de l'acte. C'est le tir dans la direction de l'animal avec les conséquences fatales possibles que ne pouvait ignorer Monsieur René M... qui caractérise, en l'espèce, l'élément intentionnel de*

		l'infraction, il savait également que l'ours est une espèce protégée au sens de l'article L. 411-2 du Code de l'environnement et qu'il ne pouvait pas le chasser et le tuer. Le délit est bien caractérisé en l'occurrence ». Les constitutions de parties civiles de certaines associations ont été reconnues recevables et bien fondées dans la mesure où les *« faits ont porté un préjudice moral certain aux intérêts qu'elles représentent ».* **MONTANT :** 1 000 € ou 3 000 € (selon les associations) au titre du préjudice moral.
CA RENNES 1er juillet 2009 RG 07/07535	Pollution d'un point de captage d'eau destiné à l'alimentation du cheptel d'une exploitation agricole à la suite d'un forage.	**MONTANT :** – coût de remise en état du site ; – perte de production laitière pendant 2 ans et mort de 3 vaches.
CA ROUEN 30 septembre 2009 RG 08/00812	Exploitation non conforme d'une installation de traitement et de recyclage de déchets industriels (déchargement de déchets dangereux en dehors d'une aire étanche, épandage de terres polluées, absence d'aires de déchargement clairement définies, étanches et incombustibles, associées à un dispositif de rétention capable de recueillir tout écoulement accidentel).	**MOTIVATION :** Le fait de ne pas respecter les conditions d'exploitation fixées par l'autorité administrative pour limiter les nuisances et pollutions causées par l'activité de la société X porte directement atteinte aux intérêts collectifs que l'association France Nature Environnement s'est donnée comme objectif de défendre, malgré les régularisations intervenues, qui n'ont d'incidence que sur l'estimation du préjudice moral causé. L'ensemble des efforts déployés par France Nature Environnement en faveur de la protection de l'environnement se trouve également contrarié par les infractions commises. L'hostilité et la résistance de l'exploitant d'une installation classée à appliquer la réglementation d'ordre public écologique constitue une circonstance aggravante du préjudice moral subi par l'association de protection. **MONTANT :** Montant des dommages-intérêts au titre de l'indemnisation de son préjudice moral consécutif aux infractions commises : 3 000 €, sans qu'il soit nécessaire d'ordonner les publications sollicitées à titre de réparation civile.
CA PAU 25 juin 2009	Exécution de travaux nuisibles au débit des eaux ou au milieu aquatique, en l'espèce travaux de remblais dans une zone située dans le lit majeur de l'Adour. Recours de l'association SEPANSO.	**MOTIVATION :** *« L'irrégularité des travaux est de nature à causer un préjudice environnemental dont la partie civile est habilitée à solliciter la réparation. Toutefois, sans être symbolique, celle-ci ne peut être que limitée, en deçà de la somme demandée correspondant à 1 € le* m^2 *de remblais. Et*

		ce surtout alors que d'autres remblais avaient été déposés dès avant la période de prévention, tandis que la réglementation demeurait moins sévère ». **MONTANT :** 6 000 €.
CA BORDEAUX **19 juin 2009**	Pollution par hydrocarbures d'un ruisseau provenant d'une station essence. Recours de l'association SEPANSO.	**MOTIVATION :** *« La SEPANSO (société pour l'étude, la protection et l'aménagement de la nature dans le sud-ouest) a pour objet de sauvegarder dans les départements de l'Aquitaine la faune et la flore naturelles.* *Elle a fait l'objet d'un agrément en tant qu'association de protection de la nature par arrêté du ministre de l'environnement en date du 15 mai 1979. Par décret de monsieur le premier ministre en date du 3 août 1982, elle a été déclarée d'utilité publique.* *Elle est donc recevable à se constituer partie civile en application des dispositions de l'article L. 142-2 du Code de l'environnement.* *L'infraction reprochée à la SAS Brugar a causé un important préjudice environnemental. Le fait de déverser des hydrocarbures dans un petit cours d'eau génère des conséquences dommageables sur la faune et la flore ».* **MONTANT :** *« Le préjudice moral doit être indemnisé en proportion de l'ampleur de la pollution en l'espèce la somme de 1 000 € au titre de ce préjudice doit être confirmée ».* *« Le préjudice matériel, compte tenu de la fragilité du cours d'eau pollué liée au niveau d'eau bas et à la concentration d'hydrocarbures dans le lit du ruisseau doit être déclaré en référence à la surface du cours d'eau affecté. En l'espèce, la cour ne trouve pas de motif à modifier la décision critiquée qui a fait une exacte appréciation du préjudice subi par la partie civile en fixant la réparation à 5 euros par mètre pollué soit 5 560 € le montant total du préjudice résultant directement pour la partie civile des agissements délictueux retenus à la charge du prévenu ».*
CA BOURGES **28 mai 2009**	Utilisation irrégulière d'un piège par un piégeur agréé. Destruction irrégulière d'animal nuisible. Constitution de partie civile de la Fédération Départementale des Chasseurs du Cher.	**MOTIVATION :** *« Que les faits qui étaient soumis au Tribunal de Police de Sancerre, et qui ont fait l'objet d'une sanction désormais définitive sur le plan pénal, revêtent un caractère de gravité certain tant en raison des conséquences qui en ont découlé qu'en raison de celles qu'elles auraient pu engendrer, les opérations de piégeage illicites constituant des pratiques*

		dangereuses pour la faune protégée, les animaux domestiques, mais aussi les usagers de la nature que sont les promeneurs et les enfants ; *Que les fédérations départementales des chasseurs, conformément aux dispositions des articles L. 421-5 et suivants du Code de l'environnement, ainsi qu'aux termes de leurs statuts, participent notamment à la mise en valeur du patrimoine cynégétique départemental, à la protection et à la gestion de la faune sauvage ainsi que de ses habitants ;* *Que la Fédération départementale des Chasseurs du Cher en particulier, a mis en place des opérations spécifiques de formation en matière de piégeage ; qu'elle organise ainsi plusieurs sessions dans l'année où sont exposées en théorie et dans le cadre d'exercices pratiques sur le terrain toute la réglementation en matière de piégeage ainsi que l'utilisation régulière et appropriée des matériels utilisés ;* *Que le préjudice subi en l'espèce par ladite fédération est donc aussi bien moral en raison de l'atteinte portée par les prévenus à l'image même des chasseurs et des activités cynégétiques, que financier en raison du coût engendré par les mesures qu'elle doit prendre pour exercer ses missions légales ou statutaires sus-rappelées telle que celle de formation au piégeage ;* *Qu'eu égard aux infractions reprochées à Messieurs X et Y, le premier juge ne pouvait donc allouer à cette partie civile une indemnisation purement symbolique sans rapport avec l'étendue réelle de son dommage ».* **MONTANT :** Il y a lieu par suite, réformant le jugement déféré, de fixer en toutes ses causes confondues le préjudice de la Fédération départementale des Chasseurs du Cher à la somme de 500 € plus 500 € par application de l'article 475-1 du Code de procédure pénale (qui s'ajoute aux 500 € alloués en première instance).
CA BASSE-TERRE 18 mai 2009 RG 05/01029		**FONDEMENTS :** art. 1, 2, 3, 4 de la Charte de l'environnement ; art. L. 321-8 du Code de l'environnement. • **Recours de l'association SOS Environnement Guadeloupe :** Rejet au motif que : « *les associations ne peuvent agir au nom d'une collectivité qui les dépasse en l'absence d'habilitation législative expresse. Cette*

	Dégradation de l'écosystème de l'île suite à la pénétration par une personne sur une autre propriété pour y prélever du sable et d'autres agrégats afin d'y édifier diverses infrastructures pour exploiter son établissement (une partie du bord de mer de l'Îlet Cossons a été décaissée sur une distance de 115 mètres et sur une largeur de 12 mètres environ. La végétation y a été arrachée et la plage éventrée).	*habilitation est prévue, pour les associations de protection de l'environnement agréées, par l'article L. 141-2 du Code de l'environnement à condition qu'elles exercent une action en réparation d'un dommage causé par une infraction. Ainsi, elles tiennent de ces dispositions, le pouvoir d'exercer les droits reconnus à la partie civile en ce qui concerne des faits portant, même, un préjudice indirect aux intérêts collectifs qu'elles ont pour objet de défendre et qui constituent d'une infraction aux lois de protection de l'environnement. Cependant, en l'espèce, l'association SOS Environnement Guadeloupe, si elle est déclarée à la préfecture, ne justifie pas avoir été agréée. Son action collective doit, donc, être déclarées irrecevables sur le fondement de l'article 31 du Code de procédure civile ».* • **Recours des propriétaires des parcelles :** – 3 000 € au titre du préjudice moral du fait de l'atteinte à la propriété et à son équilibre environnemental (outre l'indemnisation du préjudice matériel), – 5 000 € chacun aux fins de permettre la mise en œuvre des mesures de restauration préconisées par l'expert sur leur propre parcelle.
TGI NANTERRE **11 mai 2009** **RG 06/13731**	Détérioration d'un parc du fait d'une pollution par hydrocarbures causée par l'activité d'un garage. Recours de la commune sur le territoire de laquelle se situe le parc.	**MOTIVATION :** préjudice environnemental : *« Aux termes de l'article 110-1 du Code de l'environnement (...), la Commune est en droit de faire reconnaître l'existence d'un préjudice environnemental subi par le patrimoine naturel du Parc installé sur son territoire, cette atteinte portée à l'environnement lésant à l'évidence, de manière directe ou indirecte, les intérêts collectifs des administrés de la Commune qu'elle a statutairement pour mission de sauvegarder ».* **MONTANT :** 1 € au titre du préjudice environnemental.
CAA LYON **23 avril 2009** **Association Club Mouche Saumon Allier** **07LY02634**	Travaux conduits illégalement par la commune, dans un secteur recensé à l'inventaire Natura 2000 ; secteur abritant une des meilleures zones de frayères à saumon atlantique ; travaux à l'origine de l'assèchement prolongé d'un bras de rivière avec destruction de frayères de saumon et mortalité de	**FONDEMENT :** art. L. 142-1, L. 437-18, L. 142-2 du Code de l'environnement. **MOTIVATION :** *« Considérant qu'il résulte des dispositions de l'article L. 437-18 du Code de l'environnement, que les fédérations de pêche et les associations agréées de pêche et de protection du milieu aquatique (AAPPMA), titulaires du droit de pêche pour l'exercice de la pêche de loisirs, peuvent demander réparation des préjudices directs et indirects portant*

	jeunes saumons, conséquences dommageables pour le milieu aquatique.	*atteinte aux intérêts collectifs qu'elles ont pour mission de défendre, et tenant tant à la mortalité du poisson qu'aux atteintes au milieu aquatique ; que les droits qui leur sont ainsi conférés ne sont toutefois pas exclusifs, et ne font pas obstacle à l'exercice parallèle de demandes de réparation par des associations ayant pour objet la protection de l'environnement, et justifiant d'un préjudice propre ; [...] ; considérant que les travaux, illégalement conduits par la commune dans un secteur recensé à l'inventaire Natura 2000 et reconnue comme abritant une des meilleures zones de frayères à saumon atlantique du cours supérieur de l'Allier, ont entraîné, outre la mortalité directe de 15 jeunes saumons, le colmatage par enfouissement des ovules déposées dans les frayères et à terme un déficit de reproduction ; que par suite, alors que le seuil de conservation de l'espèce est difficilement maintenu, un dommage écologique est ainsi constitué ; considérant que l'association requérante œuvre depuis de nombreuses années, conformément à ses statuts, à la reconstitution des espèces de poissons migrateurs, et en particulier du saumon atlantique ; [...] ; que, dès lors, au regard du dommage écologique sus décrit portant atteinte aux intérêts collectifs qu'elle s'est donnée pour objet de défendre, l'Association Club Mouche Saumon Allier justifie d'un préjudice propre dont elle est fondée à demander réparation sur le fondement de l'article L. 142-2 du Code de l'environnement ».* **MONTANT :** 16 000 €.
CA NANCY 23 avril 2009 RG 09/1179	Pollution d'un fonds agricole par hydrocarbures provenant d'une exploitation de fabrication de verre.	**MOTIVATION :** Réparation en nature destinée à mettre fin au préjudice de pollution. Obligation pour l'exploitant de faire réaliser, dans un délai de huit mois suivant la signification du présent arrêt, et sous astreinte provisoire de 2 000 € par jour de retard, les travaux suivants, dont les modalités pratiques pourront être adaptées pour tenir compte des suites éventuellement données par les autorités administratives en raison la déclaration à effectuer par application de l'article L. 214-3 du Code de l'environnement. – le curage et la dépollution de la lagune dans les conditions prévues par le devis de la société N. (...), ou selon des procédés présentant des garanties

		au moins équivalentes et conformes aux prescriptions énoncées au rapport d'expertise ; – le remplacement, sur une longueur de 260 mètres, de la canalisation en béton actuellement en place par une canalisation d'un mètre de diamètre ; – le curage et la dépollution du ruisseau sur une longueur de 975 mètres (...). **MONTANT :** 22 000 € au titre du préjudice moral de l'agriculteur du fait de la pollution.
CA BORDEAUX **10 avril 2009**	Exécution sans autorisation, de travaux nuisibles au débit ou au milieu aquatique, en l'espèce curage du fond du lit d'un ruisseau, avec enlèvement de végétation et remblaiement de l'ancien lit du cours d'eau. Recours de la SEPANSO.	**MOTIVATION :** *« Il résulte des constatations des agents de l'ONEMA que des travaux sur plus de 400 mètres ont modifié le tracé du ruisseau et sont de nature à accélérer le phénomène d'ensablement et d'érosion. Ils ont amené la disparition de toute flore ; l'ensemble du milieu support de la vie aquatique a donc été ainsi atteint.* *Le procès-verbal dressé par les agents du conseil supérieur de la pêche indique que le temps de réajustement, pour un retour au profil originel, sera en tout état de cause supérieur à 10 ans et que des risques d'un temps de réajustement supérieur à une centaine d'années ne sont pas à écarter.* *Dès lors, la remise en état des lieux ordonnée à titre de peine complémentaire par le tribunal n'a pas fait disparaître les conséquences de l'infraction et il demeure un préjudice environnemental certain ».* **MONTANT :** *« L'indemnisation de ce préjudice doit être calculée proportionnellement à l'importance du dommage, soit dans le cas d'espèce pour 400 mètres de dégradation, une indemnisation à hauteur de 10 € le m^2, soit 4 000 euros. Cette somme a vocation à dédommager la SEPANSO de son préjudice strictement matériel (ndlr : qualifié plus loin par les juges de « préjudice environnemental »).* *Il faut y adjoindre comme l'a fait le tribunal, 2 000 euros afin de réparer l'atteinte aux intérêts moraux que la SEPANSO s'efforce de défendre ».*
CA PAU **9 avril 2009**	Pêche d'une espèce piscicole protégée (civelles).	**MOTIVATION :** *« Les agissements du prévenu, dont la Cour considère qu'ils permettent outre un gain substantiel, tenant à la valeur marchande élevée, fut-elle variable, des pibales, l'intéressement à l'acte de braconnage d'un*

		pêcheur professionnel, facilitant à l'évidence la commercialisation du produit de l'infraction, sont de nature à jeter le discrédit sur les pêcheurs en général, pêcheurs locaux et spécialisés, parfois professionnels notamment. Ils causent à l'évidence, l'acte de pêche à cet endroit étant particulièrement déloyal et attentatoire au maintien d'une espèce protégée, se raréfiant chaque année, un préjudice écologique et matériel ». Les sommes allouées aux parties civiles apparaissent de nature à réparer utilement les préjudices des parties civiles.
CA VERSAILLES **19 mars 2009** **RG 08/00108**	Pollution d'un étang d'environ 3 000 m^2.	**MOTIVATION :** *« Considérant que, au titre du trouble dans la jouissance de l'étang, M. M. sollicite la somme de 7 400 euros jusqu'au jour de l'arrêt, outre 100 euros par mois à compter de l'arrêt jusqu'au paiement ; que l'expert évalue ce poste entre 100 et 300 euros par mois, que la S.C.E.A. CRESPEL conclut au débouté faute de preuve d'un préjudice, et que le jugement a alloué 1 500 euros pour ce poste ;* *Mais considérant que M. M. a subi un préjudice esthétique, et a été privé des joies de la pêche et de la promenade en barque, depuis les faits jusqu'à ce jour ».* **MONTANT :** 6 000 €.
CA **MONTPELLIER** **28 janvier 2009** **RG 07/01712**	Une usine de conditionnement de produits phytosanitaires (la SOFT) avait laissé s'écouler dans la mer une certaine quantité d'insecticide qui a atteint l'étang de Bages-Sigean.	• **Recours du Parc naturel régional de la Narbonnaise :** **FONDEMENT :** art. L. 333-1 du Code de l'environnement **MOTIVATION** : La cour d'appel reprend les motivations du tribunal. Après avoir rappelé l'article L. 333-1 du Code de l'environnement en vertu duquel *« les parcs naturels régionaux concourent à la politique de protection de l'environnement et constituent le cadre privilégié des actions menées par les collectivités publiques en faveur de la préservation du paysage et du patrimoine naturel et culturel »*, le tribunal juge que *« le parc naturel régional de la Narbonnaise en Méditerranée, compte tenu de sa mission légale, en l'état des dommages causés par la SARL SOFT au patrimoine naturel compris dans son périmètre, justifie donc d'un intérêt direct à obtenir réparation du préjudice environnemental subi par le patrimoine naturel du parc ».*

		MONTANT : 10 000 €. • **Recours des communes :** Rejet faute de justifier d'une intervention directe, matérielle ou financière, pour atténuer les dommages résultants de la pollution en cause. Leurs demandes formées au titre de la réparation d'un préjudice matériel et d'un préjudice environnemental seront rejetées.
CA ROUEN 20 janvier 2009 RG 08/03411	Chasse au gibier d'eau en dehors de la période fixée par l'autorité administrative.	**FONDEMENT :** art. L. 424-2 du Code de l'environnement. **MONTANT :** 3 000 € à titre de dommages et intérêts à la Ligue pour la préservation de la faune sauvage et la défense des non-chasseurs.
CA AIX-EN-PROVENCE 19 janvier 2009 RG 79M2009	Rejet illicite d'hydrocarbures par un navire dans la zone de protection écologique de la mer Méditerranée. Recours d'associations de protection de la nature et de l'Office de l'Environnement de la Corse.	**FONDEMENT :** art. L. 142-4, L. 218-21 al.1 et 2, L. 218-10 § I 2°, L. 218-10 § I, § III, L. 218-20, L. 218-24 § II du Code de l'environnement ; Annexe I de la convention internationale du 2 novembre 1973. **MOTIVATION :** *« Attendu qu'à bon droit, par des motifs que la Cour adopte, le tribunal a reçu l'association Environnement Méditerranée, la Ligue pour la Protection des Oiseaux délégation Provence-Alpes-Côte-d'Azur, l'association France Nature Environnement, l'association Le Poulpe et l'association U Levante, en leur constitution de parties civiles, chacune d'entre elles étant régulièrement agréées pour la défense de l'environnement auquel l'infraction de rejets d'hydrocarbures a porté atteinte ; [...] ;* *Attendu que l'Office de l'Environnement de la Corse, établissement public industriel et commercial doté de la personnalité civile et de l'autonomie financière sur lequel la Collectivité Territoriale de Corse exerce son pouvoir de tutelle, a notamment pour compétence en matière d'environnement d'assurer la protection, la mise en valeur, la gestion, l'animation et la promotion du patrimoine de la Corse ;* *Attendu que par l'article 5 de la loi n° 2008-757 du 1er août 2008 relatif à la responsabilité environnementale et à diverses dispositions d'adaptation au droit communautaire dans le domaine de l'environnement a été créé l'article L. 142-4 du Code de l'environnement aux termes desquelles : « les collectivités territoriales et leurs groupements peuvent exercer les droits reconnus à la partie civile en ce qui concerne les faits portant un préjudice*

		direct ou indirect au territoire sur lequel ils exercent leurs compétences et constituant une infraction aux dispositions législatives relatives à la protection de la nature et de l'environnement ainsi qu'aux textes pris pour leur application », ces dispositions, constitutives d'un droit substantiel, confortent le droit pour l'Office de l'Environnement de la Corse d'agir, qu'il détient par ailleurs, en vertu de l'article 2 du Code de procédure pénale puisqu'il a personnellement souffert du dommage causé par l'infraction ; *Attendu que le rejet d'hydrocarbures sanctionné a incontestablement occasionné un préjudice moral qui recouvre les préjudices d'image et écologique allégués à l'Office de l'Environnement de la Corse, la somme de 4 000 € doit être allouée à titre d'indemnité réparatrice ».* **MONTANT :** 4 000 € à titre de dommages et intérêts à chacune des associations.
CA VERSAILLES 9 décembre 2008 RG 07/07073	Action civile des associations de protection de l'environnement contre une société exploitant un atelier de fabrication de résines glycérophtaliques sur une plateforme chimique qui était en infractions avec le droit des installations classées (la société avait mis rapidement un terme au risque).	**FONDEMENT :** art. L. 141-1 et L. 141-2 du Code de l'environnement. **MOTIVATION :** *« Il résulte de l'article L. 142-2 du Code de l'environnement que les associations agréées, visées par l'article L. 141-2 du même code, peuvent exercer les droits reconnus à la partie civile en ce qui concerne les faits portant un préjudice direct ou indirect aux intérêts collectifs qu'elles défendent et constituant une infraction aux dispositions relatives notamment à la protection de la nature et de l'environnement, à la protection de l'eau, de l'air, ou aux dispositions ayant pour objet la lutte contre les pollutions et les nuisances ;* *L'association FNE a été agréée par arrêté ministériel du 29 mai 1978 et l'association ANPER-TOS a été agréée par arrêté ministériel du 15 mai 1979 ;* *La première a pour objet statutaire de "protéger, conserver les espaces, ressources, milieux et habitats naturels, les espèces animales et végétales, la diversité et les équilibres fondamentaux de la biosphère, l'eau, l'air, les sols, les sites et les paysages, le cadre de vie dans une perspective de développement durable, de lutter contre les pollutions et les nuisances et,*

		d'une manière générale, d'agir pour la sauvegarde de ses intérêts dans le domaine de l'environnement"... ; *La seconde a pour objet statutaire de participer à la lutte contre la pollution des eaux et des rivières et de protéger les écosystèmes aquatiques ; ,* *Le fait de commettre des infractions aux dispositions législatives ou réglementaires relatives à la protection de l'eau, de la nature ou de l'environnement cause un préjudice moral indirect aux associations agréées de protection de l'environnement puisque ces infractions portent atteinte aux intérêts collectifs qu'elles ont pour objet de défendre ;* *L'Association France Nature Environnement et l'Association Nationale de Protection des Eaux et Rivières, établissent qu'il y a eu faute par le non-respect établi de certaines dispositions réglementaires, même si la mise en conformité est intervenue ultérieurement, qu'elles ont subi un préjudice résultant de l'atteinte portée aux intérêts collectifs qu'elles défendent, que ce préjudice résulte bien de la faute commise ».* **MONTANT :** 1 500 € pour chacune des associations ; 1 000 € au titre de l'article 700 du Code de procédure civile.
CA ANGERS **9 décembre 2008** **RG 07/01836**	Action d'apiculteurs contre un fournisseur de produits de traitement fongicide et insecticide utilisé à proximité des ruchers. Conséquence : surmortalité très importante, pouvant aller jusqu'à la disparition complète de certains ruchers, intoxication des abeilles butineuses.	**MOTIVATION :** « *En matière environnementale, le lien causal entre la faute et le préjudice subi doit être apprécié en considération du risque accru de provoquer le dommage inhérent à l'activité dangereuse que représente l'usage des produits phytosanitaires ; Il importe peu, par ailleurs, que l'usage de ces produits n'ait pas été la cause exclusive des pertes subies par les apiculteurs dès lors qu'il est démontré, avec un degré de pertinence et de certitude suffisant, qu'il a joué un rôle dans l'apparition des dommages ;* [...] *Les autres associations et syndicats qui sont représentatifs des professions apicoles, ou ont pour objet de veiller à l'émergence d'activités agricoles s'inscrivant dans un objectif de développement durable, sont recevables et bien fondés à poursuivre la réparation d'un préjudice moral qui, en regard de la gravité de l'atteinte portée à l'environnement par les traitements*

	Recours des associations représentatives des professions apicoles.	*préconisés par la CAVAL sera justement réparé par l'octroi d'une indemnité de 1 000 € chacun ».* **MONTANT :** 1 000 € chacune en réparation du préjudice moral.
CA PAU Ch. corr. 9 décembre 2008 RG 07/00949	Rejets en eau douce de substances nuisibles au poisson ou à sa valeur nutritive, exploitation sans autorisation préalable d'une unité de lavage et de conditionnement de carottes et de bulbes de fleurs, installation classée pour la protection de l'environnement soumise à autorisation préalable, non-respect d'une injonction de faire d'éliminer par un organisme agréé les produits phytosanitaires illégalement détenus, abandon et dépôt dans des conditions non conformes des déchets dangereux de nature à produire un effet nocif sur les sols, la faune ou la flore, à dégrader des sites et paysages, à porter atteinte à la santé de l'homme et à l'environnement. Recours de l'association SEPANSO-LANDES.	**FONDEMENT :** art. L. 514-9, L. 514-9 § I, L. 511-1 al. 1, L. 512-1 al. 1, L. 512-15 al. 2, L. 514-14, L. 515-7, L. 517-1, L. 517-2, L. 541 al. II, L. 541-2, L. 541-7, L. 541-46, L. 253-1, L. 253-2, L. 253-3, L. 253-17 II 1/ 2/ du Code de l'environnement ; Articles 2, 2-1, 20, 23-2, 24, 39 du Décret 77-1133 du 21 septembre 1977. **MOTIVATION :** *« Dans la mesure où cette association milite et œuvre pour le respect des règles de l'environnement, la sauvegarde des milieux, de la faune et de la flore, les agissements tels que ceux qui demeurent reprochés au prévenu, sont de nature à lui causer un préjudice. Ce préjudice environnemental, s'il est réel, doit effectivement être proportionné à l'impact écologique du dommage.* *En l'espèce, ce préjudice ne peut plus résulter que de l'exploitation non autorisée d'installations classées, à une époque en violation d'une injonction de cesser cette exploitation, et de dépôts non conformes de déchets. Le dossier ne comporte pas, notamment les pièces produites par la partie civile, de données permettant l'appréciation de ce préjudice (frais de dépollution du sol, évaluation des dommages au milieu naturel) ».* **MONTANT :** La Cour l'arbitre à la somme de 3 000 €. Compte tenu de la période où les infractions ont perduré, et de la fragilité écologique reconnue du milieu, il est équitable d'allouer à la partie civile, simplement intimée, une somme de 1 200 € pour l'ensemble de l'instance, au titre de l'article 475-1 du Code de procédure pénale.
CA TOULOUSE Ch. corr. 2 décembre 2008 RG 08/00942	Dépôt d'objets ou d'ordures transportés à l'aide d'un véhicule dans un lieu non autorisé. Recours de la commune.	**MOTIVATION :** *« Une telle pollution visuelle et toxique entraîne un préjudice environnemental pour les habitants et la commune ».* **MONTANT :** 3 500 €.

CA DOUAI **28 octobre 2008** **RG 07/02850**	Implantation sur un terrain d'un chalet en bois, d'un mobile home sans autorisation administrative et stockage de deux caravanes, un bateau, un tracteur et divers matériaux en infraction au regard du POS. Recours du maire.	**FONDEMENT :** art. L. 160-1 et L. 480-4 du Code de l'urbanisme. **MOTIVATION :** « *La partie civile qui souffre d'un dommage direct et personnel résultant de ces infractions aux dispositions du POS sera déclarée recevable en sa constitution de partie civile. Le prévenu sera déclaré responsable du préjudice subi par elle.* *Les infractions dont a été victime la partie civile caractérisent pour celle-ci un préjudice environnemental et de voisinage* ». **MONTANT :** 1 000 €.
CA ROUEN **20 octobre 2008** **RG 08/00054**	L'exploitant d'une raffinerie de pétrole a omis de procéder à une déclaration d'incident dans les temps, à savoir une fuite sur un bac de pétrole de 60 000 m^3. Par ailleurs, il n'a pas fait procéder au nettoyage de cuvettes de rétention de plusieurs bacs de pétrole. Recours de deux associations de protection de l'environnement.	**FONDEMENT :** art. L. 511-1, L. 524-10, L. 512-5, L. 514-10 du Code de l'environnement. **MOTIVATION :** « *En fonction des éléments communiqués et des pièces produites, le Tribunal a fait une exacte appréciation de la recevabilité des constitutions de parties civiles régularisées par les associations France Nature Environnement et Écologie pour le Havre et de l'indemnisation des préjudices qui leur ont été respectivement causés par les infractions commises, et la cour, après avoir rappelé que l'association Écologie pour le Havre a pour objet d'agir en faveur de la protection de l'environnement et de lutter contre les pollutions et nuisances dans l'arrondissement du Havre (article 3 de ses statuts), adopte pour le surplus les motifs du Tribunal non contraires à ceux du présent arrêt pour confirmer le jugement en ses dispositions civiles* ». **MONTANT :** 4 000 € à chacune des associations.
CA BOURGES **16 octobre 2008**	Exécution sans autorisation de travaux nuisibles au débit des eaux ou au milieu aquatique.	Confirmation des peines prononcées en première instance : **MOTIVATION :** « *Attendu que selon les agents verbalisateurs, ces travaux sont nuisibles au débit des eaux ou au milieu aquatique et ont pour conséquences durables et quasi irréversibles :* *Sur le milieu aquatique :* – *disparition complète du biotope (disparition des végétaux et des caches pour la faune) ;* – *homogénéisation du milieu, d'où une perte de diversité des habitats ;* – *colmatage des fonds (zones de reproduction) par dépôts de sédiments fins ;*

		– disparition de la microfaune benthique, source de nourriture des espèces piscicoles. *Sur le débit des eaux :* *– modification du gabarit du cours d'eau : le lit est beaucoup plus large et profond que ce qu'il était naturellement, avec pour conséquence une accentuation des crues (fortes eaux) et des étiages (basses eaux) ;* *Attendu que selon le procès-verbal :* *– l'activité du bureau d'études Addan consiste notamment à mettre en concordance les travaux prévus avec les textes législatifs et M. X, son directeur, connaît précisément les règles des procédures préventives qui s'appliquent avant toute intervention physique sur un cours d'eau ;* *– le bureau d'études Addan, dont les locaux se situent au sein même de la Chambre d'agriculture, a participé avec la direction départementale de l'agriculture et de la forêt de la Nièvre à l'élaboration d'une plaquette d'information qui précise les modalités d'accomplissement des travaux sur cours d'eau ;* *– au vu des principes généraux de la protection des milieux aquatiques, des travaux de cette ampleur n'auraient pas été autorisés sans mesures compensatoires et sans analyse préalable du coût/avantage ; ils sont difficilement compatibles avec les prescriptions générales énoncées dans le Schéma directeur d'aménagement et de gestion des eaux (SDAGE) du bassin Loire-Bretagne.* *Attendu que le 24 janvier 2005, au cours de son audition par les gendarmes, M. X reconnaissait que le lit du « Seneuil » avait été approfondi pour garantir la capacité hydraulique de l'émissaire à évacuer les crues ;* *Qu'il ajoutait que sans ces travaux, les objectifs visés, "à savoir sécurité publique et préservation des activités économiques" n'auraient pas été atteints ;* *Attendu qu'est ainsi suffisamment établie l'infraction reprochée au bureau d'études Addan et à M. X, qui ont bien procédé à un reprofilage du ruisseau Le Seneuil et ne peuvent sérieusement soutenir qu'ils n'auraient procédé qu'à de simples travaux d'entretien ».*

CA RIOM **15 octobre 2008** **RG 07/02242**	Exploitation d'ouvrage par une société dans un cours d'eau douce empêchant la circulation des poissons migrateurs. Recours de différentes associations.	**FONDEMENT :** L. 141-1, L. 141-2, L. 432-8 et L. 432-20 du Code de l'environnement. **MOTIVATION :** *« Attendu que la recevabilité des actions engagées par ces associations n'est nullement conditionnée par la preuve de la détention de droits de pêche dans le cours d'eau concerné ; qu'elles bénéficient d'une habilitation large pour l'exercice des droits reconnus à la partie civile en ce qui concerne les faits de pollution et les atteintes aux intérêts collectifs qu'elles ont pour mission de défendre, constitutives d'infractions au titre 3 du Code de l'environnement »... « L'intervention immédiate de la société hydroélectrique de la Dore Mathieu et Fils n'a pas fait disparaître totalement le préjudice, certes établi en son principe, mais a permis le dégagement rapide des obstructions au passage des poissons en contribuant à limiter les conséquences dommageables ».* **MONTANT :** 1 € à titre de dommages-intérêts.
CA NÎMES **14 octobre 2008**	La DRIRE a relevé plusieurs non-conformités aux prescriptions techniques de l'arrêté préfectoral d'autorisation d'une installation classée (usine de fabrication de soupes et potages).	**MOTIVATION :** *« Il est désormais constant en jurisprudence qu'en matière d'installations classées, la preuve des infractions peut être rapportée par tous moyens sans qu'il soit nécessaire qu'un procès-verbal ait été dressé ».* *« La seule atteinte portée aux intérêts collectifs définis par les statuts de l'association par une infraction écologique suffit à caractériser le préjudice moral indirect de celle-ci pour voir sa demande de réparation accueillie sur le fondement l'article L. 142-2, sans que l'association agréée ne soit tenue de rapporter la preuve d'un préjudice direct, certain et personnel comme en droit commun. Ce régime spécialement dérogatoire au droit commun de la responsabilité civile délictuelle, qui permet de réparer un préjudice indirect du fait d'une infraction environnementale, conduit à apprécier de façon extensive le dommage de l'association agréée et à prendre en compte les risques de pollution que des non-conformités créent pour l'environnement. Ainsi, la constatation d'un dommage avéré au milieu naturel n'est-elle pas exigée ».* **MONTANT :** *« En l'espèce, en raison de l'ampleur du préjudice moral caractérisé par des atteintes multiples aux intérêts collectifs statutaires et par des risques conséquents imputables aux dysfonctionnements constatés, il y a lieu*

		de condamner la société exploitant l'installation classée à payer à l'association agréée la somme de 5 000 euros à titre de dommages et intérêts pour préjudice moral ».
CA VERSAILLES 7 octobre 2008 RG 07/08732	Non-respect de la législation environnementale par une société de traitement de surface de pièces de quincaillerie par voie chimique et électrolytique. Recours de l'association France Nature Environnement.	**FONDEMENT :** art. L. 141-1 et L. 141-2 du Code de l'environnement. **MOTIVATION** : L'association qui a pour objet la protection de l'environnement et notamment la qualité des eaux et des milieux naturels établit qu'il y a eu faute par le non-respect reconnu de certaines dispositions réglementaires, même si la mise en conformité est intervenue ultérieurement et *« elle a subi un préjudice résultant de l'atteinte portée aux intérêts collectifs qu'elle défend, que ce préjudice résulté bien de la faute commise ».* **MONTANT :** 3 000 € à titre de préjudice moral.
CA TOULOUSE 8 septembre 2008 RG 07/01683	Société reconnue coupable du délit d'installation d'ouvrage dans le lit d'un cours d'eau sans dispositif garantissant un débit minimal assurant la vie, la circulation et la reproduction des espèces vivantes. Constitution de partie civile par une association.	**MOTIVATION :** *« Attendu que l'association le Comité Écologique Ariégeois, association de protection de la nature et de l'environnement, membre de la fédération nationale France Nature Environnement, agréée par arrêté préfectoral du 17 février 1992 au titre de l'article L. 141-1 du Code de l'environnement a été reconnu comme établissement d'utilité publique et a notamment pour objet de protéger la nature pour sauvegarder les espèces et les espaces ; Qu'elle se veut encore une "force de proposition et d'influence qui s'exerce dans le sens de l'intérêt général et dans le respect de l'environnement" ; qu'elle "assure au profit de ses membres et du public, une mission d'information et de formation et assure en tout lieu auprès de toutes les instances, la défense de l'environnement et la protection de la nature" ;* *Qu'en conséquence ladite association est recevable à se constituer partie civile pour demander réparation du préjudice moral né de la lésion des intérêts collectifs que le législateur lui a donné pour mission de sauvegarder et que la réparation du préjudice résultant pour elle des infractions reprochées peut intervenir sur le seul fondement de l'atteinte portée aux intérêts collectifs qu'elle a statutairement mission de défendre ;* *Attendu en outre qu'elle intervient de façon préventive contre les atteintes à l'environnement, mobilise des bénévoles sur le terrain, organise des journées d'information et publie par ailleurs, un bulletin d'information ;*

		Attendu que sur le seul fondement de l'atteinte portée aux intérêts collectifs qu'elle a statutairement mission de défendre..., la méthode d'évaluation du préjudice [n'apparaît] pas suffisamment pertinente puisque reposant sur une affectation de la rivière sur une distance possible, mais non certaine ». En l'occurrence, le Comité Écologique Ariégeois proposait d'évaluer *« son préjudice à raison de 0,50 € par mètre carré affecté de la rivière, soit sur une distance d'au moins 390 mètres pour 12 mètres de large, une surface de 4 680 mètres carrés ».* **MONTANT :** 1 500 € pour l'association.
CA BOURGES **4 septembre 2008** **RG 2008/267**	Circulation avec des véhicules à moteur hors des voies ouvertes à la circulation publique dans un espace naturel, à l'origine de dégâts dont la formation d'ornières.	**MOTIVATION :** Les dégâts constituent des atteintes au milieu naturel. La Fédération départementale des chasseurs participe à la préservation et à la reconstitution de ces milieux. **MONTANT :** 300 €.
CA ROUEN **Ch. corr.** **4 septembre 2008** **RG 07/00724**	ICPE exploitant une décharge sauvage de déchets assimilables à des ordures ménagères sans autorisation préfectorale préalable ; élimination irrégulière des déchets nuisibles et poursuite de cette activité malgré une mise en demeure du préfet.	**FONDEMENT :** art. L. 541-46 I 8° du Code de l'environnement. **MOTIVATION :** *« Les déclarations de Didier X qui admet avoir volontairement fait déposer des blocs de béton armé provenant de la destruction d'un blockhaus, pour un volume d'environ 70 m^3, avec des ferrailles et des bois et les constatations des enquêteurs, appuyées par des photographies, selon lesquelles les déchets, comprenant également des blocs de polystyrène et un chauffe-eau, ont été déposés sur environ 10 mètres de large, 6 mètres de hauteur, et 3 mètres d'épaisseur soit un volume de déchets d'environ 180 m^3, alors qu'il est constant que ces déchets étaient manifestement destinés à l'abandon, qu'ils constituaient une pollution visuelle importante, à l'impact très négatif dans le site, qu'ils portaient atteinte au paysage floristique des falaises et que la présence non négligeable de ferraille dans ces déchets déposés impliquait une pollution des eaux de ruissellement et du sous-sol, démontrent et caractérisent à la charge du prévenu, en tous ses éléments, le délit poursuivi d'élimination irrégulière de déchets nuisibles ».* **MONTANT :** amende délictuelle de 750 €.

CA CAEN **1er septembre 2008** **RG 08/00453**	Création sans autorisation de deux plans d'eau nuisibles à l'origine de la disparition d'un ruisseau sur 130 mètres.	**MOTIVATION :** Il apparaît que le cours d'eau litigieux, déjà « maltraité » par un busage (non reproché au prévenu), va voir son débit très ralenti par la création des deux étangs. Cette stagnation de l'eau, alors qu'il s'agissait d'un cours d'eau avec des eaux « fraîches et courantes » ne peut qu'entraîner une modification de l'hydrologie (avec augmentation de l'évaporation puisque l'eau séjourne plus longtemps à l'air libre), une altération de la qualité physico-chimique de l'eau (sous l'effet d'une augmentation de la température) et donc une modification de l'hydrobiologie et une détérioration de l'habitat aquatique au niveau de la flore et de la faune. Il y a donc bien une atteinte grave à la qualité ou à la diversité du milieu aquatique, au sens de l'article L. 214-3 du Code de l'environnement (...). Ajournement de la peine avec injonction au prévenu de rétablir dans son cours normal le débit du ruisseau en supprimant les deux mares litigieuses. Ces travaux de remise en état devront être réalisés dans les trois mois du prononcé de l'arrêt.
CA PAU **24 juillet 2008** **RG 07/00763**	Exécution sans autorisation de travaux nuisibles au débit des eaux ou au milieu aquatique (remblaiement sans autorisation).	**FONDEMENT :** art. L. 216-8 § I 2°, L. 214-1, L. 214-3 § I, R. 214-1 du Code de l'environnement. **MOTIVATION :** la cour d'appel ordonne une expertise pour déterminer l'atteinte grave à l'environnement, aux règles de l'urbanisme ou à la législation sur la protection sur les inondations.
TGI TOURS **24 juillet 2008**	Lavages de containers contenant des produits chimiques provoquant une pollution considérable de la Brenne et entraînant sur plusieurs kilomètres une mortalité importante de milliers de poissons et une dégradation nauséabonde et tenace du milieu aquatique et de la flore.	**MOTIVATION :** *« Les dommages se sont étendus avec décélération sur environ 12 km du cours d'eau de la Brenne, rare rivière du département classée en 1re catégorie, concernant à la fois le milieu aquatique (eau, berges, flore, fond, rives) et les espèces (poissons, dont certains très rares comme la truite fario ou la lamproie, mais aussi insectes et invertébrés), qu'ils sont directement issus de la négligence du week-end du 17 et du 18 juillet 2004 ».* *« La réparation de ces dommages ne doit pas seulement prendre en compte des éléments objectifs tels que la mortalité des poissons, le nettoyage de la rivière, le ré-empoissonnement, les actions d'information du public, etc. mais encore, et tout autant, une dimension plus subjective, même dans son évocation collective, qui tient à la* ***nostalgie paysagère et halieutique, à la***

		beauté originelle du site, à l'âme d'un territoire, à l'histoire des peuples et à ce que certains philosophes et scientifiques appellent la mémoire de l'eau ». Par ailleurs, la juridiction *« sur ces bases dont certaines échappent totalement à une préhension expertale, estime être en mesure de statuer sans recours à une mesure d'instruction qui ne ferait que prolonger injustement ce contentieux déjà trop long »*. Le tribunal indique également *« qu'il ne s'agira pas et par nature d'une restauration à l'identique, impossible de fait historiquement, et qu'il faudra des décennies pour que l'eau et ses habitats, l'air et ses habitants et la terre en surface ou dissimulée sous les souches et les pierres s'en approchent en imitation, qu'on est donc bien au-delà d'une perte sèche de fonctionnalité écologique ou de services écologiques pour reprendre les termes de la D4E dont les juridictions ont utilisé la méthode de calcul et les facteurs lui servant de base (irréversibilité, impact sur la biomasse, intérêt patrimonial des espèces) et de reprise de sinistre (création de radiers pour favorise l'oxygénation, création d'habitat de pleine eau) »*. **MONTANT :** Pour calculer le montant des dommages-intérêts liés à l'atteinte portée à l'environnement, le tribunal retient : *« Qu'avec une longueur de pollution la plus active sur 4,5 km, une pente de 2,1 % et une largeur moyenne du lit à 8 mètres, la surface touchée est de 36 800 m*^{2} *»*. Et *« au regard de la valeur de reconstitution du mètre carré, selon la méthode Léger Huet Arrigon, désormais admise pour 52,91 euros, la valeur d'habitat représente la somme de 36 800 m*^{2} *× 52,91 € = 1 947 088 à moduler selon l'intérêt patrimonial (1 sur une échelle de 10 par rapport à la truite fario), le coefficient d'irréversibilité (0,375/l pour tenir compte de la nécessité des migrations de repeuplement pour tenter de s'approcher de l'état antérieur) et la perte de fonctionnalité (toujours sur le comptage de cette population de truite fario, avant et après l'événement, 1 710-319 = 1 391 truites), soit une somme de 138 730 € »*. Cette somme est allouée à la Fédération d'Indre-et-Loire pour la pêche et la Protection du milieu aquatique, en plus d'une somme de 29 071 € au

		titre du poste de *« préjudice économique qui lui est à la fois propre et concerne les intérêts qu'elle défend (perte d'image, baisse des cartes de pêche et donc de la taxe piscicole, efforts financiers, action de promotion, travaux de captures et de re-morphologie de la rivière) »*. Pour l'association France Nature Environnement : Le Tribunal relève *« l'action de l'association, membre du Conseil supérieur des installations classées et participant au Grenelle de l'environnement »*. Il ajoute, toutefois, qu'*« il ne peut s'agir que d'une réparation symbolique et forfaitaire sans aucune mesure avec celle octroyée à la Fédération de Pêche, à hauteur de la somme de 1 000 €, avec exécution provisoire totale »*. Sur l'action du Syndicat Intercommunal pour l'Aménagement et l'Entretien de la Brenne et de ses Affluents : *« il a pour mission la réalisation de travaux d'aménagement sur la Brenne et ses affluents pour améliorer la qualité de l'eau, notamment en y favorisant l'oxygénation par des apports de blocs de pierre et des coupes d'arbres, qu'un salarié a participé à la reprise du sinistre de 2004 pour lequel il est demandé le remboursement de son salaire au prorata temporis à hauteur de 333 euros »*. Sur l'action de l'Association pour la Santé, la Protection et l'Information sur l'Environnement : *« l'association est très active en matière de veille d'hygiène et de sécurité »*. Il y a lieu *« de lui octroyer la somme de 1 000 € à titre de dommages et intérêts avec exécution provisoire totale »*. Sur l'action de la Société pour l'Étude, la Protection et l'Aménagement de la Nature en Touraine : la SEPANT a été *« agréée pour sauvegarder en Touraine la faune et la flore naturelle en même temps que les milieux dont elles dépendent »*, et elle *« s'investit au même titre que l'ASPIE et sera indemnisée dans les mêmes conditions »* (1 000 € de dommages et intérêts). Sur l'action de l'Association Nationale pour la Protection des Rivières-Truite Ombre-Saumon :

		Elle a été reconnue comme « établissement d'utilité publique dans la lutte contre les pollutions affectant les milieux aquatiques ». Son « *préjudice sera indemnisé comme les dernières parties* » (1 000 € de dommages et intérêts).
CA METZ **1er juillet 2008** **RG 06/01745**	Une société industrielle a pollué les nappes phréatiques se situant à proximité des champs captants exploités par la Société Mosellane des Eaux.	**MOTIVATION :** « *Attendu, au vu de ces éléments, que la Société Mosellane des Eaux qui ne pouvait se dispenser de prendre des mesures appropriées destinées à éviter toute contamination des eaux captées, au moins jusqu'à ce qu'elle ait eu connaissance des résultats des analyses relevant l'absence de migration de la pollution vers ou dans la nappe phréatique, a subi, dans cette mesure un préjudice qui n'est ni éventuel ni hypothétique et qui se trouve en relation directe avec la présence avérée de polychlorobiphényles et d'hydrocarbures totaux dans les eaux souterraines imputable à l'activité de la société France Transfo, seules les mesures mises en place sur intervention de la préfecture ayant permis de maîtriser le risque d'extension de la pollution dans les champs captants de Metz-Nord qu'elle exploite* ». **MONTANT :** Remboursement des sommes exposées pour le traitement et les analyses des eaux s'élevant à 52 310 €.
CA CAEN **Ch. corr.** **7 avril 2008** **RG 07/00640**	Coupe ou abattage d'arbre non autorisé dans un bois, une forêt ou un parc situé sur le territoire d'une commune où l'établissement d'un plan local d'urbanisme a été prescrit. Recours du maire.	**FONDEMENT :** art. L. 2212-1 et suivants et L. 2122-4 du Code général des collectivités territoriales, loi n° 85-729 du 18 juillet 1985 et art. L. 480-1 du Code de l'urbanisme. **MOTIVATION :** « *La commune peut exercer les droits reconnus à la partie civile pour les infractions commises sur son territoire, selon les dispositions combinées de la loi n° 85-729 du 18 juillet 1985 et de l'article L. 480-1 du Code de l'urbanisme. La commune est donc recevable en sa constitution de partie civile* ». **MONTANT :** 1 500 €.
CA PARIS **2 avril 2008** **RG 07/10243**	Recours de l'association France Nature Environnement, en raison d'un rapport de la DRIRE, suite à un contrôle qui révélait des émissions de toluène non conformes à un arrêté préfectoral ; en outre la Sté Hélio n'a pas remis l'étude d'amélioration des	**FONDEMENTS (INVOQUÉS PAR L'ASSOCIATION) :** art. 1382 du Code civil et l'article 31 du Code de procédure civile, ainsi que le texte spécial de l'article L. 142-2 du Code de l'environnement qui ouvre droit à réparation du préjudice indirect caractérisé par une atteinte aux intérêts qu'elle a pour objet de défendre.

	émissions organiques volatiles dans le délai imparti.	**MOTIVATION :** *« Considérant que la qualité à agir de France Nature Environnement, fédération française des associations de protection de la nature et de l'environnement, reconnue d'utilité publique ayant pour objet notamment de lutter contre les pollutions et nuisances, habile à demander réparation du préjudice, même moral, résultant de l'atteinte aux intérêts collectifs qu'elle a pour objet de défendre, n'est pas contestée ;* *Considérant qu'outre le retard reconnu dans la remise de l'étude technico-commerciale, l'appelante, qui est soumise à des prescriptions sévères compte tenu de la nature de son activité, est tenue d'une obligation de résultat de ne pas, par ses rejets de vapeurs de solvant, excéder des seuils ; qu'elle ne conteste pas l'infraction ; que les réparations des fissures et fuites affectant les caissons des dispositifs de récupération et d'évacuation n'ont été effectuées qu'en 2006 et que des vannes défectueuses ont été changées l'une après l'autre courant 2006 également ; que, certes, Hélio Corbeil Quebecor n'est pas restée inactive mais que les mises en conformité ont pris un temps excessif pour une entreprise particulièrement informée, disposant d'un personnel expressément affecté aux questions environnementales et qui ne justifie ni de refus d'entreprises chargées des réparations ni d'un risque pour sa trésorerie en raison des coûts, certes importants, des interventions, alors qu'elle indique qu'elle a développé et modernisé son exploitation ;* *Considérant que l'allocation à l'intimée de la somme de 4 000 € en réparation de son préjudice moral n'apparaît pas alors excessive et que le jugement mérite confirmation ».* **MONTANT :** 4 000 € + 1 000 (art. 700).
CA MONTPELLIER 13 mars 2008 RG 07/00544	Constatation de la présence d'un élevage de 30 porcins adultes et juvéniles alors que l'établissement ne dispose pas d'autorisation d'ouverture, ni de personnel titulaire du certificat de capacité, ni de registre et que les animaux ne sont pas répertoriés. Constatation de la présence d'animaux (vivants et morts) dont 15 spécimens au	**MOTIVATION :** *« La Ligue pour la Protection des Oiseaux a pour objet "La protection des oiseaux et des écosystèmes dont ils dépendent, et en particulier, la faune et la flore qui y sont associées" et elle remplit les conditions requises par l'article L. 142-2 du Code de l'environnement pour se porter partie civile et c'est donc à juste titre que le jugement déféré l'a reçue en sa constitution de partie civile.* *C'est à tort que le tribunal a cru devoir débouter la Ligue pour la Protection des Oiseaux de sa demande de dommages-intérêts au motif du renvoi des*

	commerce réglementés par la convention de Washington reprise au règlement communautaire n° 338/97, 2 spatules roses (trouvées mortes dans un véhicule), des dépouilles d'oies sauvages, de perruches, rapaces... Un procès-verbal de constatation est dressé à l'encontre de Monsieur X et le directeur départemental des services vétérinaires demande à Monsieur X de régulariser sa situation dans le délai d'un mois. Détention illégale d'animaux de classes A et B de la convention de Washington et sans autorisations ni certificats de capacité. La Ligue pour la Protection des Oiseaux se constitue partie civile.	*fins de la poursuite de M. C. du chef d'atteinte involontaire à la vie d'un animal puisqu'aux termes de l'article L. 142-2 du Code de l'environnement la partie civile peut agir non seulement en réparation d'un préjudice direct que d'un préjudice indirect et la ligue subit bien un préjudice moral du fait de l'ouverture d'un établissement présentant au public des animaux de la faune sauvage et en particulier de nombreux oiseaux sans autorisation et sans certificat de capacité.* *La Cour infirmera donc le jugement déféré sur ce point ».* **MONTANT :** 500 € à titre de dommages-intérêts ; 450 € au titre de ses frais non répétibles.
CA AGEN **Ch. corr.** **17 janvier 2008** **RG 07/00342**	Réalisation sans autorisation, dans un cours d'eau, de travaux dangereux pour le poisson et travaux ou activité modifiant le débit des eaux ou le milieu aquatique. Recours d'une association.	**FONDEMENT :** art. L. 214-1, L. 214-3, L. 216-8, L. 216-11, L. 432-3, L. 432-5, L. 432-8, L. 437-20 et R. 216-12, R. 214-2, R. 214-4, R. 214-18, R. 214-40, R. 432-1 du Code de l'environnement. **MONTANT :** 1 500 € et publication de la décision des journaux locaux.
CAEN **Ch. corr.** **19 décembre 2007** **RG 07/00076**	Travaux d'affouillement et d'exhaussement, en y entassant des dépôts de gravats, de terre et de matériaux et en y entreposant des carrosseries de véhicules hors d'usage de nature à contrarier l'écoulement des eaux du ruisseau de la Planchette et à nuire à leur qualité. Recours des voisins en réparation du préjudice esthétique environnemental.	**FONDEMENT :** 160-1, L. 123-1, L. 123-3, L. 123-4, L. 123-5, L. 123-19, L. 421-1, L. 480-4, L. 480-5 et L. 480-7, R. 443-4 du Code de l'urbanisme. **MOTIVATION :** *« Il est certain que les voisins du fait des travaux sont privés du cadre champêtre qui était le leur antérieurement. Ceci étant leur préjudice découle aussi d'éléments non retenus dans la culpabilité pénale (tout ce qui rentre dans le dépôt sauvage d'ordures ou assimilés) et, par suite, leur préjudice doit être limité à 500 € ».* **MONTANT :** 500 €.

CA PAU **13 décembre 2007** **RG 07/00588**	Rejet en eau douce des substances nuisibles au poisson ou à sa valeur alimentaire en négligeant d'entretenir et de vidanger sa fosse à lisier. La Fédération des Pyrénées-Atlantiques pour la pêche s'est constituée partie civile.	**MOTIVATION :** *« Il résulte des éléments de la procédure que la pollution imputable à M. X a provoqué une mortalité des poissons du cours d'eau Larriu Tort, du fait de l'apport de lisier et du colmatage du ruisseau, ayant porté atteinte tant aux macro-invertébrés qui sont la nourriture principale des poissons, qu'à la population piscicole,* *Ainsi, le préjudice tenant à la* ***perte de jouissance*** *est suffisamment établi, et justifie la condamnation du prévenu au paiement d'une indemnité que la Cour est en mesure de fixer, au vu des éléments de la cause, à la somme de 500 euros ;* *En revanche, force est de constater que la partie civile ne rapporte pas la preuve, qui lui incombe, des* ***frais qu'elle aurait engagés*** *pour assurer le repeuplement du cours d'eau ; sa demande de ce chef sera par voie de conséquence rejetée ;* *Le* ***préjudice moral subi*** *par la Fédération des Pyrénées-Atlantiques pour la pêche et la protection du milieu aquatique, du fait de l'atteinte aux intérêts collectifs qu'elle a pour mission de représenter, n'est pas contestable »* **MONTANT :** 500 € au titre du préjudice de jouissance ; 500 € au titre du préjudice moral et 300 € au titre de l'article L. 475-1 du CPP.
CA TOULOUSE **Ch. corr.** **26 novembre 2007** **RG 07/00274**	Destruction et naturalisation d'espèce protégée (chat sauvage). Vente de spécimen mort d'isard. Recours de l'association l'Isard Siguerois.	• **Recours de l'association l'Isard Siguerois :** **MOTIVATION :** *« Attendu qu'à son égard l'argumentation principale du premier juge ne peut qu'être reprise ; qu'en effet l'objet de l'association est de chasser les animaux et de les compter, mais non pas d'introduire de nouveaux spécimens préalablement acquis et qu'il n'est pas démontré que le braconnage ait augmenté le coût du comptage et de la surveillance ; que depuis, ces opérations sont en outre réalisées avec d'autres organismes et ne sont pas intégralement supportées par la dite partie civile ; Attendu qu'en ce qui la concerne, il convient de considérer que la réparation du préjudice subi par elle résulte seulement de l'atteinte portée aux intérêts collectifs que la dite association a statutairement mission de défendre ; Attendu cependant*

		que l'indemnité fixée par le premier juge apparaît insuffisante ; que celle-ci doit être fixée à la somme de 5 000 € ». • **Recours de l'association de chasse ACCA d'Aston :** **MOTIVATION :** *« Attendu cependant que l'ACCA d'Aston fait valoir qu'elle n'est pas locataire de l'Office National des Forêts et qu'elle gère directement son patrimoine de telle sorte que sa perte s'établit en gestion et non en valeur vénale de l'animal braconné ; que dans ses conditions, même en retenant qu'un seul animal a été tué, ce fait étant imputable à M. F., il convient recevoir la dite association en sa demande et de condamner en conséquence celui-ci à lui verser la somme de 1 500 euros ».* • **Recours de la Direction Régionale de l'agriculture et de la forêt :** **MOTIVATION :** *« Attendu que ces actes de braconnage situés en Forêt domaniale du val de Siguer ont apporté un trouble à l'exploitation du droit de chasse, que la partie civile évalue son préjudice au montant du loyer d'une année de saison de chasse sur un lot de forêt domaniale soit 2 437 €, ainsi qu'au trouble à la gestion cynégétique du lot ; que dans le cas d'espèce et pour la période considérée visée par la prévention, il était interdit de chasser le grand tétras et que les plans de chasse contractuels ont fixé à un le nombre d'isards mâles à tirer pour la saison de chasse 2000-2001, et à un pour la saison de chasse suivante, les Isards femelles ne pouvant être tirés et le nombre de chevreuil à prélever étant fixé entre 4 et 6 animaux ; Que les condamnés ont reconnu avoir abattu 2 grands Tétras, 4 Isards et 1 chevreuil en plus des prélèvements effectués légalement par le locataire ; que sur la base du document officiel publié par les services spécialisés de l'Office national de la chasse et de la faune sauvage (ONCFS), la valeur de référence des principales espèces de gibier sont pour le chevreuil 1 000 €, pour le grand Tétras 2 000 €, et pour l'Isard 1 600 € ; Attendu que ces principes d'indemnisation ont été admis par diverses décisions de justice notamment par la cour d'appel de Toulouse et qu'il y a lieu en conséquence de recevoir, réformant ainsi la décision du premier juge, la dite partie civile en ses demandes ».*

		• **Recours du Comité écologique ariégeois :** **MOTIVATION :** *« Attendu que le Comité écologique ariégeois a, au terme de ses statuts, une mission générale d'information et de formation en matière de défense de l'environnement, quelles que soient les nuisances qui l'affectent ; que le préjudice allégué d'un montant de 20 000 € n'est pas démontré et que le dit comité ne peut être reçu que sur le seul fondement de l'atteinte portée aux intérêts collectifs qu'il a statutairement mission de défendre ; qu'à ce titre, il convient de lui allouer la somme de 5 000 € ».*
CA ROUEN **21 novembre 2007** **RG 06/00050**	Le bailleur de locaux à usage commercial et son locataire reprochent à une société qui occupe des parcelles voisines des bruits et des odeurs intempestifs et la transformation de leurs parcelles en sorte de décharge industrielle à partir desquelles les camions d'approvisionnement perdent en route des terres et des gravats qui encombrent la voie et en rendent son utilisation dangereuse par temps de pluie.	**FONDEMENT :** Théorie des troubles anormaux du voisinage. **MOTIVATION :** *« La négligence persistante de la société voisine dans l'organisation de ses stocks de matériaux où des rangements pratiqués avec une certaine discrétion en retrait de la voie commune... a cependant contribué par un trouble anormal de voisinage au préjudice environnemental et commercial de la société locataire ».* **MONTANT :** 7 000 €.
CA AIX-EN-PROVENCE **27 septembre 2007** **RG 04/08208**	Recours de la société SNPN pour réalisation de défrichements sans autorisation préalable, sur le fondement de l'article 1382 du Code civil	**MOTIVATION :** *« La SNPN a pour but de concourir à la protection de la nature. Elle est reconnue d'utilité publique depuis le décret du 26 février 1855. Elle a reçu l'agrément dans un cadre national au titre de l'article 40 de la loi du 10 juillet 1975 relative à la protection de la nature par arrêté du 7 juillet 1978.* *C'est à tort que les parties appelantes soutiennent que l'action en réparation d'un préjudice collectif est subordonnée à l'existence d'une infraction pénale (SARL Les Greens Devidauban et autres), ou qu'il aurait fallu que la SNPN démontre un intérêt personnel et direct à agir en justice (SNC d'aménagement du bois de Bouis).* *Il suffit en effet de vérifier si en l'espèce les intérêts collectifs invoqués par la SNPN entrent dans son objet social. On a vu que la SNPN a pour but*

		de concourir à la protection de la nature. Lorsqu'elle fait valoir que plus de 100 hectares ont été défrichés illégalement sur la plaine des Maures, zone naturelle d'intérêt écologique, faunistique et floristique de type 1, zone d'intérêt communautaire pour les oiseaux, zone inventoriée au titre de Natura 2000 (cf. directive européenne), lorsqu'elle réclame en justice la réparation d'un préjudice collectif résultant de ces agissements, elle agit incontestablement dans le cadre de son objet social. *La fin de non-recevoir allégué sera écartée ».* **MONTANT :** 1 000 € de dommages-intérêts et 3 000 € au titre de l'article 700 CPC.
CA ROUEN **11 septembre 2007** **RG 03/03128**	La société Tréfimétaux exploite un site de production ayant pour vocation la transformation du laiton ; le site est soumis aux réglementations relatives aux ICPE et est classé à ce titre établissement dangereux, insalubre et incommode. La responsabilité de la société Tréfimétaux est recherchée par Madame X qui était propriétaire d'immeubles sur lesquels son ex-époux élevait et entraînait des chevaux de course, en raison des faits de pollution provoqués.	**FONDEMENT :** Théorie des troubles anormaux du voisinage. **MOTIVATION :** **Concernant les végétaux :** *« [les experts] concluent donc que la perturbation de la culture a été très grave, caractérisée par une mauvaise minéralisation de la matière organique nuisant au fonctionnement des sols et à leur productivité ; qu'ils en voient la manifestation dans les foins récoltés sur les parcelles les plus riches en cuivre et en zinc dont les rendements ont été divisés par plus de deux (page 10 du rapport) avec une couche superficielle du sol présentant un feutrage anormal des racines ».* **Concernant les animaux :** *« Attendu que les experts ont pu ainsi constater des symptômes identiques permettant d'établir un lien de causalité entre la pollution du site par le cuivre et le zinc et les manifestations pathologiques présentées par les animaux [...] Attendu, en conséquence, qu'il existe bien un lien de causalité entre les rejets émis par les fumées de l'usine de Boisthorel et les pathologies des chevaux pâturant à proximité ; Attendu que la société Tréfimétaux a donc commis de 1981 à 1988 un trouble anormal de voisinage engageant sa responsabilité sans qu'il soit nécessaire d'établir une faute de sa part ni de rechercher un autre fondement juridique à son obligation de réparer les préjudices subis ».*

		Montant : 10 671,43 € au titre des pertes d'exploitation de 1988 à 1994. 55 974,70 € au titre de la perte de valeur des immeubles. 10 000 € au titre du préjudice moral (*« la vie de Madame X a été bouleversée par les faits de pollution commis par la société appelante ; et les tracas qui ont résulté pour elle des difficultés professionnelles et de l'obligation de vendre sa propriété et de déménager avec sa famille, qu'il lui sera alloué la somme de 10 000 € en indemnisation de son préjudice »*).
CA AGEN **27 juin 2007** **RG 06/01029**	Parcelles de terre exploitées par un agriculteur BIO polluées par des dépôts d'hydrocarbures provenant d'une casse automobile à l'origine de la résiliation du contrat de certification BIO.	Responsabilité de l'exploitant de la casse sur le fondement de l'article 1384 du Code civil. Le préjudice de l'agriculteur correspond à l'impossibilité d'utiliser pendant deux ans les parcelles polluées en agriculture biologique et à celle de porter ces cultures sur d'autres parcelles.
CA MONTPELLIER **24 mai 2007** **RG 06/01023**	Détention d'un oiseau appartenant à une espèce protégée (l'aigle de Bonelli). Recours de la Ligue pour la Protection des Oiseaux.	**Fondement :** Arrêté ministériel du 17 avril 1981 modifié et la loi n° 95-104 du 2 février 1995 sur le renforcement de la protection de l'environnement. **Motivation :** *« Attendu que le Tribunal a exactement retenu pour motiver sa décision sur le montant de l'indemnisation, que la somme de 300 € répare exactement le préjudice subi par la Ligue de la Protection des Oiseaux compte tenu de la saisie réelle effectuée le 4 février 2005 avec remise à l'un des deux centres de sauvegarde participant au programme de reproduction en captivité de l'aigle de Bonelli ».*
CA DIJON **26 avril 2007** **RG 06/01261**	Réalisation de travaux par M. X sur les parcelles, dont il est propriétaire entre deux bras de la rivière l'Ignon. La Fédération de Côte-d'Or pour la pêche et la protection du milieu aquatique a sollicité l'indemnisation de son préjudice occasionné par les travaux réalisés.	**Motivation :** *« Attendu que ces travaux ont entraîné un débit trop insuffisant pour garantir la vie et la circulation des espèces piscicoles et végétales servant de nourriture à la faune dans le lit principal de l'Ignon entre le premier barrage installé sur la rivière et l'orifice d'évacuation des eaux traversant les plans d'eau de M. X. ; Attendu que l'Ignon est un cours d'eau de première catégorie dans lequel se reproduisent des salmonidés (truites et ombres), qui ont besoin de gravier propre et de vitesses de courant suffisantes permettant l'enfouissement des œufs, ce qui n'est plus le cas actuellement sur quelques centaines de mètres (400 environ), où la rivière est quasiment asséchée ;*

		Attendu qu'ainsi les travaux irrégulièrement réalisés par l'appelant ont été sur 400 mètres environ dans le lit principal de la rivière l'Ignon de nature à détruire les frayères, les zones de naissance ou d'alimentation de la faune piscicole ; qu'en l'absence de poursuites pénales, de la faible importance du préjudice et de ce que la demande de remise en état n'est pas réalisable en raison de sa totale imprécision, car des plans d'eau beaucoup moins importants préexistaient ainsi que le petit canal ouvert dans le bief dit du "fourneau", il n'y a pas lieu d'ordonner cette remise en état ». **MONTANT :** 10 000 € et 3 000 € (1re instance + appel) au titre de l'article 700.
CA PAU 22 mars 2007 RG 06/00565	Pollution d'un ruisseau provenant d'un élevage de canards.	**MOTIVATION :** La Fédération de pêche des Landes, en ce qu'elle représente les intérêts collectifs des pêcheurs, les usagers de cette rivière, et s'emploie au repeuplement des cours d'eau, à la formation des pêcheurs, la surveillance et la sauvegarde des milieux aquatiques naturels, subit du fait de l'infraction reprochée un dommage certain. Il n'est cependant pas justifié d'un dommage matériel, frais de réempoissonnement ou remise en état du cours d'eau notamment. **MONTANT :** Les dommages et intérêts seront donc cantonnés à 1 €.
CA VERSAILLES 21 février 2007 RG 06/03949	Déversement accidentel de fioul lors du remplissage d'une cuve enterrée d'une chaufferie dans le périmètre de protection rapprochée de la nappe de Croissy, à l'origine de la pollution des sols à proximité et d'une pollution de la Seine.	– Travaux de dépollution. – Nettoyage de la prise en Seine. – Suivi renforcé du niveau de la nappe malgré l'absence de trace de pollution, le risque de pollution ne pouvant être totalement éliminé en cas de montée du niveau d'eau. – Travaux d'un bureau d'étude à l'origine d'investigations du sous-sol, malgré l'absence de résultat. – Frais d'expertise judiciaire.
CA PAU 23 novembre 2006 RG 06/00409	Il est fait grief à M. X d'avoir : – pratiqué la pêche en eau douce, la nuit, avec engins, filets ou instruments de pêche prohibés pendant les heures d'interdiction ;	**MOTIVATION :** *« Il est constant que les agissements du prévenu, la pêche d'espèces réglementées, notamment l'anguille, dont la ressource est en forte diminution, causent un préjudice tant moral que matériel aux associations parties civiles, chargées à un titre quelconque de veiller au respect de la*

	– pratiqué la pêche en eau douce, la nuit, à l'aide de procédé ou mode de pêche prohibé ; – pratiqué la pêche en eau douce de nuit, de poissons n'ayant pas la taille réglementaire. Des associations se sont constituées parties civiles.	*réglementation de la pêche, la préservation du biotope et de la ressource piscicole ».* **MONTANT :** – La SEPANSO des Landes : 1 000 € à titre de dommages et intérêts et 500 € sur le fondement de l'article L. 475-1 CPP. – Fédération de pêche des Landes : 1 000 € à titre de dommages et intérêts et 600 € sur le fondement de l'article L. 475-1 CPP. – Association interdépartementale agréée des pêcheurs professionnels en eau douce du bassin de l'Adour : 1 000 € à titre de dommages et intérêts et 500 € sur le fondement de l'article L. 475-1 CPP. – AAPPMA de Léon : 1 500 € à titre de dommages et intérêts et 500 € sur le fondement de l'article L. 475-1 CPP.
CA RENNES 26 octobre 2006 RG 06/00757	Rejet d'hydrocarbures en mer au large de la Bretagne.	**MOTIVATION :** « *Considérant que si cette* ***méthode d'évaluation*** *est pertinente lorsque la pollution atteint un cours d'eau délimité ou, lorsqu'il s'agit d'une pollution maritime, que le produit déversé est un produit lourd et que la pollution atteint une partie du littoral également délimitée, en revanche, elle* ***ne peut être admise quand la pollution a lieu en pleine mer et que ses conséquences sur le milieu marin ne sont pas exactement quantifiables en raison des phénomènes d'évaporation, de dispersion et de biodégradation du produit déversé rendant aléatoire le calcul proportionné à la surface de la nappe constatée*** *; que le préjudice de chacune des parties civiles même s'il doit être* ***réparé intégralement, l'atteinte portée à l'objet qu'elles se sont données ne peut alors être évalué que sur la base d'une indemnité forfaitaire*** ». [...] « *considérant que la* ***pollution de mer par hydrocarbures lèse directement les intérêts défendus par l'association*** *qui a pour objet social la protection des* ***milieux naturels de la faune et de la flore qui sont les premières victimes des pollutions marines à tous stades de l'échelle de la vie marine*** et qui a subi du fait de l'infraction un ***préjudice moral*** ». **MONTANT :** 3 000 €.

CA AIX-EN-PROVENCE 25 juillet 2006 RG 06/1069	Rejet en mer d'hydrocarbures. Des associations et l'Office de l'Environnement de la Corse se constituent parties civiles.	**MOTIVATION :** « *Le rejet d'hydrocarbures ayant provoqué, à environ 6 km des côtés corses et à hauteur du Cap Corse, zone particulièrement protégée sur le plan de l'environnement, une nappe d'une longueur de 20 km sur une largeur de 5 m,* ***a incontestablement entraîné une atteinte directe à l'image de l'Office de l'Environnement de la Corse, particulièrement chargé de la protection écologique de cette zone*** ». « ***Le dommage écologique causé au milieu marin allégué n'est pas démontré*** ». **MONTANT :** 2 000 € à titre de dommages-intérêts.
CA ROUEN 26 juin 2006 RG 05/00027	Pollution d'un cours d'eau par rejet de chlore (déversement d'eau de javel) imputable à une entreprise de stockage et de conditionnement de produits chimiques. Pollution d'environ 1,5 km avec d'importants dégâts écologiques et la mortalité de nombreux poissons (des truites fario, des truites arc-en-ciel, des chabots, des épinochettes, des épinoches et des lamproies, outre de nombreux invertébrés aquatiques).	**MOTIVATION :** L'Association ANPER TOS rapporte la preuve de son engagement et des efforts par elle déployés pour la sauvegarde des milieux piscicoles, la défense des rivières et la lutte contre la pollution des eaux ainsi qu'en attestent notamment les efforts accomplis dans le domaine de l'information et de l'éducation à l'environnement par l'édition d'une revue bimestrielle, l'édition de nombreux documents techniques sur la préservation des milieux et écosystèmes, l'organisation de colloques et sa participation à la surveillance du milieu et aux travaux d'organismes et conseils publics comme le Comité national de l'eau le Conseil supérieur des installations classées et le Conseil supérieur de la pêche. Ainsi qu'elle le soutient, la pollution du cours d'eau par rejet de chlore, dont M. X est déclaré coupable, a lésé directement les intérêts collectifs défendus par cette association qui a pour objet social la protection des milieux aquatiques et la sauvegarde de la faune et de la flore, vivant dans ces milieux qui ont été les premières victimes de cette pollution, et incontestablement l'infraction commise a donc porté atteinte et causé un préjudice moral aux intérêts collectifs défendus par l'association ANPER TOS. **MONTANT :** Au vu des éléments d'appréciation soumis à son examen, la Cour fixe la réparation du préjudice découlant de l'atteinte portée aux intérêts que l'association ANPER TOS a pour objet de défendre à la somme de 5 000 €.

		Eu égard au temps écoulé et des circonstances dans lesquelles cette pollution est intervenue, il n'apparaît pas nécessaire d'ordonner la publication de la décision à intervenir dans un journal régional ou encore national et l'association ANPER TOS sera déboutée de ce chef de demande.
CA ROUEN 13 juin 2006 RG 03/03130	Chevaux et bovins intoxiqués à proximité d'un site de production et de transformation de laiton.	• **Perte en capital sur les chevaux en propriété** : – Gains manqués en course – Manque à gagner sur les locations : Chevaux retirés de l'entraînement en raison de leurs mauvais résultats. • **Frais d'entretien et d'entraînement perdus :** les frais d'entraînement et d'entretien ont été engagés à perte et constituent des manques à gagner quand les chevaux ne donnent pas de résultats valables en compétition. • **Pertes des animaux** • **Frais vétérinaires** • **Préjudices agricoles** : pollution de 34 ha • **Pertes d'investissement :** La victime a dû quitter son exploitation pour s'installer ailleurs dès lors que certains poulains étaient devenus inutilisables pour les compétitions et que les gains diminuaient régulièrement. • **Perte de valeur vénale des terres :** • **Indemnisation des remèdes à la pollution : apport en chaux et en fumier** • **Pertes de récoltes**
CA ROUEN 19 janvier 2006 RG 05/00260	Rejet d'hydrocarbures en mer.	MOTIVATION : *« **l'Association "Écologie pour le Havre"** créée en juin 1989, est une association agréée au titre de l'article L. 141-1 du Code de l'environnement par arrêté préfectoral du 26 janvier 2004 dont les statuts en leur article 3 prévoient que les activités ont pour but de protéger et de sauvegarder les ressources et milieux naturels, les espèces animales et végétales, la diversité et les équilibres fondamentaux et écologiques, l'eau, l'air, les sites, les paysages et le cadre de vie, de lutter contre les pollutions et*

		stipulent qu'elle exerce son action sur le territoire de l'arrondissement dépendant de la sous-préfecture du Havre mais aussi à l'égard de tout fait de pollution qui, bien que né en dehors de sa compétence géographique, serait de nature à porter atteinte à l'environnement de l'arrondissement précité et en matière de pollution marine à l'égard de tout fait de pollution commis sur le territoire national et poursuivi devant le Tribunal de Grande Instance du Havre, ***L'Association CHENE*** *(Centre d'Hébergement et d'Étude sur la Nature et l'Environnement), dont les statuts stipulent que ses activités statutaires ont notamment pour but la connaissance et la protection de la nature et en particulier l'organisation et la gestion d'un centre de soins pour recueillir des animaux blessés ou mazoutés ainsi que la création de points de ramassage sur la côte pour les oiseaux mazoutés, est une association déclarée le 6 juin 1980 à la Préfecture de la Seine-Maritime et agréée par arrêté préfectoral du 27 décembre 1983 au titre de l'article 40 de la loi du 10 juillet 1976 relative à la protection de la nature, devenu suite à une première codification l'article L. 252-1 du Code rural, puis l'article L. 141-1 du Code de l'environnement suite à une seconde codification résultant de l'ordonnance du 18 septembre 2000 étant observé, et cela pour toutes les associations qui seront concernées par ces textes dans la présente procédure, que les associations exerçant leurs activités dans le domaine de la protection de la nature et ayant pour objet la lutte contre les pollutions, agréées antérieurement au 3 février 1995 sont réputées agrées en application de l'article L. 141-1 du Code de l'environnement, de sorte que la Cour, infirmant le jugement déféré, déclare la constitution de partie civile de l'Association CHENE irrecevable.* ***L'Association dite France Nature Environnement****, Fédération française des associations de Protection de la Nature ayant pour but la protection de la nature et de l'environnement, fondée en 1968, est une association agrée par arrêté ministériel du 29 mai 1978 au titre de l'article 40 de la loi du 10 juillet*

		1979 relative à la protection de la nature, devenu l'article L. 252-1 du Code rural et actuellement l'article L. 141-1 du Code de l'environnement et reconnue comme établissement d'utilité publique par décrets du 10 février 1976 et du 1er octobre 1997, dont les statuts en leur article 1er prévoient que ses activités sur l'ensemble du territoire national ont pour but de protéger, conserver et restaurer les espaces, ressources, milieux et habitats naturels, les espèces animales et végétales, la diversité et les équilibres fondamentaux, l'eau, l'air, les sols, les sites et paysages... de lutter contre les pollutions et les nuisances et d'une manière générale d'agir pour la sauvegarde de ses intérêts dans le domaine de l'environnement... ainsi que de défendre en justice l'ensemble de ses membres et leurs intérêts, notamment ceux résultant de l'objet de chaque association fédérée, de sorte que la Cour confirme le jugement déféré en ce qu'il a déclaré recevable la constitution de partie civile de l'Association dite France Nature. ***L'Association Manche Nature** est une association agréée par arrêté préfectoral du 10 mai 1994 au titre de l'article 40 de la loi du 10 juillet 1976 relative à la protection de la nature, devenu l'article L. 251-1 du Code rural et actuellement l'article L. 141-1 du Code de l'environnement, dont les statuts en leur article 2 prévoient que ses activités ont pour but notamment de protéger la nature dans la Manche, de sensibiliser l'opinion aux problèmes de l'environnement et de lutter contre les "atteintes directes ou indirectes qui lui sont faites", y compris dans la mer territoriale et la zone exclusive adjacentes au département, de s'opposer à la réalisation et au financement d'opérations susceptibles d'avoir un impact négatif sur la nature et l'environnement, de préserver l'environnement des risques technologiques et nucléaires, notamment en s'opposant au transport, stockage, retraitement de déchets ou combustibles radioactifs, de sorte la Cour confirme le jugement déféré en ce qu'il a déclaré recevable la constitution de partie civile de l'Association Manche nature.* ***L'Association pour la Protection des Animaux Sauvages, dite ASPAS**, est une association agréée par arrêté préfectoral du 24 décembre 1986 au titre*

		de l'article 40 de la loi du 10 juillet 1976 relative à la protection de la nature, devenu l'article L. 252-1 du Code rural et actuellement l'article L. 141-1 du Code de l'environnement, dont les statuts en leur article 2 prévoient que ses activités ont notamment pour but d'assurer la protection de la Faune et de la Flore, la réhabilitation des animaux sauvages et la conservation du patrimoine naturel en général, de sorte que la Cour confirme le jugement déféré en ce qu'il a déclaré recevable la constitution de partie civile de l'Association ASPAS. ***Que le syndicat Mixte de Protection du littoral breton**, composé d'un grand nombre de communes, est un établissement public créé par un arrêté interpréfectoral du 24 juin 1980 et régi par les dispositions des articles L. 5721-1 et suivants du Code général des collectivités territoriales ».* **MONTANT :** – au Syndicat mixte de Protection du Littoral Breton : 16 000 € ; – à l'Association Manche Nature : 7 000 € ; – à l'Association France Nature Environnement : 1 400 € ; – à l'Association pour la Protection des Animaux Sauvages (ASPAS) : 7 000 € ; – à l'Association CHENE : 12 000 € ; – à l'Association Écologie pour Le Havre : 1 400 €.

Postface
Pour une responsabilité écologique

Muriel FABRE-MAGNAN

Professeur à l'Université de Paris I (Panthéon-Sorbonne)

> « *[les élites occidentales] manquaient d'imagination symbolique.*
> *Jamais elles n'ont compris que les "drames écologiques"*
> *ne concernaient pas seulement la nature mais exprimaient une crise*
> *de la culture.*
> *C'est-à-dire une crise qui faisait autant de dégâts dans les âmes*
> *que dans les mers, les forêts et la couche d'ozone* ».
>
> Pierre THUILLIER, *La grande implosion,*
> *Rapport sur l'effondrement de l'Occident (1999-2002),* Fayard, 1995.

Pierre Thuillier s'en était étonné il y a plusieurs années déjà : tout a été dit, écrit, sur l'urgence des changements, et tout continue néanmoins exactement de la même façon [1]. Son analyse vaut pour maints domaines, déclinés dans son magistral ouvrage. Elle est particulièrement pertinente dans le domaine écologique où, malgré désormais un amas de discours, y compris juridiques, la mesure réelle des risques n'a pas encore été prise. Paradoxalement, la démesure des menaces en renforce le caractère abstrait et lointain, et fait obstacle à une réelle prise de conscience. L'inertie et la cécité l'emportent, qui ont le grand avantage de ne pas conduire à devoir renoncer à un certain confort matériel immédiat.

---

1. « *À nos yeux, il y avait une sorte de mystère. Car, à en juger par les nombreux documents qui nous sont parvenus, l'Occident disposait pratiquement de toutes les informations, de toutes les connaissances et de tous les moyens d'action qui (en principe) lui auraient permis de réagir et d'assurer sa survie. Pourquoi donc s'est-il entêté à suivre une voie qui, très évidemment, menait au pire ? Plus nous avons enquêté sur la culture occidentale, sur ses caractéristiques essentielles, sur ses forces et ses faiblesses, plus nous nous sommes rendu compte que, bien avant la Grande Implosion, tout ce qu'il y avait à dire avait été dit* » (*op. cit.*, p. 14).

Le juste rapport de l'homme à la nature n'a sans doute pas encore été trouvé. Il faudrait pour cela chercher le juste milieu [2] entre un homme « *maître et possesseur de la nature* » [3] et un homme esclave d'un déterminisme biologique ; entre un anthropocentrisme où l'homme est la mesure de toute chose et une indifférentiation noyant ce dernier dans les autres espèces [4] ; entre une terre qui appartient à l'homme et un homme qui appartient à la terre [5] ; ou encore entre une nature-objet relevant de l'univers des choses et une nature-sujet qualifiée de personne [6]. On pourrait continuer encore la litanie de ces dichotomies qui sont autant d'impasses, car il ne s'agit en réalité pas de choisir entre deux pôles, mais de concilier à chaque fois des éléments de tous ces contraires.

Les principales réponses apportées jusque-là ont consisté à revoir les catégories des personnes et des choses, à poser des limites à l'appropriation de la nature, à exploiter la catégorie des *res nullius* et des *res derelictae*, ou encore à proposer la création d'un patrimoine commun de l'humanité ; en d'autres termes, à utiliser le langage du droit des biens [7].

Peut-être est-il temps de sortir de ce monolinguisme, pour essayer de parler aussi avec les mots du droit de la responsabilité [8]. Il ne sera plus alors question

---

2. Sur cette image, v. F. OST, *La nature hors la loi. L'écologie à l'épreuve du droit*, La Découverte, 1995.

3. Selon la célèbre formule de Descartes in *Discours de la méthode* (1637), 6e partie, Gallimard, La Pléiade, 1966, p. 168 : « *au lieu de cette philosophie spéculative, qu'on enseigne dans les écoles, on peut en trouver une pratique, par laquelle connaissant la force et les actions du feu, de l'eau, de l'air, des astres, des cieux et de tous les autres corps qui nous environnent, aussi distinctement que nous connaissons les divers métiers de nos artisans, nous les pourrions employer en même façon à tous les usages auxquels ils sont propres et ainsi nous rendre comme maîtres et possesseurs de la nature* ».

4. Comme le proposent les défenseurs radicaux des animaux, dans la lignée des travaux de Peter Singer et de son mouvement de libération animale qui dénonce le "spécisme" conduisant à donner la priorité systématique à la satisfaction des intérêts des membres de l'espèce humaine.

5. On sait que « Adam » n'est pas un nom propre mais signifie « ce qui est issu de la terre » (Adamah) : A. Chouraqui le traduit par « le Glébeux ». La Bible énonce aussi : « *C'est à la sueur de ton visage que tu mangeras du pain, jusqu'à ce que tu retournes dans la terre, d'où tu as été pris ; car tu es poussière, et tu retourneras dans la poussière* » (Gn, 3.19).

6. Sur ce dilemme, v. F. OST, *La nature hors la loi. L'écologie à l'épreuve du droit*, La Découverte, 1995, qui propose une troisième voie : la nature-projet.

7. F. G. TRÉBULLE, « Environnement et droit des biens », in *Le droit et l'environnement*, Journées nat. Ass. H. Capitant, tome XI/Caen, Dalloz, Thèmes et commentaires, 2010, p. 85 et s.

8. Sans tomber pour autant dans un autre monolinguisme et donc sans négliger le droit des biens. V. ainsi G. J. MARTIN, qui propose de faire place à un « droit des biens spéciaux » de nature à appréhender plus justement les choses spéciales que sont précisément la nature ou encore les médicaments (« Propriété et environnement en Droit français », in *Propriété et Environnement*, dir. M. PRIEUR, Centre intern. de Droit comp. de l'environnement, Limoges, 1988). Il ajoute que le propriétaire d'une chose pourrait ne pas nécessairement être « propriétaire » de toutes les fonctions et services que celle-ci rend à l'humanité, idée particulièrement féconde qui irait très bien dans le prolongement de la jurisprudence la plus récente sur l'image des biens ; *adde* Ch. ATIAS, « La chose dans le contrat : un bien en général ou des biens spéciaux », in *La relativité du contrat*, Journées nat. Ass. H. Capitant, tome IV/Nantes, LGDJ, 2000, p. 67 et s.

seulement de bien et de propriété, de maîtrise et de pouvoir, mais aussi de liberté, de devoir, de prévoyance, ou encore de réparation et de *restituo in integrum*. Il s'agira non plus de posséder mais d'assumer. Et il faudra sortir du rapport solipsiste de l'individu à sa chose pour avoir égard à l'autre, jusques et y compris aux générations futures [9].

C'est ce à quoi nous invite fort opportunément la précieuse proposition de Nomenclature des préjudices liés au dommage environnemental élaborée sous la direction de Laurent Neyret et Gilles J. Martin.

Le droit de la responsabilité ne doit plus aujourd'hui être cantonné dans ses limites classiques : il est acquis désormais qu'il ne s'occupe plus seulement de guérir mais aussi de prévenir [10], et qu'au-delà des seuls intérêts privés, il peut être gardien également de l'intérêt général.

L'outil a au demeurant été introduit par plusieurs textes juridiques sous l'appellation de « responsabilité environnementale » [11]. Le terme « environnement » n'est cependant pas le mieux choisi. Il évoque ce qui est autour de l'homme, et accentue tout à la fois l'anthropocentrisme et la rupture entre l'homme et son milieu : comme l'a expliqué le philosophe japonais Watsuji Tetsurô, *« ce qu'on entend généralement par environnement naturel est une chose que, pour en faire un objet, l'on a dégagée de son sol concret, la médiance* [12] *humaine. Quand on pense la relation entre cette chose et la vie humaine, celle-ci est elle-même déjà objectifiée* » [13]. Le juste milieu requerrait au contraire de sortir de cette vision pour trouver une meilleure harmonie entre l'homme et son habitat, en d'autres termes pour concevoir un milieu proprement humain. La question n'est pas que théorique, car elle porteuse d'une éthique [14] qui seule pourrait

---

9. Sur lesquelles v. la thèse de Émilie GAILLARD, *Générations futures et droit privé. Vers un droit des générations futures*, LGDJ, Bibl. dr. privé, 2011, préf. M. DELMAS-MARTY.

10. Parmi les premiers articles en ce sens, v. C. THIBIERGE, « Libres propos sur l'évolution du droit de la responsabilité civile (vers un élargissement de la fonction de la responsabilité civile ?) », *RTD civ.* 1999, p. 561 ; du même auteur, « Avenir de la responsabilité, responsabilité de l'avenir », *D.* 2004, chron., p. 577. *Adde* J. ROCHFELD, *Les grandes notions du droit privé*, PUF, Thémis droit, 2011, qui distingue la responsabilité pour le passé et la responsabilité pour l'avenir.

11. Directive 2004/35/CE du 21 avril 2004 sur la responsabilité environnementale en ce qui concerne la prévention et la réparation des dommages environnementaux ; loi n° 2008-757 du 1er août 2008 relative à la responsabilité environnementale et à diverses dispositions d'adaptation au droit communautaire dans le domaine de l'environnement ; décret n° 2009-468 du 23 avril 2009 relatif à la prévention et à la réparation de certains dommages causés à l'environnement.

12. Sur la signification de ce mot, v. *infra* la conclusion et la note 134.

13. W. TETSURÔ [1889-1960], *Fûdo, le milieu humain*, Commentaire et traduction par Augustin BERQUE, CNRS éditions, 2011, préambule, p. 35.

14. A. BERQUE, *Écoumène. Introduction à l'étude des milieux humains*, Belin, 1re éd. 2000, p. 28 : *« on ne saurait minimiser le potentiel éthique de la mésologie watsujienne, notamment dans la conjoncture de la crise écologique présente. En liant structurellement l'existence humaine à la territorialité, la médiance permet de fonder rationnellement l'éthique environnementale sans laquelle notre civilisation risque bien de conduire à l'effondrement dont un Jared DIAMOND a décrit les précédents ; éthique, néanmoins, que le parti ontologique moderne (celui du sujet individuel face*

permettre d'éviter la « grande implosion » ou l'« effondrement » [15] prévus par plusieurs fins observateurs. Car « *la réduction du milieu à un environnement-objet conduit à fétichiser l'environnement, par compensation du massacre que l'on en fait par ailleurs* » [16]. Le terme de responsabilité « écologique » paraît ainsi plus juste, faisant davantage référence à la dimension anthropologique (le grec « *oikos* » renvoyant à la maison ou l'habitat), c'est-à-dire au milieu où vivent les êtres [17], et aussi aux dimensions éthique et politique de la question.

La construction d'une responsabilité écologique requiert de s'atteler au moins à trois difficultés : nommer, évaluer et imputer.

SECTION 1
NOMMER

Au commencement est le nom [18]. Et, en matière de préjudice écologique, cet acte de dénomination est véritablement fondateur.

Il l'est plus encore que les nomenclatures Dintilhac ou Lambert-Faivre, et dont le principal rôle, certes déjà précieux, a été d'ordonner les préjudices

---

à un monde objet) ne nous permet pas de construire. En effet, comment fonder en valeurs humaines un environnement réduit à un objet, sinon dans l'irrationalité de la projection subjective et de la fétichisation (au sens marxien) ? ».

15. J. DIAMOND, *Collapse: How Societies Choose to Fail or Succeed*, 2005 (trad. franç. : *Effondrement. Comment les sociétés décident de leur disparition ou de leur survie*, Gallimard essais, 2006, aujourd'hui en Folio), qui fait de la dégradation de l'environnement l'une des causes de l'effondrement des sociétés.

16. A. BERQUE, *Écoumène, op. cit.*, note 33, p. 29. Il parle plus précisément de « *forclusion du corps médial* » pour décrire « *le milieu, transmué en un environnement-objet* », thèse développée dans *Histoire de l'habitat idéal. De l'Orient vers l'Occident*, Paris, Le Félin, 2010.

17. V. la notion d'« écoumène » chez Augustin BERQUE, qu'il définit comme la « *relation éco-techno-symbolique de l'humanité à l'étendue terrestre* » (*op. cit.* note 13). Du même auteur, *Être humains sur la terre*, Gallimard, Le débat, 1996, pp. 11-12 : « *Pourquoi parler d'éthique de l'écoumène, et non pas, comme le veut l'usage ordinaire, d'éthique de l'*environnement *? C'est qu'il y a quelque chose de plus, dans la relation de l'humanité à l'étendue terrestre, que dans la relation des autres êtres vivants à leur environnement. Toutes les espèces vivantes ont un environnement ; l'humanité aussi, en tant qu'espèce vivante, a un environnement ; mais* seule l'humanité possède une écoumène *» ; « l'écoumène, c'est la Terre en tant que nous l'habitons. Plus encore :* en tant que lieu de notre être ». Pour un essai stimulant de tenir compte de ces travaux pour revoir la notion de droit de propriété, v. S. VANUXEM, *Les choses saisies par la propriété*, IRJS éd., 2011, préf. Th. REVET.

18. V. M. GRANET, *La pensée chinoise*, 1re éd. 1934, Albin Michel, 1988, p. 363, qui cite le dialogue suivant : « *Tseu-lou dit (à Confucius) : « Le seigneur de Wei se propose de vous confier le gouvernement. Que considérez-vous comme la première chose à faire ? – L'essentiel est de rendre correctes les désignations* (tcheng ming) *», répondit le Maître* ».

réparables en matière de dommage corporel. La nomenclature des préjudices écologiques proposée présente en effet une dimension plus nettement créatrice, dans la mesure où elle ne se contente pas d'ordonner l'existant, mais se propose de mettre au jour des préjudices qui jusque-là n'existaient pas vraiment. Plus précisément qui n'existaient pas au sens du droit et qui n'étaient donc pas toujours réparés. Les nomenclateurs [19] sont ainsi ici plutôt onomaturges [20], c'est-à-dire créateurs de noms : ils proposent, pour que le législateur et les juges puisque disposer.

Les philologues [21] et les romanciers [22] ont montré l'importance des mots, qui se donne à voir en particulier dans les régimes totalitaires : le pouvoir de nommer – et celui de dénommer ou de renommer – permet d'enrégimenter les esprits et peut conduire à disqualifier les êtres à combattre et à abattre. Le pouvoir de nommer est cependant aussi à l'inverse le pouvoir de porter à l'existence, un acte de naissance et de reconnaissance [23].

Ceci est particulièrement vrai en matière juridique, où ce qui n'a pas de nom n'existe pas vraiment : *idem est non esse aut non nominari*, pourrait-on dire souvent (sauf en tant que catégorie résiduelle *sui generis*). Ainsi, en matière de préjudices, si la clause générale de l'article 1382 du Code civil évoque le « dommage » réparable comme une catégorie ouverte et théoriquement in-finie, ce n'est que lorsque les juges et/ou la doctrine ont donné un nom aux préjudices que ceux-ci ont pu être réparés systématiquement. La réparation « poste par poste » imposée en cas de recours subrogatoire requiert, plus que jamais, la dénomination desdits postes.

L'acte de nommer permettra alors – on peut l'espérer – de faire accéder à la prise de conscience de ces préjudices écologiques, ce qui est le point de départ de leur reconnaissance juridique. L'établissement d'une telle nomenclature a ainsi un pouvoir normatif assez comparable aux déclarations des droits de l'homme, c'est-à-dire un effet performatif [24] au sens des célèbres travaux d'Austin

19. Terme formé de *nomen* (le nom) et *calare* (appeler, proclamer). En latin, le *nomenclator* était « *celui qui s'adresse à quelqu'un en l'appelant par son nom* » : il visait principalement l'esclave qui accompagnait le candidat à une magistrature et qui lui donnait discrètement le nom des citoyens qu'il était opportun de saluer (Le Robert, *Dict. historique de la langue française*, dir. A. REY).

20. Du grec *onom, -atos*, le nom, et de *-ergos*, auteur (de *ergon*, action, œuvre).

21. En particulier V. KLEMPERER, in *LTI. La langue du IIIe Reich*, 1re éd. 1947, aujourd'hui chez Agora Pocket.

22. On pense bien sûr à Orwell, et à son terrifiant *1984*, 1re éd. 1949.

23. L'idée est, on le sait, dans la Bible : « *L'Éternel Dieu forma de la terre tous les animaux des champs et tous les oiseaux du ciel, et il les fit venir vers l'homme, pour voir comment il les appellerait, et afin que tout être vivant portât le nom que lui donnerait l'homme. Et l'homme donna des noms à tout le bétail, aux oiseaux du ciel et à tous les animaux des champs* » (Gn, 2.19 et 2.20).

24. Pour la démonstration de l'effet performatif des déclarations des droits de l'homme, v. Ch. FAURÉ, *Ce que déclarer des droits veut dire*, Les Belles Lettres, 2011.

selon lequel on peut faire des choses avec des mots [25]. Plus on répétera la liste des préjudices écologiques, et plus on y croira, c'est-à-dire plus on croira à leur réalité et à leur nocivité ; et plus on y croira, plus (et mieux) ils seront réparés [26]. La nomenclature proposée permet ainsi, par la proclamation qu'elle réalise, de convaincre de la réalité et de l'ampleur des dégâts écologiques et d'inciter à leur réparation et surtout à leur prévention [27]. Le performatif se fait ainsi normatif et le nomenclateur législateur [28].

Il ne s'agit en outre pas de donner des noms quelconques mais des noms de préjudices. Nommer en tant que dommage est éminemment normatif puisqu'il s'agit d'inscrire une réalité physique comme valeur négative. Les dégradations visées sont expressément désignées comme « anormales », au sens où Canguilhem distinguait le normal du pathologique, c'est-à-dire précisément au sens normatif du terme [29]. La nomenclature porte ce jugement de valeur, et proclame haut et fort les conséquences négatives de ces dégâts pour l'homme et son milieu.

La proposition est au demeurant l'occasion de se réinterroger sur la notion de dommage. Suivant une partie de la doctrine, la nomenclature distingue entre le « dommage », qui est l'atteinte portée à l'environnement, et le « préjudice », qui est le dommage pris en compte par le droit. La distinction entre le dommage et le dommage juridiquement réparable est opportune, même si on est moins convaincue qu'elle soit pertinemment rendue par les vocables de dommage et de préjudice [30]. Si l'on suit la proposition, l'expression « préjudice réparable » deviendrait au demeurant tautologique, ce qui n'est sémantiquement pas le cas. L'essentiel n'est cependant pas là.

---

25. Selon le titre original plus explicite : John LANGSHAW AUSTIN [1911-1960], *How to do Things with Words*, OUP, 1962, trad. franç. 1970 : *Quand dire, c'est faire*, Le Seuil.

26. Pour paraphraser B. EDELMAN, in « Les déclarations des droits de l'homme, ou quand "dire" c'est déjà "faire" », qui est un commentaire de l'ouvrage de Ch. FAURÉ précité, *Le Monde des livres*, 12 mai 2011 : « *plus on répétera que tous les hommes naissent et demeurent libres et égaux en droit, plus on y croira, et plus on y croira plus ils le deviendront* ».

27. La nomenclature prend ainsi opportunément en compte « la menace imminente d'un dommage environnemental », l'objectif de prévention étant en la matière primordial.

28. V. P. LEGENDRE, *Nomenclator. Sur la question dogmatique en Occident*, II, Fayard, 2006, p. 16 : « *Nomenclator* devient un concept rassembleur, à valeur herméneutique, mettant en avant le caractère normatif de la langue, de toute langue, qu'à la suite de Saussure (penseur aujourd'hui combien démodé !) je tiens pour l'*institution princeps*, celle dont procède l'ensemble des montages sociaux ». *Adde* les propos de Socrate, dans le *Cratyle* de Platon « *Il n'appartient donc pas à tout homme, Hermogène, d'établir les noms, mais à un faiseur de noms ; et celui-là, c'est, semble-t-il, le législateur, de tous les artisans le plus rare parmi les hommes* ».

29. Selon la formulation de Canguilhem, les normes « *réfèrent le réel à des valeurs, expriment des discriminations de qualités conformément à l'opposition polaire d'un positif et d'un négatif* » (in *Le normal et le pathologique*, 1re éd. 1966, PUF, Quadrige, 1998, p. 178).

30. Pour plus de développements sur la critique de ces dénominations, V. notre ouvrage *Les obligations, 2. Responsabilité civile et quasi-contrats*, PUF, Thémis droit, 2e éd., 2010, p. 152.

La nouveauté majeure de la nomenclature consiste à distinguer entre les « préjudices causés à l'environnement » et les « préjudices causés à l'homme ». L'opposition est sans doute un peu trop dichotomique, dans la mesure où on pourrait dire que l'atteinte au sol, à l'air, à l'atmosphère, aux eaux, ou encore aux espèces, porte toujours nécessairement une atteinte par ricochet aux hommes, puisqu'il y a atteinte à leur milieu. Comme le disait Karl Polanyi, « *on ne peut pas séparer nettement les dangers qui menacent l'homme de ceux qui menacent la nature* » [31]. Il faudrait dès lors sans doute trouver des formulations marquant moins l'opposition que la complémentarité et même la continuité entre les deux types de préjudice. On pourrait alors au moins, pour reprendre des formulations présentes en droit de la responsabilité civile, distinguer plutôt selon que le dommage écologique entraîne un préjudice *direct* (lorsqu'une victime précise est identifiée) ou *indirect* à l'homme (en cas de préjudice par ricochet pour tous les êtres humains). L'idée est cependant fort opportune qui consiste à reconnaître l'existence de ce qu'on appelle les préjudices écologiques « purs », c'est-à-dire à admettre qu'il puisse y avoir une obligation de réparer une atteinte à l'environnement indépendamment d'un dommage précis causé à une ou des personnes juridiques [32]. Selon la formulation de la nomenclature, il s'agit de rendre compte « *des détériorations de l'environnement au-delà et indépendamment des répercussions connues sur les intérêts humains* » [33]. Là encore, on pourrait dire qu'il y a toujours répercussion sur les intérêts humains. Le propre du préjudice écologique pur est en revanche qu'il ne nécessite pas d'identifier une victime précise. L'un des auteurs de la nomenclature avait proposé l'explication fort stimulante suivante [34] : comme il y a des fautes objectives, indépendantes de l'état de discernement de leur auteur, il devrait pouvoir y avoir des dommages objectifs, indépendants des atteintes portées à une personne précise. Il n'est ainsi

31. K. POLANYI, *La grande transformation*, éd. originale 1944, trad. franç. Gallimard 1983, coll. nrf 1983, p. 253.

32. Selon la formule de la cour d'appel de Paris dans l'affaire Erika, il s'agit de « *toute atteinte non négligeable à l'environnement naturel, à savoir, notamment, l'air, l'atmosphère, l'eau, les sols, les terres, les paysages, les sites naturels, la biodiversité et l'interaction entre ces éléments qui est sans répercussions sur un intérêt humain particulier mais qui affecte un intérêt collectif légitime* ». V. L. NEYRET, « L'affaire Erika : moteur d'évolution des responsabilités civile et pénale », *D.* 2010, chron., p. 2238.

33. G. J. MARTIN, « Réflexions sur la définition du dommage à l'environnement : le préjudice écologique "pur" », in *Droit et environnement. Propos pluridisciplinaires sur un droit en construction*, PUAM, 1995, p. 115 ; M. TORRE-SHAUB, « Quelques réflexions sur le dommage écologique pur. Quelles responsabilités ? L'approche par les droits fondamentaux », in *Droit, sciences et techniques, quelles responsabilités ?*, LexisNexis, 2011, p. 543.

34. L. NEYRET, *Atteintes au vivant et responsabilité civile*, LGDJ, 2006, préf. C. THIBIERGE ; du même auteur, « La réparation des atteintes à l'environnement par le juge judiciaire », *D.* 2008, p. 170 ; « Naufrage de l'Erika : vers un droit commun de la réparation des atteintes à l'environnement », *D.* 2008, p. 2681.

pas nécessaire d'identifier une victime dotée de la personnalité juridique pour admettre l'existence d'un dommage réparable. Il serait de surcroît injuste d'affecter à une personne déterminée la somme d'argent correspondant à l'atteinte générale.

La reconnaissance d'un préjudice écologique pur déconnecte d'autant plus la réparation de la personnalité juridique qu'elle ne suppose pas davantage de reconnaître la personnalité morale à la Nature, à l'Environnement, ou encore aux Générations futures. La solution inverse conduirait à devoir admettre d'éventuels procès entre une personne d'une part, et par exemple la nature de l'autre, ce qui ne serait pas raisonnable. L'artifice serait en outre grossier car c'est de toute évidence « *toujours nous qui ferons parler la nature* » [35]. Le but ultime de la protection de la nature est de préserver l'homme en général et son habitat. Quoi qu'il en soit, il n'est nul besoin de reconnaître des droits à la nature pour reconnaître à l'homme des devoirs au regard de celle-ci. La notion de devoir trouble cependant certains juristes contemporains qui la qualifient de « liberticide » [36], et aiment à penser le monde uniquement en termes de droits. Le temps est loin où René Cassin, qui s'y connaissait en matière de droits de l'homme [37], regrettait la quasi-inexistence de la notion de devoir dans la déclaration universelle de 1948 [38]. L'histoire a certes donné des exemples peu désirables de devoirs formulés envers l'État et il faut sans doute aussi être vigilant envers ceux qui seraient formulés vis-à-vis d'entités abstraites [39]. Mais le devoir général de préserver l'habitat humain n'a pas de quoi effrayer, sauf si on oublie, ce que René Cassin aurait voulu faire inscrire expressément dans la déclaration universelle des droits de l'homme, à savoir la nécessaire « *acceptation des charges et sacrifices exigés par le bien commun* » [40]. L'article 2 de la Charte de l'environnement de 2004 prévoyant que « *toute personne a le devoir de prendre part à la préservation et à l'amélioration de l'environnement* » ne doit donc pas être ramené à un seul rapport interindividuel où chacun devrait simplement respecter

35. F. OST, *La nature hors la loi. L'écologie à l'épreuve du droit*, La Découverte, 1995, p. 14.

36. A. VAN LANG, « L'enracinement constitutionnel de la responsabilité environnementale », in *La responsabilité environnementale*, dir. Ch. CANS, Dalloz, Thèmes et commentaires, 2009, p. 48.

37. On pourrait citer aussi Gandhi, qui s'y connaissait en matière d'oppression, et qui clamait pourtant que « *Si nous nous acquittons de nos devoirs, les droits ne seront pas difficiles à obtenir. Si en revanche nous laissons les devoirs inaccomplis, nous courrons toujours après les droits et ils nous échapperont comme un feu follet* » (« *If we all discharge our duties, rights will not be far to seek. If leaving duties unperformed, we run after rights, they will escape us like a will o' the wisp* », *Young India*, 8 janv. 1925).

38. R. CASSIN, « De la place faite aux devoirs de l'individu dans la déclaration universelle des droits de l'homme », in *Mélanges offerts à Polys Modinos*, Éd. Pedone, 1968, p. 479.

39. En ce sens, J.-P. MARGUÉNAUD, « Les devoirs de l'homme dans la Charte constitutionnelle de l'environnement », in *Mélanges Jacqueline Morand-Deviller*, Montchrestien, 2007, p. 881.

40. R. CASSIN, *op. cit.*, p. 484.

les droits de l'autre [41], mais il doit être compris au sens fort comme un devoir général et fondamental de préserver ce bien commun, précisément même dans l'hypothèse où aucun intérêt individuel n'aurait été lésé [42]. Le point de savoir qui est le bénéficiaire ultime du respect dû à l'environnement (la Nature ? l'Homme ?) est dès lors une question qu'il est inutile de trancher. Le seul enjeu consiste à s'accorder sur la nécessité de respecter les ressources naturelles comme bien commun indépendant des intérêts individuels. C'est là un apport majeur de la proposition de nomenclature et qu'il faut saluer.

La nomenclature des préjudices se présente sous forme de liste. La méthode est ainsi résolument casuistique, rompant avec la clause générale de notre tradition pour aller vers la méthodologie retenue en *Common Law*, où chaque type de préjudice ouvre droit à une action. En droit français également, l'idée progresse de partir plutôt des intérêts protégés, comme en droit allemand ou en droit italien, pour en déduire l'existence d'un préjudice en cas de violation. Le projet de principes européens du droit de la responsabilité civile adopte la même démarche [43]. L'établissement d'une liste n'a au demeurant jamais empêché de reconnaître de nouveaux préjudices, mais il est préférable qu'elle soit ouvertement non limitative, comme c'est le cas de la nomenclature des préjudices écologiques proposée.

Les catégories élaborées sont en outre en elles-mêmes très ouvertes. La proposition de nomenclature donne ainsi fort sagement une définition très large du dommage écologique, entendu comme « *l'atteinte portée à l'intégrité et/ou à la qualité de l'environnement naturel* ». La nomenclature répertorie ainsi les atteintes les plus diverses à l'environnement et à l'homme, en tenant compte non seulement des dommages causés à des éléments naturels, mais encore aux fonctions (pour l'environnement) et aux services (pour l'homme) qu'ils pouvaient remplir. Il est en effet opportun d'appréhender les dégâts de la façon la plus large possible. Quand une ressource naturelle est brûlée, mazoutée ou détruite, cela ne pose pas de difficultés. Il faudrait aussi admettre qu'il y a un préjudice lorsqu'elle est surexploitée. Les ressources naturelles, même renouvelables (eau, forêts, poissons, etc.) peuvent en effet s'épuiser si elles sont exploitées de façon excessive par rapport à leur taux naturel de régénération, ce que cherche à

41. *Contra*, J.-P. MARGUÉNAUD, précité.

42. De même que l'article 4 prévoyant que « *Toute personne doit contribuer à la réparation des dommages qu'elle cause à l'environnement, dans les conditions définies par la loi* ».

43. *Principes du droit européen de la responsabilité civile, Textes et commentaires*, dir. O. MORÉTEAU, trad. M. Séjean, Société de législation comparée, 2011 ; V. Ph. BRUN, « Regards hexagonaux sur les principes du droit européen de la responsabilité civile », in *Études G. Viney*, LGDJ, Lextenso, 2008.

appréhender l'indicateur de l'empreinte écologique qui mesure le degré d'utilisation de la nature par l'homme [44]. La masse des déchets produits peut également devenir très problématique comme le montrent des crises régulières. La nomenclature utilise des formules suffisamment larges pour qu'on puisse y inclure, si on le voulait, tous ces préjudices. La difficulté là encore est de faire prendre conscience de cet épuisement et d'inciter les politiques à prendre d'ores et déjà des mesures, alors que, par hypothèse, tant que l'épuisement n'est pas arrivé à son terme, la ressource semble encore présente, au moins pour les classes favorisées qui ont toujours les moyens de s'en procurer.

On pourrait peut-être regretter que la nomenclature mette sur le même plan tous les types de préjudices, alors qu'il y a une hiérarchie considérable, en particulier entre les préjudices réversibles et ceux qui ne le sont pas, ou encore entre les préjudices portant ou non atteinte aux éco-systèmes ou aux capacités de régénération du milieu humain. La question relève certes sans doute davantage du régime juridique de la responsabilité, dans la mesure où ce sont les formes et les modalités de la réparation qui devraient varier en fonction la gravité du dommage. Un tel travail de hiérarchisation serait cependant utile à terme. Une juste représentation des enjeux liés à chaque élément naturel (par exemple aux différents domaines de la biodiversité) permettrait en outre de ne pas mettre la barre trop haut et de ne pas risquer ainsi de décourager par avance tout effort.

La nomenclature proposée pourra également par la suite être affinée et complétée en matière de préjudices moraux, qui ne doivent pas être négligés. Un seul poste est prévu à cet égard, qui se trouve dans les préjudices individuels causés à l'homme. Il comprend d'abord l'atteinte à l'image de marque ou à la réputation, dont il n'est pas sûr qu'il s'agisse principalement d'un dommage moral : on peut penser que le préjudice résultera de la désaffection du public et des consommateurs, et donc qu'il s'agira plutôt d'un préjudice économique. Le seul autre poste prévu concerne un « préjudice de jouissance » globalement envisagé. Celui-ci est défini comme l'« *atteinte conduisant une personne à vivre ou à exercer une activité dans des conditions environnementales dégradées* ». Il est précisé que « *ce préjudice recouvre notamment l'atteinte au cadre de vie ou au bien-être individuel* ». Le préjudice moral est ainsi largement entendu, et peut opportunément inclure la perte de la qualité de la vie, y compris la privation des joies quotidiennes de l'existence, comme dans le sens ancien et large du préjudice d'agrément. De nombreux autres préjudices moraux pourraient être caractérisés, et qui ne devraient pas seulement être des préjudices « causés à l'homme ». On peut en effet concevoir un préjudice esthétique par exemple (dégradation d'un

44. M. WACKERNAGEL et W. REES, *Our Ecological Footprint: Reducing Human Impact on the Earth*, New Society Publishers, 1995, trad. franç. *Notre empreinte écologique*, éd. Écosociété, 2009.

paysage) qui soit un préjudice écologique pur c'est-à-dire, dans la nomenclature, un préjudice « *causé à l'environnement* » (s'il s'agit d'une zone inhabitée par exemple).

Pour conclure sur ce point, l'élaboration d'une nomenclature suppose, pour reprendre le sous-titre du *Cratyle*, une certaine justesse des noms. Les noms de préjudice ne peuvent pas être simplement, comme le soutenait Hermogène dans le célèbre dialogue de Platon, ceux « *que certains hommes lui ont attribué par convention* ». En la matière, il faut aussi reconnaître avec Cratyle qu'« *il y a pour chaque chose un nom qui lui est naturellement approprié* ». Si, plus consciemment et plus ouvertement que les mots de la langue courante, les mots du droit assument un écart avec les choses, les mots de préjudices doivent au contraire s'efforcer de décrire, en négatif, les choses du monde qui ont été atteintes. Le nom devient alors « *un instrument propre à enseigner et à distinguer la réalité, comme la navette à démêler les fils* » [45]. Plus la nomenclature sera établie finement et exhaustivement, en adéquation avec le réel et la totalité des dommages causés aux ressources naturelles, et plus elle permettra d'assurer une protection efficace et une juste réparation. Ainsi, « *celui qui connaîtra les noms connaîtra aussi les choses* » [46], et la liste des préjudices proposée par la nomenclature permettra, par antonyme, d'établir celle des richesses et ressources naturelles du monde. Celles-ci sont désignées, en creux, comme des valeurs à préserver.

Leur réparation suppose alors une certaine quantification, même si celle-ci n'est pas l'objet direct de la nomenclature.

SECTION 2
ÉVALUER

Les différents postes de préjudices écologiques ne sont pas faciles à évaluer. La ligne directrice du droit de la responsabilité civile est pourtant *a priori* claire : il faut calculer la somme nécessaire pour rétablir le *statu quo ante*, et la réparation en nature sera sans doute la modalité la plus satisfaisante toutes les fois qu'elle est possible.

45. Socrate.
46. Cratyle.

Les choses sont cependant souvent beaucoup moins simples en la matière [47]. Ces préjudices sont en effet fréquemment irréparables et les dégâts irrémédiables [48]. Comment réparer une atteinte à la couche d'ozone ? Des centaines d'oiseaux mazoutés ? Comment quantifier en une somme d'argent un bord de mer impraticable ou un paysage défiguré ? Il ne faudrait pas pour autant bien sûr qu'aucune indemnisation ne soit due. Comme l'ont souligné des auteurs, « *concernant la soutenabilité environnementale, les limites des approches monétaires n'impliquent pas que des efforts pour valoriser en termes monétaires les dommages causés à l'environnement ne soient plus nécessaires : il est bien connu que s'opposer totalement à toute forme de monétisation aboutit souvent à des politiques menées comme si les biens environnementaux n'avaient aucune valeur* » [49]. Dans le même esprit que les travaux d'Amartya Sen proposant de nouveaux indicateurs de richesses tenant compte de la qualité de la vie [50], la nomenclature présentée a ainsi le grand mérite de donner une vision plus juste et plus complète de ce qui importe pour l'être humain. Comptabiliser les préjudices permet un rééquilibrage des choses, sachant qu'on ne tient souvent compte que de ce qui se compte.

Dès lors, ainsi que le droit de la responsabilité civile l'a admis depuis fort longtemps, la grande difficulté voire l'impossibilité d'évaluer un préjudice ne doivent pas faire obstacle à sa réparation [51]. Il faudra simplement trouver une autre mesure de la « réparation », permettant par exemple de « compenser » les dégâts par des mesures positives d'amélioration de l'environnement. C'est ce que commence à faire la loi du 1er août 2008 de transposition de la directive du 21 avril 2004 relative à la responsabilité environnementale qui prévoit des réparations « complémentaires » et « compensatoires » à côté de la réparation « primaire » permettant le retour au *statu quo ante* [52].

---

47. G. J. MARTIN, « La responsabilité environnementale », in *L'efficacité du droit de l'environnement*, dir. O. BOSKOVIC, Dalloz, Thèmes et commentaires, 2010, spéc. p. 15 et s.

48. Selon la jolie formule de R. SAVATIER (« Personnalité et dépersonnalisation de la responsabilité », in *Mélanges Laborde Lacoste*, cité par S. CARVAL, *La construction de la responsabilité civile*, PUF, Doctrine juridique, 2001, p. 267), « *Quand on cherche à équilibrer une valeur humaine par une valeur comptable, on poursuit une tâche impossible, en ce sens que l'équivalence laisse toujours un reste. Ici, le reste est énorme. L'équivalence boîte furieusement* ».

49. J. STIGLITZ, A. SEN, J.-P. FITOUSSI, *Richesse des nations et bien-être des individus*, Odile Jacob, 2009, p. 318.

50. *Ibid.*

51. L'arrêt des Chambres réunies du 15 juin 1833 (*S.* 1833, 1, p. 458) que l'on cite souvent comme ayant consacré le préjudice moral concernait en réalité une espèce où le dommage survenu n'était pas seulement moral, mais impossible à évaluer comme le préjudice moral (il s'agissait d'un cas de concurrence illicite) et la Cour de cassation énonce alors que la difficulté d'apprécier le préjudice ne fait pas obstacle à une condamnation : v. P. ESMEIN, « La commercialisation du dommage moral », *D.* 1954, chron., p. 113, reproduit in S. CARVAL, *op. cit.*, p. 284.

52. V. *La responsabilité environnementale*, dir. Ch. CANS, Dalloz, Thèmes et commentaires, 2009, spéc. la 2e partie de l'ouvrage.

Le système des dommages-intérêts punitifs serait particulièrement opportun dans le domaine de la responsabilité écologique. Il permet comme on le sait d'éviter les fautes lucratives, en calquant les dommages-intérêts non plus seulement sur le préjudice, mais aussi sur la gravité de la faute [53] et/ou sur le profit engrangé par l'auteur de celle-ci. Il faudrait l'assortir du mécanisme fort ingénieux qui avait été proposé par le groupe dirigé par Mlle Viney, à savoir que la totalité des sommes ne seraient pas versées à la victime mais au moins pour partie au Trésor public [54]. On pourrait adapter cette idée en la matière et les sommes pourraient être au moins partiellement affectées à un fonds de sauvegarde de l'environnement. De même que les compagnies d'assurance ayant fait une offre d'indemnisation manifestement insuffisante en cas d'accident de la circulation peuvent être condamnées à verser des pénalités à un fonds de garantie [55], de même les entreprises ou personnes physiques condamnées pour pollution pourraient être tenues de verser certaines pénalités à un fonds de sauvegarde de l'environnement.

L'évaluation du préjudice écologique pose une autre difficulté classique. On sait que la réparation du préjudice moral et même du préjudice corporel mirent un certain temps à être admises car on craignait la marchandisation qui allait en résulter. La responsabilité civile conduit à donner un prix (une valeur ?) à un bras cassé, à la souffrance, ou à la mort d'un enfant. Le paradoxe – et le piège – tient à ce que, en donnant une valeur à quelque chose d'inestimable, on le rabaisse nécessairement. Surtout, en donnant un prix à quelque chose qui n'en a pas, on l'introduit dans le domaine des choses et du patrimonial [56], marquant la victoire définitive de l'argent comme valeur suprême [57]. Le phénomène s'accélère, et les

53. Comme le propose le rapport *Lepage* qui vise le cas des fautes intentionnelles. Pour les préjudices écologiques les plus graves, il faudrait y ajouter les fautes qualifiées sur le modèle de la mise en danger délibérée de la vie d'autrui.

54. In *Avant-projet Catala de réforme du droit des obligations*, proposition d'article 1371 : « *L'auteur d'une faute manifestement délibérée, et notamment d'une faute lucrative, peut être condamné, outre les dommages-intérêts compensatoires, à des dommages-intérêts punitifs dont le juge a la faculté de faire bénéficier pour une part le Trésor public. La décision du juge d'octroyer de tels dommages-intérêts doit être spécialement motivée et leur montant distingué de celui des autres dommages-intérêts accordés à la victime. Les dommages-intérêts punitifs ne sont pas assurables* ».

55. Art. L. 211-14 Code ass. : « Si le juge qui fixe l'indemnité estime que l'offre proposée par l'assureur était manifestement insuffisante, il condamne d'office l'assureur à verser au fonds de garantie prévu par l'article L. 421-1 une somme au plus égale à 15 % de l'indemnité allouée, sans préjudice des dommages et intérêts dus de ce fait à la victime ».

56. On connaît l'opposition radicale chez KANT entre ce qui a un prix et ce qui a une dignité. Seul « ce qui est supérieur à tout prix, ce qui n'admet pas d'équivalent », ce qui « n'a pas seulement une valeur relative, c'est-à-dire un prix » possède « une valeur intrinsèque, c'est-à-dire une dignité » (E. KANT, *Fondements de la métaphysique des mœurs*, trad. Delbos, Paris, 1952, p. 160).

57. Dans le même sens, J. GADREY et Fl. JANY-CATRICE, *Les nouveaux indicateurs de richesse*, La Découverte, Repères, 2007, p. 49 : « *Nous ne sommes pas, pour notre part, enthousiasmés par l'idée que, pour pouvoir se faire entendre lorsqu'on défend une vision non strictement économique de la richesse et du progrès, il faille obligatoirement en passer par la valorisation économique de toutes les variables économiques. On peut y voir une contradiction dans les termes, qui signerait*

sociologues et les économistes ont mis au jour un mouvement moderne de « qualculation » [58], consistant à vouloir calculer et quantifier toutes les valeurs qualitatives (par exemple les savoir-faire ou les identités territoriales, les politiques publiques, la culture, ou encore précisément l'environnement) pour les ramener à des standards, des indicateurs, des labels, des certifications, et autres procédures de classement (« *ranking* ») ou d'étalonnement (« *benchmarking* »). Sous les auspices de la qualité, un mouvement se donne à voir de mise en transparence de l'ensemble des phénomènes sociaux destiné à transformer ces derniers en objets calculables et en produits [59]. On voit ainsi émerger une « économie des qualités » [60] permettant de faire entrer ces biens dans le monde de la consommation. C'est l'extension progressive du règne de la marchandise, qui a conquis progressivement les territoires non seulement économiques, mais encore politiques, sociétaux et même symboliques [61].

La pente est ainsi très glissante qui conduit de l'évaluation à la marchandisation, ce qui a un prix pouvant plus aisément être cédé. Le risque s'est déjà partiellement réalisé en la matière, et on sait que des « droits de polluer » sont aujourd'hui en vente. Le droit de la responsabilité civile devrait pourtant être d'ordre public, et au moins pour la part constitutionnelle de ce droit [62], c'est-à-dire le devoir de réparer les dommages causés par sa faute grave [63], nul ne devrait pouvoir s'en dispenser. Si l'on prend au sérieux l'article 2 de la Charte de l'environnement de 2004, selon lequel « *toute personne a le devoir de prendre part à la préservation et à l'amélioration de l'environnement* », comment pourrait-on se dispenser de ce devoir à valeur constitutionnelle ? Le Conseil constitutionnel n'a-t-il pas clairement jugé « *que nul ne saurait, par une disposition générale de la loi,*

---

la victoire définitive de l'économie comme valeur suprême et comme seule justification crédible des actions en faveur de la justice, du lien social ou de l'environnement ».

58. Ce néologisme a été forgé par F. COCHOY, *Une sociologie du packaging ou l'âne de Buridan face au marché*, PUF, Sciences sociales et sociétés, 2002 ; *adde* M. CALLON et J. LAW, « On qualculation, agency, and otherness », *Environment and Planning* 2005, p. 717.

59. C'est la thèse de L. DORIA, « Il potere e il problema della qualità. Considerazioni della prospettiva della sociologia economica », *Studi Organizzativi*, n° 1, 2009, p. 143 ; du même auteur, « Managing the Unmanageable Resource : Multiple Utility and Quality in the EU Policy Discourses on Local Identity », in L. DORIA, V. FEDELI et C. TEDESCO (dir.), *Rethinking European spatial policy as a hologram : actions, institutions, discourses*, Aldershot, Ashgate, 2006.

60. M. CALLON, C. MÉADEL et V. RABEHARISOA, « The economy of qualities », *Economy and Society*, 2002, p. 194.

61. Sur cette thèse, v. les travaux de D.-R. DUFOUR et, en dernier lieu, *L'individu qui vient... après le libéralisme*, Denoël, 2011.

62. Sur laquelle v. la thèse en cours de B. GIRARD, *Droit de la responsabilité civile et droits fondamentaux*, thèse Paris I, soutenance prévue en 2012.

63. Déc. 82-144 DC du 22 oct. 1982 : ne peuvent « *demeurer sans aucune espèce de réparation de la part de leurs auteurs ou co-auteurs ni, en l'absence de toute disposition spéciale en ce sens, de la part d'autres personnes physiques ou morales, les dommages causés par des fautes, mêmes graves* ».

être exonéré de toute responsabilité personnelle quelle que soit la nature ou la gravité de l'acte qui lui est imputé » [64] ? Certains plaident déjà pour la mobilisation de la créance indemnitaire [65], mais on peut penser qu'on a déjà suffisamment marchandisé toutes sortes de créances [66]. Le monolinguisme du droit des biens reprend son empire lorsque la responsabilité elle-même devient un objet de propriété. On se demande combien de crises il faudra encore pour que cessent les affirmations dogmatiques selon lesquelles le marché peut tout résoudre, et que tout dysfonctionnement est le signe qu'il n'a pas encore suffisamment pris de place [67]. Certains des meilleurs économistes disent pourtant, démonstration à l'appui, que le marché n'est pas en la matière la solution la plus efficace pour diminuer la pollution [68].

Il ne s'agit pas bien sûr de rejeter toute forme d'intervention du marché, mais de refuser de tout subordonner au jeu du marché [69]. Comme l'avait déjà perçu Polanyi, la terre n'est pas naturellement une marchandise mais seulement par une fiction, car « *elle n'est que l'autre nom de la nature, qui n'est pas produite par l'homme* ». Elle est « *le milieu naturel dans lequel chaque société existe* », et l'« *inclure dans le mécanisme du marché, c'est subordonner aux lois du marché la substance de la société elle-même* » [70]. Il annonçait alors que « *permettre au mécanisme du marché de diriger seul le sort des êtres humains et de leur milieu*

64. Déc. n° 88-248 DC du 17 janv. 1989 sur la loi modifiant la loi du 30 sept. 1986 relative à la liberté de communication.

65. A. PINNA, « La mobilisation de la créance indemnitaire », *RTD civ.* 2008, p. 229.

66. V. A. SUPIOT, « Contribution à une analyse juridique de la crise économique de 2008 », *Rev. intern. du trav.*, vol. 149, n° 2 (2010), p. 165, disponible sur le site Internet du BIT www.ilo.org/public/french/revue/download/pdf/s1supiot.pdf : « *de même que le roi Midas transformait en or tout ce qu'il touchait, de même le marché total métamorphose tout en ressource économique. [...] Longtemps cantonné aux travailleurs, ce processus d'objectivation des êtres humains s'est étendu à toute espèce de créancier ou de débiteur grâce aux techniques les plus récentes de titrisation. Ces techniques permettent non seulement de métamorphoser un lien personnel en bien négociable, mais encore de faire disparaître toute trace des personnes engagées dans ce lien* » ; « *un monde réduit aux choses est un monde où personne ne répond plus de rien. Et, de fait, l'un des effets les plus ravageurs de ces nouveaux "produits" financiers a été de permettre aux prêteurs de ne plus avoir à répondre du risque financier inhérent à toute opération de crédit* ».

67. V. D. BRIAND-MELEDO : « *l'effectivité de la responsabilité environnementale a tout à gagner de son intégration au droit du marché* » (« Responsabilité environnementale, régulation et droit du marché », in *La responsabilité environnementale*, dir. Ch. CANS, *op. cit.*, p. 379).

68. R. GUESNERIE, *Pour une politique climatique globale, blocages et ouvertures*, Cepremap, 2010, qui développe les avantages d'une fiscalité de l'environnement par rapport à la mise en place d'un marché des droits de polluer.

69. V. K. POLANYI, *La grande transformation*, *op. cit.*, qui montre que jusqu'à son époque, les marchés n'étaient que des éléments secondaires de la vie sociale et que le système économique était absorbé dans le système social. La terre (de même que la monnaie et le travail) relevait donc de l'organisation sociale et non pas du marché.

70. *Op. cit.*, p. 106-107.

naturel [...] aurait pour résultat de détruire la société » [71]. Il faudrait relire et méditer ces propos pour ne pas, par une sorte de fuite en avant, faire un pas de plus encore dans l'emprise du marché sur la nature. La matière doit être encadrée par des règles fondamentales impératives – notamment de responsabilité – et ne pas se livrer corps et âme au domaine de la régulation et du marché.

La prudence doit également être de mise sur l'élaboration d'outils donnant une valeur à des données écologiques, par exemple à la biodiversité [72]. Là encore des économistes ont travaillé sur la dimension normative, souvent insue, des données statistiques [73], et notamment des indicateurs [74]. Selon la formule célèbre, une carte n'est pas le territoire. Les catégories statistiques ou même comptables peuvent même avoir des effets normatifs pervers [75]. On sait par exemple que la destruction organisée de la forêt amazonienne conduit à un accroissement du PIB [76], et l'admission d'un marché des droits de polluer conduit aussi à des stratégies de contournement dont la sauvegarde de l'environnement n'est ni l'objectif ni le résultat. Les politiques contemporaines reposent pourtant trop souvent sur une « *gouvernance par les nombres* » qui tend à nous faire tomber dans « *les pièges de l'autoréférence* » [77].

---

71. En particulier, « *la nature serait réduite à ses éléments, l'environnement naturel et les paysages souillés, les rivières polluées, [...] le pouvoir de produire de la nourriture et des matières premières détruit* » : *op. cit.*, p. 108. « *La fonction économique n'est que l'une des nombreuses fonctions vitales de la terre. Celle-ci donne sa stabilité à la vie de l'homme ; elle est le lieu qu'il habite ; elle est une condition de sa sécurité matérielle ; elle est le paysage et les saisons* » *(op. cit.*, p. 238).

72. Comme l'annonce l'exposé des motifs de la nomenclature : « *un rapprochement avec les travaux du Centre d'Analyse Stratégique (CAS) publiés en avril 2009 et destinés à construire lesoutils permettant de fixer une valeur tutélaire à la biodiversité et aux services écosystémiques sera sans doute utile* ».

73. A. Desrosières, *La politique des grands nombres*, La Découverte, 1993.

74. R. Salais, « Du bon (et du mauvais) emploi des indicateurs dans l'action publique », *in Protection sociale et travail décent*, suppl. nº 1272 4 sept. 2006, *Semaine Sociale Lamy*, p. 73.

75. V. S. Jubé, *Droit social et normalisation comptable*, LGDJ, 2011, préf. Y. Lemarchand et A. Supiot, qui montre comment les règles comptables peuvent avoir des effets normatifs sur les politiques sociales des entreprises, en particulier lorsque les salariés apparaissent comme un passif et une charge au lieu d'être comptabilisés comme une richesse.

76. J. Gadrey et Fl. Jany-Catrice, *Les nouveaux indicateurs de richesse*, La Découverte, Repères, 2007, p. 22. Selon ces auteurs, « *il faudrait refuser de compter, comme contribution positive à la "vraie" richesse, les dépenses (et la production correspondante) qui servent essentiellement à réparer les "dégâts" ou les "dommages collatéraux" de notre modèle de croissance et nos modes de vie* » (p. 60).

77. Les formules sont de A. Supiot, qui en démonte les implications : *L'esprit de Philadelphie. La justice sociale face au marché total*, Seuil, 2010, p. 77 et s.

SECTION 3
IMPUTER

L'imputation est une question cruciale de la responsabilité, mais elle est souvent occultée par les trois conditions classiques que sont la faute, le dommage et la causalité. Aux discussions sur la faute, on rattache classiquement la question de l'imputabilité, c'est-à-dire de la capacité de discernement de son auteur. Cependant, avant même cette question, se pose celle de savoir à qui rattacher – à qui imputer – un comportement dommageable. Il s'agit d'identifier le responsable, ce qui soulève, là encore, de nombreuses difficultés propres en matière de préjudice écologique. En particulier, comme l'avait expliqué Paul Ricœur, dans une société de plus en plus complexe, où les risques sont de plus en plus diffus, les effets nuisibles sont souvent le résultat de « *myriades de micro-décisions singulières* » [78].

Le droit contient de nombreux outils qui pourraient être mobilisés pour une politique de responsabilisation écologique. Plus précisément, le droit de la responsabilité civile contient de nombreuses ficelles précieuses que l'on pourrait tirer. Nous n'en prendrons que quelques exemples.

§ 1. – Pour l'internalisation des coûts : *ubi emolumentum, ibi onus* [79]

Donner aux différentes atteintes à l'environnement des noms de préjudices, comme le propose la nomenclature, a une autre vertu normative précieuse. Les préjudices écologiques ne devraient en effet plus pouvoir passer aussi discrètement « à la trappe » dans les bilans coûts-avantages. En matière de responsabilité civile, l'analyse économique du droit recommande en effet d'attribuer les responsabilités de façon à diminuer les coûts globaux pour la société [80], et d'adopter une règle claire de responsabilité, afin que chaque décideur intègre tous les coûts de son action avant de déterminer s'il est opportun d'agir.

---

78. *Le Juste*, Éditions Esprit, 1995, p. 64.

79. *Sexte, de regulis juris*, LV. Sur cet adage, v. le précieux H. ROLAND et L. BOYER, *Adages du droit français*, Litec, n° 433.

80. Pour plus de développements, v. notre ouvrage *Les obligations, 2. Responsabilité civile et quasi-contrats*, PUF, Thémis droit, 2e éd., 2010, p. 44 et s., not. sur la fameuse *Hand Formula* selon laquelle l'auteur d'un dommage ne doit en être tenu pour responsable que si le coût de prévention du dommage était inférieur au dommage réalisé pondéré par la probabilité qu'il avait de survenir : $B < PL$, où B est le coût de la prévention (*burden*), P la probabilité de survenance du dommage, et L la perte en cas de survenance du dommage (*lost*).

La nomenclature proposée va aider considérablement à la réalisation de ces objectifs. Les préjudices écologiques sont en effet précisément nommés et pourront ainsi clairement être imputés à ceux dont les actions ont de telles conséquences néfastes. Le principe pollueur-payeur pourra alors être plus fermement appliqué [81], en sorte que l'auteur de la pollution ne puisse pas socialiser les dommages tandis qu'il privatisera les profits. Comme l'énonçait la célèbre règle romaine aujourd'hui trop souvent oubliée, la responsabilité doit aller de pair avec le profit : tous les dommages, et en particulier les dommages écologiques, doivent donc être payés par l'entreprise qui profite de l'activité polluante [82]. Intégrer ces dommages dans les coûts de production (les « internaliser » disent les économistes) est la condition nécessaire pour que le bilan coûts/avantages ne soit pas faussé, l'entreprise ayant beau jeu sinon de prendre la décision de produire (et donc de tirer les profits d'une activité) en sachant qu'elle fera supporter par la collectivité une partie des coûts correspondants.

Dès lors, même si on admettait, avec un auteur, que le juge puisse, par application d'un principe de proportionnalité aujourd'hui en vogue, admettre que l'atteinte au droit à l'environnement soit justifiée par l'utilité économique et sociale de l'activité exercée par le pollueur, et donc confronter des intérêts en présence [83], un tel bilan ne devrait pas conduire pour autant à exonérer l'auteur des dommages de son obligation de réparation. À nouveau le producteur doit être obligé de réintégrer les externalités négatives, en particulier les pollutions provoquées par son activité, pour que le niveau de production soit satisfaisant économiquement et socialement.

L'introduction des dommages-intérêts punitifs serait particulièrement souhaitable à cet égard aussi. Ils devraient être d'un montant prohibitif pour les dommages irréversibles. Dans un bilan coûts/avantages, les entreprises seraient ainsi incitées à y réfléchir à deux fois avant de prendre un tel risque si sa réalisation devait avec certitude les conduire à la faillite.

La Commission européenne veut nous faire croire une fois de plus que c'est le marché qui permettra de résoudre au mieux cette équation. Ainsi, le livre

81. V. en ce sens, M. PRIEUR, *Droit de l'environnement*, Précis Dalloz, 6e éd., 2011, p. 175 et s. Sur les difficultés d'application de ce principe, M. BOUTONNET, « L'accueil des principes environnementaux en droit de la responsabilité civile », in *La responsabilité environnementale*, dir. Ch. CANS, Dalloz, Thèmes et commentaires, 2009, p. 69 et s.

82. Le principe 16 de la déclaration de Rio de 1992 proclame ainsi que « *Les autorités nationales devraient s'efforcer de promouvoir l'internalisation des coûts de protection de l'environnement et l'utilisation d'instruments économiques, en vertu du principe selon lequel c'est le pollueur qui doit, en principe, assumer le coût de la pollution, dans le souci de l'intérêt public et sans fausser le jeu du commerce international et de l'investissement* ».

83. V. REBEYROL, « Où en est la réparation du préjudice écologique ? », *D.* 2010, chron., p. 1804 et s., spéc. §9.

vert du 28 mars 2007 « *sur les instruments fondés sur le marché en faveur de l'environnement et des objectifs politiques connexes* » proclame que ces instruments présentent certains avantages par rapport aux instruments réglementaires, notamment en ce qu'« *ils améliorent les signaux transmis par les prix, en donnant une valeur aux coûts et avantages externes des activités économiques, de sorte que les acteurs économiques en tiennent compte et modifient leur comportement afin de réduire les incidences négatives, environnementales et autres, et d'augmenter les effets positifs* ». Des règles claires de responsabilité, facilitées par la proposition de nomenclature, permettraient tout autant d'atteindre cet objectif. Ces règles ont toute leur place dans les « signaux » à transmettre aux agents économiques.

Les juges devront faire preuve d'inventivité et de fermeté. Les pollueurs cherchent en effet souvent par tous moyens à ne pas être les payeurs et les entreprises responsables se dissimulent sous des cascades de personnes morales permettant de faire écran, comme on l'a vu encore dans l'affaire de l'Erika. Ces montages juridiques du droit des affaires doivent être déconstruits, et le droit permet parfois (en matière de transport routier, ou encore de sécurité sur les chantiers de travaux publics) d'aller rechercher la responsabilité d'une entreprise pour des dommages causés par ses sous-traitants qui sont pourtant juridiquement indépendants. La responsabilité doit aller de pair avec le pouvoir économique [84]. Les compagnies pétrolières ne devraient ainsi pas pouvoir échapper à leur responsabilité en confiant leur pétrole à n'importe quel transporteur. La Cour de cassation a souvent jugé que celui qui transférait l'usage et le contrôle de la chose dont il est propriétaire à une personne qui n'était pas capable de la maîtriser pouvait être considéré comme étant demeuré gardien, et donc responsable : selon la haute Juridiction, « *la responsabilité du dommage causé par le fait d'une chose est liée à l'usage et aux pouvoirs de surveillance et de contrôle qui caractérisent la garde* », et « *le propriétaire de la chose, bien que la confiant à un tiers, ne cesse d'en être responsable que s'il est établi que ce tiers a reçu corrélativement toute possibilité de prévenir lui-même le préjudice qu'elle peut causer* » [85], et en particulier toutes les informations nécessaires à la compréhension et à la surveillance de celle-ci [86].

En application de ces principes, l'auteur de la pollution doit en réparer toutes les conséquences même s'il n'a pas commis de faute. En particulier, le respect

84. V. en ce sens, C. DEL CONT, *Propriété économique, dépendance et responsabilité*, Éditions L'Harmattan, coll. Logiques Juridiques, 1998, préf. F. COLLART DUTILLEUL et G. J. MARTIN.

85. Civ. 1re, 9 juin 1993, n° 91-10608 et 91-11216 ; *JCP G* 1994, II, 22202, note G. VINEY ; *D.* 1994, 80, note DAGORNE-LABBÉ.

86. Civ. 2e, 12 oct. 2000, n° 99-10734 ; *RTD civ.* 2001, 372, obs. P. JOURDAIN ; *JCP G* 2001, I, 338, p. 1430, obs. G. VINEY.

de toutes les normes ne doit pas conduire à exonérer l'auteur d'un dommage de sa responsabilité [87].

§ 2. – Prendre les déclarations d'intention au mot

Les entreprises sont aujourd'hui friandes de codes d'éthique ou de bonne conduite [88], où elles proclament leur responsabilité sociale et environnementale [89]. Plus généralement, on connaît la mode des déclarations d'intention et du *soft law*, droit « mou », « doux », « flou » [90] ou « souple » [91], permettant de n'être obligé que si on le veut, quand on le veut et comme on le veut. Les juges pourraient cependant y regarder de plus près et prendre au sérieux les engagements pris plus ou moins à la légère. Il faut prendre le droit mou au sérieux [92], et ne pas le laisser devenir une simple opération de « marketing ».

Les tribunaux pourraient ainsi tout d'abord réactiver la notion d'obligation naturelle. On sait en effet que l'engagement volontaire du débiteur de payer sa dette morale transforme l'obligation naturelle en une obligation juridique exécutoire devant les tribunaux. Selon la formule constante de la Cour de cassation, « *l'engagement unilatéral pris en connaissance de cause d'exécuter une obligation naturelle [transforme] celle-ci en obligation civile* » [93]. Les exemples abondent dans la jurisprudence et la règle vaut même en cas d'engagement purement oral, voire d'engagement tacite si celui-ci est certain [94]. Or dans l'affaire de l'Erika par exemple, dès le lendemain de la catastrophe, et dans les jours qui ont suivi, les dirigeants de Total ont reconnu le caractère insupportable des dommages créés pour les populations et l'environnement, et promis que la société

87. V. ainsi l'article 1386-10 du Code civil : « *le producteur peut être responsable du défaut alors même que le produit a été fabriqué dans le respect des règles de l'art ou de normes existantes ou qu'il a fait l'objet d'une autorisation administrative* ».

88. On citera l'article précurseur de G. FARJAT, « Réflexions sur les codes de conduite privés », in *Le droit des relations économiques internationales, Études Berthold Godman*, Litec, 1982, p. 47.

89. Pour quelques références récentes parmi une abondante littérature, v. *Responsabilité sociale de l'entreprise transnationale et globalisation de l'économie*, dir. I. DAUGAREILH, Bruylant, 2010 ; T. BERNS, P.-F. DOCQUIR, B. FRYDMAN, L. HENNEBEL, G. LEWKOWICZ, *Responsabilités des entreprises et corégulation*, Bruylant, 2007 ; M.-A. MOREAU, *Normes sociales, droit du travail et mondialisation*, Dalloz, 2006.

90. V. M. DELMAS-MARTY, *Le flou du droit*, PUF, 1986, aujourd'hui en Quadrige.

91. V. not. P. DEUMIER, *Introduction générale au droit*, LGDJ, coll. Manuels, 2011, p. 37 et s.

92. Pour paraphraser le livre de DWORKIN : *Taking Rights Seriously*, Harvard Univ. Press 1977, trad. fr. *Prendre les droits au sérieux*, PUF, Léviathan, 1995, préf. P. BOURETZ.

93. Civ. 1re, 4 janv. 2005, n° 02-18904 ; *RTD civ.*, 2005, 397, obs. J. MESTRE et B. FAGES ; Civ. 2e, 9 mai 1988, n° 86-18561.

94. Ph. MALAURIE, L. AYNÈS et Ph. STOFFEL-MUNCK, *Les obligations*, Defrénois, 3e éd., 2007, n° 1245, p. 724.

Total réparerait certains des préjudices. Le devoir de conscience est dans une hypothèse comme celle-là indiscutable. Total qui tire tous les profits des activités de transport à coût bradé devait effectivement se sentir moralement tenue de prendre à sa charge tous les dommages survenus, et ses dirigeants en étaient sans doute conscients (au moins dans leur inconscient...). Si, devant la honte et la culpabilité résultant d'un tel drame, les représentants de Total avaient promis de réparer, ils n'auraient pas dû pouvoir se dédire de ce devoir de conscience, car l'engagement de payer avait transformé l'obligation naturelle de compenser tous les dommages en une obligation juridique. Comme l'énonce pertinemment la doctrine, l'obligation naturelle est particulièrement appropriée s'agissant du « *devoir **de ne pas nuire à autrui**, qui conduit à réparer le dommage que l'on a causé alors même que les conditions d'une action en responsabilité ne sont pas réunies* » [95].

Les juges pourraient aussi donner un effet obligatoire aux informations transmises et aux intentions exprimées [96]. Il s'agit de prendre au mot les belles promesses qui ont pu susciter des attentes légitimes. Dès lors que l'auteur de telles déclarations sur ses bonnes intentions en matière sociale ou environnementale a fait croire à leur respect, il pourrait être obligé de s'y tenir. On trouve trace d'un tel mécanisme de l'effet obligatoire de l'information dans la jurisprudence, que d'autres auteurs ont rattaché directement à la théorie de l'apparence [97], ou pour lequel ils ont proposé le terme nouveau de quasi-engagement [98].

Le droit de l'environnement pourrait ici opportunément s'inspirer du droit de la consommation. En effet, selon l'article 6 de la directive 2005/29/CE du Parlement européen et du Conseil du 11 mai 2005 relative aux pratiques commerciales déloyales des entreprises vis-à-vis des consommateurs dans le marché intérieur, intitulé « actions trompeuses », « *une pratique commerciale est également réputée trompeuse si, dans son contexte factuel, compte tenu de toutes ses caractéristiques et des circonstances, elle amène ou est susceptible d'amener le consommateur moyen à prendre une décision commerciale qu'il n'aurait pas prise autrement, et qu'elle implique : [...] b) le non-respect par le professionnel d'engagements contenus dans un code de conduite par lequel il s'est engagé à être lié, dès*

95. J. FLOUR, J.-L. AUBERT, Y. FLOUR et E. SAVAUX, *Les obligations, 3. Le rapport d'obligation*, Sirey, coll. U, 5ᵉ éd. 2007, nº 72.

96. C'est une proposition que nous avions faite dans notre thèse : *De l'obligation d'information dans les contrats. Essai d'une théorie*, LGDJ, Bibl. dr. privé, 1992, préf. J. GHESTIN, p. 507 et s.

97. En ce sens, G. VINEY, obs. sous Civ. 2ᵉ, 11 févr. 1998, *JCP G* 1998, I, nº 185 ; A. DANIS-FATÔME (auteur d'une thèse sur *Apparence et contrat*, LGDJ, Bibl. dr. privé, 2004, préf. G. VINEY), « Quasi-engagement et apparence : proximité ou identité ? (Dialogue entre deux œuvres de jeunesse) », *RDC* 2009/1, 32.

98. C. GRIMALDI, *Quasi-engagement et engagement en droit privé*, Defrénois, 2007, préf. Y. LEQUETTE.

lors : i) que ces engagements ne sont pas de simples aspirations, mais sont fermes et vérifiables, et ii) que le professionnel indique, dans le cadre d'une pratique commerciale, qu'il est lié par le code ». Il est dommage que le Code de la consommation n'ait pas repris cette règle fort judicieuse [99] énoncée dans la directive et qui trouverait très bien à s'appliquer également en matière de promesses écologiques.

Dans toutes ces hypothèses de déclarations de bonnes intentions, leur auteur devrait être juridiquement tenu de s'y conformer lorsque celles-ci ont induit chez leur destinataire une confiance légitime. S'il faut faire une place aujourd'hui au droit mou, c'est-à-dire laisser une marge pour que les personnes puissent faire leur propre droit, il faut leur rappeler néanmoins le « *Tu patere legem quam ipse fecisti* » (subis les conséquences de ta propre loi) [100].

§ 3. – Pour la généralisation d'une action en carence contre l'État défaillant

Indépendamment des obligations pesant sur des personnes privées, la préservation de l'environnement et de l'habitat humain relève de l'intérêt général et donc pour une grande part de politiques publiques. Le droit de l'environnement est au demeurant à son tour l'objet d'une « fondamentalisation », pour reprendre le néologisme qui a cours aujourd'hui. Le Conseil constitutionnel a ainsi affirmé que « *l'ensemble des droits et devoirs définis dans la Charte de l'environnement* » a « *valeur constitutionnelle* » [101], et « *qu'il incombe au législateur et, dans le cadre défini par la loi, aux autorités administratives de déterminer, dans le respect des principes ainsi énoncés, les modalités de la mise en œuvre de ces dispositions* » [102]. De même, la Cour européenne des droits de l'homme a affirmé qu'elle « ne saurait ignorer la préoccupation croissante et légitime qui existe tant au niveau européen qu'international à l'égard des délits contre l'environnement » [103]. L'État doit donc prendre en charge ces politiques, et il pourrait le faire

99. L'art. L. 121-1-1 du Code de la consommation prévoit uniquement que « *sont réputées trompeuses au sens de l'article L. 121-1 les pratiques commerciales qui ont pour objet : 1° Pour un professionnel, de se prétendre signataire d'un code de conduite alors qu'il ne l'est pas ; [...] 3° D'affirmer qu'un code de conduite a reçu l'approbation d'un organisme public ou privé alors que ce n'est pas le cas ; [...]* ».

100. V. encore H. ROLAND et L. BOYER, *Adages du droit français*, Litec, n° 430.

101. Décision n° 2008-564 DC du 19 juin 2008 sur la loi relative aux OGM.

102. Décision n° 2011-116 QPC du 8 avril 2011.

103. CEDH, 28 sept. 2010, *Mangouras c/ Espagne*, *AJDA* 2011, p. 889, obs. L. BURGORGUE-LARSEN. Sur la CEDH et l'environnement, v. « Panorama de droit de l'environnement », par F. G. TRÉBULLE, *D.* 2011, p. 2694 et s.

le cas échéant en délégant partiellement son pouvoir à une autorité administrative indépendante, ou encore à un fonds de sauvegarde pour l'écologie et le développement durable.

Des mécanismes devraient alors être prévus pour pallier les défaillances de l'État.

De même que pour les personnes privées, les engagements « éthiques » et « mous » de l'État devraient pouvoir être juridicisés. Les gouvernants ne doivent pas en effet pouvoir s'acheter une conscience à bon compte, en proclamant sans cesse la nécessité d'un développement durable et d'une attention à l'écologie sans suivre ces déclarations de politiques publiques concrètes. On sait que le Conseil constitutionnel a voulu couper court aux déclarations sans portée introduites dans les lois. Dans sa décision du 21 avril 2005 sur la loi d'orientation et de programme pour l'avenir de l'école, il a ainsi affirmé que « *la loi a pour vocation d'énoncer des règles et doit par suite être revêtue d'une portée normative* », et a par conséquent censuré comme étant manifestement dépourvus de toute portée normative certains énoncés généraux de la loi déférée [104]. On peut comprendre que la Haute juridiction soit lassée de voir le législateur et les gouvernements prendre la loi pour une tribune médiatique et énoncer, à peu de frais, des dispositions d'affichage, tout en étant assurés qu'elles ne seront pas applicables. Il serait cependant peut-être plus efficace de les laisser assumer de tels engagements généraux et de les prendre ensuite au mot en faisant produire à ceux-ci des effets juridiques [105]. Si les gouvernants eux-mêmes deviennent friands de droit mou, les mêmes parades que celles vues précédemment doivent pouvoir être utilisées contre eux.

Il faudrait en outre faciliter et généraliser [106] l'exercice d'une action similaire au recours en carence prévu en droit de l'Union européenne, et qui permet de faire condamner une institution européenne pour une abstention illégale [107]. Une

---

104. Par exemple les énoncés tels que « *l'objectif de l'école est la réussite de tous les élèves* », *ou encore* « *compte tenu de la diversité des élèves, l'école doit reconnaître et promouvoir toutes les formes d'intelligence pour leur permettre de valoriser leurs talents* ».

105. On sait ainsi que le Conseil constitutionnel a tiré des conséquences juridiques de l'énoncé pourtant fort idéaliste du préambule de la Constitution de 1946 selon lequel « Chacun a le devoir de travailler et le droit d'obtenir un emploi », en énonçant par exemple qu'« il incombe au législateur de poser des règles propres à assurer le droit pour chacun d'obtenir un emploi tout en permettant l'exercice de ce droit par le plus grand nombre » (décision n° 2006-545 DC du 28 déc. 2006).

106. Sur l'action en responsabilité qui peut déjà être engagée contre l'État pour abstention fautive ou pour carence du service des installations classées dans le contrôle des établissements industriels polluants, v. M. PRIEUR, *Droit de l'environnement*, Précis Dalloz, 6e éd., 2011, n° 757, n° 1281 et n° 1282, où il cite notamment le jugement du TA de Rennes du 25 oct. 2007 où l'État a été jugé responsable des marées vertes « du fait de sa carence dans la mise en œuvre des réglementations européennes et nationales » ayant entraîné une pollution des eaux.

107. Article 265 du traité sur le fonctionnement de l'UE.

action pourrait ainsi être de façon générale engagée contre l'État, non seulement si celui-ci ne respecte pas ses obligations environnementales [108], mais encore s'il s'abstient de prendre des mesures nécessaires à un développement durable [109]. Il faut souligner au passage que les institutions de l'Union européenne pourraient également être poursuivies sur le fondement d'un recours en carence puisque cette dernière a désormais des obligations environnementales en vertu de la Charte de Nice [110].

Ces mécanismes inciteraient les pouvoirs publics à plus de diligence, car à nouveau la principale difficulté en matière écologique est souvent le manque de volonté politique, lié au manque de prise de conscience des sociétés qui préfèrent se croire immortelles. Il est plus confortable de ne pas croire (ou de dire qu'on ne croit pas) au réchauffement climatique [111] et aux autres risques écologiques. Ainsi, quarante-cinq ans après le naufrage du Torrey Canyon, trente-quatre ans après celui de l'Amoco Cadiz, et treize ans après celui de l'Erika, les pays et notamment la France continuent de tolérer les pavillons de complaisance et d'ouvrir les ports européens à des pétroliers sans double coque, rongés de rouille, et manœuvrés par des équipages surexploités. Au mépris de la première obligation de l'État – garantir la sécurité des personnes et des biens – l'arbitrage est fait en faveur des intérêts de puissantes compagnies pétrolières. Combien faudra-t-il de naufrages pour que la France et surtout l'Union européenne prennent des mesures sérieuses de protection ? Que dirait-on si les avions qui nous survolent pouvaient également être sous pavillons de complaisance et se soustraire aux règles de sécurité, ou si on n'avait pas le droit de leur interdire de décoller en cas d'avis de tempête [112] ? Ce qui prouve bien que les dommages écologiques ne sont pas encore pris au sérieux. Il est triste de penser qu'il faudrait sans doute des catastrophes majeures, sur notre propre sol (même Fukushima paraît encore très abstrait), pour qu'il y ait une véritable prise de conscience.

---

108. L'équivalent cette fois-ci du recours en manquement prévu contre un État membre : articles 258 et suivants du traité sur le fonctionnement de l'UE.

109. Comme le prévoit l'article 6 de la Charte de l'environnement de 2004 : « *Les politiques publiques doivent promouvoir un développement durable. À cet effet, elles concilient la protection et la mise en valeur de l'environnement, le développement économique et le progrès social* ».

110. Article 37 : « *Un niveau élevé de protection de l'environnement et l'amélioration de sa qualité doivent être intégrés dans les politiques de l'Union et assurés conformément au principe du développement durable* ». V. R. ROMI, *L'Europe et la protection juridique de l'environnement*, Victoires Éd., 3e éd., 2004.

111. Le climato-scepticisme est ainsi devenu l'un des dogmes républicains aux États-Unis : v. A. FRACHON, « L'Amérique, Dieu, la science et Durban », *Le Monde*, 1er déc. 2011.

112. Alors que le vendredi 16 décembre 2011 encore, un cargo battant pavillon maltais, le TK Bremen, s'est échoué près de la côte Sud de la Bretagne, provoquant une pollution du rivage. Les autorités du port de Lorient l'avaient laissé partir malgré un avis de très forte tempête, et alors que de multiples inspections avaient souligné d'importantes déficiences de structure (*Le Monde* du 21 déc. 2011).

§ 4. – Pour l'élargissement du droit d'agir en responsabilité

L'élaboration d'une nomenclature des préjudices écologiques implique qu'une action en réparation soit ouverte, même si le groupe a décidé de laisser pour l'instant de côté la question du droit d'agir en cas de dommage environnemental. La question se pose en particulier pour les préjudices écologiques purs où il va falloir trouver un porte-parole. L'État n'est plus aujourd'hui le seul gardien de l'intérêt général, et la société civile doit avoir son mot à dire [113]. Les recherches sur l'élargissement du droit d'agir en responsabilité doivent être menées du côté des actions individuelles et des actions collectives.

A) S'agissant des *actions individuelles*, un auteur a proposé de déduire du droit à l'environnement consacré par l'article 1er de la Charte constitutionnelle de 2004 (« *Chacun a le droit de vivre dans un environnement équilibré et respectueux de la santé* ») un droit d'action individuel [114]. La proposition peut être intéressante en tant que mécanisme subsidiaire, d'autant que l'auteur prend bien la précaution d'ajouter que l'action ne pourrait qu'aboutir à une réparation en nature. Il est cependant difficile d'admettre une dérogation totale au principe fondamental de procédure « *pas d'intérêt, pas d'action* ». On pourrait admettre qu'un individu puisse intenter une action pour se plaindre d'un préjudice collectif dont il subirait ne serait-ce qu'une parcelle (par exemple si l'air qu'il est amené à respirer est excessivement pollué), mais il est difficile, pour reprendre le même exemple, d'admettre qu'un habitant puisse se plaindre des pollutions de l'air ne lui causant aucun préjudice individuel. La proposition relève cependant de la même idée de pallier les éventuelles carences dans les politiques publiques, mais les remèdes proposés plus haut nous paraissent préférables.

C'est encore la même idée qui a présidé à la notion juridiquement absurde mais politiquement efficace de « droit opposable » en matière de logement [115]. Tout droit est en effet en principe opposable. Toutefois, lorsque l'État est défaillant dans l'accomplissement de politiques publiques – en matière de logement et cela pourrait être élargi en matière écologique – admettre l'existence d'un « droit opposable » permet à certaines personnes d'agir contre lui et de le forcer à remplir son rôle pour l'intérêt général. Car contrairement aux idées reçues, si les droits sociaux ou les droits écologiques ont souvent la nature de droits-créances nécessitant une action positive de l'État pour être respectés, il en est

113. V. A. Pomade, *La société civile et le droit de l'environnement. Contribution à la réflexion sur les théories des sources du droit et de la validité*, LGDJ, Bibl. dr. privé, 2010, préf. C. Thibierge.

114. V. Rebeyrol, *L'affirmation d'un « droit à l'environnement » et la réparation des dommages environnementaux*, Defrénois, collection de Thèses, 2010, préf. G. Viney.

115. V. en particulier les fort intéressants travaux de Nicolas Bernard, et not. son dernier ouvrage sur *La réception du droit au logement par la jurisprudence. Quand les juges donnent corps au droit au logement*, Larcier, 2011.

de même de droits de la première génération comme les droits de propriété intellectuelle [116]. Manque donc simplement la volonté politique de prendre ces droits au sérieux et de contrôler par exemple les conditions écologiques dans lesquelles les produits ont été fabriqués.

B) Des *actions collectives* seraient sans doute souvent plus efficaces. Le besoin se fait sentir d'organes indépendants ayant un poids suffisant face aux pollueurs qui sont fréquemment de très grosses entreprises. Il y a déjà les associations agréées [117], mais une pluralité d'acteurs serait en la matière très opportune, de même qu'une pluralité d'actions.

D'autres types de groupements que les associations pourraient être mobilisés pour sensibiliser l'opinion publique et les partis politiques à la responsabilité écologique. On pense en particulier aux syndicats, qui ont eu un rôle crucial pour faire avancer le droit du travail, notamment en raison d'un droit d'ester en justice qui « *dépasse très largement celui de toute personne morale* » [118]. Un syndicat a en effet vocation à défendre « *devant les tribunaux comme auprès des pouvoirs publics ou des autres groupes sociaux, des intérêts autres que les siens propres, individuels ou collectifs, qui lui sont extérieurs ou qui le dépassent* » [119]. Il peut notamment, par une habilitation générale (et non pas spéciale comme pour les associations) agir pour faire respecter un intérêt collectif [120]. Ces syndicats professionnels pourraient alors exercer des actions en faveur de l'environnement, certains (par exemple dans le domaine de l'agriculture ou du nucléaire) étant particulièrement bien placés pour apprécier les enjeux écologiques et prévenir les risques environnementaux [121]. De telles actions entreraient dans les intérêts matériels et moraux qu'ils ont pour objet d'étudier et

116. En ce sens A. SUPIOT, *Homo juridicus, Essai sur la fonction anthropologique du droit*, Seuil, p. 294 et s.

117. V. not. M. PRIEUR, *Droit de l'environnement*, Précis Dalloz, 6e éd., 2011, p. 137 et s. ; Th. LE BARS, « Les associations, sujets du droit de l'environnement », in *Le droit et l'environnement*, Journées nat. Ass. H. Capitant, tome XI/Caen, Dalloz, Thèmes et commentaires, 2010, p. 117 et s. ; L. BORÉ, « Action collective et protection de l'environnement », in *L'efficacité du droit de l'environnement*, dir. O. BOSKOVIC, Dalloz, Thèmes et commentaires, 2010, p. 47 et s.

118. J.-M. VERDIER, *Syndicats et droit syndical*, in *Droit du travail*, dir. G. H. CAMERLYNCK, tome 5, Dalloz, 2e éd., 1987, p. 583.

119. *Ibid.*

120. Art. L. 2132-3 al. 2 du Code du travail : « *Ils [les syndicats] peuvent, devant toutes les juridictions, exercer tous les droits réservés à la partie civile concernant les faits portant un préjudice direct ou indirect à l'intérêt collectif de la profession qu'ils représentent* ».

121. Sur les liens entre droit du travail et droit de l'environnement, v. *Droit du travail et droit de l'environnement*, colloque Toulouse, Litec, 1994, et en particulier le rapport introductif de M. DESPAX ; *adde Droit du travail et droit de l'environnement. Regards croisés sur le développement durable*, dir. M. & P. BLIN-FRANCHOMME et I. DESBARATS, Lamy, 2010.

de défendre [122]. La solidarité entre les intérêts sociaux et écologiques est réelle et doit être promue, dans l'optique de défendre au mieux les uns et les autres, alors qu'ils se trouvent souvent au contraire opposés les uns aux autres tout en étant relégués à des places similaires, secondaires par rapport aux enjeux commerciaux. On pourrait au demeurant aller plus loin, et envisager de créer des syndicats spécialisés en matière écologique, et qui ne seraient dès lors plus seulement regroupés en fonction d'intérêts professionnels.

Quoi qu'il en soit, la question cruciale est celle des critères de la représentativité des groupements pouvant agir en matière écologique. S'agissant des associations agréées, ces critères ont été récemment modifiés dans le sens d'un durcissement, faisant une place excessive à une dimension purement quantitative [123] de nature à créer un obstacle insurmontable pour certaines associations qui, bien que faibles numériquement, ont parfois pu jouer un rôle important [124]. Là encore, les critères retenus en matière syndicale pourraient être un bon modèle. Des critères plus qualitatifs sont en effet utilisés, la force des syndicats pouvant se mesurer, bien au-delà de leurs seuls effectifs, par leur capacité de mobilisation (succès des mots d'ordre d'action, ou encore rayonnement au-delà des seuls adhérents), ou par leur activité et leur expérience [125], ce qu'on appelle des critères d'« audience » et d'« influence » [126]. Dans le même ordre d'idées, pourraient être particulièrement

---

122. Art. L. 2131-1 du Code du travail : « *Les syndicats professionnels ont exclusivement pour objet l'étude et la défense des droits ainsi que des intérêts matériels et moraux, tant collectifs qu'individuels, des personnes mentionnées dans leurs statuts* ».

123. Décret n° 2011-832 du 12 juill. 2011 relatif à la réforme de l'agrément au titre de la protection de l'environnement et à la désignation des associations agréées, organismes et fondations reconnues d'utilité publique au sein de certaines instances. Ainsi, selon le nouvel article R. 141-2 du Code de l'environnement, une association ne pourra être agréée que si, « *à la date de la demande d'agrément, elle justifie depuis trois ans au moins à compter de sa déclaration : [...] 2° D'un nombre suffisant, eu égard au cadre territorial de son activité, de membres, personnes physiques, cotisant soit individuellement, soit par l'intermédiaire d'associations fédérées [...]* ». *Adde* le nouvel article R. 141-21 relatif aux associations pouvant être désignées pour prendre part au débat sur l'environnement se déroulant dans le cadre des instances consultatives ayant vocation à examiner les politiques d'environnement et de développement durable.

124. V. l'arrêté du 12 juill. 2011 fixant les modalités d'application au niveau national de la condition prévue au 1° de l'art. R. 141-21 du Code de l'environnement concernant les associations et fondations souhaitant participer au débat sur l'environnement dans le cadre de certaines instances, qui exige des associations qu'elles justifient « *d'un nombre de membres à jour de leur cotisation supérieur à 2 000* », ces membres devant « *être domiciliés dans au moins six régions, dont aucune ne peut regrouper plus de la moitié du nombre total des membres* », et des fondations qu'elles aient « *un nombre de donateurs supérieur à 5 000* » et exercent « *une activité effective sur plus de la moitié des régions* ». V. la critique de F. G. TRÉBULLE, *D.* 2011, p. 2700, qui s'interroge sur la validité de ce texte au regard de la jurisprudence de la CJUE.

125. J.-M. VERDIER, *Syndicats et droit syndical*, in *Droit du travail*, dir. G. H. CAMERLYNCK, tome 5, Dalloz, 2e éd., 1987, p. 54 et p. 495.

126. Le nouvel art. L. 2121-1 du Code du travail issu de la loi du 20 août 2008 retient ainsi, comme critère de représentativité des syndicats : « *6° L'influence, prioritairement caractérisée par l'activité et l'expérience* ». L'audience est également prévue au 5°, mais elle est aujourd'hui appréciée de façon plus « objective », par les résultats aux diverses élections.

efficaces en matière écologique des mots d'ordre de boycott qui devraient être autorisés et encadrés par la loi [127]. Leur efficacité serait redoutable dans des sociétés citoyennes, aujourd'hui plus conscientes et plus militantes, et c'est bien pourquoi ils sont tant redoutés.

Les types d'action pourraient également être élargis pour certains groupements. Ainsi, en droit du travail encore, les syndicats professionnels représentatifs disposent, par dérogation à la règle « nul ne plaide par procureur », d'une action de substitution qui leur permet d'agir aux lieu et place de certains salariés (travailleurs à domicile, travailleurs étrangers, salariés victimes de discrimination prohibée ou de harcèlement sexuel ou moral, etc.), même non adhérents du syndicat, pour l'exercice de leurs actions individuelles [128]. Le syndicat n'a alors pas besoin de recevoir un mandat spécial de l'intéressé ; celui-ci doit simplement être averti de l'action exercée en son nom et ne pas s'y être opposé.

De façon plus générale encore, les « *class actions* » ou actions de groupe devraient enfin être légalisées, malgré les lobbies qui ont jusque-là réussi à bloquer ce qui serait une très grande avancée pour la justice. Ainsi, lorsqu'une côte a été polluée par une marée noire, de nombreuses personnes (marins-pêcheurs, habitants, plaisanciers, etc.) ont subi des micro-préjudices dont ils devraient pouvoir, en se regroupant, demander la réparation.

De telles actions de groupe pourraient également être admises pour les préjudices écologiques purs, à la condition d'être soutenues par un certain nombre de citoyens, à l'image par exemple du droit à l'initiative prévu en matière de référendum par l'article 11 de la Constitution [129]. Comme dans ce texte, l'action pourrait aussi être ouverte à un groupe de députés.

*
**

Comme le relevait Pierre Thuillier dans la phrase mise en exergue, les dégâts écologiques sont le signe d'une crise de la culture, au sens également où Freud parlait d'un malaise dans la culture [130].

Ici comme dans d'autres domaines, la difficulté pour l'homme est de modérer son pouvoir destructeur. La doctrine plaide de nos jours pour l'introduction d'un

127. V. A. Supiot, « Revisiter les droits d'action collective », *Droit Social* 2001, spéc. p. 702 et s.

128. J. Pélissier, G. Auzero, E. Dockès, *Droit du travail*, Précis Dalloz, 26e éd., 2012, n° 978.

129. Cet article prévoit qu'« *un référendum portant sur un objet mentionné au premier alinéa peut être organisé à l'initiative d'un cinquième des membres du Parlement, soutenue par un dixième des électeurs inscrits sur les listes électorales* ».

130. Dans le même sens, L. Sève, « Sauver le genre humain, pas seulement la planète », *Le Monde diplomatique*, nov. 2011, p. 22-23.

devoir pour le créancier ou la victime de modérer son dommage (*duty to mitigate* en droit de *Common Law*) [131], mais un tel devoir de modération devrait peser avant tout sur les auteurs de dommages.

Le concept de « médiance », proposé par Augustin Berque pour décrire le milieu humain [132], pourrait contenir la même idée. Ce terme reprend en effet la racine « *med-* » qui, selon Benvéniste, *« peut se définir comme "mesure" non de mensuration, mais de modération (lat.* modus, modestus*), propre à assurer ou à rétablir l'ordre dans un corps malade (lat.* medeor, *"soigner"*, medicus*), dans l'univers (hom.* Zeùs (Idēthen) medéōn *"Zeus modérateur"), dans les affaires humaines, des plus graves, comme la guerre, aux plus quotidiennes, comme un repas »* [133]. « Med- *relève donc du même registre que* ius *et* dike *: c'est la règle établie, non de justice, mais d'ordre, que le magistrat modérateur a pour fonction de formuler »* [134]. « *Par* modus, *on exprime une mesure imposée aux choses, une mesure dont on est maître, qui suppose réflexion et choix, qui suppose aussi décision »* [135].

Une telle modération, qui permet de ne pas commettre le délit d'*hybris* (délit de démesure) est, selon Simone Weil, la marque de la pleine humanité [136], même si elle ajoutait immédiatement que « *c'est la tentation de l'excès qui est presque irrésistible* » [137].

Les générations futures nous jugeront sévèrement pour avoir voulu tout prendre, tout de suite, sans aucun esprit de mesure, et pour avoir ainsi gâché le milieu humain. La proposition de Nomenclature des préjudices écologiques sera cependant la preuve que certains ont fait ce qu'ils ont pu pour éclairer leurs contemporains.

---

131. M. E. GOLDSMITH, « La "mitigation of damages" en droit anglais », *RD aff. int.* 1987, p. 347 ; S. REIFEGERSTE, *Pour une obligation de minimiser le dommage*, PUAM, 2002, préf. H. MUIR WATT ; « Faut-il moraliser le droit français du dommage ? », *LPA*, n° spéc. 20 nov. 2002 ; Y.-M. LAITHIER, *Étude comparative des sanctions de l'inexécution du contrat*, LGDJ, Bibl. dr. privé, 2004, préf. H. MUIR WATT.

132. C'est ainsi qu'il traduit le concept central de TETSURÔ [1889-1960] dans son livre précité : *Fûdo, le milieu humain*, CNRS éd., 2011. Celui de « *fûdosei* » est rendu par le néologisme « médiance », qu'il décline en d'autres adjectifs et substantifs (not. « médial », ou encore « mésologie »). Il fallait, explique-t-il, trouver un terme dérivé de « fûdo » qui signifie « le milieu », la « milieuïté » ayant été écartée pour des raisons esthétiques et euphoniques.

133. É. BENVÉNISTE, *Le vocabulaire des institutions indo-européennes, 2. Pouvoir, droit, religion*, Les Éditions de Minuit, Le sens commun, 1969, p. 123.

134. É. BENVÉNISTE, *op. et loc. cit.*

135. É. BENVÉNISTE, *op. cit*, p. 127.

136. Citant Thucydide, Simone Weil expliquait ainsi que « *toujours, par une nécessité de nature, tout être exerce tout le pouvoir dont il dispose* » (*La pesanteur et la grâce*, Agora, p. 20) mais qu'« *il arrive, quoique ce soit extrêmement rare, que par pure générosité un homme s'abstienne de commander là où il en a le pouvoir* » (*Attente de Dieu*, Fayard, p. 131).

137. *L'Iliade ou le poème de la force*, publié dans Les Cahiers du Sud (Marseille) de déc. 1940 à janv. 1941 sous le nom de Émile Novis. Ainsi, énonce-t-elle, « *un usage modéré de la force, qui seulpermettrait d'échapper à l'engrenage, demanderait une vertu plus qu'humaine, aussi rare qu'une constante dignité dans la faiblesse* ».

Index

Les numéros renvoient aux pages

I

J

L

M

N

Q

R

S

T

V

Z

Table des matières

Traitement informatique par

IMPRIMERIE FRANCE QUERCY
ZA Les Grands Camps — 46090 Mercuès

IMPRIM'VERT®

Achevé d'imprimer par Corlet, Imprimeur, S.A. - 14110 Condé-sur-Noireau
N° d'Imprimeur : 86540 - Dépôt légal : avril 2012 - *Imprimé en France*